重庆市教育委员会科技重大项目
"基于双金属MOF的硫化氢气体低功耗
传感关键技术研究（KJZD-M202300302）"资助

ZHIYIN JIANCE
JISHU QIANYAN

指印检测技术前沿

彭 迪 ◎ 著
饶 娜 ◎ 审定

法律出版社
LAW PRESS·CHINA

——北京——

图书在版编目（CIP）数据

指印检测技术前沿 / 彭迪著． -- 北京：法律出版社，2025． -- ISBN 978-7-5197-9774-4

Ⅰ. D918.91

中国国家版本馆 CIP 数据核字第 2025PQ5162 号

指印检测技术前沿
ZHIYIN JIANCE JISHU QIANYAN

彭 迪 著

责任编辑 张红蕊 聂 颖
装帧设计 贾丹丹

出版发行	法律出版社	开本	710 毫米×1000 毫米 1/16
编辑统筹	法规出版分社	印张	25.25　　字数 386 千
责任校对	李争春	版本	2025 年 8 月第 1 版
责任印制	耿润瑜	印次	2025 年 8 月第 1 次印刷
经　　销	新华书店	印刷	河北虎彩印刷有限公司

地址：北京市丰台区莲花池西里 7 号（100073）
网址：www.lawpress.com.cn
投稿邮箱：info@lawpress.com.cn
举报盗版邮箱：jbwq@lawpress.com.cn
版权所有·侵权必究

销售电话：010-83938349
客服电话：010-83938350
咨询电话：010-63939796

书号：ISBN 978-7-5197-9774-4　　　　定价：78.00 元

凡购买本社图书，如有印装错误，我社负责退换。电话：010-83938349

序言
让沉默的指纹开口说话

在某个暴雨滂沱的深夜，刑侦技术员老张蹲在泥泞的肇事车辆旁，手中的多波段光源扫过半脱落的车门把手——一道近乎隐形的螺旋纹路突然在蓝光下浮现。这个瞬间，不仅让三年前的悬案迎来转机，更折射出指印检测技术如何以科学之力，将犯罪现场无声的痕迹转化为掷地有声的证据。《指印检测技术前沿》一书正是这样一把钥匙，它将开启指纹学从"经验判断"到"数据说话"的认知革命，带领读者深入微观世界，聆听每一枚指纹讲述的真相。

当纳米粒子点亮黑暗

翻开本书第四章《传统汗潜指印检测技术》，仿佛走进一座指纹鉴识的历史博物馆：从19世纪末银粉刷显的笨拙，到茚三酮溶液与氨基酸反应的化学奇迹，每一页都记载着人类与犯罪隐秘较量的智慧。但真正的颠覆始于第五章——当纳米材料与荧光试剂相遇，那些曾被潮湿墙面、皮革纹理吞噬的潜指印，竟能像星空般在特定波长下清晰闪烁。笔者犹记某跨国贩毒案中，犯罪团伙用蜂蜡反复擦拭集装箱锁扣，正是磁性$Fe_3O_4@SiO_2$纳米颗粒携带的量子点，让七名主犯的指印在紫外灯下无处遁形。这些案例生动诠释了本书的核心命题——技术创新从未停歇，而突破往往诞生于学科交叉的裂缝中。

从血痕到时间胶囊

血迹指纹总是带着暴力的隐喻，但本书第八章至第十章赋予了它们新的科学叙事。在第九章《血指印检测中的先进材料》中，氨基功能化共轭聚合物令人震撼：当传统鲁米诺试剂因漂白剂干扰而失效时，这种材料却能像"分子镊子"般精准捕获血红蛋白中的血红素基团，即便在经84消毒液处理的浴室瓷砖上，仍可让潜藏的血痕显影为荧光图谱。更富想象力的是第十二章《指印内源性物质成分分析》，研究团队通过 LC – MS/MS 技术，从一枚 20 年前的指纹脂质代谢物中，反向推演出嫌疑人当时的甲状腺功能亢进病史——指纹从此不再是静止的身份符号，而是动态的生命日记。

伪造与反伪造的量子博弈

在第十五章《伪造指纹研究》中，一场高科技猫鼠游戏跃然纸上：3D 打印的仿生指纹膜曾以 0.01 毫米级精度骗过考勤系统，但基于机器学习和深度学习的高阶指纹活体识别算法，让这些硅胶替身暴露了机械复制的完美缺陷。这不禁让人联想到威尼斯玻璃匠人 16 世纪发明的"千花玻璃"技术——当伪造艺术遇上科学检测，每一次技术对决都在重塑真实与虚假的边界。而第十八章《指纹鉴定意见的量化概率研究》则像给这门技艺装上了北斗导航：贝叶斯网络模型将鉴定人的经验值转化为概率树，使得"认定同一"的结论不再是非黑即白的断言，而是带着置信区间的科学表达式。

未来已来：指纹学的星辰大海

或许本书最动人的篇章，藏在第十三章《指印外源性物质成分分析》的质谱图与第十四章《指印遗留时间推断》的微分公式里。当警方通过现场指印中的可卡因代谢物锁定吸毒嫌疑人时，当环境科学家从儿童指纹中的多环芳烃含量推测出其居住区的空气质量时，我们猛然惊觉：指纹检测技术早已突破法庭科学的藩篱，正在公共卫生、环境监测等领域悄然织就一张数据网络。那些印在手机屏幕、电梯按钮上的微小纹路，或许将成为数字时代最精密的生物传感器。

作为从业近 20 年的指纹鉴定人，笔者见证过太多"一枚指纹定乾坤"的案例，但本书展现的技术图景仍令人心潮澎湃。它不仅是实验室数据的堆砌，更蕴含着科学家的哲思：在超分辨率显微镜下，指纹三级特征的脊线分叉点宛如长江水系般蜿蜒复杂——这何尝不是在提醒我们，每个个体都是宇宙宏大叙事中独一无二的坐标？愿这本书成为一盏灯，照亮更多人在指纹学的深海中探寻真相与文明的微光。

是为序。

彭　迪

目 录
Contents

第一章　指纹学基础

第一节　指纹学及其相关概念 　001
一、指纹与指印、手纹的概念及区分 　001
二、指纹的基本结构 　002
三、指纹的特点 　003
四、乳突纹线及相关概念 　005

第二节　指印检测技术的研究对象、任务及作用 　006
一、指印检测技术的研究对象 　006
二、指印检测的主要任务 　008
三、指印检测技术的作用与价值 　012

第二章　指印检测技术基本原理

第一节　指印检测技术的分类 　015
一、汗潜指印检测技术 　015
二、血指印检测技术 　017
三、其他类型指印的检测技术 　018
四、指印成分分析及遗留时间推断检测技术 　020

第二节　指印检测技术的基本原理 　022
一、物质交换原理 　022
二、指印检测技术的技术原理 　024

第三节　指印显现技术的一般流程 　027

第三章　指印检测技术研究背景与发展趋势

第一节　指印检测技术的起源和发展　030
一、指印检测技术的起源　030
二、早期指印检测技术的发展　031
三、近代指印检测技术　032
四、现代指印检测技术　036

第二节　指印检测的现存困境　037
一、指印检测理论性难题　037
二、指印检测技术性难题　039
三、指印检测规范性难题　041

第三节　指印检测技术的前景分析　042
一、指印检测技术领域现状　042
二、指印检测技术发展趋势　043

第四章　传统汗潜指印检测技术

第一节　传统汗潜指印技术概述　048
一、汗潜指印成分　048
二、传统汗潜指印方法简介　051

第二节　传统光学显现方法　052
一、可见光源方法　053
二、激光方法　054
三、红外光源方法　055
四、紫外光源方法　055

第三节　物理吸附类　056
一、静电提取法　057
二、粉末法　057
三、悬浮液显现法　058
四、真空镀膜技术　059

第四节　化学反应类　　060
一、碘熏法　　060
二、502 胶熏显法（α-氰基丙烯酸乙酯显现法）　　061
三、物理显影液方法　　062
四、硝酸银显现法　　063
五、茚三酮显现法　　064
六、茚二酮显现法　　066
七、DFO 显现法　　066

第五节　蛋白质染色类　　067

第五章　新兴材料在汗潜指印检测中的应用

第一节　荧光纳米复合材料　　069
一、金属氧化物荧光纳米材料　　071
二、非金属氧化物荧光纳米材料　　074
三、贵金属荧光纳米材料　　079
四、其他荧光纳米材料　　083

第二节　量子点材料　　093
一、量子点材料在粉末显现法中的应用　　093
二、量子点材料在液相显现中的应用　　095

第三节　稀土上转换荧光纳米材料　　098
一、稀土上转换荧光纳米材料在粉末显现中的应用　　098
二、稀土上转换荧光纳米材料在液相显现中的应用　　100

第四节　其他新兴材料　　102
一、植物粉末材料　　102
二、其他新型显现试剂　　103

第六章　质谱、光谱成像技术在汗潜指印检测中的应用

第一节　质谱成像技术　　105

一、质谱成像技术原理　　　　　　　　　　　　　　　　105
　　二、质谱成像技术与指印显现　　　　　　　　　　　　　106
　　三、相关研究成果　　　　　　　　　　　　　　　　　　106
第二节　光谱分析与光谱成像技术　　　　　　　　　　　　112
　　一、光谱分析技术与光谱成像技术　　　　　　　　　　112
　　二、相关研究成果　　　　　　　　　　　　　　　　　　114
第三节　利用新型设备的其他检测技术　　　　　　　　　　122

第七章　电化学成像技术在汗潜指印检测中的应用

第一节　电化学成像技术介绍　　　　　　　　　　　　　　125
第二节　电致化学发光成像技术　　　　　　　　　　　　　127
　　一、电致化学发光成像技术原理　　　　　　　　　　　127
　　二、电致化学发光成像技术的进展　　　　　　　　　　129
第三节　电化学沉积技术　　　　　　　　　　　　　　　　134
　　一、电化学沉积成像技术原理　　　　　　　　　　　　134
　　二、电化学沉积成像技术进展　　　　　　　　　　　　136
第四节　其他电化学技术　　　　　　　　　　　　　　　　138
　　一、扫描开尔文探针　　　　　　　　　　　　　　　　139
　　二、扫描电化学显微镜　　　　　　　　　　　　　　　140
　　三、表面等离子体共振成像技术　　　　　　　　　　　142

第八章　传统血指印检测技术及其进展

第一节　血指印的光学显现与图像处理　　　　　　　　　　144
　　一、传统光学显现方法　　　　　　　　　　　　　　　144
　　二、图像处理方法　　　　　　　　　　　　　　　　　　150
第二节　血红素催化试剂　　　　　　　　　　　　　　　　152
　　一、血红素催化的基本原理　　　　　　　　　　　　　152
　　二、传统血红素催化试剂及其进展　　　　　　　　　　154

第三节　蛋白质染色试剂　　　　　　　　　　　162
一、蛋白质染色的基本原理　　　　　　　　　　162
二、传统蛋白质染色试剂及其进展　　　　　　　163

第四节　氨基酸反应试剂　　　　　　　　　　　170
一、氨基酸反应的基本原理　　　　　　　　　　170
二、传统氨基酸反应试剂及其进展　　　　　　　171

第九章　血指印检测中的先进材料

第一节　无机荧光纳米材料　　　　　　　　　　177
一、量子点技术　　　　　　　　　　　　　　　178
二、荧光上转换纳米颗粒　　　　　　　　　　　180

第二节　无机非荧光纳米材料　　　　　　　　　183
一、纳米二氧化钛　　　　　　　　　　　　　　183
二、纳米二氧化硅　　　　　　　　　　　　　　185
三、纳米无机染料 Co_2TiO_4 和 $Cr_{0.1}Sb_{0.1}Ti_{0.8}O_2$　　186

第三节　有机荧光材料　　　　　　　　　　　　188
一、新型共聚物 PFTPEBT – MI　　　　　　　　189
二、四苯乙烯（TPE）的荧光探针　　　　　　　190
三、荧光共轭聚合物　　　　　　　　　　　　　192
四、吲哚染料　　　　　　　　　　　　　　　　194

第十章　血指印检测的新兴方法

第一节　免疫反应试剂　　　　　　　　　　　　197
一、免疫反应试剂的显现原理　　　　　　　　　197
二、免疫反应试剂的研究进展　　　　　　　　　198

第二节　高光谱成像技术　　　　　　　　　　　201
一、高光谱成像技术原理　　　　　　　　　　　201
二、高光谱成像技术的进展　　　　　　　　　　202

第三节　其他血指印检测技术　　　　　　　　　　　　　　206
　　一、质谱成像　　　　　　　　　　　　　　　　　　　206
　　二、电化学成像　　　　　　　　　　　　　　　　　　208
　　三、柱状薄膜技术　　　　　　　　　　　　　　　　　210
　　四、Zar–Pro荧光增强条带　　　　　　　　　　　　　213

第十一章　指印成分分析基础

第一节　指印成分分析概述　　　　　　　　　　　　　　216
第二节　指印成分分析的常见方法　　　　　　　　　　　217
　　一、光谱分析法　　　　　　　　　　　　　　　　　　217
　　二、色谱分析法　　　　　　　　　　　　　　　　　　221
　　三、质谱分析法　　　　　　　　　　　　　　　　　　223
　　四、免疫分析法　　　　　　　　　　　　　　　　　　226

第十二章　指印内源性物质成分分析

第一节　基于脂质的内源性成分检测　　　　　　　　　　228
　　一、基于光谱分析的脂质检测方法　　　　　　　　　　228
　　二、基于质谱、色谱分析的脂质检测方法　　　　　　　230
第二节　基于氨基酸的内源性成分检测　　　　　　　　　232
　　一、质谱、色谱分析方法　　　　　　　　　　　　　　232
　　二、其他方法　　　　　　　　　　　　　　　　　　　237
第三节　基于遗传物质的内源性成分检测　　　　　　　　241
　　一、基于有核细胞的分析方法　　　　　　　　　　　　241
　　二、基于蛋白质组基因分型的分析方法　　　　　　　　242
第四节　基于人体代谢物及其他物质的内源性成分检测　　243
　　一、蛋白质检测　　　　　　　　　　　　　　　　　　243
　　二、微生物检测　　　　　　　　　　　　　　　　　　244

第十三章　指印外源性物质成分分析

第一节　基于药品与毒物毒品的外源性成分检测　246
一、光谱分析方法　246
二、质谱、色谱分析方法　247
三、免疫分析方法　251

第二节　基于爆炸物、枪击残留物的外源性成分检测　256
一、光谱分析方法　256
二、其他方法　260

第三节　基于日用品的外源性成分检测　262
一、光谱分析方法　262
二、色谱、质谱分析方法　264
三、其他分析方法　269

第十四章　指印遗留时间推断

第一节　指印遗留时间的定义　272
一、文件制成时间　272
二、指印遗留的各项要素　272
三、指印形成时间与指印遗留时间　274

第二节　指印遗留时间推断的基本原理　275
一、检验指印遗留时间的依据　275
二、指印遗留时间推断的物质基础　276

第三节　基于指印的形态特征推断遗留时间　277
一、概述　277
二、相关研究结果　279

第四节　基于指印的光学特点推断遗留时间　285
一、荧光方法　286
二、荧光光谱成像技术　289
三、红外光谱技术　291

四、拉曼光谱方法　　292
　第五节　基于指印的电效应（电荷变化）推断遗留时间　　294
　　一、基于指印的电效应推断遗留时间的基本原理　　294
　　二、基于指印的电效应推断遗留时间的方法及其进展　　295
　第六节　基于指印残留物成分变化推断遗留时间　　302
　　一、基于脂质及相关成分变化推断遗留时间　　302
　　二、基于血液成分变化推断遗留时间　　310

第十五章　伪造指纹研究

　第一节　伪造指纹研究背景　　313
　第二节　伪造指纹的分类　　314
　第三节　伪造指印检验的常见方法　　322
　第四节　国内外检验进展　　324
　　一、国内进展　　324
　　二、国外进展　　327

第十六章　相似指印检验技术

　　一、研究背景　　335
　　二、国内外研究进展　　336
　　三、相似指纹产生的原因　　337
　　四、相似指纹鉴定展望　　342

第十七章　指纹的三级特征研究

　　一、研究背景　　344
　　二、指纹三级特征的显著特性　　345
　　三、指纹三级特征的研究现状　　345
　　四、总结展望　　350

第十八章　指纹鉴定意见的量化概率研究

　　一、研究背景　　351

　　二、研究现状　　357

　　三、结论与展望　　362

附录一　　364

附录二　　377

后记　　388

第一章
指纹学基础

第一节 指纹学及其相关概念

指纹学是研究手掌面乳突线花纹的生理结构、特征及指印发现、提取、显现、固定、保存、比对鉴定、遗传物质与残留物分析的方法的交叉科学。

一、指纹与指印、手纹的概念及区分

（一）指纹的概念

鉴于人体的生理构造特点，手作为身体的重要结构之一，参与完成人体的各项运动，是人体重要的感觉器官。在通常情况下，手指末端感官灵敏，手指接触物体的概率最大，更容易在客体上遗留指印及相关残留物，指球表面复杂的纹线图案具备极高的人身识别价值，有利于人身的同一认定，为民刑事案件提供线索与证据。广义上的指纹包括指头纹、指节纹、掌纹、脚纹和脚掌纹，狭义上的指纹通常单指人体手部末节手掌面皮肤上的乳突线花纹。本书以下所提概念若无特别注明，均指狭义上的指纹。

（二）指印的概念及辨析

日常生活中，通常约定俗成指纹与指印的概念一致，但严格地说指纹与指印是两个截然不同的主体概念。印痕的形成必须具备造痕体、承痕客体及作用力三个关键因素。指纹是手指末节的乳突线花纹，属于造痕客体；指印属于造痕客体接触客体物从而在承痕客体上所留下的印痕，是指纹的

反映形象,能够体现手指乳突纹线的形态特征与结构特征。

痕迹的形成受多种因素影响,如储存条件、作用力大小和方向、客体物表面特性等,不同因素相互作用,可能影响指印对指纹的反映效果,致使指印无法完整地反映指纹的具体特征。

(三) 手纹的概念

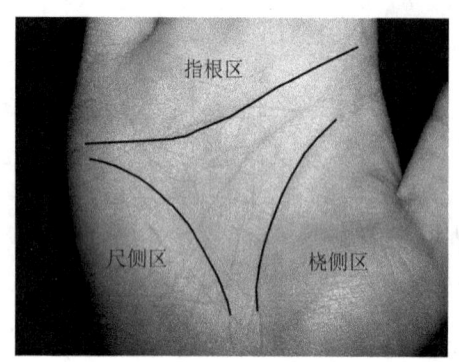

图1-1 掌纹分区图

手纹是人体手部手掌面乳突线花纹的总称,具体包括指纹、指节纹和掌纹。其中,指纹特指手指末节手掌面指球表面的乳突线花纹;指节纹按手指根部向指尖部的顺序,又可分为第一指节纹和第二指节纹;掌纹(见图1-1)即手掌面纹线,可划分为尺侧区(小鱼际区)、桡侧区(大鱼际区)及指根区(前掌区)。

二、指纹的基本结构

表皮、真皮、汗孔等组织结构组成了指纹的基本生理结构(见图1-2)。

(一) 表皮

表皮位于人体表面,是皮肤的最外层,主要起到外在的保护、吸收作用,成人表皮主要由角质形成细胞(keratinocyte)、黑素细胞(melanocyte)和朗格汉斯细胞(langerhans' cell)三种细胞构成,在某些部位可能还存在默克尔细胞(merkel cell)。表皮层无血管,由深层到浅层分为五层:基底层、棘层、颗粒层、透明层和角质

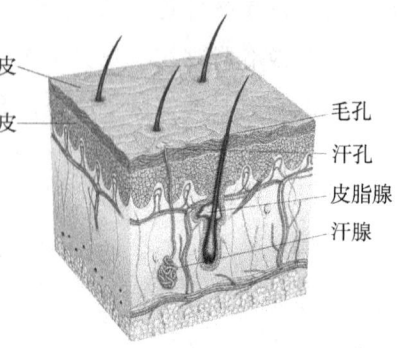

图1-2 皮肤生理结构

层。角质层含有角蛋白及角质脂肪，由紧密的鳞状细胞所组成，是表皮的最外一层，会不断剥落。角质层为已死亡的无细胞核细胞，由 10—15 层扁平、互相紧密交错并牢固粘合在一起的死亡角质细胞组成。通常情况下，表皮层细胞的自然脱落对指纹所造成的影响较小，不会改变指纹纹线的根本特征。

（二）真皮

真皮组织由致密结缔组织组成，其位于表皮生长层之下，向下与皮下组织相连，主要由胶原纤维、弹力纤维、网状纤维和无定型基质等结缔组织构成，此外还包括神经和神经末梢、血管、淋巴管、肌肉以及皮肤的附属器，其厚度通常是表皮的 15—40 倍。真皮层与表皮层的病理变化或外力损伤可能破坏乳突纹线的结构细节，导致原有乳突纹线特征的改变，形成脱皮、伤疤等具有较强稳定性的新特征，甚至可能形成指纹特征的总体特性。

（三）汗孔

汗孔是指皮肤表面的汗腺开口，一般位于皮肤表面的波状的隆起部顶端。人体汗腺主要分为两种，即外分泌腺（小汗腺）和顶分泌腺（大汗腺）。其中，手掌部位的汗腺主要为外分泌腺。汗孔是肌肤的附属器，承担着肌肤代谢物的排泄和生理调节的功能，手掌、足底部位分布着密度最大的汗孔，而汗腺代谢的汗液经由汗孔排泄而出，最终成为指印形成的最基本物质。此外，乳突纹线上汗孔的形态、大小、数量、位置等具有规律性、稳定性、特定性的特点，属于指纹的第三级特征，在一定程度上可作为个人身份识别的依据，但通常需结合乳突线花纹检验进行人身同一认定。

三、指纹的特点

指纹具有人各不同、各指不同的特定性，终身基本不变的稳定性，以及识别人身的反映性三个特性[1]。指纹的这三个特性既是指纹学个体识别

---

[1] 参见莫德升：《试论指纹的特性》，载《政法学刊》1987 年第 1 期。

理论的基础，也是指印检测技术赖以生存与发展的重要前提条件。

（一）特定性

指纹的特定性，是指人体手掌面乳突线花纹的结构、形态、数目、排列、位置、距离、相隔线数和角度关系等宏观特征与微观细节在总体上具有特殊性。指纹作为一种多基因遗传性状，在遗传上具有相似性，但在遗传变异与环境作用下，每个个体的指纹纹线各不相同。指纹的特定性是指纹的本质属性，是生物体 DNA 遗传变异综合作用的必然结果。

（二）稳定性

指纹的稳定性是由遗传物质特征及指纹表皮和真皮组织的生理功能特点所决定的。在通常情况下，真皮乳突层纤维细胞不存在增殖功能，故而构成乳突纹线的真皮乳头状态稳定，细胞代谢不改变乳突层花纹结构，具体表现为乳突纹线类型、结构与形态的稳定性。

然而，指纹形态并非绝对稳定，自指纹形成之日起，指纹乳突纹线便处于不断地变化之中。内分泌变化或其他原因导致的乳突层增殖，也可能造成指纹形态的局部变化。通常情况下，人体自然生理老化如纹线密度、光滑程度等的变化并不影响指纹特征关系的总和。

破坏指纹稳定性与总体特征关系的情况主要有以下几类：

1. 手掌面皮肤病理变化。如溃疡、萎缩坏死、增殖等导致等乳突线花纹结构与形态的破坏或改变。

2. 严重外伤导致的乳突花纹变化或产生疤痕破坏乳突纹线。

3. 部分研究指出乳突纹线的局部结构可能随着年龄的增加而发生改变，如犁沟中细点线的数量和形态结构发生改变、乳突纹线的粗细出现变化等。

（三）反映性

指纹的反映性指的是其具有触物留痕的特性。触物留痕是皮肤生理特征延伸出来的一条规律，也是指纹学的一条重要规律。由于手上有汗液、血液、体液等分泌物或粘附物质，在活动中手触摸到任何物体，中介物质不是转移到该客体上，就是该客体表面的细小物质被粘到手指上，从而产生手印。因此，指纹的反映性是人们研究其特定性和稳定性的现实基础。此外，现代科学技术是提升现场潜在指印反映性的有效途径。

四、乳突纹线及相关概念

（一）乳突纹线的概念

乳突纹线是指人体手指掌和脚趾掌皮肤组织的凸凹结构显示在表面的细小凹凸纹路。在真皮临近表皮的界面上，生长着皮肤真皮向表皮基底部突出的乳头状结构，称为真皮乳头，乳头内分布有血管、神经末梢、汗腺导管、皮脂腺导管等结构。这些真皮乳头分布于从真皮的表面到毛囊及汗腺底部的这一层，即为真皮乳头层，又称粒面层或恒温层。无数排列整齐的真皮乳头突起，形成线状乳突纹线。不同乳突纹线排列组合为手指的乳突线花纹，形成指纹。乳突纹线与乳突纹线间的凹陷称为小犁沟。

乳突线花纹形态结构具有特定性与稳定性特点，在人身识别认定、案件侦破、提供诉讼证据等方面具有重要作用，有着极高的证据价值。

（二）屈肌褶纹

屈肌褶纹又称"屈肌线""屈肌皱裂"，是指手掌面手指、手掌关节及一定部位上所固有的粗大、明显的长条沟纹。屈肌褶纹在胎儿发育生长过程中即形成，随人体关节的屈伸活动而深化。人体拇指部位有两组屈肌褶纹，其余各指均有三组屈肌褶纹。

（三）纹线细节

纹线细节是指乳突纹线的局部细微特征，是指印鉴定的重要依据。常见的纹线细节主要包括纹线起点、纹线终点、纹线分歧点和结合点四类，不常见的纹线细节形态则包括小点、小眼、小桥、小棒与小钩五类。此外，司法实践中还存在一些罕见的纹线细节，如交错、错位、点线、节线等。

(四) 单一纹线

单一纹线是乳突纹线的基本组成单位，是纹线自始至终的流程中所呈现出的基本形态。常见的单一纹线主要有弓形纹、箕形纹、环形纹、螺形线、曲形线、直形线、波浪形线七类。

(五) 纹线系统

手掌面上的乳突纹线并非杂乱无章地随意拼凑，而是按照特定规律与排列顺序、有规则地构成形态各异的花纹图形。单一纹线在手掌面上按照一定规律排列组合，构成形态规则的复杂图案称为纹线系统。纹线系统中的单一纹线形态与流向相似，不同形态与流向的纹线系统各自占据一定的位置。该系统又可进一步划分为内部纹线系统、外围纹线系统和基底纹线系统。

内部纹线系统又称中心花纹系统，居于手掌面手指末节花纹的中心部位，主要由箕形线、环形线、螺形线、曲形线等组成，是指纹的主要部分。指纹的纹型主要由内部纹线系统的花纹形态所决定。

外围纹线系统主要由相互平行的弓形线环绕而成，从手指末节左右两端及上部包绕内部纹线系统。

基底纹线系统又称根基线系统，分布于外围纹线系统及内部纹线系统的基底部、手指末节屈肌褶纹上方。基底纹线的数量相对较少，多在十条以下，相比于其他纹线系统较为稀疏，主要由直形线和弧度较小的波浪形线排列而成。

第二节　指印检测技术的研究对象、任务及作用

一、指印检测技术的研究对象

指印检测技术的研究对象是指印检测过程中所涉及的、被分析与解释的各类相关材料。司法实践中，指印检测技术的研究对象可划分为以下四

类，即指印形态特征、指印残留物成分、指印形成方式和指印遗留时间。

（一）指印形态特征

指印形态特征包括指纹的宏观特征与微观细节特征，是能够反映指纹乳突纹线形态、大小、排列、位置的特征。单一纹线千变万化的组合形态使每个人的指印具有特定性与特殊性。指印特征的检验目的主要是进行人身的同一认定。

（二）指印残留物成分

指印残留物成分是指纹遗留者手掌面接触承痕客体所遗留下的分泌物或其携带的其他外来微量物质。其中，残留物中的分泌物主要包括汗液、油脂、氨基酸、蛋白质、角鲨烯等，而外来物则以血液、灰尘、毒品、化妆品、食品残渣等污染物为主。鉴于个人在汗液分泌情况以及接触外来物质种类数量上的差异，每个人在客体表面留下的指印残留物的成分亦有所不同。残留物成分的检测在遗留时间推断、形成原因推测、嫌疑人形象刻画及缩小侦查范围等方面具有重要作用。

（三）指印形成方式

指印的形成方式是指印真实性鉴定的关键因素，其主要检测目的是通过分析指印的形成机理推断指印的证明力及证据价值，如分析现场指印是否由打印机、印章、指纹膜等材料伪造而来而非自然形成。目前，对于指印形成方式检测鉴定的技术尚无普遍认可的规范或统一行业标准，鉴定难度偏大。目前，司法实践中的多数案例通过检验是否存在汗孔进行形成方式判断。

（四）指印遗留时间

目前，油脂成分是指纹遗留时间测定方法中的主要目标检测物。然而，鉴于指纹组分的高度不稳定性和多变性，目前测定指纹遗留时间的技术尚未被实验验证与广泛接受。在司法鉴定中的应用仍存在较大的缺陷与局限性。

二、指印检测的主要任务

（一）指印可视化

指印检测的首要步骤是指印的搜索与发现。鉴于绝大部分汗液指印、体液指印与部分血指印皆为潜指印，肉眼难以直接观察，亦无法直接进行证据图像提取固定，因而需要通过特定方法实现指印的可视化。不同类型的指印往往需要不同的检测策略进行指印显现或增强。以汗潜指印为例，常见的汗潜指印显现方法主要包括光学显现法、粉末刷显法、茚三酮显现法、502 胶熏显法、硝酸银显现法等；对于潜血指印的可视化，其常见方法则以鲁米诺、氨基黑、酸黄 7、联苯胺等试剂为主。

除考虑指印的主要成分类型之外，指印可视化技术的选用还需考虑客体表面的理化性质，如渗透性/非渗透性、多孔基底/无孔基底、潮湿客体/干燥客体、客体背景色以及环境温度、指印遗留时间等因素。

（二）指印的提取与固定

在已获取现场指印的基础上，需要结合指印的遗留情况及显现技术的方法特点，对指印证据进行提取与固定。

常见的指印提取方法主要包括以下几类。

1. 制模提取法

制模提取法适用于立体指印/足迹等三维印痕，其方法是在使用固定剂固定后，采用石膏等材料对指印制模而形成。

2. 胶带/胶纸提取法

胶带/胶纸提取法主要适用于灰尘指印，采用专门的指印提取胶带，完全覆盖印痕后将印痕与胶带一同转移至纸板面或玻璃面上。该方法在提取过程中需用力碾压，避免胶带内部有空气残留，导致胶带内部出现气泡，造成指印纹线损坏。

3. 静电复印提取法

与胶带法相似，该方法是一种利用静电作用力将指印吸附至塑料薄膜，并将塑料薄膜与指印一同转移至其他客体物上的方法。

4. 原物提取法

部分遗留有指印的承痕客体体积较小，能够直接提取原物。此外，在部分难以直接提取指印或相关条件允许的情况下，也可以采用原物提取的方法。

常见的指印固定方法主要包括以下两类。

1. 加热固定法

加热固定法是指通过加热方法固定指印成分或试剂的指印固定方法。

2. 拍照固定法

拍照固定法是指采用相机等设备拍摄并保存指印图像的指印固定方法。

上述提取方法通常在拍照固定的基础上进行，但无论何种方法，都必须尽可能保证指印的完整性。此外，随着科学技术的发展，计算机扫描等数据图像工具也逐渐进入人们的视野，成为一种新型、高效、便捷的证据提取与固定策略。

(三) 指印还原

对于因显现过程出现失误而导致的指印模糊不清，可以采用一定的技术进行指印的还原或减薄。目前常见的还原减薄方法主要适用于碘熏法与502 胶熏显法的指印，方法可主要划分为以下几类。

1. 自然蒸发法

这种方法通常适用于碘熏法显现的指印。由于碘易挥发，显出的指印数分钟即可消失，因此可以通过自然蒸发的方式使指印逐渐淡化。但这种方法难以精确控制指印的淡化程度，且对于需要长期保留的指印并不适用。

2. 加热法

加热法主要适用于502 胶熏显法后的指印减薄。通过电热鼓风干燥机等设备对指印进行加热，可以使502 胶熏显法形成的薄膜减薄，进而使纹线更加清晰。

加热时需注意温度控制，温度太低无法有效减薄，温度过高则可能导致指印痕迹持续时间缩短。此方法适用于金属、玻璃、陶瓷等具有良好耐热性能的制品原证物上。

3. 胶带/胶纸粘贴法

胶带/胶纸粘贴法是通过将裁剪成适合指印大小的胶带或胶纸粘贴到指印上，然后轻轻按压并揭起，以达到减薄指印的效果。这种方法特别适用于 502 胶熏显后的指印，因为它可以有效地去除多余的熏胶层，使指印更加清晰。

胶带/胶纸粘贴法可以反复多次使用，直到达到理想的效果。但需注意在粘贴和揭起过程中不要破坏指印的完整性。

4. 化学试剂减薄法

常用的化学试剂包括 10% 的氢氧化钠或 10% 的醋酸水溶液。通过脱脂棉蘸取少量液体后涂抹到指印上，轻轻按压后用新的脱脂棉吸去残留液体，重复操作直至达到减薄效果。需注意控制试剂浓度和操作次数，以避免对指印造成破坏。

丙酮与乙醇混合物减薄法也是一种常用的化学试剂减薄方法，将丙酮与乙醇以 1∶2 的比例混合后，通过类似的操作步骤进行减薄。但需注意丙酮与乙醇的比例控制，以避免指印消失或减薄效果不佳。

除能够自然蒸发的试剂材料外，加热法效果较好，对指印纹线的损伤程度较低，能够重复显现，但仅适用于耐热材料；化学试剂减薄法与胶带/胶纸粘贴法适用客体范围较广，但效果较差，且易造成纹线破坏。

(四) 指印保存处理

针对采用原物提取方法提取固定的指印证据，采用不同显现方法提取的指印的保存策略亦有所不同。例如，采用碘熏法显现的指印，由于碘易升华的物理性质，在常温下保存时间较短，需要采用拍照、淀粉胶片、氯化钯试剂等方法将其固定后保存；又如，对于硝酸银法显现的指印，则需将指印样本在黑暗条件下储存，避免指印因过度曝光而变黑。

温度和湿度是影响指印保存的两个重要因素。温度越高，指印物质越容易挥发与氧化，最终导致纹线破坏甚至消失；湿度则对渗透性客体影响较大，湿度过高容易导致指印潮解与纹线扩散模糊。

在通常情况下，低温干燥避光的环境条件更有利于指印证据的保存。此外，还应规范指印处理流程，谨慎对待指印证据，以避免人为原因造成的指印破坏。

（五）指印特征识别

指印特征识别是对人体手掌面乳突线花纹的结构、形态、数目、排列、位置、距离、相隔线数和角度关系等宏观特征与微观细节的总和关系的识别，细微结构或形态的差异不影响指印检材与样本的同一认定。该识别是基于指印人各不同、终身基本不变的特点。当前，主流指纹学把指印特征分为三类，即纹型特征（一级特征）、细节特征（二级特征）及汗孔、细点线等（三级特征）。对指纹特征进行科学分类与精准识别，是后期开展指纹同一性比对工作的前提。

（六）指印残留物及遗传物质分析

1. 指印残留物分析

指印中的残留物质会随着时间、环境条件等因素的变化而发生改变，如水分的蒸发、部分物质的氧化与分解等。这些残留物可用以判断犯罪嫌疑人是否曾接触过射击残留物、爆炸残留物、毒品、烟草、化妆品等特殊物质成分，以此缩小侦查范围，提供嫌疑人相关线索。由于油脂成分不易被氧化与水解，较为稳定，因此油脂成分是潜指印残留物研究的一大重点。

目前，指印残留物成分分析的主要方法包括光谱、质谱和气相色谱技术等。此外，近年来有研究表明，指纹残留物中脂肪酸组分存在明显的个体差异，或有望利用这一指纹物质进行个体溯源。

2. 遗传物质分析

指印残留物中的DNA作为遗传物质，具有唯一性。目前，常见的遗传物质分析方式主要包括VNTR-PCR技术、STR-PCR技术、单核苷酸分析技术与线粒体DNA测序技术等。目前，司法DNA鉴定技术日趋完善，不同类型的DNA分析技术在检测效果和应用范围等方面有所差异，在认定被害人与犯罪嫌疑人的身份方面具有较为广阔的应用空间。

(七）指印样本采集

指印样本的采集通常包括样本指印的提取或捺印以及指纹图像的录入两个步骤。随着计算机技术与指印技术的结合，目前，在传统接触式二维指纹采集技术方法的基础上，指印样本采集技术还延伸出基于光学、计算机系统的三维指纹重建技术。无论是人工捺印的指印还是计算机采集的指纹图像，在上传图像信息前，都需要判断所采集指纹的质量，避免将不符合标准的指纹信息录入系统或数据库，影响后续的指纹匹配与鉴定流程。

（八）指印比对与匹配

指印比对技术，是指比较并核对两个或两个以上的指纹图像是否出自同一人的技术。指印比对与匹配技术主要可分为两种形式：一种是人工比对，另一种是利用计算机指纹识别系统进行指印比对与查询。

由指纹自动识别系统进行指印比对或匹配，大大削减了在这一过程中的人力消耗，但这并不意味着人工比对就此失去了价值。人工比对与计算机指纹识别系统比对的主要差异点在于人工鉴定比较注重考量指位、纹型及指纹的细节特征，而计算机指纹识别系统比对主要依据指印纹线图案的相似性，并不考察指位与纹型间的差异。此外，在司法实践中，计算机指纹识别系统的比对与匹配结果可能受检材状况、计算机系统运算或设计功能、人工干预等诸多因素影响。基于这一特点，现如今指纹比对系统的准确率并非百分之百，在多数情况下仍需采用人工进行最终核对。

三、指印检测技术的作用与价值

（一）人身识别及同一认定

指印的多级特征可作为个人身份认定的依据，通过指印的识别比对等技术，能够证明人身，锁定犯罪嫌疑人身份；指印检测技术能够实现尸体身份查找核对，通过将死者指印与数据库指纹档案或相关现有指纹进行核对，能够查找确认尸源以获取相关人身信息。

（二）有利于行为人特点分析

指印检测技术是侦查破案的重要手段，通过指印检测技术所获取的指印证据是刑侦破案的得力证据。指印中的残留物检验等能够分析行为人的个人特点，如化妆品残留、油渍或其他特殊成分残留，能够起到推断犯罪嫌疑人性别、职业等个人特点的作用，并据此划定相应的调查方向与侦查范围。

（三）提供侦查破案线索

指印证据在案发现场具有高发性的特点，是司法实践中出现概率最大、证据价值较高的证据类型。首先，案件现场所搜集到的指印，有助于司法机关确定案件性质、明确案件事实。其次，与DNA检材不同，案发现场中的指印证据能够判断行为人的动作方向以及行为的先后次序，进行相关行为人活动轨迹判断，确定案件中心现场，实现案件现场重建与案发经过推理分析，为侦查提供方向。此外，指印同一认定可以排除已知怀疑对象的嫌疑，缩小侦查破案的排查范围。

（四）提供诉讼审判证据

指印证据素有"证据之王"的美誉，其在法庭审判中的认可与接受程度较高，具有极高的证据价值。在刑事诉讼中，指印相关证据可以作为间接证据或辅助证据，帮助推断嫌疑人与案件之间的关联性，从而指证其是否触犯具体罪行；在民事诉讼中，指印证据则可以作为直接证据，证明当事人是否涉及相关民事纠纷。

（五）实现案件串并

当前，随着计算机网络系统的发展，指纹数据库更加多样化与智能化，能够快速、便捷、高效地实现跨地区的指纹数据调取、对比与核实，实现指印资源共享与案件串并。犯罪嫌疑人遗留在相关现场的指印，则能够为串并侦破案件提供重要依据。例如，通过将搜集到的指印录入案件数据库，能够实现不同案件或不同案件现场相似、相同指印的快速识别匹配，从而实现案件串并，发现案犯踪迹，并为公安机关侦查破案提供更多的线索与证据。

（六）打击犯罪气焰

指印检测技术的大幅提升，使司法机关能够通过指印比对快速高效地锁定高危人群及高危地区的犯罪嫌疑人，打击职业犯罪、流窜犯罪与惯犯，打击犯罪分子的嚣张气势，消除不良影响，保障人民群众生命财产安全，维护社会秩序稳定与长治久安。

（七）保障司法公正

指印证据在司法实践中具有不可或缺的重要作用。犯罪现场是法庭证据的主要来源，而指印证据的多发性决定了指印证据是当前乃至今后相当长时间内侦查破案的关键手段。与此同时，排除指印鉴定技术自身的失误或缺陷，指印证据在识别人身的同时也具有绝对的排他性，能够排除无辜嫌疑人，以避免冤假错案的发生。

第二章
指印检测技术基本原理

第一节 指印检测技术的分类

根据应用场景与主要残留物质组分的不同,本书将常见的指印检测技术主要划分为以下四大类:汗潜指印检测技术、血指印检测技术、其他类型指印的检测技术、指印成分分析及遗留时间推断检测技术。鉴于传统指印检测技术在其他著作中皆有所提及,因此本书主要就指印检测技术的新兴研究进展开展进一步的分类与介绍,而以下所提及的相关内容也将在本书后文进行具体阐述。

一、汗潜指印检测技术

汗潜指印(见图2-1)的主要物质成分是汗液和油脂。其中,水是人体汗液的主要成分,占比约99%,其余成分主要包括氯化钠和碳酸钙等盐类无机物,以及氨基酸、乳酸、尿素氮等有机物。汗潜指印中的脂类物质,除人体自身皮脂腺产生的皮脂外,还包括人体接触到的一些外来油脂成分,如动物脂肪、植物油等。汗潜指印检测技术是基于汗潜指印的物质成分及成分的特殊理化性质发展而成的。

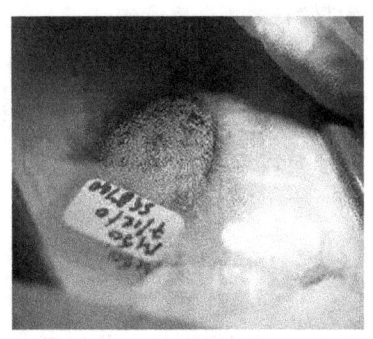

图2-1 包装袋上经显现的汗潜指印

(一) 传统汗潜指印检测技术

根据显现方式的不同，传统汗潜指印检测技术可划分为以下几类：(1) 粉末刷显法。粉末刷显法即以铝粉（银粉）、黄铜粉（金粉）、石墨粉、磁性粉末、硫化锌粉末等金属粉末和非金属粉末进行指印检测的方法。(2) 熏染显现法。主要包括碘熏法、502 胶熏显法、烟熏法及真空镀膜法。(3) 以硝酸银显现法与茚三酮显现法等为代表的化学试剂涂抹、喷洒的检测方法。此外，还包括一些常见的光学显现方法，如配光法、分色法、多波段光源检测法等。传统汗潜指印检测方法的检测原料成本通常较为低廉，但显现效果高度依赖现场条件和检测人员水平高低，因此具有一定的局限性。此外，传统检测方法往往对复杂背景指印、陈旧指印等效果不佳，且除光学方法外，其他检测方法对检材的破坏性往往较大。

(二) 新兴材料类

新兴材料类以纳米材料为主，本书将纳米材料划分为荧光纳米材料与非荧光纳米材料，而将非纳米材料归类为其他新兴材料。此外，在荧光纳米材料与非荧光纳米材料的基础上，根据材料类型和特性的不同，又可细分为稀土纳米材料、金属氧化物纳米材料、半导体量子点、碳点及磁性纳米材料等。

迄今为止，稀土发光材料和半导体量子点的汗潜指印检测方法报道相对较多，然而，稀土发光材料和半导体量子点的合成工序通常较为复杂，且具有一定的生物毒性。

(三) 新原理类

根据具体检测原理的差异，本书将汗潜指印的传统检测划分为光学显现类、物理吸附类、化学反应类和生物染色类。随着科学技术理论方法的发展进步，滋生了一些基于新原理的检测方法，如电化学方法、免疫反应类方法、核酸适配体识别技术等。

新原理类技术往往具有无损、高效、高灵敏度等优势，但其检测试剂的原材料及制作成本往往较高。

(四) 新型设备类

部分新兴汗潜指印检测技术高度依赖新型设备,故本书将这类检测方法单独列为一类。新型设备类的汗潜指印检测技术以质谱成像类、光谱成像类技术为主,如光学相干层析(OCT)技术、高光谱成像技术等。

二、血指印检测技术

血指印(见图2-2)的主要成分为血液。血液以血浆和血细胞为主要组成部分。其中,血浆中水占总成分质量的90%—91%,其余为蛋白质、电解质和小分子有机化合物。司法实践中的血指印可分为可见指印和潜在指印,在血细胞浓度较高的情况下,血指印通常为可见指印,因此相较于汗潜指印,血指印检测技术的相关研究相对较少。但对于血液浓度低、指印颜色与背景色对比度低等情况,仍需采取一定的方法进行指印显现与增强。

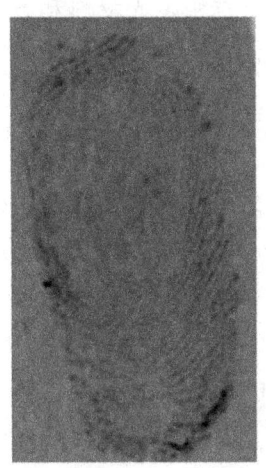 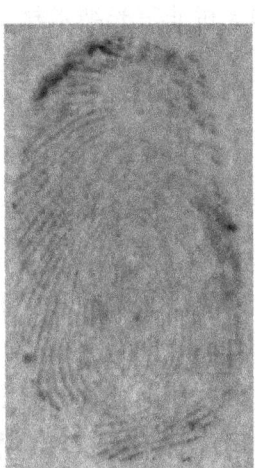 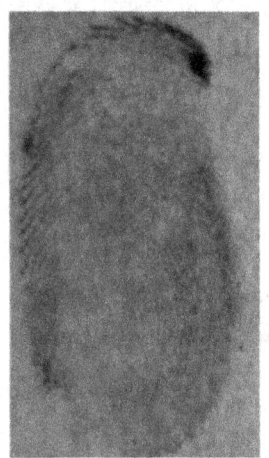

人血指印　　　　鸡血指印　　　　蛇血指印

图2-2　人类及动物血液形成的血指印

（一）传统血指印检测技术

根据检测原理的不同，传统血指印检测技术主要可划分为光学显现类、血红素催化试剂、蛋白质染色试剂与氨基酸反应试剂四大类。其中，血红素催化试剂的靶向物是血红蛋白中的血红素；蛋白质染色试剂靶向大分子蛋白质，对蛋白质进行生物染色而不与蛋白质发生化学反应；氨基酸反应试剂与小分子氨基酸发生化学反应而实现指印显色或增强。常见的传统血指印检测方法包括鲁米诺检测法、四甲基联苯胺法、氨基黑染色法、茚三酮显现法等。

然而，部分传统血指印检测方法往往具有一定的遗传物质破坏性，可能影响后续的法庭科学 DNA 分析。

（二）新兴材料类

根据新兴材料的物理性质，本书将其划分为有机材料类与无机材料类。在此基础之上，根据实践需要，依据材料的荧光特性，又可进一步将材料划分为无机荧光纳米材料和无机非荧光纳米材料、有机荧光材料和有机非荧光材料。

（三）其他类型

与汗潜指印相似，随着不同学科体系之间的交流与发展，血指印检测技术也在传统方法之上新增了其他新兴原理、新兴设备的检测技术方法，如免疫反应试剂检测技术、高光谱成像技术、质谱成像、电化学成像、柱状薄膜技术、Zar-pro 荧光条带等。

上述血指印新兴检测技术在规避对遗传物质的损害的基础上，还呈现出灵敏度高、对比度强、适用范围广等诸多优势，但其在实践中的具体应用效果还亟待进一步实验验证。

三、其他类型指印的检测技术

除汗潜指印、血指印外，实践中还存在其他特殊的指印类型，如灰尘指印、体液污染物指印、火场指印与潮湿客体表面指印等。其中灰尘指印、体液污染物指印是依据指印的污染物成分而进行的分类，而火场指印、潮湿客体表面指印则是根据指印的承受客体情况与现场环境条件进行的分类。特殊指印类型的相关研究文献偏少，因此本书将结合其传统检测技术进行介绍。

（一）灰尘指印检测技术

灰尘指印的传统常见检测方法以光学加强方法与相关拍摄技巧为主，如多波段光源配光法、分色照相法、偏振光照相技术，结合后期图像技术增强进行指印的清晰化处理。最新的研究进展主要是在传统研究技术的基础上进行的改进。

（二）体液污染物指印检测技术

体液污染物指印检测技术的具体检测方法通常与汗潜指印相似，且鉴于通常情况下体液污染物首选用于法医遗传物质鉴定用途而非指印显现用途，故现有相关研究进展较少。

（三）火场指印检测技术

火场指印常见于纵火案等高温环境现场。鉴于火场指印残留物中的氨基酸以及尿素等在高温条件下易分解，且通常情况下，指印处于高温条件的时间越长，环境温度越高，指印的破坏程度便越大，故而实践中在显现与提取火场指印方面具有较高难度。此外，物品燃烧产生的烟尘可能与检测试剂发生化学反应，从而影响检测结果，故而通常需要对承痕体表面的烟灰沉积物进行一定的清理。目前，常见的火场指印显现技术以物理显现法和化学显现法为主，包括传统粉末刷显法、二氧化钛小颗粒悬浮试剂法、碘熏法和硝酸银显现法等。

火场指印相关检测思路主要是检测其残留物中不受高温条件受热分解影响的残留物质成分，如氨基酸、尿素的受热分解不对502胶熏显法及硝酸银显现法的显现结果造成明显影响，故而这类显现试剂方法对于火场指印具备较好的显现效果。

(四) 潮湿客体表面指印检测技术

潮湿客体表面指印是指位于湿润、水浸等潮湿客体上的指印。相较于火场指印，潮湿客体表面指印在案发现场出现的概率较大，下雨、冰雹、降雪等自然天气情况与消防灭火、藏匿尸体或凶器等人为因素都可能导致潮湿客体表面指印的产生。由于粉末法不适用于潮湿浸润客体，因此潮湿客体表面指印的常见检测方法以湿法检测为主，如小颗粒试剂法。此外，也有文献指出潮湿客体表面指印可在适当干燥后再进行显现与提取处理，或是采取诸如真空金属镀膜法等方法进行显现。

四、指印成分分析及遗留时间推断检测技术

指印残留物既包括人体自身分泌物及代谢产物，如汗液、油脂等，也包括一些外来污染物，如食物油脂、化妆品、毒品、药物等。基于现场遗留指印中的指印残留物成分，可以进行相关的指印成分分析及遗留时间推断，缩小侦查范围，为侦查破案提供线索。

(一) 指印成分分析技术

根据分析原理的差异，本书将指印成分分析技术划分为光谱、质谱分析法，色谱分析法，毛细管电泳法和免疫分析法。除单独运用上述方法外，亦可以通过不同分析方法的组合运用进行指纹残留物的分析，如采用气相色谱－质谱联用法来测定指纹中的脂肪酸成分等。

1. 光谱、质谱分析法

光谱分析技术是根据物质的特殊光谱来确定物质化学组成和相对含量，从而达到物质鉴别目的的分析方法。依据光谱分析原理的不同，光谱分析技术又可分为发射光谱分析与吸收光谱分析两类。质谱分析法是一种基于测量被测样品离子的质荷比的分析方法，可用于分析同位素成分、有机物构造及元素成分等。

目前，光谱、质谱成像技术具备同时获取指印图像和残留物物质成分的功能，具有较为广阔的应用范围和应用前景。

2. 色谱分析法

色谱分析法，又称层析法、色层法。依据流动相与固定相的差异，色谱法可分为气相色谱法及液相色谱法。色谱分析法的基本原理是先利用混合物中各组分在固定相和流动相中移动速度的差异而达到混合物组分分离的目的，随后进行逐个分析。

然而，虽然色谱分析法能够分离各种复杂混合物，且分离效率高、速度快，但其对分析对象的分析鉴别能力较差，通常与其他方法联用而不作为独立的分析方法。

3. 毛细管电泳法

毛细管电泳法，是指以弹性石英毛细管为分离通道，在惰性支持介质（如纸、醋酸纤维素、琼脂糖凝胶、聚丙烯酰胺凝胶等）中，带电颗粒在电场作用下，向与其电性相反的电极方向按各自的速度进行泳动，利用带电粒子在电场中的不同移动速度而达到组分分离效果，并用适宜的检测方法记录其电泳区带图谱或计算其含量的方法。

与色谱分析法相似，毛细管电泳法也主要作为分离方法而非分析方法使用，其通常与光谱、质谱分析法和电化学方法联用。

4. 免疫分析法

免疫分析法是指利用抗原-抗体的特异性结合反应性质检测以特定物质的分析方法。免疫分析法操作简单、快速高效，但免疫分析法的灵敏度和选择性不及色谱技术，通常一类试剂盒只能测定某项特定物质，且可能与其结构相近的代谢产物、内源性物质等发生交叉反应，从而影响分析结果。

(二) 指印遗留时间推断方法

指印的遗留时间主要依据以下四类指印特征进行遗留时间推断，即指印形态特征、光学特点、电效应和残留物成分。常见的遗留时间推断方法包括光谱成像法、质谱成像法和荧光试剂类方法。

总体而言，指印遗留时间推断的相关文献研究较少，现有方法多具有一定的局限性，且缺乏进一步实验验证与深入研究。

1. 基于指印形态特征推断遗留时间

随着遗留时间的增长，指印残留物中的水分挥发，导致指印纹线变窄、部分花纹消失或纹线出现隔断，因此，纹线形态特征可作为指印遗留时间推断的依据之一。但受温度、湿度等环境条件以及客体表面理化性质、指印残留物具体成分等因素的影响，基于形态特征推断遗留时间的方法准确度较低，具有一定的局限性。

2. 基于指印光学特点推断遗留时间

在特定波长的光源条件下，指印残留物能够激发出不同波长与强度的荧光。指印荧光的颜色、强度及荧光分布均会随遗留时间的改变而发生不同程度的变化。故而利用指印残留物的荧光特性，能够在一定程度上进行指印遗留时间的判断。

3. 基于指印的电荷变化推断遗留时间

指印残留物中存在带电组分，如无机盐。部分研究指出，指印残留物的电荷分布、电荷量的大小亦可能随遗留时间的改变而产生变化。

4. 基于指印残留物成分推断遗留时间

指印光电效应随时间变化本质上是指印残留物成分变化的一种反应形式。但正如前文所言，鉴于指印残留物中脂类化合物成分含量较高、稳定性较强，因此基于指印残留物成分推断遗留时间的方法主要依据的是脂类化合物成分的相关变化，如脂肪酸、角鲨烯等。

第二节　指印检测技术的基本原理

一、物质交换原理

（一）物质交换原理简介

物质交换原理，又称"洛卡德物质交换原理"（Locard Exchange Principle）。法国著名法庭科学家和侦查学家埃德蒙·洛卡德（Edmond Locard，1877—1966）于20世纪初在其编著的《犯罪侦查学教程》一书中提出该理论。

物质交换原理是指印检测技术基础的核心理论之一，体现了能量守恒、物质交换与信息传递等自然规律。这一理论主张犯罪的过程本质上是一个物质交换的过程，"凡两个物体相互接触，则必然伴随物质转移与交换现象"，即两种客体在外力作用下发生接触，必然引起客体接触部位的能量转移与物质交换，导致物质相互交流或发生变化。如在犯罪现场中，行为人在实施行为时必然会接触到不同的物体，从而在现场留下各式各样的痕迹物证。因此，洛卡德物质交换原理也被简称为"触物留痕原理"。

犯罪行为导致的物质交换形式有多种，如宏观的和微观的、有形的和无形的、客观的和抽象的等。"洛卡德物质交换原理"中所涉及的"物质交换"是广义上的，可分为以下三种类型：

一是痕迹性物质交换。即行为人与客体物接触后造成的客体表面形态的变化。如犯罪现场留下的指印、足迹、齿印、枪弹痕迹、工具痕迹以及因搏斗造成的咬伤、抓痕等体表损伤。

二是实物性物质交换。即狭义上的物质交换。实物性物质交换又可划分为宏观的物质交换和微观的物质交换。宏观的物质交换指行为人在现场遗留下相关物品或是从现场带走相关物品等；微观的物质交换指微量痕迹物证的转移，如特殊成分的转移、衣物纤维的交换、微量毒品毒物或刺激性气味的遗留等。

三是信息性物质交换。即人体所感受到的客观存在或客观事实在脑海中留下的主观印象。如嫌疑人的体貌特征、口音特点以及案件发生经过、案件细节等客观事实给相关人留下的印象或记忆。

此外，随着信息化时代的到来，涉及手机、相机、摄像头等数码设备以及互联网平台的犯罪层出不穷，除上述传统痕迹物证外，行为人还可能遗留下视频、语音等音像信息以及网络浏览记录、网络交易记录等数字化痕迹物证。

(二) 物质交换原理在指印检测中的应用

"洛卡德物质交换原理"自问世以来，便一直被法庭科学领域的相关研究者们深入研究并补充完善。这一理论不只是指印检测基础的基础理论，亦是整个痕迹学学科赖以生存的基石，在犯罪现场的实际侦查、线索的寻找与发现、侦查方向的确定和案件侦破等方面皆具有指导意义。

在实施某种行为的过程中，行为人作为物质实体必然会与其他各类物质实体发生接触，引起接触面的部分成分脱落，部分脱落的物质会发生交换。因此，刑事案件中的物质交换是普遍存在的，是不以人的意志为转移的客观规律，是"犯罪行为的共生体"。

将"洛卡德物质交换原理"运用到指印检测领域，可知指印是案件现场痕迹性物质交换的结果，是行为人手掌面花纹在客体接触部位表面上的形态与特征的反映；指印中的残留物成分则是实物性物质交换的结果，是行为人所携带的微量物质转移到遗留客体上所呈现的微量痕迹物证。这些痕迹与物证是推断与查找指印遗留人的重要线索，而指纹人各不同、终身基本不变的特点，也决定了物质交换所遗留的指印花纹图案是人身同一认定的重要依据。

随着犯罪活动的智能化、信息化趋势越发明显，在部分情况下难以在案件现场获取传统的宏观实物痕迹物证，而物质交换原理就为微观痕量痕迹物证的收集奠定了坚实的理论基础。

二、指印检测技术的技术原理

鉴于本书耗费大部分篇幅阐述指印检测技术中的指印显现部分，故而在此部分主要对指印显现技术的常见原理进行介绍。

（一）传统显现技术原理

传统指印显现技术主要包括光学显现法、物理显现法、生物染色法和化学反应法四大类。

1. 光学显现法

传统的光学显现法包括紫外、红外、荧光、分色和配光等光学方法。其中，常见的光学显现原理主要有三种类型：一是利用指印残留物与遗留客体表面不同的理化性质所导致的反射性能与反射光强度的差异，减弱甚至消除背景表面上的图案或相似颜色干扰，如定向反射方法、暗视场配光方法、无影照明方法。二是利用特定波长下不同物质对光线的吸收能力与反射能力的差异，增强指印纹线与背景的对比度，如采取红外反射照相方法或分色方法使血指印与客体背景色之间形成较大的亮度反差。三是依据指印与背景表面荧光特性的差异，使用光源激发荧光，从而将背景与指印纹线分离，如激光荧光方法、紫外荧光方法等。

光学显现法作为非接触性的显现技术，具有破坏性小、操作简单、适用范围广、显现或增强效果好等优势，与此同时，绝大多数传统光学方法需要结合特定的拍摄角度或拍摄技巧。

2. 物理显现法

物理显现法的主要原理是利用指印残留物与显现试剂或粉末之间的物理吸附作用和静电作用，使指印纹线因吸附有色颗粒而呈现出各种颜色，如金属和非金属粉末刷显法、小颗粒悬浮液显现法和真空金属沉积法。

其中，粉末刷显法适用范围较广，但不适用于潮湿客体表面；小颗粒悬浮液显现法利用指印残留物中油脂等成分不溶于水的特性，以及悬浮液颗粒对指印残留物成分的吸附性，能够直接显现潮湿、水浸的光滑基底表面的指印花纹；真空金属沉积法又称真空镀膜法，是利用指印残留物与客体表面的吸附性质的不同，使蒸发的气体原子附着到检材表面形成一层薄膜，从而显出潜在指印的一种物理方法，但相关仪器较为昂贵，且操作复杂。

3. 生物染色法

生物染色法是利用特定 pH 条件下，指印残留物中如大分子蛋白质、脂质等某些特定物质成分与溶液中的有色物质在氢键、范德华力、静电作用等作用力下进行特异性吸附，从而导致指印显色的一种方法。常见的生物染色试剂包括氨基黑、隐色龙胆紫、考马斯亮蓝、匈牙利红等有色染料。生物染色法通常具有操作简单、显色速度快、成本低廉的优点。

4. 化学反应法

化学反应法是指利用试剂与指印残留物中的氨基酸、多肽、蛋白质等发生化学反应，从而达到指印可视化或增强效果的方法。化学反应类显现方法在具体反应原理上差异较大，常见的包括茚三酮显现法、硝酸银显现法、四甲基联苯胺显现法等。

其中，茚三酮显现法是基于茚三酮试剂与指印残留物成分中的氨基酸发生化学反应，生成一种的蓝紫色产物，即鲁赫曼紫，从而将指印显现出来，该方法适用于各类浅色纸张、本色木等渗透性客体表面的汗液指印和潜血指印；硝酸银显现法是司法实践中较为常用的显现方法之一，其原理是指印残留物成分中的氯化物与硝酸银发生反应并转化成氯化银，随后在光照条件下，氯化银经过光解反应或者在还原剂的作用下分解成棕黑色的银微粒，该方法通常适用于显现非渗透性客体表面的汗潜指印；四甲基联苯胺显现法常用于血指印检测，在过氧化氢存在的条件下，四甲基联苯胺与血指印反应而生成蓝绿色的四甲基联苯胺蓝，这一方法具有较高的灵敏度与较为广阔的适用范围，但存在一定的生物毒性。

(二) 新兴显现技术原理

随着学科体系的交流与发展，越来越多的新兴显现技术闯入人们的视野，在传统方法的基础之上，又衍生出电化学显现法、生物识别技术等新兴指印显现技术方法。

1. 电化学显现法

常见的电化学显现方法包括电化学共沉积类显现方法、扫描电化学显微镜法、扫描开尔文探针等。其中，电化学共沉积类显现方法是基于导电基底上指印残留物的电化学惰性，使电化学共沉积反应选择性地发生在没有指印纹线覆盖的导电基底上，从而在基底和指印花纹之间产生显著的颜色差异，并最终获得具有较高对比度的反像指印；扫描电化学显微镜法基于电化学原理运作，其作为显微镜的一种能够测量相关区域内的电化学电流，获取对应区域的电化学信息和形貌信息，具有高分辨率的优势；扫描开尔文探针是一种用于化学领域的分析仪器，该方法利用指印残留物中的氯离子等无机物成分，引发金属表面电化学去钝化现象与探针局域 Volta 电位变化，除可视化指印外，该方法亦能够在进行无损表面分析的同时绘制有关样本的三维形貌。

2. 生物识别技术

生物识别技术是指利用生物体细胞及相关物质的生物反应进行指印显现的一种方法，主要包括以下两类：免疫荧光标记技术和核酸适配体技术。

免疫荧光标记技术将免疫学方法与荧光标记技术相结合，基于抗体和抗原之间的免疫反应，采用特定荧光抗体靶定指印残留物中的某一物质成分，利用荧光抗原标记物显现潜在指纹。核酸适配体技术基于核酸适配体的分子识别特性，通过设计多种针对不同类型靶标物的核酸适配体荧光探针，将指印残留物中的相关生物信息转变为荧光的功能核酸分子，从而实现指印纹线的可视化。

除上述原理外，部分指印显现方法是多种原理共同作用的结果，如碘熏法、电化学表面等离子共振光谱法等。碘熏法的基本原理是，在碘熏过程中，指印物质中的油脂和汗垢对碘有吸附作用，升华的碘蒸气遇到指印物质时便会凝华并附着于指印残留物表面，导致指印显色；与此同时，碘蒸气也会与指印残留物组分中的不饱和脂肪酸发生化学反应，生成黄褐色的二碘硬脂酸。电化学表面等离子共振光谱法等则是表面等离子体共振光谱（SPR）与电化学方法的结合，能够实现超灵敏度，具有较强的发展潜力。

第三节 指印显现技术的一般流程

潜在指印显现是勘查勘验部门最重要的工作之一，能否在犯罪现场提取到可供分析、鉴定的犯罪指印，往往事关侦查工作能否顺利开展。指印检测工作流程包括指印显现流程和指印鉴定流程两个重要环节。其中，指印的显现流程影响指印纹线的清晰度与完整度，而指印的鉴定流程则决定了同一认定的结果，两者对案件事实的查证与侦破皆具有重要价值。

现场指印显现主要包括指印的搜索与发现、指印记录、指印预处理、指印显现与增强、指印的固定与提取等几个程序。

（一）指印的搜索与发现

指印的搜索与发现是指印检测的基础，也是进行指印显现的前提。针对不同的案件现场，需要根据具体的案件性质与现场情况，确定指印寻找的重点区域或物品，如案件中心现场、进出口及往来路径、嫌疑人作案工具等。由于光学显现是非接触性的，对指印纹线的破坏性最小，因此在指印寻找与发现程序中，除肉眼观察的方法外，还可采用一定的光学显现方法增强指印与其背景的色彩或亮度差异，从而发现潜藏的指印证据。

（二）指印记录

对于案件现场所发现的指印痕迹，在采取进一步的处理前，通常需要先采取一定的方式进行客观、详细、真实、准确的记录。常见的记录方式包括照相、录像、绘图、文字等，而记录内容则主要包括指印证据的编号、指印证据的发现位置、指印数目与指尖朝向、承痕客体的位置大小与表面性质、指印证据与其他证据之间的关联性等。指印证据的记录不仅有助于案件的情节推断与现场重建，亦有利于确定下一步的处理措施或显现方案。

（三）指印预处理

某些特殊物质指印或采用特定显现方法的指印，在显现前须采用特殊的固定方法，以保证最终的显现效果。一般为一些湿法显现的前处理手续，目的是通过使用固定剂固定指印纹线，避免指印显现环节造成的指印模糊与脊纹扩散。此外，灰尘指印、胶带粘面指印的显现也需要特殊的预处理程序，以保证物证的完整性和显现效果的可靠性。

（四）指印显现与增强

鉴于光学方法的无损性质，在各类指印显现方法中，通常优先考虑光学显现法，在光学显现法无法达到较好的效果时，才依次采取物理显现法、化学显现法、生物染色法等其他显现手段。针对指印遗留客体表面性质、遗留时间、指印污染物主要物质成分等条件的差异，所采取的具体显现方法也有所不同。除光学检测方法外，常见的指印显现方式主要包括刷显、熏显，以及喷洒、浸泡等。此外，单一显现方法有时并不能满足鉴定要求，如502胶熏显法显现出的指印纹线为白色，若客体表面颜色较浅，则可通过加碘增强法、粉末染色法等对指纹纹线增强处理，以便最后拍照固定。

（五）指印的固定与提取

指印证据的固定提取主要包括照相提取固定、原物提取、制模法、静电吸附法几种方式。其中，原物提取手段通常只在指印承痕客体体积较小、能够直接提取原物的情况下使用。鉴于拍照固定方法的便捷性与高效性，目前多数痕迹特征均采取拍照的方式进行提取与固定。

第三章
指印检测技术研究背景与发展趋势

第一节　指印检测技术的起源和发展

一、指印检测技术的起源

指纹检测鉴定有关技术的应用最早起源于中国，我国是公认的指纹运用发源地。据现有考古实物和史料记载，迄今为止，我国在指纹运用方面已有数千年的历史。

起初，指印作为陶制品装饰纹的一种，常见于制陶工艺。西周时期，人们便对指纹特征有了一定了解，但常见于看相、算命等宗教迷信用途。

早至秦汉时期，古人便意识到指印可作为鉴定破案的线索与证据。1975 年，在我国云梦县睡虎地古墓出土的公元前 2 世纪的秦代睡虎地秦墓竹简《封诊式》中，便发现了"贼死""经死""穴盗""出子"四份法律文书，这是我国目前已知的最早的刑事勘查记录。其中，在"穴盗"篇内记录了一件盗窃案件的犯罪现场详细情况，如现场周边的环境状况、中心现场洞穴的高度、宽度等，且记载有"内中及穴中外壤上有郄（膝）、手迹，郄（膝）、手各六所"字样，说明此时的官员已意识到犯罪嫌疑人的手、脚、膝部所遗留的痕迹及其特征等与案件密切相关。

然而，指印技术运用初期，古人并未意识到乳突线花纹的形态、位置、排列等差异能够用于人身同一认定。如"穴盗"篇中仅体现了古人进行痕迹勘验的意识，却并未记述秦朝官员对指印反映性的认知与利用。

二、早期指印检测技术的发展

指印鉴定的运用最早可追溯至唐朝。据 1995 年西安出土的《全唐书》所载，捺印画押相关技术的出现与推广源于唐代。唐朝时期，民间广泛采用"按指为书"作为个人身份追认辨别的方法。至今为止发现的第一个捺印有指纹的文物是 1959 年在新疆米兰古城出土的一份唐代藏文文书（借粟契），此契落款处捺有四枚红色指印。此外，唐朝中期来华的阿拉伯商人苏莱曼，在其所撰写的行记——《苏莱曼东游记》（一译《中国印度见闻录》）中介绍其在大唐的所见所闻时，便记述有关于唐人在借据上签字画押一事。由此可见，唐代人们对指印的人身同一认定价值已有了一定的了解与认同。1927 年，德国学者罗伯特·海因德尔在《指纹鉴定》一书中指出，唐代的著作家贾公彦是世界上使用指纹识别人身的第一人，其相关作品大约写于公元 650 年（永徽元年）。唐朝以后，军队中通常撰写有《箕斗册》，册中详细记载了士兵的姓名、年龄、家庭住址等信息，还会在对应的条目下捺印有每位士兵的指印，从而方便朝廷准确判断每位士兵的身份，故而《箕斗册》也被誉为我国最早的"指纹登记系统"。

宋朝时期，我国古代社会经济取得空前发展，商品经济逐渐活跃，"走卒类士服，农夫蹑丝履"。与此同时，经济的繁荣导致各类诉讼纠纷日益增多，指印作为人身同一认定的重要依据，其应用范围越发广阔。在此背景之下，指印逐渐成为刑事诉讼的重要物证，指纹检测技术进一步提升。宋代时期指纹鉴定技术在刑事案件中的运用有了进一步的发展。现已知最早利用指纹进行案件侦破的记载源自大宋提刑官宋慈，在其著述的《洗冤集录》中具体记载了其通过指纹断案的经过，提及了相关指纹的同一认定方法。作为后世公认的最早法医集录，《洗冤集录》的出现充分表明古人对指纹人各不同、终身基本不变特性的初步研究与应用。直至南宋时期，曾出现官府大规模进行指纹采录的现象，指纹技术在民刑事上的运用范围进一步扩大。

元代时期，指印证据技术继续发展，并出现了利用指印推断指印遗留者年龄的判例。姚燧《牧庵集》载："又有讼其豪室，奴其一家十七人，有司观故数十年不能正。公以凡今鬻人皆画男女左右食指横理于卷为信，以其疏密判人短长壮少，与狱词同。其索券视，中有年十三儿，指理如成人。曰：'伪败在此！'为召郡儿年十三者数人，与符其指，皆密不合。豪室遂屈毁卷。"该案中，浙西廉访副使潘泽发现十三岁青少年的指印纹线较为稀疏，而文契上指纹纹线的疏密与其年龄并不相符。潘泽便据此推断豪强所持人口买卖文契为假，并最终澄清了这一长达数十年的冤假错案。

相较之下，西方的指印检测相关技术晚于中国约千余年。我国古代对指纹的观察和应用在唐代以后传播到国外，对世界指纹学的研究和现代指纹学的产生与发展有着深远影响。

三、近代指印检测技术

（一）近代指印检测技术的萌芽

自17世纪以来，部分西方学者便开始了对指纹技术的探索与研究。与此同时，人体解剖学组织学和生理学的发展为指纹学学科体系的建立与完善打下了良好的理论基础。

1684年，英国植物解剖学家和生理学家内赫米亚·格鲁博士（Nehemiah Grew）向皇家学会《哲学公报》提供了自己对指纹的观察报告，该报告中详细描述了皮肤、汗孔及其排列方式，并附带有一幅手部形态的示例图。该报告是西方世界最早的关于指纹学的文章。

1685年，荷兰人古德·比德洛（Gouard Bidloo）出版第一本指纹图形书籍。

1686年，意大利生物学家、巴塞罗那大学解剖学教授马尔切罗·马尔比基（Marcello Malpighi）首次使用显微镜观察指纹，发现手掌面和手指末节都存在独特的脊纹和汗腺，并将这一发现编入编年史。

1788年，德国解剖学家约翰·克里斯托弗·安德烈·梅耶（Johann Christoph Andreas Mayer）首次发现每个人的指纹不相同且人的指纹终生不变的基本规律，提出指纹分析的基本原则。

1823年，捷克（德国）生物学家、布雷斯劳（Breslau）大学解剖学教授约翰·浦金杰（John E. Purkinje）发表论文《触觉器官和皮肤组织生理学检查注解》。根据自己的观察结果，乔纳斯·浦金杰在该论文中系统介绍了不同形态的各类指纹，是第一位提出指纹九种分类的学者。

上述内容从解剖学角度对指纹进行系统化论述，奠定了近代指纹识别技术的理论基石。

（二）近代指印检测技术的兴起

19世纪初，随着西方殖民主义的扩张与工业革命的全球范围展开，资本主义经济飞速发展，生产力获得空前解放，近代科学技术兴起，自然科学及相关应用技术迅猛发展。与此同时，基于原有侦查技术的落后，欧洲民主与法制的兴起和完善对案件侦破提出了更高的要求，直接推动了指纹学学科的发展。

1880年，在日本生活的英国传教士兼医生的亨利·福尔兹（Henry Faulds）和生物学家赫谢尔（W. J. Herschel）在《自然》杂志上发表了他们对指纹的研究看法，"当血污的指印在泥土、杯子等东西上留下痕迹时，它们就能导致用科学方法来证明罪犯的身份"。该论文用科学理论指出，指纹由勾、眼、桥、棒、点等纹线组成，每一条指纹的起点、分支、结合以及终点各不相同；人的指纹存在共性和特殊性，可以将指纹这一特性作为人身识别的方法。

在前人的基础之上，1891年，著名生物学家达尔文的表弟、英国人类学家弗朗西斯·高尔顿（Francis Galton）在《自然》杂志上发表论文——《指纹分类法》，次年又出版了《指纹学》一书。他在《指纹学》中发表了对指纹更为详细的分类、鉴定，首创指纹纹型的基本分类法，该研究得出了影响重大的三个有关指纹的结论：指纹终身不变、指纹可以识别、指纹可以分类。而后，高尔顿于1900年详细论述了指印的分类与功用，该成果与后续研究者爱德华·理查德·亨利的研究成果一起被称为"高尔顿-亨利分类系统"，标志着指纹学作为一门独立学科的正式诞生。此外，高尔顿还证实了指纹在亲世代之间具有遗传关系，并在随后的研究中通过计算得出"两枚单独的指纹相同的概率只有640亿分之一"的结论，进一步证明了指印纹线的独特性。1891年高尔顿提出了以个人识别为目的的指纹分类法，1892年又出版了《指纹学》一书。该书中基本解决了指纹的特定性和稳定性、指纹分类标准和指纹分类储存以及指纹鉴定方法问题。因此，高尔顿的《指纹学》一书成为近代指纹学诞生的标志性著作。

与此同时，1888年，阿根廷拉普拉塔警察总局的朱安·瓦泽蒂西（Juan Vucetich，一译胡安·武塞蒂赫）警官发表了《比较指纹学》，提出了指纹分类系统，论述了指纹鉴定法的实用价值。1891年，他创建了世界上第一个罪犯指纹档案库。1892年，在高尔顿研究的启发下，他在《人体测量学和指纹学使用概论》一书中详述了指纹学的优越性，创造了一套实用的指纹分类方法，即用字母和数码代表不同手指的不同纹型的分类系统。同年，瓦泽蒂西首次采用指纹痕迹破案，指印证据首次登上阿根廷法庭，阿根廷也因此成为世界上第一个采用指纹证据的国家。瓦泽蒂西曾两次出席南美科学大会进行宣传，促进了指纹技术在南美大陆的传播与发展。从此，近代指纹技术风靡世界警坛，并取代了法国人类学家阿方斯·贝蒂荣（Alphones Benillon）于1879年发明且风行一时的人体测量法。

1896年，英国派驻印度孟加拉的警察总监爱德华·理查德·亨利爵士（Edward Richard Henry）提出指纹细节特征识别理论，即亨利指纹分析法。[1] 由于这套方法是在高尔顿研究基础上进行的改进，故又称作"高尔顿-亨利指纹分类系统"。该系统对指纹分析分四步进行，并将指纹分为平拱形、凸拱形、桡骨环状形（正箕）、尺骨环状形（反箕）、螺纹形五种类型，分别以这五种纹型名称的第一个字母为代表，并规定了内端和外端以及纹线计数法用来计数，得出的数据与基本类型的字母组成一个简单的公式。这套方法于1897年由全印总监会议通过。1897年，印度废除贝蒂荣于1879年发明的人体测量法，采用亨利指纹分析法。1900年，亨利系统被英国政府承认，在亨利被召回英国负责指纹鉴定工作后，苏格兰于1901年开始正式采用亨利指纹法。该系统在随后的发展中逐步被各国采纳并加以修改和完善，之后形成了惯例，成为后续指纹识别的主要方法来源之一，指

---

[1] E. Henry, Classification and Uses of Finger Prints, Routledge, London, 1900.

印证据也被冠以"第一物证"称号。在此基础上，指纹学逐渐作为一门独立的学科不断发展与完善。

1897年，美国学者哈里斯·霍桑·怀尔德（Harris Hawthorne Wilder）首次提出了主要纹线索引理论，他研究了手掌的各指球（鱼际）区域，并将其分别命名为A、B、C、D三半径点（triradii points），为形态学、遗传学及种族间指掌纹的研究奠定了皮纹学完整的系统基础。

1911年，法国著名刑事侦查学家、司法鉴定学家、警察技术实验室的先驱、"物质交换原理"的提出者埃德蒙·洛卡德（Edmond Locard）设立"最低特征数量标准"，主张"在一枚指纹的鉴定中，如果所利用的特征点少于12个，则这枚指纹的特定性就不充分；同时如果出现一个差异点，就绝对不能认定同一"。1914年，洛卡德又提出了"三重性规则"："若所检验的指印纹线清晰，同时有12个以上特征点相符，则可作出肯定结论，且结论毋庸置疑；若所检验的指纹有8至12个特征点相符，则肯定结论需结合下列各项因素考虑，包括指纹的清晰程度、指纹的类型、指纹特征所在区域（中心、三角、外围）、汗孔的出现、乳突纹线及小犁沟的宽度、纹线的方向以及分歧的角度值等，在这种情况下，需与两名以上经验丰富的专家讨论后，才能得出肯定的结论；如果所检验的指纹特征较少，则不能得出肯定的结论，只能根据特征的数量以及指纹的清晰程度提出推断性意见。"在他的倡导之下，法国首先确定了进行指纹鉴定必须具备的"12个特征点规则"。荷兰和以色列也先后实施这一标准，而德国则在采纳"最低特征数量标准"的同时对该标准提出了附加条件，强调了指纹纹型和清晰度对特征数量标准的影响。如果指纹的纹型清晰，如箕形纹、斗形纹等，并且指纹整体清晰，那么可以采用较低的特征数量标准，如8个细节特征点。这一附加条件考虑了指纹本身的特点和鉴定条件，使指纹鉴定更加科学、合理。

1915年8月4日，奥克兰（美国加利福尼亚州）警察身份鉴定局的监察员哈里·卡尔德维尔（Harry H. Caldwell）致信邀请法庭科学领域相关技术人员与学者参与奥克兰的一场学术会晤，以期组建一个身份识别相关的专业组织。同年10月，数十位专家学者于加利福尼亚州会面，在此次学术会议中成立了后来被称为"国际鉴定协会（IAI）"的组织，这是世界上第一个与指纹鉴定相关的权威国际组织。

近代指纹学相关理论方法于20世纪初传入中国。中华民国时期，由于殖民主义在华划分势力范围，各地警察机构采用了不同的指纹分类系统。我国的十指指纹登记是统一按照1956年公安部制定的《中国刑事登记十指指纹分析法》和《犯罪十指管理方法》进行的。自此，中华民族建立了科学的、规范的、统一的指纹技术体系，为指纹检测技术在我国的广泛应用奠定了坚实的基础。

四、现代指印检测技术

现代指印检测技术以信息化、自动化和机械化为主要特点。

20世纪60年代开始，人类社会步入计算机时代，自动指纹识别系统逐步应用于法庭科学领域。

指纹识别主要根据人体指纹的纹路、细节特征等信息对操作或被操作者进行身份鉴定。起初，各国间首先采用的是人工与机器相结合的指纹半自动管理的系统机制。在将指纹信息录入计算机的基础上，采用人工审核、分析仪等方式对指纹上的特征进行分类编码并存储，实现指纹比对和鉴定。然而，采取人工进行编码、比对、归类等操作耗费大量人力物力，且存在效率低下、速度慢等弊端，无法应对日趋庞大的指纹数据处理需求。

此后，随着信息技术的发展与进步，基于计算机可以有效识别和处理图形数据的优势，世界各国逐步开展指纹自动识别系统（Automated Fingerprint Identification System，AFIS）的研发与应用。AFIS的基本工作原理大致分为指纹图像获取、指纹图像压缩和指纹图像处理三部分。该系统利用摄像机、扫描仪等图像识别与采集设备，将指纹图像转化为数字图像并录入计算机系统，再通过计算机对数字图像进行压缩储存和后期处理，以实现指纹特征的提取、分类、定位和图像增强，并在此基础上进行指纹特征比对与分析。

20世纪70年代末80年代初，AFIS指纹自动识别系统投入实际运用，但受技术与成本限制，早期的指纹自动识别系统主要用于军事领域与刑事领域。直至20世纪80年代后，计算机设备、光学扫描这两项技术的进步革新，促进了指纹识别技术在司法领域及其他领域中的应用与发展。20世纪90年代左右，随着算法的进步和设备成本的降低，AFIS自动指纹识别系统逐渐投入民用领域。

进入互联网时代后，自动指纹识别系统的应用范围越发广阔。得益于现代电子集成制造技术和计算机智能化算法的研究，指纹技术已逐渐融入我们的日常生活，成为目前"生物检测学中研究最深入、应用最广泛、发展最成熟的技术"。指纹学学科经过长期的探索与不断发展完善，也逐渐建立起科学的、系统的学科体系，成为一门涵盖指纹学基础理论知识、现场勘查技术、显现技术、照相技术、鉴定技术和计算机自动识别技术等内容的综合性应用学科。

第二节　指印检测的现存困境

一、指印检测理论性难题

（一）指纹鉴定标准问题

指纹的鉴定标准问题直接决定了指印证据的证据价值。自埃德蒙·洛卡德提出指纹"最低特征数量标准"后，这种两枚指纹的符合特征点达到了一定数量即可作出认定结论的思路在很长一段时间内都被作为指纹同一认定的标准。然而，各国所设立的"最低特征数量标准"不尽相同，各学者间也存在不同的探讨。我国在指纹鉴定领域并未明文规定具体的最低数量标准，司法实践中也存在仅根据3—4个特征点便得出肯定或否定鉴定意见的案例，但多数指纹鉴定人员认为指纹鉴定至少需要7—8个符合特征点方可出具肯定或否定同一认定结论。

然而，近年来这一以特征点相符数量为鉴定标准的处理思路在科学性和可靠性方面受到了部分国内外学者的质疑。目前，不少学者就具体指纹鉴定标准及其科学性进行了诸多探索与论证，但尚未获得广泛认可的、科学可行的鉴定标准。

部分学者主张应结合特征点的数量和质量进行综合评断，指出存在本质相符或本质差异的特征具有更高的鉴定价值与质量。但基于目前对于指纹特征点质量并无统一的标准，也缺乏科学的理论或实验论证指纹特征点质量的高低，因此在司法实践中，这一解决思路主观性较强，存在主观臆断的风险，且可操作性、可重复性较差。此外，亦有学者提出通过建立概率模型的方式来确定指纹鉴定标准，如依据指纹面积和特征质量来量化指纹匹配概率，或是引入拓扑学理论，将指纹转换为函数定义域，从而将同一认定问题转换为证明两枚指纹是否具有相同的拓扑性质的问题。然而，在实践中这类思路也存在可行性较差的弊端。

（二）指纹二、三级特征的定义问题

随着犯罪行为的手段越发隐蔽化与智能化，指印检测与鉴定的难度逐渐攀升，对指纹检验技术也提出了新的挑战与需求，在此背景下，指纹三级特征理论对指印检验和人身识别的技术方法具有重大意义。然而，自1999年David. R. Ashbaugh提出指纹三级特征分类法后，国内外不少学者对这一理论提出不同见解，其主要争议集中于指纹二级特征和三级特征的界定与分类方面。例如，在Ashbaugh所提出的分歧、结合、起点、终点、小点、小棒、小钩、小眼、小桥以及罕见的交叉线、错位线、点线、节线等二级特征的基础上，有学者主张串联特征、互斥特征、纹线间断特征、纹线并列形态特征等也属于二级特征分类，能够为指印鉴定提供一定帮助[1]。此外，不同学者对于指纹三级特征的理解与定义也不尽相同，有学者认为指纹三级特征即纹线细节形态特征，包括汗孔的形状和位置、纹线的边缘形态、纹线宽度和细点线；也有学者认为除纹线细节特征外，指纹三级特征还包括皱纹、伤疤等形态特征。

---

[1] 参见张忠良、宋丹、张丽梅等：《乳突纹线细节特征及其组合研究》，载《中国刑警学院学报》2021年第2期。

二、指印检测技术性难题

指印检测技术性难题主要体现于指印显现流程中，如指印固定剂的选择与配比、指印显现的具体方法判断与实际操作等。指印检测现存技术性难题主要包括环境污染与生物毒性、遗传物质破坏性、检测结果假阳性、显现性能上存在不足、适用范围上的缺陷等。

（一）环境污染与生物毒性

目前，司法实践中常用的传统显现粉末或试剂在安全性和环保性方面存在一定缺陷。例如，碘、金属粉末在一定的环境富集而易产生环境污染，因此粉末刷显法使用过程中所产生的粉尘、熏显法所产生的有毒有害气体等可能污染环境，同时对操作人员的身体健康造成一定影响；此外，部分显现试剂可能存在化学毒性与致癌性，不适合相关人员长期接触，如联苯胺、茚三酮、硝酸银以及部分过氧化物酶试剂等存在致癌风险。

（二）遗传物质破坏性

部分指印检测材料可能对指印残留物中的遗传物质 DNA 与 RNA 造成一定程度的损伤，不利于后续的遗传物质分析与利用。例如，有研究文献指出，使用白结晶紫处理指印成分会降低信使 RNA 图谱的检测效率，不利于后续进行体液鉴定或其他遗传学分析；一些学者发现，氨基黑可能影响稀释血迹的 DNA 回收率；粉末刷显法中使用的磁性粉末，可能会对后续的遗传物质分析环节造成影响；此外，有实验证明当指印残留物长时间暴露于克劳尔双色染料或匈牙利红时，可能导致 STR 扩增效率降低。

（三）检测结果假阳性

检测结果的假阳性主要发生于血指印检测的过程中，从而将不含血液成分的指印识别为血指印。如何在血痕显现过程中靶定人类血液、避免动物分泌物等杂质所导致的假阳性结果仍是一大难题。例如，传统血红素催化类方法在氧化剂、催化剂、含有植物过氧化物酶的物质或铜、铁、铅等重金属离子共存的情况下，可能产生假阳性结果。因此，血指印的检测实验仅为假定性试验而非确证性试验，通常需要额外的实验步骤进行血液确定与种属认定。

（四）在显现性能上存在不足

现有传统指印检测技术方法在显现性能上的缺陷主要集中于显现灵敏度与对比度方面。大多数指印显现方法的灵敏度较低，不适用于稀释指印的检测与显现。例如，对于稀释血迹形成的血指印，匈牙利红的检测效果较差，在低至1∶1的稀释比例下也仅能可视化脊轮廓。此外，常用指印检测方法大多不具备荧光功能，在深色表面或与显现颜色相近的客体表面对比度较低，难以区分。

（五）在适用范围上存在局限性

目前，多数显现方法在适用范围上存在一定的局限。例如，粉末刷显法中粉末的吸附能力高度依赖指印残留物中的水分，而指印遗留时间的推移导致相关物质成分挥发干涸，在此情形下，粉末法的显现效果较差，因此粉末刷显法通常不适用于潮湿客体表面指印以及陈旧指印。同时，对于贵重特殊物证如典藏书籍、珍贵字画、票据等，经试剂显现后形成的有色物质可能对物证造成一定程度的破坏，从而导致原始证据失去应有的价值。

除此之外，部分指印检测技术还存在操作复杂、成本较高、不便于携带等亟待解决的弊端。例如，DFO、ABTS等指印检测试剂成本较高，不利于在部分经济条件欠发达地区进行推广使用；真空镀膜的显现方法灵敏度较高，但其成本过高、操作烦琐，且不便于携带。此外，对于一些特殊客体表面的遗留指印，如灰尘指印、减层指印、粗糙的纺织用品上的指纹以及特殊环境下的指印，如火场指印、潮湿客体表面指印等，目前尚未研发出具有较好显现性能的检测方法，指印显现效果欠佳，显现方法有待摸索和改进。因此，探索并研发无毒无损、显现性能好、成本低廉、适用范围广的指印检测技术方法具有重要意义。

（六）化学成像能力发展滞后

当前，指印检测技术多关注各类现场指印的显现与增强技术和指印鉴定技术，二者均系指纹形态特征成像与检测范畴，其检测结果广泛运用于犯罪嫌疑人的特异性识别。然而，现场指印包含的多种分泌和沉积物之化学成分可用于描绘嫌疑人的特征。虽然多年来指印残留物化学成分的检测被刑侦工作者和研究者所关注和重视，但相关指印化学成像技术的发展始终落后于其形态特征的检测鉴定技术，这制约了现场指印内/外源性物质检测和遗留时间的推断方法的研究与应用。将来，指印检测技术前沿必须大力推进生物化学方法（将抗体与发光物质相结合等）、生物学方法（竞争酶免疫分析法等）、仪器分析法（光谱分析、色谱分析、质谱分析等）等化学、生物学、材料科学以及人工智能（模式识别、深度学习等）等与传统指纹学的交叉融合，以满足日益增长的犯罪嫌疑人生活习惯、职业特点及特定行为分析等犯罪人画像的侦查需求。

三、指印检测规范性难题

（一）指印显现程序问题

针对具体指印的环境状况、指印主要物质成分等因素的差异，往往采取不同的显现方法，在显现处理顺序上可能也存在一定的差异。因此，当前世界上绝大多数国家对于指印显现的具体方法与程序并不设立严格的限制性要求。然而，鉴于部分传统常见指纹显现方法存在的生物毒性与遗传物质破坏性，对于可能需要进行后续残留物成分或遗传物质分析鉴定的指印，应谨慎决定不同证据类型的优先级，以防显现或分析流程导致的指印相关证据破坏。

（二）指印鉴定程序问题

基于人体手掌面乳突纹线的生理特点，手指末节花纹在生长发育、病理因素或外力损伤的情况下，纹线粗细、疏密程度和个别细节特征可能产生不同程度的变化。同时，不同人之间的指印特征可能存在非本质性的符合特征点。因此，指纹人各不同、终身不变的特征具有相对性。此外，虽然同一认定是由具有专门知识和经验的鉴定人通过对指纹特征的分析比较所作出的综合判断，但指纹鉴定结论的可靠性严重依赖鉴定人自身的专业基础与实践经验，在指纹鉴定的过程中存在一定的主观性。

基于指纹鉴定及其流程的上述特点，指纹肯定或否定同一鉴定意见的证明力还需考虑指纹鉴定主体的专业性、指纹鉴定步骤方法的科学性、指纹鉴定程序的合法性、外来因素的影响等方面。然而，目前在指纹鉴定领域，对于残缺指印、疑难指印等尚无明确具体的鉴定方法，司法实践中多数情况下仅能对鉴定主体与鉴定程序的合法性进行审查，而难以判断鉴定方法的科学性。

第三节 指印检测技术的前景分析

一、指印检测技术领域现状

随着科学技术理论与方法的不断革新，DNA 技术以及毒物检测技术等在近年来取得了突飞猛进的发展，相较于法庭科学的其他领域，指印检测技术近年来发展较为缓慢，目前司法实践中所运用的指印检测方法依旧以传统的物理方法、化学方法以及光学显现法为主。

随着现代光学成像技术、生物技术和仪器分析技术等科学技术的发展，指印检测领域相关的新兴算法、新型设备、新型材料技术不断进步和完善。然而，相关新兴技术亦存在一些亟待解决的问题。例如，在显现指纹过程中，部分纳米材料显现方法与电化学显现技术需要对遗留指印进行相关处理，如浸泡、洗脱等，并不适用于案件现场发现的墙壁、地面等大面积、大体积基底表面的遗留指印；免疫反应试剂材料成本价格较为昂贵，不适用于大面积推广。此外，利用新型设备显现指印的技术大多依赖大型设备和器材，如高光谱成像设备、质谱成像设备等，这些大型仪器通常需要经过系统培训获得专业操作知识的人操作，且它们的体积较大，通常仅适用于实验室条件，适用范围有限等。

因此，我们仍需开发快速高效、成本低廉、灵敏无损的显现材料与技术，合理推进新时代条件下指纹检测技术的信息化、智能化进程，同时缩减相关理论基础、实验室研究和司法实践之间的差距，探索具有良好性能与效果的新兴指印检测技术。

二、指印检测技术发展趋势

（一）自动化与智能化

自动化是指通过利用计算机系统或机械设备代替人或辅助人去完成特定任务，从而减轻人的体力与脑力消耗，提高工作效率、优化工作效果。智能化是指机器设备基于互联网、大数据和人工智能等技术支持，依照与人类相近的思维模式，根据给定知识与规则预设，进行数据处理并作出符合人类需要的相关反馈的属性。

指印检测技术的自动化与智能化主要体现在指印识别和比对方面。指纹识别技术自其诞生以来，经过几百年的发展，随着数码摄像技术的出现与电子计算机技术的诞生，于20世纪初正式作为一种有效的人身识别方法为司法实践所接纳与认可。随着指纹识别技术在法庭科学领域的广泛使用，我国于20世纪90年代初正式建立了大型指纹自动识别系统。近年来，随着人工智能算法的成熟以及在各领域的应用，目前，指纹自动识别比对系统已经成为犯罪侦查不可缺少的技术手段，这项技术亦已普遍应用于社会生活的各个领域，并且成为最重要的生物识别技术之一。

如今，指纹自动识别系统在指纹图像采集与处理、信号增强、图像特征点提取比对、图像信息压缩存储等方面已经实现了操作体系与程序的完善化、智能化，极大地提升了指纹识别与比对的效率和质量。在多年的技术发展支撑与实践积累之下，指纹库内数据总量与数据库容量与日俱增，它改变了传统指纹查询比对的方法，削弱了指纹识别系统对人工操作的依赖性。因此，在后续的指印检测技术智能化、自动化探索道路中，主要目标是建立一个系统完善、功能强大的指纹数据处理系统，同时纳入更多指印特征识别依据，提高指纹自动识别系统的科学性、精准度，以期缩小指纹自动识别系统与人工识别的差距。

（二）信息化与数字化

信息化是指以现代通信、网络、数据库技术为基础，对所研究对象各要素汇总至数据库，以提高效率、节约人力物力的一种技术，如利用指纹数据库进行指纹信息的分类和储存。数字化是指将复杂多变的各类信息转换为具体数据，再将其换算成一系列可处理的计算机代码的过程。

信息化、数字化的拓展应用是指印检测技术发展的前景所在。随着计算机图像技术、模式识别技术的飞速发展及深度学习算法的产生，指纹识别技术在指纹采集、比对匹配等方面都取得了巨大进步，相关数据库及指纹识别设备的精准度、效率也得到了一定的提升，应用范围越发广阔。尤其是在指纹数据库系统方面，充分发挥指印人身识别的重要价值，将指印检测与比对手段融入信息化发展之中，能够极大提升指纹鉴定的效率。与此同时，大数据技术和指纹检测技术的结合也让指纹检测领域迎来新的风险与挑战，因此，需要注重数据安全问题，严格把控数据系统潜在的风险，充分发挥信息化、数字化时代的大数据技术优势。

（三）跨学科的检测方法

随着科技发展的日新月异，跨学科研究已经成为当今学术界的一个流行趋势。跨学科研究能够通过整合不同学科的理论基础和应用技术，给指印检测技术研究带来更深入的科学理解、更开阔的解决思路以及更强大的技术支持。

例如，指印检测中所使用的高光谱检测方法，集中了光学、光电子学、电子学、信息处理、计算机科学等领域的先进技术，通过使用光谱成像仪与相关图像采集分析软件获取指纹的高光谱图像，在通过不同频率的光源加大指纹本身与背景客体的色彩反差的同时，用计算机软件将图像进行增强锐化去噪。司法实践中，光学方法作为一种非接触性和非破坏性手段，是犯罪现场血痕检测的首选方法，而高光谱技术便能够解决指纹显现中的背景干扰问题。此外，除用于增强指纹的形态特征外，该方法还可通过不同物质可见波长反射率的差异实现指印污染物种类的区分，并能够对指印残留物成分中的爆炸物、毒物、代谢物等特殊物质同时进行检测成像。

相对于传统指印检测技术，跨学科的检测技术博采各家所长，在显现性能和显现效果等方面皆具有明显优势，将是未来指纹学发展的一个趋势。

(四) 更强的检测性能

随着犯罪手段方式的日趋隐蔽复杂，新时代对指印检测技术的检测性能提出了更高要求，新兴科学技术与设备仪器使指印检测技术在指印显现技术的灵敏度、对比度、生物兼容性、适用范围等方面皆获得一定突破，为指印检测技术的未来发展指明了研究方向。

1. 高灵敏度

21 世纪以来，指印检测技术在灵敏度方面迎来了开拓性的进展，其中以纳米材料技术与免疫反应技术为主要代表。目前，纳米成像技术已逐渐成为最具发展潜力的指印检测手段之一，金属及其氧化物、半导体纳米晶体、碳点、稀土材料、贵金属纳米团簇等皆可作为指印显影剂主要的纳米材料成分。纳米复合材料基于纳米粒子吸收和发射的波长可以根据粒子直径的大小来调节的特性，材料研究人员可通过纳米精度的加工处理来实现纳米材料的特殊性质与特定功能，从而使纳米成像技术在指印检测领域具有较为突出的对比度、灵敏度和选择性优势。免疫反应技术利用抗原抗体的特异性反应，能够显现特殊成分指印与分析指印残留物中的特定化学成分，具有特异性强、灵敏度高的特点。

2. 高对比度

指印检测技术中的对比度是指指印图像中指印脊图案与背景的不同亮度层级的测量，差异范围越大则对比度越高。随着纳米材料技术与化学合成技术的发展，相较于传统指印检测手段，新兴指印检测技术中荧光材料的荧光特性极大程度地降低了指印图像的背景干扰，大大提高了深色客体与复杂花纹客体表面指印脊纹的对比度与显现效果。故而，研发具有较强荧光性能的指印检测材料以提高指印图像的对比度与图像质量，也成为指印检测技术探索发展的主要方向之一。

3. 强特异性

指印检测技术中的特异性是指检测方法对所检测的靶定物质的针对性。目前，新兴指印检测技术的强特异性以免疫反应类技术为主要代表。免疫反应试剂通常具备优良的抗背景干扰能力与较好的成像能力，且能够从指印证据中提取更多的化学信息。

4. 低成本

基于司法实践中可能存在的大面积检测需求，人们对指印检测技术的制造成本提出了一定要求。过于昂贵的检测试剂或材料不利于大规模推广运用，因此，如何兼顾显现效果与显现成本成为今后运用指印检测技术不得不考虑的重要问题。

5. 低生物毒性

低生物毒性主要包括以下两个方面的考量：一是出于指印检测技术的环保性与操作人员的人身安全考量，含有较强生物毒性的检测方法不利于长期接触与大量应用；二是出于遗传物质分析方面的考量，较低的生物毒性往往也意味着对指印残留物成分、遗传物质等破坏性较低。基于上述两个方面，低毒、无损的指印检测技术方法也成为相关学者的研究目标。

6. 更广阔的适用范围

针对复杂多变的案件现场环境与特殊的客体条件，需要适用范围较为广阔的指印检测方法，以减少由于操作人员判断失误或经验不足选择错误的检测方法所产生的试错成本与对指印原始证据的破坏。

7. 便携性设备器材

由于各类大型设备仅适用于实验室条件，故而研制适用于案件现场的、小型的、便携式分析设备（如便携式指印加热固定装置、便携式指纹采集设备等）也将成为指印显现技术的重要发展趋势。随着指印技术的信息化、智能化发展，集约、便捷的小型检测设备或将逐渐步入人们的视野。

（五）展望

基于国内外指印检测技术的应用研究现状，不难发现当下指印检测领域在指印检测技术的智能化识别、同步特异性识别与化学成分分析、大数据自动化系统构建、显现效果与生物兼容性等方面提出了更高的要求。不少新兴检测技术方法攻克或弥补了传统指印检测手段所存在的缺陷与弊端。随着科技的进一步发展，跨学科理论技术的交流融合，先进算法与精密仪器的应用，以及指印检测领域人才的培养，相信在不远的将来，我国指印检测技术必将迎来新的突破与发展。

第四章
传统汗潜指印检测技术

第一节　传统汗潜指印技术概述

汗潜指印是案件现场最为常见也是最早应用于指纹识别技术的一类指纹，而汗潜指印的有效检测与提取是良好利用指印证据的前提。目前，汗潜指纹的显现已成为刑事案件侦查中的重要环节。

一、汗潜指印成分

指印残留物分为内源性成分与外源性成分，内源性成分主要为汗液、皮脂、油脂等，外源性成分主要为化妆品、毒品、药品与外来油脂等。本书中讨论的汗潜指印残留物成分以内源性成分为主。指印物质的成分分析是研究指印的发现、显现、提取和固定等技术方法和手段的基础和前提条件。科学研究和生活经验均表明，汗潜手印的主要成分虽为汗液，但同时包含了皮脂、油脂等分泌物和灰尘等环境粘附物，多数情况下属于混合物质指印。

（一）汗液

在各类案发现场，作案人遗留汗液指印的概率最高。因汗液是人体自身分泌的，因此会随着触摸动作不断地遗留在被接触的客体上。例如，盗窃案件中，在现场出入的门窗上，活动中心（如撬开的保险柜、抽屉及箱柜等）尤其是较光滑干净的物面上，都会遗留汗液指印。

汗液是人体通过汗腺排到体外的代谢产物。人体主要有三个主要腺体，分别为小汗腺（又称外分泌腺）、大汗腺（又称顶分泌腺）和皮脂腺。每个腺体分泌一组独特的化合物。这些化合物要么从毛孔中渗出到摩擦脊上，要么通过接触一个区域转移到摩擦脊上（如前额、腋下等）。其中大汗腺由腺体、导管及汗孔三部分组成，遍布于全身，在头部、前额部、手掌和足底部分分布最多。大汗腺分泌的汗液是一种透明的弱酸性物质，几乎无色无嗅，其组成成分中99%是水，其余1%为有机成分和无机成分，与尿液成分相似。

汗液中无机成分有钠、钾、钙、镁、铁、硅、铝、磷、锌、铬、铜、锰、镍、铅、钴、钛、锶、钡、锡、钼、银、铍、钒、镓、镉等金属离子；有氯根（Cl^-）、碳酸根（HCO_3^-）、硫酸根（SO_4^{2-}）、磷酸根（PO_4^{3-}）等阴离子。其中，氯根、钠、钾、钙的含量较高，而氯根、钠的含量为最高。

此外，汗液中还含有微量的有机成分，氨基酸是汗液中含量最高的一种有机物质，同时也是一种重要的通过指印显现技术得以实现的基础物质。汗液中的其他有机成分有乳酸、尿素、非蛋白氮、尿素氮、葡萄糖、尿酸、肌酸、肌酐等，其中乳酸、尿素、非蛋白氮、尿素氮是主要成分，其余成分含量较低（见表4-1）。

表4-1 汗液中不同氨基酸相对含量表

单位:%

丝氨酸	鸟氨酸—赖氨酸	丙氨酸	苏氨酸	缬氨酸	谷氨酸	苯丙胺酸	酪氨酸
100	45	30	15	10	8	6	5

汗液中存在微弱的天然荧光物质，如维生素B_2（核黄素）、维生素B_6（吡哆醇），这些荧光物质在普通光源的照射下不能显现出可辨的荧光，但在激光照射下可发出较强的荧光。

在人体的脚掌和手掌的皮肤中，每平方厘米的面积内约有400条汗腺，是皮肤其他部分的2—3倍，正常情况下的排汗量要高于皮肤的其他部分。在某些情况下，人由于受到心理、热和味的刺激会导致在瞬间大量排汗，称为精神性出汗、温热性出汗和味觉性出汗。罪犯在实施犯罪活动时，心情绪紧张、焦急，表现出与平常不同的心理状态，排汗增加，这是现场指印形成的关键。

（二）皮脂

人体皮肤除手掌和足底部以外都存在皮脂腺，由腺体和排泄管组成。皮脂是皮脂腺的分泌物与表皮细胞产生的部分脂质组成的混合物，主要成分有甘油三酸酯、游离脂肪酸、蜡、胆固醇、胆固醇酯等，这些物质一般不溶于水，渗透能力差，并能长时间保持一定的黏性。

此外，人的手掌虽然没有皮脂腺，但人手在日常活动中要接触皮肤的其他部位，特别是脸部和额头部皮肤，这样必然在手掌面上留有一定量的皮脂成分，形成汗液与皮脂的混合物质。因此，现场指印往往表现为汗液和皮脂的混合物质指印，有时手掌上的汗液成分多一些，有时皮脂成分多一些（见表4-2）。

表4-2　皮脂中不同成分的近似百分比

单位：%

甘油酯	脂肪酸	蜡酯	胆固醇酯	胆固醇	鲨烯
33	30	22	2	2	10

（三）油脂

这里的油脂指的是外源性物质或污染物、附着物，而非人体自身的分泌物。油脂指印由于成分不同，相互又有区别，如植物油、动物油、矿物油的指印等。植物油和动物油常见于案犯接触过的某些厨具，如菜刀、肉刀等凶器上。矿物油指印多见于涉枪案件中的枪支、弹药，或工厂发生的案件中的工作台、机械零件等物体上。某些车辆盗窃案件中，车门、把手等部位上均可遗留油指印。

（四）混合物质

实践中，指印工作者所勘验的对象多为混合物质的指印，根据不同情况主要有以下几类：

1. 汗灰指印

由于手上分泌的汗液混合着灰尘一起脱落到客体表面形成的指印即为汗灰指印，也称汗垢指印。汗灰指印常在作案人的手不干净，沾有粉层、灰垢的情况下留在现场，也可在一些仓库盗窃案件及被破坏对象沾有灰尘的情况下遗留。

2. 油灰指印

油质和灰尘混合而成的指印称为油灰指印，也称汗（油）垢指印。常见于两种情况：其一，作案人手上附着的油脂成分与客体上的灰尘相混合，遗留到客体表面；其二，物体表面有油层（多见于各种餐具、机器或枪支）上带有污垢和灰尘的手接触后留下的油灰混合指印。

3. 汗、油、灰尘混合指印

这类指印常常遗留在盗枪案、盗车案或仓库材料盗窃案中。作案人手上附着的灰尘和汗液混合形成的汗垢接触到带有油脂客体表面留下指印；或者作案人手上附着纯汗液而接触到附有油垢的物面，或者带有汗垢的手接触到附有油垢的物体，或者手上带有汗油化合物接触到附有灰尘的物体表面，或者手上带有汗、油、灰尘混合物接触到较洁净的物体表面而留下指印。

二、传统汗潜指印方法简介

作为案件现场的重要物证之一，指印对于案件的侦破具有重要作用。现场指印的发现和提取是刑事技术人员研究的重要内容。由于汗液由人体自身分泌，因此会随着接触动作遗留在被接触客体上，故而在各类案件现场，汗潜指印出现的概率最高，汗潜指印的发现与检测在实际工作中也尤为重要。

传统的汗潜指印检测方法主要包括光学显现方法、物理显现方法、化学显现方法和生物染色方法。其中，光学显现方法按光源波长又可划分为可见光源方法、激光方法、红外光源方法和紫外光源方法；物理显现方法按显现方式又可分为粉末刷显法、悬浮液法和真空镀膜法；化学显现方法的种类较多，根据具体试剂的不同可分为碘熏法、502 胶熏显法、物理显影液法、硝酸银显现法、茚三酮法、茚二酮法和 DFO 显现方法；生物染色方法按试剂种类可分为氨基黑、龙胆紫、苏丹黑、罗丹明、考马斯亮蓝、亮绿、丽春红等。不同的显现方法通常对应不同的适用客体与指印残留物成分，在显现与增强效果方面也有所差异。

指印作为法庭证据的一种类型，在经过长期的实践发展后已经具备了完善的体系。然而，随着社会的发展，犯罪案件与案发现场呈现出多样化、复杂化趋势，现场指印会在各类复杂背景上出现，对其进行提取需要专业的技术手段，具有一定的挑战性。同时，利用常规的方法和传统操作工艺检测与增强指印的方法在部分场景下具有一定的局限性，如该方法不适用于某种客体或特定场景等。此外，部分检测方法的化学或物理过程可能会造成指印纹线与遗传物质的破坏，影响进一步的分析与鉴定。因此，必须在传统检测方法的基础上进行改进与革新，从而充分发挥指印的证据价值，有效推动相关侦查活动与诉讼活动的开展。

第二节　传统光学显现方法

光学显现方法又称配光法，是利用各种光源或基于不同配光技术，通过相机拍摄等方式将遗留在物体表面的潜在指印提取固定的一种检测技术。鉴于光学方法的非接触性与无损性特点，光学显现方法通常作为司法实践中指印显现的首选方法，在使用各种理化方法处理指印检材前都应当首先采取光学检验方法。

目前，汗潜指印显现中常用的传统光学显现方法主要包括紫外、红外、荧光、分色和配光等。根据光源波长（见图 4-1）的不同，又可分为可见光源方法、激光方法、红外光源方法和紫外光源方法。[1]

---

[1] 参见袁中标：《潜在痕迹的光学显现》，载《中国人民公安大学学报（社会科学版）》1995 年第 1 期。

可见光

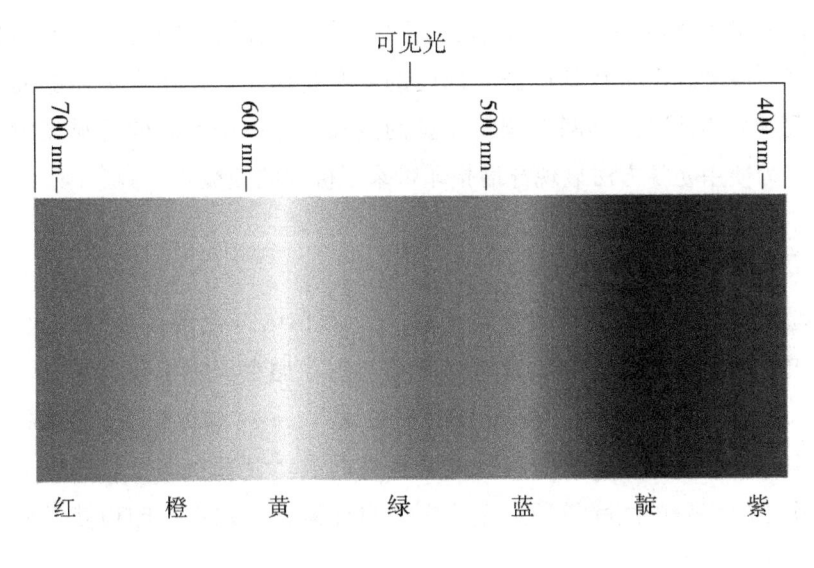

| 700 nm | 600 nm | 500 nm | 400 nm |

红　橙　黄　绿　蓝　靛　紫

图 4-1　可见光谱

一、可见光源方法

可见光源类的指印检测方法主要是基于指印残留物与遗留客体表面不同的理化性质所导致的反射性能与吸收光谱的差异。传统的可见光源类检测方法包括定向反射照相方法、配光照相方法、偏振光照相方法和分色照相方法等。

其中，定向反射照相方法又可分为垂直定向反射照相方法和小偏角定向反射照相方法。定向反射照相方法能够使具有不同反射性能的物质之间形成很高的亮度反差，例如，产生定向反射的光滑表面与主要产生漫反射的指印残留物之间便可通过该方法拉开亮度对比。偏振光照相方法与分色照相方法相似，都是基于承痕客体表面与指印残留物成分吸收光谱范围及强弱的差异，通过照相记录被检验物体在可见光谱区中特定光波段内的反射光亮度来实现指印的显现与增强。

近二十年来，体积小、重量轻、使用寿命长的便携式多波段光源逐渐替代了常规警用手电成为常用的警用光源。多波段光源的波长包括长波紫外线区、可见光区及近红外线区的大部分光谱范围，且能够将全光谱的白光波段输出为多种单色光,能够适用于多种现场勘查及物证检验。目前,随着多波段光源设备在基层公安部门的普及与应用,操作人员能够简便地根据现场具体情况的不同来调整光源的波长,并适用不同的可见光学显现方法,为使用光学方法显现汗潜指印带来了极大的便捷。

二、激光方法

激光(Laser)是原子受激辐射的光,于1916年由爱因斯坦首次发现。1976年,在密西根-安大略鉴定学会年会上,加拿大施乐研究中心的一组试验人员 B. E. Dalrymple、J. M. Duff 和 E. R. Menzel 首次报道了激光技术用于潜在指印检测,该团队使用氩离子激光器成功显现指印,其研究成果刊登在次年的《美国法庭科学》杂志上,自此激光技术在指印检测领域不断完善与成熟。[1]

激光是一种能量高度集中、亮度很高的单一波长光,相较于普通光辐射,激光辐射具有定向性强、单色性好、光子简并度高、相干性好等特点与优势。在激光激发下,汗潜指印残留物成分中的某些微量物质,如核黄素、维生素 B_2 及维生素 B_6,能发出565nm和400nm的荧光,从而能够实现汗潜指印的可视化。

然而,在早期的实际应用方面,激光显现方法也呈现出较为明显的缺陷。一方面,对于汗潜指印检测,激光方法的荧光效率较低,在可见光波段内,汗潜指印自身的固有荧光非常微弱,难以与背景荧光区分或被清晰地观测记录;另一方面,由于技术限制,早期的激光器体积大、造价高、光谱波段有限,极大程度地限制了激光技术在案件现场的应用。

针对激光方法的上述弊端,研究人员采用激光方法与物理或化学方法相结合的联用策略,即经过化学或物理方法处理后的潜在指印在激光激发下显示出了很强的荧光,提高了指印显现的灵敏度与显现效果。此外,随着科学技术的发展,20世纪80年代美国研发出多波段光源,其作为一种新

---

[1] Dalrymple B E, Menzel E R, Duff J M., Inherent Fingerprint Luminescence—Detection by Laser, Journal of Forensic Sciences, 1977, 22 (1): 106-115.

型光源系统，能输出从紫外到红外区域内不同波段的光，是激光器的良好替代光源，弥补了激光器的部分缺陷。此后，经过不断地探索研究与实践应用，激光显现方法在法庭科学领域至今仍发挥着重要作用。

三、红外光源方法

红外光（Infrared，IR）又称红外热辐射，属于不见光，是波长介于微波与可见光之间的电磁波，其波长范围为760nm—1mm。根据红外光谱波段的不同，红外光谱区域又可分为近红外光区域（IR-A）、中红外光区域（MWIR）、长波红外光区域（LWIR）和远红外光区域（FIR）。红外光具有较强的热作用，热体会辐射很强的中红外光和远红外光，红外的这一特点可以用于物质的热成像。

1800年，英国科学家赫歇尔（William Herschel）发现了红外线的存在，但直至第一次世界大战结束后，红外技术才逐渐被应用于现实中。20世纪80年代中期，伦敦警察厅利用红外反射照相拍摄物理显影液显现出的指印，拉开了使用红外光源方法检测汗潜指印的序幕。

目前，司法实践中通常在常规相机的基础上配备特殊的红外滤镜进行红外照相，或者采用专用的红外相机进行红外照相，因此操作人员能够通过相机屏幕直接观察到拍照效果，同时使产生的指印图像具有较高的像素分辨率。相较于可见光反射照相与紫外反射照相技术，红外线具有较强的穿透力，在红外光源的照射下，部分深色客体可能呈现出浅色调。基于红外的强穿透性，红外反射照相技术往往能够展现更多的深层细节，如能够显现被油漆等涂料覆盖的血迹。此外，红外成像技术在实现汗潜指印形态特征检验的同时，还具有物质成分检验分析的能力，因此其在指印检测领域具有重要的应用价值与发展空间。

四、紫外光源方法

紫外光（Ultraviolet，UV）是电磁波谱中频率为750THz—30PHz、对应真空中波长为10—400nm辐射的总称。根据波长的不同，紫外线可以分为以下四类：低频长波（UVA，波长320—400nm）、中频中波（UVB，波长 280—320nm)、高频短波(UVC,波长 100—280nm)和超高频(EUV,10—100nm)。与可见光相比,紫外线的波长更短,光量子能量比可见光量子能量大一倍多,更容易被物质中的原子或分子吸收,变成物质的内能。

自 1800 年英国物理学家赫歇尔发现不可见的热射线——红外线后,秉着物理学"事物具有两极对称性"的理念,德国物理学家、化学家约翰-威廉-里特(Johann Wilhelm Ritter,1776—1810)于 1801 年发现在可见光谱的紫端外侧一段还存在不可见光,能够使含有溴化银的照相底片感光,由此发现了紫外线的存在。1970 年,日本的 Ohki 博士首次利用紫外反射照相方法显现并固定汗潜指印,拉开了使用紫外方法检测与增强案件现场遗留指印的序幕。但此时紫外显现技术在具体操作与应用效果方面还有所欠缺。直至 20 世纪 90 年代,伦敦警察厅和以色列国家警察开发紫外观察系统,并对长波与短波紫外在指印检测方面的应用技术进行研究和探索,基于紫外光源的指印显现策略才逐渐进入大众视野。

紫外显现方法依据具体原理的不同,又可划分为紫外反射照相和紫外荧光照相两类。其中,前者又可分为长波紫外反射照相与中短波紫外反射照相,其显现原理是基于物体对不同波长光线吸收能力的差异,通过利用承痕客体表面与指印残留物成分光谱吸收性质差异和光线的空间分布形式差异来强化反射光接受处的图像亮度对比,从而实现指印纹线的增强;后者属于荧光方法,其利用承痕客体表面与指印残留物成分的发光性质差异,通过施加光源来激发荧光,从而调整物体发光亮度分布并形成一定的荧光亮度反差,最终实现指纹纹线的可视化。

第三节　物理吸附类

传统物理吸附类的汗潜指印检测方法主要以粉末法、小颗粒悬浮液法以及真空镀膜技术三类方法为代表。除真空镀膜技术外,传统的物理吸附类方法的主要优势在于成本低廉、便于携带与操作简单,但其在适用性与显现效果上也具有一定的缺陷。

一、静电提取法

静电提取法是指根据静电吸附灰尘的原理，在聚乙烯薄膜或塑料薄膜上镀一层铝导电层，或在铝箔上贴一层黑色绝缘薄膜，在其导电层加上高压，其黑色绝缘层紧贴在灰尘指印上，灰尘即被吸附在绝缘层上，从而将灰尘指印取下。取下指印可以用照相法固定，也可用指纹胶纸固定或进行提取。

二、粉末法

粉末法也称粉末刷显法（见图4-2），是指基于粉末与指印物质之间的机械或静电吸附作用显现潜在指印的方法，主要适用于相对平滑且非黏性的各类检材。此方法距今已有100多年的历史，最初为英国苏格兰场警察所使用，其采用滑石粉、粉笔末、木炭粉作为指印与手掌印的显现粉末。目前，司法实践中常用的粉末主要包括铝粉（银粉）、青铜粉（金粉）、黑色石墨粉、磁性粉、荧光粉等10余种由一种原料组成的单一粉末。其中，铝粉和铜粉对指印残留物的附着力强、弹性大，应用也最为广泛，可用于刷显多种光滑客体表面的指印。

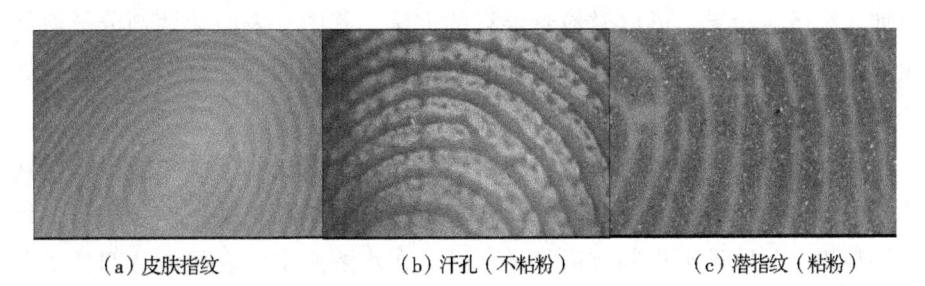

(a) 皮肤指纹　　　　(b) 汗孔（不粘粉）　　　　(c) 潜指纹（粘粉）

图4-2　粉末刷显法在皮肤指纹、汗孔和潜指纹表面的显现效果

粉末刷显法的原理是利用了指印残留物成分中的汗液、油脂与粉末的机械吸附作用和静电吸附作用，当显色粉末作用于承痕客体表面时，无色的汗潜指印纹线因吸附粉末而被显现出来。粉末刷显法的操作方法包括撒粉刷显、喷粉刷显、撒粉抖显、磁性粉刷显等，该方法通常适用于表面光滑、吸收汗液能力不强的非渗透性客体，显现后通常须用胶纸粘取固定。

粉末刷显法具有成本低廉、操作简单、携带方便等优点，迄今该方法仍被世界各国普遍运用于案件现场的指印显现。然而，这一方法也有着不容小觑的弊端。例如，在显现范围方面，采用金粉、银粉、磁性粉、荧光粉等显现指印，在一些客体上效果较好，而特殊客体表面显现效果并不理想。其中，金粉、银粉几乎不能用于渗透性客体上指印的显现，且无法显现较粗糙基底表面的指印；对于非渗透性客体，当背景有花纹或杂色干扰时，粉末法也难以清晰、完整地显出全部纹线。在生物毒性方面，长期使用重金属粉末对操作人员的身体健康具有一定的危害性，同时可能造成遗传物质的破坏，影响后续的 DNA 分析。此外，粉末刷显法不适用于潮湿客体表面的指印显现，具有一定的局限性；在刷显过程中，相关操作不当有可能导致指印纹线的损坏，从而使指印失去了鉴定条件与证据价值。

三、悬浮液显现法

悬浮液（Suspension）是指固体颗粒分散于液体中，因布朗运动而无法很快下沉时固体分散相与液体的混合物。悬浮液显现法又称小颗粒悬浮液法（SPR），该方法最早出现于 20 世纪初，指在水中加入适量表面活性剂，再加入小微粒粉末，形成微粒悬浮液的方法。其中，表面活性剂分子通常由非极性的疏水碳氢链部分和极性的亲水基团共同构成，且两部分分别处于两端，结构不对称。

悬浮液显现法检测汗潜指印的原理与粉末刷显法相似，是基于指印残留物成分对粉末的吸附作用。在添加分散剂（也称乳化剂）的条件下，将小颗粒粉末分散于水中制成微粒悬浮液，在水溶液中，表面活性剂分子会吸附于小微粒粉末的颗粒表面。随着吸附的进行，小颗粒表面会带有与表面活性离子相同的电荷，由于相同电荷间的斥力，小微粒趋于分散，其水溶液有较好的悬浮性。在以喷洒等方式将悬浮液作用于汗潜指印表面后，吸附有表面活性离子的小微粒通过表面活性剂的亲油基与指印遗留物质中的油脂分子以憎水作用或分子间的范德华力相互作用，吸附于指印残留物表面，从而实现汗潜指印的可视化。

二氧化钛与二硫化钼是传统悬浮液法最常见的基础试剂，常见的还有群青、翠绿和氧化锌等配方的微粒悬浮液。作为湿法显现的一种，小颗粒悬浮液显现方法通常适用于潮湿或黏性物体表面。悬浮液法利用指印遗留物质中油脂、汗垢对水的不溶解性和悬浮液中粉末对指印的吸附性，可以用于显现雨、雪等天气原因以及潮湿、水浸等其他原因而潮湿的承痕客体表面上的指印。此外，小颗粒悬浮液法亦适用于非渗透性客体，对于瓷砖、地板和皮革等非渗透性客体上的汗液、皮脂、油、唾液、饮料和蛋清指印皆具有良好的显现效果。

四、真空镀膜技术

真空镀膜技术（VMD），是指置待镀材料和被镀基板于真空室内，采用一定方法加热待镀材料，使之蒸发或升华，并飞行溅射到被镀基板表面凝聚成膜的工艺，包括蒸发镀膜、溅射镀膜和离子镀三种镀膜方式，被广泛应用于塑料制品的生产。1970年，英国内政部所属的警察科学发展部首先将真空镀膜技术应用于指印检测领域，采用蒸发金和锌的方法成功显现出非渗透性客体如聚合材料包装膜上的潜在指印。

真空镀膜显现汗潜指印的原理是在高真空的条件下加热金属或非金属材料，将金属蒸发呈气体原子，使之蒸发或升华并飞行溅射到金属、半导体或绝缘体材料的被镀基板上，最终附着于汗潜指印表面形成一层薄膜，使指印与背景产生反差，从而显出潜在指印的一种物理方法。镀膜在真空条件下成膜的优点是可减少蒸发材料的原子、分子在飞向基板过程中与分子的碰撞，减少气体中的活性分子和蒸发材料间的化学反应，以及减少成膜过程中气体分子进入薄膜中成为杂质的量，从而提供膜层的致密度、纯度、沉积速率和与基板的附着力。

随着真空镀膜技术的发展，镀膜的层数可以人为操控，操作人员能够根据自身需求进行由单层到多层不等的镀膜，甚至可以基于不同客体表面背景色实现不同色彩的真空镀膜以达到指印显现的目的。真空镀膜技术的主要优势在于该方法能够检测新鲜指印与陈旧指印，且在两者的显现效果方面差异较小，其在潮湿浸水指印显现方面也具有一定的效果。真空镀膜技术的弊端在于该方法相对较为烦琐复杂,在操作人员方面存在一定的门槛,通常要求操作人员有充足的操作经验;同时,由于器材限制,真空镀膜技术大多只适用于实验室条件。此外,对于真空镀膜技术显现的指印应当立即拍照固定,尤其是在湿热的环境条件下,由于镀层金属氧化容易导致所显现的指印褪色消失。

第四节　化学反应类

传统的化学反应类汗潜指印检测技术主要包括碘熏法、502胶熏显法、物理显影液方法、硝酸银显现法、茚三酮显现法、茚二酮显现法和DFO显现法。相较于物理吸附类方法,化学反应类方法主要基于汗潜指印残留物与显现材料之间的化学反应,因此往往具有更高的灵敏度。

一、碘熏法

作为卤族元素之一,碘属于非金属化学元素,在标准状况下是呈紫黑色、有金属光泽的固态结晶体,是最重的非人造稳定的卤素元素。碘具有强烈的挥发性和腐蚀性,在常温下易升华为深紫罗兰色的气态分子。碘熏法由法国人皮埃尔·阿尔伯特于1876年首次提出,是一种通过将含有或可能含有指印的承痕客体放入或悬挂在碘熏器、烧杯或标本缸内,在常温下使碘自然升华或使用酒精灯加热,从而熏染并显现潜在的指印检测技术。碘熏法显现的指印呈褐色或棕黄色。

碘熏法显现汗潜指印的具体原理如下:在常温或加热条件下,升华的碘的气态分子充斥于承痕客体表面,并基于汗潜指印残留物中油脂与汗液的物理吸附作用与指印物质结合,同时碘蒸气亦能够与指印残留物中的不饱和脂肪酸发生化学反应,生成棕黄色或褐色的二碘硬脂酸,使指印染

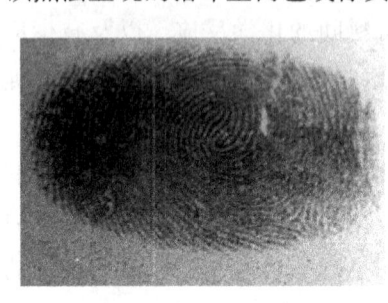

图4-3　碘熏法显现

色而显出（见图4-3）。

在适用范围上，碘熏法主要适用于检测非渗透性和纸张等大多数渗透性基底表面的汗潜指印。同时，对于需要长期保存的公文、信封以及具有重要价值的收藏品、贵重文物等客体上的指印证据，碘熏法具有一定的优势。基于碘熏法挥发性强，能够在显现指印时避免留下痕迹或造成原物破坏以致失去部分或全部价值；此外，亦可在使用其他显现处理方法之前以碘熏法对检材进行预处理。然而，由于碘具有一定的腐蚀性，因此该方法不适用于金属等易被其腐蚀的承痕客体表面。

在显现性能方面，相较于其他化学显现方法，碘熏法的指印可视化效果较差，但该方法操作简便，对于遗留时间较长指印的显现处理具有一定的优势。由于碘的挥发性强，显出的指印数分钟即可消失，所以对用碘熏法显现出的指印应立即采用照相等方法及时加以固定。目前，以石英灯为加热器的碘热升华喷枪技术应用范围较广，指印显出率较高。

二、502胶熏显法（α-氰基丙烯酸乙酯显现法）

502胶熏显法是1976年年初由日本国家警察局犯罪鉴定部提出的一种指印检测技术，而后，位于日本的美国陆军刑事科学实验室将这种技术介绍到美国。1983年，这一方法在我国首次报道使用，此后还出现了一步式荧光502胶熏显法（Lumicyano）。目前，502胶熏显法因其灵敏度高、适用范围广的优势而依旧在公安基层实践中被广泛应用。

502胶为无色透明的液体，以α-氰基丙烯酸乙酯为主要成分，加入增黏剂、稳定剂、增韧剂、阻聚剂等，是一种多用于多孔性及吸收性材料的瞬间胶黏剂。由于有很强的吸电子基团-CN的存在，α-氰基丙烯酸乙酯单体很容易在水或弱碱共存条件下进行阴离子型聚合。人的汗液中含有水和氨基酸，当潜指印本身或经处理后具有一定湿度或满足弱碱条件时，α-氰基丙烯酸乙酯挥发后遇到汗潜指印残留物中的水和氨基酸就会发生聚合反应，形成白色的固态聚合物，从而使汗潜指印可视化。

在适用范围方面，502胶熏显法适用于几乎所有的非渗透性客体表面的汗潜指印，如陶瓷、皮革、金属、塑料、玻璃、油漆制品等；但对于部分浅色或彩色客体，502胶熏显法所产生的白色聚合物与背景的对比度较低，难以清晰显现指印。

在显现操作方面，502胶熏显法可采用自然熏显法、加热熏显法和滤纸贴附熏显法等不同熏显方法，其显现效果主要依赖于熏显的温度与湿度。若502胶熏显时温度与湿度偏低，其显现效果可能大打折扣。同时，若在502胶熏显过程中需要加温、加湿，应尽量保证环境密闭，使其蒸汽气流能均匀熏染承痕客体表面。为了增强指印纹线与背景的反差与对比，在502胶熏显过程中也可在502胶中加入如邻硝基苯胺、碘等显色物质，使502胶熏显出的汗潜指印具有颜色。此外，502胶对指印残留物也具有一定的固定作用，基于这一特点，可以采用502胶加碘熏染、502胶熏显出后罗丹明6G等荧光试剂染色、铕络合物荧光试剂增强及彩色磁性粉染色等联用方法，在显出指纹后利用各种碱性剂对指纹进行染色处理，使显现效果更趋理想。

然而，常见的烟熏、碘熏和502胶熏显等熏染检测方法，在熏显过程中易产生氢氰化物等有毒有害气体，危害操作人员的身体健康；部分试剂和染料具有生物毒性，易造成较为严重的环境污染，同时在刷去多余熏染物时也可能对指印残留物及指印纹线造成一定程度的损坏。为此，目前不少基层工作中采用在密闭的全自动熏显柜内对指印进行加热熏显或真空熏显，以减少相关试剂对操作人员身体健康的影响。

三、物理显影液方法

物理显影液显现技术是一种基于氧化还原反应与物理吸附作用显现指印的物理化学显现方法，对于渗透性客体上油脂指印的显现具有良好的效果。

物理显影液方法的基本原理如下：在缓冲溶液中，通过人为控制溶液的pH条件，使溶液发生氧化还原反应，其中二价铁离子将银离子还原并生成大量单质银，在合适的表面活性剂分散与活化作用下，单质银颗粒在溶液中具有良好的悬浮性，形成稳定的胶质银显现液。刚还原的新生态单质银是一种细小的黑色银颗粒，对指印残留物成分特别是其中的脂类物质具有较强的亲和力，能够充分吸附于汗潜指印纹线上，形成深黑色的银颗粒纹线，与背景形成反差，从而将指印纹线显现出来。即便客体背景表面也会吸附一部分银颗粒，但在显现过程中，通过控制相关条件，可使聚集于汗潜指印纹线上的银颗粒远多于背景表面，从而拉开背景与指印纹线的对比度，实现汗潜指印的可视化。鉴于汗腺是人体指尖的唯一外分泌腺，指尖无法通过皮脂腺分泌油脂成分，所以物理显影液方法的显现效果高度依赖于外源性脂质成分的存在。

在适用范围上，由于目标成分油脂不溶于水，因此即使指纹被助燃剂或者机油污染，形成油脂指纹，物理显影法同样可以获得不错的显现结果；同理，物理显影法亦可用于显现由于雨雪等天气因素或其他因素导致的潮湿、水浸的渗透客体表面的指印。同时，对于经茚三酮与 DFO 试剂显现后的汗潜指印，可采用物理显影法进行加强处理，从而进一步增强指印的显现效果。此外，亦有研究指出，相较于茚三酮与 DFO 试剂显现技术，物理显影法对经高温处理后的客体表面指印效果更好。

四、硝酸银显现法

硝酸银是一种无色透明斜方晶系片状晶体，易溶于水和氨水，其水溶液由于含有大量银离子，故氧化性较强，且具有一定的腐蚀性，因此硝酸银固体及其水溶液通常被保存于棕色试剂瓶中。1887 年，法国医生 Aubert 在研究皮肤病和腺体分泌过程中偶然发现硝酸银溶液能够显现纸张上的汗潜指印，自此硝酸银显现法逐渐活跃于指印检测领域。

汗液中有氯离子，而硝酸银显现法便是基于硝酸银显现液中的银离子与指印残留物中氯化物的氯离子的化学反应，反应生成可溶于水的硝酸钠与不溶于水的氯化银沉淀。随后，利用氯化银结合力弱、在强光作用下极易分解的特性，通过短波紫外线照射使氯化银发生光解反应或是在还原剂的作用下使氯化银分解成氯气和棕黑色的银微粒。最终，单质银沉淀于指印纹线上，从而使潜在指印呈现出明显的棕黑色纹线。

硝酸银显现法成本低，操作简便。在适用范围方面，硝酸银显现法主要适用于纸张、卡片、本色木等浅色基底表面的汗液指印。但是，随着光照的逐渐加强、反应的不断进行以及时间的流逝，会使承痕客体表面变黑、背景色调加重,从而影响指印的清晰度与对比度。因此,对于该方法显现的汗潜指印,应把握时机,在指印清晰显现后立即拍照固定;同时应注意掌握光照的强度和时间,避免反应过度而变黑,影响显现效果。

然而,由于硝酸银显现法(见图4-4)具有遗传物质破坏性,因此可能影响后续的 DNA 分析。同时,由于硝酸银试剂不以氨基酸为反应目标成分,且可能对指印残留物中的蛋白质与氨基酸造成破坏,因此在使用多种复合方法显现指纹时,应当首先采用以氨基酸为反应物的显现方法,如茚三酮、茚二酮与 DFO 显现法等。

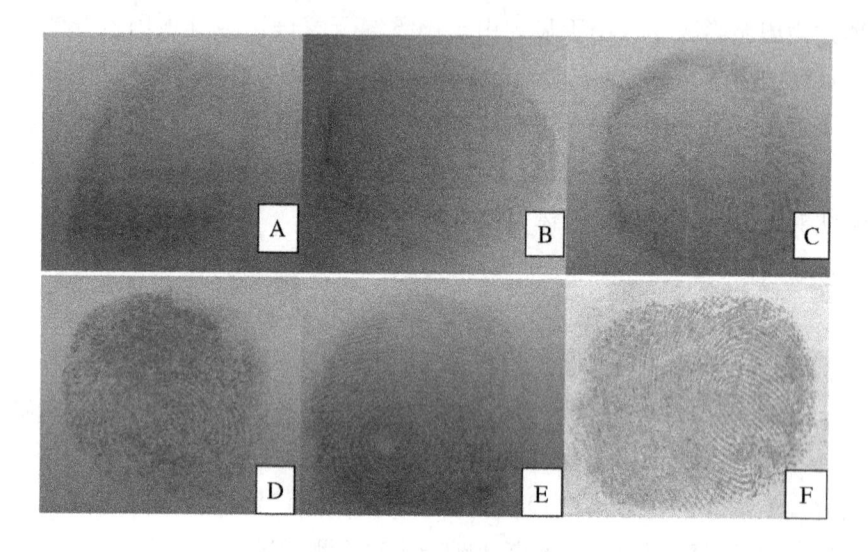

图 4-4 硝酸银显现

五、茚三酮显现法

茚三酮(Ninhydrin,NIN)也称 2,2-二羟基-1,3-茚二酮、苯并戊三酮等,音译宁西特林,常温下为近白色结晶或浅黄色结晶粉末,易溶于水、甲醇、乙醇、丙酮等有机溶剂。1910 年,剑桥大学化学教授 Ruhemann 合成了茚三酮,用于生物医学领域的氨基酸检验。[1] 1954 年,瑞典

---

[1] Ruhemann S., CXXXII. —Cyclic di - and Tri - Ketones. J. Chem. Soc. Trans. 1910, 97, 1438 - 1449.

犯罪对策学家 Oden S. 和 Hofsten B. V. 首先采用茚三酮试剂成功显现汗液指印。[1] 1957 年，茚三酮正式用于犯罪现场的潜在指印显现。目前，茚三酮是显现渗透性客体上汗潜指印的最常用方法，也是目前实践中公安基层业务部门广泛使用的方法之一。

茚三酮显现汗潜指印的原理是茚三酮与指印残留物成分中的氨基酸发生反应，生成一种名为鲁赫曼紫（Ruhemann's Purple）的蓝紫色产物，所显现的紫色指印纹线在浅色基底表面呈现出高对比度。除脯氨酸、羟脯氨酸外，所有的 α-氨基酸都能与茚三酮反应生成蓝紫色物质。简单来说，茚三酮反应大致可分为以下两步：首先，在加热条件及弱酸环境下，α-氨基酸被氧化分解形成醛，生成并释放 NH_3 和 CO_2，水合茚三酮反应生成还原型茚三酮；其次，在弱酸性溶液中，上一步骤中生成的还原型茚三酮、NH_3 和上一步骤未参与反应的水合茚三酮分子反应，缩合生成可见的蓝紫色络合物，从而将指印清晰显现出来。

在具体操作方法方面，茚三酮显现法的操作方法主要包括浸泡法、喷洒法和抹拭法三种。由于浸泡法能够使药液和客体表面充分接触，因此通常浸泡法的效果最好。此外，茚三酮显现方法的显现效果随其溶剂、浓度、pH 值等具体配方的变化而有所差异，故而在实践中要综合考虑承痕客体表面的具体性质、需要显现的质量以及显现的时间等因素，选择最为适宜的茚三酮试剂配方。

在适用范围方面，茚三酮适用于各种普通纸张、热敏纸、本色木、纱布及部分墙面装饰材料等浅色基底表面的汗液指印，是检测渗透性客体表面潜在指印最常用、最有效的试剂。同时，由于血液中含有氨基酸，且茚三酮方法所显现指印的紫色纹线不易与血液的颜色混淆，因此也可用于显现渗透性客体表面的潜血指印。茚三酮显现法具有操作简单、快速便捷、灵敏度高、效果显著等优势，能够检测遗留时间超过几个月甚至几年的指印，但茚三酮方法不适于显现深色、复杂客体表面的指印，对于光滑客体

---

[1] Oden S., Hofsten B. V., Detection of Fingerprints by the Ninhydrin Reaction, Nature 1954, 173, 449-450.

的显现效果也不够理想。

六、茚二酮显现法

茚二酮（1，2 - Indanedione，IND）是在茚三酮基础上进一步研制开发出来的新产品，也称 1，2 - 茚满二酮，是一种常温下为淡黄色至浅绿色结晶性粉末的双环芳烃 β - 二酮类化合物，可溶于甲醇、乙醇、丙酮和乙酸乙酯等有机溶剂。20 世纪 90 年代，美国宾夕法尼亚大学的 Ramotowski 团队首次将茚二酮作为渗透性客体表面的指印显现试剂。[1]

与茚三酮显现汗潜指印的原理相似，茚二酮在加热条件及酸性环境下与汗液中的蛋白质、多肽的氨基酸发生反应，氨基酸分子中的 α - 氨基和 α - 羧基氧化脱氢与胺反应形成亚胺，再脱羧降解生成 2 - 氨基 - 1 - 茚酮，2 - 氨基 - 1 - 茚酮与未参与上一步骤反应的过量茚二酮进一步发生化学反应，最终缩合生成稳定的具有橙色荧光性质的络合物。反应产物在自然光下呈现浅粉色，在 510—530nm 绿光照射条件下激发出橙黄色荧光。

在灵敏度方面，茚二酮在指印检测方面具有高灵敏度，与汗液中氨基酸的反应灵敏度高于 DFO 显现法；在显现效果方面，作为荧光试剂，茚二酮在多波段光源的单色绿光照射下能够产生橙色强荧光，有利于降低背景的颜色与花纹干扰；在适用范围方面，茚二酮适合复杂背景渗透性客体（无荧光性质）上的含氨基酸指印的显现处理，可适用于显现深色与复杂花纹客体表面指印，但对于非渗透性客体显现效果较差。

七、DFO 显现法

DFO 是 1，8 - 二氮 - 9 - 芴酮（1，8 - diazo - fluorene - 9 - one）的缩写，常温下为亮黄色或橙黄色结晶，该试剂与茚三酮、茚二酮类似，是一种用于测定氨基酸的试剂。1990 年，美国的 C. A. Pounds 和 G. Grigg 等人推

---

[1] Hauze D. B., Petrovskaia O., Taylor B., Joullie M. M., Ramotowski R., Cantu A., 1, 2 - Indanediones: New Reagents for Visualizing the Amino Acid Components of Latent Prints, J. Forensic Sci. 1998, 43, 14300J - 143747.

荐将1,8-二氮-9-芴酮作为一种新的氨基酸显色剂,用于纸张客体表面潜在指印的检测。近几十年来,DFO显现法在西方国家迅速推广普及,并在实践中取得了较好的应用成果。

DFO试剂不仅可与汗潜指印残留物中的20多种氨基酸发生反应,同时也可与汗潜指印中的其他物质成分发生反应。其中,DFO与汗潜指印残留物中的氨基酸成分发生化学反应,生成一种具有荧光性质的淡粉色化合物,在白光照射下,这些淡紫红色纹线非常弱,但产物在蓝绿激光激发下具有强橙红色荧光,使指印与承痕客体表面形成较强的亮度反差,增强了纹线与背景的对比度,从而有效显现潜在指印。

在适用范围方面,DFO显现法与茚三酮、茚二酮方法相似,主要适用于显现渗透性客体,如纸张、卡片、纱布等基底表面上的汗液、潜血等其他含有氨基酸成分的指印,同时使用DFO试剂显现后客体表面几乎不留痕迹或呈淡淡的紫色痕迹,对客体污损小。相较其他荧光处理方法,DFO方法具有一次处理形成荧光指印和灵敏度高的优点。此外,相较于茚三酮显现方法,DFO试剂的灵敏度高,其显现效果也通常优于茚三酮试剂。

然而,DFO显现方法的弊端也较为明显,如DFO试剂配制工艺要求高、价格比较昂贵、使用的有机溶剂三氯三氟乙烷易造成环境污染等,故难以在司法实践中普遍应用。

第五节 蛋白质染色类

蛋白质染色类的检测试剂反应原理较为特殊,在检测过程中,蛋白质与染料的结合包括物理吸附和化学反应两种形式。[1]

物理吸附过程基于蛋白质的物理特性,通过调节酸碱度等条件,使血液中的蛋白质与染色试剂分别携带异种电荷,并通过正负键结合,从而检

---

[1] Farrugia K. J., Savage K. A., Bandey H., Daeid N. N., Chemical Enhancement of Footwear Impressions in Blood on 458 Z. ZHANG AND D. PENG Fabric - Part 1: Protein Stains, Sci. Justice 2011, 51, 99-109.

测或增强血指印纹线细节。在酸性条件下，大分子蛋白质携带正电荷，酸性染料也解离出阴阳离子，染料整体带负电荷，血液中的蛋白质通过离子键吸附酸性染料中的阴离子。此外，氢键、范德华力和其他物理相互作用力，也可能对酸性染料与蛋白质分子之间的亲和力造成影响。

化学反应则是蛋白质染色试剂在物理吸附的基础上，部分蛋白质染料中的磺酸基与蛋白质发生反应并生成复合盐，以化学键形式与蛋白质结合。

目前，实践中的蛋白质染色类试剂主要包括氨基黑 10B、固绿 FCF、考马斯亮蓝、丽春红 S 等酸性染料，其中以氨基黑 10B 应用最为广泛。这类蛋白质染色试剂将在后文中的血指印检测部分展开具体介绍，故在此不再赘述。

第五章
新兴材料在汗潜指印检测中的应用

指印的成分包含来自捺印人的分泌物和来自周围环境的污染物,潜指印显现的技术原理是依据潜指印成分的内容和性质。在指印显现研究领域,已有许多技术作为潜指印显现的传统方法如碘烟化、茚三酮、硝酸银和氰基丙烯酸酯。但是传统方法多少会受指印老化、指印污染等影响,指印成分也可能遭到破坏,且所用试剂对人体健康存在危害。为解决传统汗潜指印检测技术的技术短板,众多学者在显现材料领域不断探索。本章将从荧光纳米复合材料、量子点材料、稀土上转换荧光纳米材料、其他新兴材料四部分详细介绍近几年来的研究进展。

第一节 荧光纳米复合材料

纳米尺度材料研究原子水平上物质的合成,尺寸范围为1—100nm。早在公元4世纪,罗马人就已经掌握了近似的纳米技术,金是人类第一个应用的纳米材料。例如,罗马人制造的莱克格斯杯(Lycurgus Cup)就是一个典型的例子。纳米技术在电子、药物开发/分析和建筑等领域中广泛运用。从古至今,人类都充分地意识到纳米技术在各类宏观、微观领域中的重要作用。纳米技术除了在其他领域大放异彩,也对法庭科学产生了重大影响。纳米取证依赖于纳米传感器和纳米器件的发展,根本上依赖于相应的纳米材料,这些纳米材料制作的仪器用于识别匿名证据,是目前纳米技术在法庭科学取证领域面临的重要挑战。

纳米材料在指印显现领域中的应用(见图5-1)主要包括:以纳米金

属氧化物、非金属氧化物、贵金属修饰为主的纳米复合材料、量子点材料和稀土上转换荧光纳米材料。

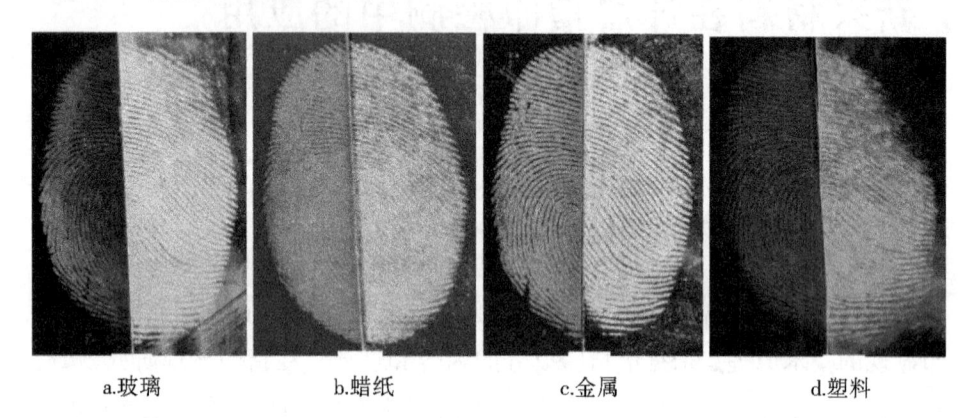

a.玻璃　　　　b.蜡纸　　　　c.金属　　　　d.塑料

图 5-1　两种荧光粉末（左：罗丹明 6G 二氧化硅粉末；右：REDescent 粉末）的指印显现效果比较

荧光纳米材料（NMs）[如量子点（QD）和上转换纳米材料（UCNMs）]是近年来广泛报道的新型显影试剂。其不仅具有独特的光学和物化性质，还具有尺寸小、荧光强度高、化学稳定性好、表面改性容易、毒性低等优点。荧光纳米材料用于潜指印显影时，具有高选择性、高显影对比度、高灵敏度和低毒性等优点。

高选择性。量子点材料和高选择性的关键在于纳米粒子的表面修饰。这些荧光纳米粒子的电荷可以通过表面修饰来调节，经调节后，纳米粒子可与指印中的某些特定残基之间产生静电吸附。此外，各种荧光纳米粒子的表面还存在各种官能团（如羧基、氨基和醛），特定的官能团可以通过化学反应选择性地标记指印中的特定组分，从而在显影过程中增强选择性。荧光纳米粒子还可以被一些特殊分子修饰，如用溶菌酶结合适体修饰纳米粒子，该纳米材料可以对指印残基上的溶菌酶进行特异性选择。

高显影对比度。纳米荧光材料可在紫外和近红外光照射下发射高强度的可见荧光，但低能量的近红外光不会触发指印所在表面背景荧光的发射，这两个层面的荧光特性能够显著地增强显影信号并减弱背景颜色干扰，最终保证高显影对比度。

高灵敏度。稀土上转换荧光纳米材料的直径不超过 100nm，量子点材料的尺寸甚至更小，直径不超过 10nm。小尺寸的荧光纳米粒子在乳突纹线细节表现上，比传统显现试剂更加优秀，如分叉、起始点、终止点、汗孔等细节不易被覆盖。此外，这些荧光纳米粒子的形状多为球形，且可以在材料合成期间进行调整。多数荧光纳米粒子的黏性也可以通过表面改性来调节。总而言之，荧光纳米材料因其微观的尺寸、合适的形状和可调的黏性从而在潜指印显现过程中表现出高灵敏度。

低毒性。尽管部分量子点材料和其中的某些元素，如 Cd 存在毒性威胁。但是，量子点材料的毒性可以降低，如利用二氧化硅进行表面改性。但还是应当配备个人防护装备进行显现流程，如丁腈手套、N95 口罩和防护眼镜。另外，经表面修饰的稀土上转换荧光纳米材料大多呈低毒性甚至无毒。最核心的是显现原理对指印成分的友好性，如使用近红外光激发稀土上转换荧光纳米材料发射荧光，这一过程对指印成分中 DNA 的危害较小，该指印还可以用于后续的 DNA 检测。

一、金属氧化物荧光纳米材料

（一）氧化锌纳米材料

氧化锌具有较高的激发结合能（60MeV）和较宽的带隙（3.37eV）。在室温下氧化锌能够促进指印残留物中的脂质和蛋白质相互作用，从而表现出对纳米粉末的黏性，并且其外围电子即使在室温下也能够经能量激发而跃迁。已有团队研究出由 ZnO/SiO_2 组成的纳米粉末可在多种无孔表面上轻松显影潜指印，且对潜指印的新旧程度要求不高，即使老化陈旧的潜指印也能够清晰显现。氧化锌荧光纳米材料通过紫外光激发荧光，显影获得的指印可清晰分辨乳突纹线细节特征。悉尼大学的研究人员在其研究报告中提到，粒径 20nm 的氧化锌纳米粉末不仅能够做到清晰显影，而且在潮湿环境中的紫外光激发下也能自然地发出荧光。其他研究也进行了相关实验，证明在长波紫外光照射条件下，经纳米氧化锌材料显现的潜指印荧光图像质量能够满足识别人身的要求。但是，使用纳米氧化锌作为显影试剂的方法，在多孔表面上的指印显现效果较差。

除了直接使用纳米氧化锌作为显影试剂核心成分的方法外，还有间接使用纳米氧化锌材料的方法。学者王元凤等人[1]用纳米氧化锌替代传统的ⅡB-ⅥA族量子点材料，提高了显影试剂的安全性。他们通过合成加强502胶熏显法处理指印的显现效果，在502胶熏显法的基础上，强化了该方法的安全性、灵敏性、专属性。该团队使用α-氰基丙烯酸乙酯（502胶）将潜指印残留物固定在客体表面，并通过相关反应获得显现需要的活性基团——酯基，这部分显现原理类似于502胶熏显法。其制作的ZnO/PAM-AMG5.0材料，一方面能够保障试剂的安全性，另一方面通过PAM-AMG5.0树形分子末端的胺基与502胶熏显法处理获得的酯基之间的胺解反应，加强纳米指印显现试剂的专属选择性。

（二）磁性氧化铁纳米材料

四氧化三铁纳米颗粒（Fe_3O_4NPs）是显影研究工作中较为成熟的磁性纳米材料，其既具有磁性，同时也具有纳米级尺寸的优势，Fe_3O_4NPs对非渗透性客体表面的潜指印显现效果比用传统粉末法的显现效果更好，操作更加便捷。

首先，磁性氧化铁纳米材料直接用作显影试剂的方法。早前就有学者使用各种办法制备磁性氧化铁纳米颗粒，并对不同承载表面进行指印显影，如学者颜磊等人[2]就通过微波辐射法合成Fe_3O_4NPs，该团队合成的Fe_3O_4NPs粉末对粗糙客体表面上的潜指印有较好的显现效果。但是该Fe_3O_4NPs的稳定性仍旧不足，特别是在潮湿的工作环境下，为了增加材料在潮湿环境中的稳定性，该团队选择了聚乙烯亚胺（PEI）这一修饰材料。聚乙烯亚胺（PEI）是一种水溶性高分子聚合物，用其将Fe_3O_4NPs进行表面改性，可活

---

[1] 参见宋朝朝、段伟、王文龙、杜然、王元凤：《ZnO/PAMAM G5.0的合成及其对"502"熏显处理指印的增显作用研究》，载《光谱学与光谱分析》2017年第12期。

[2] 参见颜磊、陈虹宇：《PEI-Fe_3O_4磁性纳米颗粒的制备及其在潜指印显现中的应用》，载《中国人民公安大学学报（自然科学版）》2017年第3期。

化 PEI – Fe$_3$O$_4$NPs 材料，使 PEI – Fe$_3$O$_4$NPs 表面产生大量的亚氨基、氨基活性基团，这些亚氨基、氨基吸附于 Fe$_3$O$_4$NPs 上，能够增加 Fe$_3$O$_4$NPs 的分散性，防止 Fe$_3$O$_4$NPs 团聚。据此，该团队利用 PEI 作为表面改性剂，改进了 Calatayud 团队[1]制备 PEI – Fe$_3$O$_4$NPs 的实验方法，先将 PEI 与 Fe$_3$O$_4$ 均匀混合后，通过水热法制得 PEI – Fe$_3$O$_4$NPs。并且，将制得的 PEI – Fe$_3$O$_4$NPs 粉末模拟案件情形，用于多种客体表面（透明玻璃、金属栏杆等非渗透性客体，白色泡沫等渗透性客体以及纸类渗透性客体）上进行潜指印显现。结果显示：在光滑客体表面，该材料显影的指印纹线清晰，细节特征明显，对比鲜明，并且在部分粗糙客体表面也能显现清晰的指印纹线。经该团队深入研究发现，PEI 修饰过的 Fe$_3$O$_4$NPs 粉末不仅在潮湿环境中拥有稳定的工作状态，还对遗留时间在 30 日以内的陈旧指印的显现具有明显优势，这一结果强化了传统磁性粉末的显现时效。

其次，通过改性或修饰方法提高磁性纳米粉末性能后，再进行显现的方法。在近几年的研究中，已有团队将磁性纳米粉末与金属有机骨架材料结合起来。金属有机骨架（Mental – Organic Frameworks，MOFs）是一类由有机配体和金属簇组成的多功能晶体配位化合物。金属有机骨架的合成可以通过多种方法，如利用有机配体桥联稀土离子，组装成系列化合物来表征它们的单晶结构、发光特性、磁性以及质子传导等性能，例如，FeiKe 等人通过层层自组装技术，合成了一种以金属有机骨架材料为壳、磁性材料为核的多孔微球复合材料，通过选择各种金属离子和有机配体可以比较明显地调整微球的结构；刘嘉扬等人以 Fe$_3$O$_4$ 纳米颗粒为核、Tb – BTC 为壳，制备了核壳结构的 Fe$_3$O$_4$@ Tb – BTC 纳米粉末，并使用该材料对渗透性客体（紫色纸、牛皮纸、黑色卡纸等）、非渗透性客体（透明玻璃片、铁皮、瓷砖、粗糙塑料片等）、半渗透性客体（皮革等）上的皮脂指印进行显现。对比普通磁性荧光粉末，在 254nm 紫外光下激发下，Fe$_3$O$_4$@ Tb – BTC 纳米粉末的显现结果表明，该材料对多种客体表面的皮脂指印显现效果良

---

[1] Calatayud M. P., Riggio C., Raffa V., et al., Neuronal cells loaded with PEI – coated Fe$_3$O$_4$ nanoparticles for magnetically guided nerve regeneration, 2013.

好，且不受指印遗留时间、遗留皮脂量的限制。

（三）氧化铝纳米材料

掺杂是一种赋予材料新性能的常用方法。稀土离子具有非常丰富的光电磁性质，表现出良好的量子效率和光化学稳定性，因此被广泛掺杂在各种无机材料中，以调整晶相、形貌和尺寸。氧化铝是一种常用的无机材料，其显示出高熔点、化学惰性和光化学稳定性等特性，也是用以掺杂稀土离子的最佳基质之一。为了显现潜在指印，有科研团队[1]研制了稀土离子Eu^{3+}掺杂的氧化铝纳米晶粉末，该团队使用$Al_2O_3：Eu^{3+}$纳米粉末和紫外光，对在各种常见表面上的汗潜指印进行可视化处理，实验结果表明，该方法所显现的汗潜指印在不同基材如不锈钢板、铝箔、载玻片、不锈钢碗上显示出良好的对比度。因此，与普通发光粉末相比，$Al_2O_3：Eu^{3+}$纳米粉末由于其强烈的发光特性可以作为指印显影的高效选择。

二、非金属氧化物荧光纳米材料

经实验检验，二氧化硅纳米颗粒可作为改进潜指印检测的新材料。

其一，二氧化硅可以起到载体和修饰的作用。Wang等人[2]通过共价结合的方法制备了表面含有丰富羧基的双功能磁性-荧光纳米粒子（Fe_3O_4@SiO_2-CdTe nanoparticles），用以潜指印显现。该团队首先通过化学共沉淀法制备了Fe_3O_4纳米粒子，然后将这些磁性纳米粒子表面修饰上氧化硅层，以增强其亲水性和稳定性。氧化硅层的引入不仅有助于改善纳米粒子在不同基底上的分散性，还为进一步的功能化提供了平台。在后续步骤中，通过在氧化硅层上引入氨基（-NH_2）并利用这些氨基与荧光量子点

---

[1] Das A, Shama V. Synthesis and characterization of Eu^{3+} doped α-Al_2O_3 nanocrystalline powder for novel application in latent fingerprint development, Advanced Materials Letters, 2016, 7（4）：302-306.

[2] Wang Z, Jiang X, Liu W, et al., A rapid and operator-safe powder approach for latent fingerprint detection using hydrophilic Fe_3O_4@SiO_2-CdTe nanoparticles, Science China Chemistry, 2019, 62：889-896.

（CdTe QDs）进行偶联，制备了具有磁性和荧光双重功能的纳米复合材料（Fe_3O_4@SiO_2 – NH – CO – CdTe – QDs）。这种纳米复合材料能够通过磁性快速吸附在指印上，并通过荧光性质在多种颜色的表面上显现出清晰的指印，从而实现了对潜在指印的高效检测。氧化硅纳米粒子在这一过程中起到了关键的连接和修饰作用，使磁性纳米粒子与荧光量子点有效结合，增强了指印检测的性能。

其二，二氧化硅纳米颗粒能够与氨基酸和脂肪酸发生相互作用，主要是因为它们具有特殊的表面性质和化学活性。二氧化硅纳米颗粒的表面含有大量的硅醇基团（Si – OH），这些硅醇基团可以与氨基酸和脂肪酸中的羧基（– COOH）形成氢键。此外，二氧化硅纳米颗粒的表面还可以通过化学修饰引入其他官能团，如氨基（– NH_2）或羧基（– COOH），进一步增强与氨基酸和脂肪酸的相互作用。氨基酸和脂肪酸是汗液中的主要成分之一，它们在指纹残留物中以一定的比例存在。当荧光二氧化硅纳米颗粒与这些有机化合物接触时，可以通过以下几种方式发生相互作用：

氢键作用：二氧化硅纳米颗粒表面的硅醇基团与氨基酸和脂肪酸的羧基之间可以形成氢键，这是一种相对弱的化学键，但足以促进两者之间的结合。

静电作用：如果二氧化硅纳米颗粒表面带有电荷，那么它们可以通过静电作用与带相反电荷的氨基酸和脂肪酸分子相互吸引。

疏水相互作用：氨基酸和脂肪酸分子中的疏水部分（如烷基链）可以与二氧化硅纳米颗粒表面的疏水区域相互作用，形成疏水相互作用。

共价键形成：通过化学修饰，二氧化硅纳米颗粒表面可以引入能够与氨基酸和脂肪酸发生共价键结合的官能团，从而实现更稳定的结合。

这些相互作用使荧光二氧化硅纳米颗粒能够有效地吸附在指纹残留物上，从而在紫外光照射下产生明亮的荧光信号，用于潜指纹的检测。[1]

在大致了解纳米二氧化硅材料的两种能力后，接下来我们将详细了解

---

［1］ Prabakaran E，Pillay K.，Nanomaterials for latent fingerprint detection：a review，Journal of materials research and technology，2021，12：1856 – 1885.

纳米二氧化硅材料如何参与到指印显现的研究中。学者陈煜太等人[1]的研究中介绍了纳米 SiO_2 材料的合成方法与表面改性方法。

(一) 合成方法与表面改性方法

合成方法可分为物理法和化学法，目前学界重点研究化学法。化学法根据制备工艺，具体包括气相法、溶胶凝胶法、反相微乳液法、沉淀法和溶胶种子法等。纳米 SiO_2 通过改变材料的表面性能，增加材料的表面稳定性，赋予材料特殊的功能。表面改性的方法也可分为物理法和化学法，其中，物理方法是将改性剂利用物理作用结合到纳米 SiO_2 表面，常用的物理改性材料包括表面活性剂、金属氧化物层和聚合物。化学改性法主要包括偶联剂改性、聚合物接枝改性以及醇酯改性等，是最主要的改性手段。

(二) 纳米 SiO_2 指印显现试剂材料

近年来，以纳米 SiO_2 为基础的指印显现材料受到广泛关注。染色纳米粉末、核壳结构纳米材料、稀土掺杂纳米 SiO_2 和表面功能化纳米 SiO_2 均展现出良好的应用前景。多种改性手段主要集中在材料光学性能调整和指印特异性结合两个方面。根据改性手段，当前的纳米 SiO_2 指印显现试剂材料可分为核壳结构纳米 SiO_2、稀土掺杂纳米 SiO_2、表面功能化纳米 SiO_2。

1. 核壳结构纳米 SiO_2

将纳米 SiO_2 包覆在纳米核上，并对成核材料表面改性。该结构是多功能纳米 SiO_2 最常见的形式之一，且具有较高的亲和性和荧光性。

学者 Niu 等人[2]制备了表面嵌入纳米银颗粒的 CdTe@ SiO_2 核壳结构，该产物除了有良好的抗菌性能外，其与背景的反差效果更强。学者 Wang 等

---

[1] 参见陈煜太、姜红、王文龙等：《纳米 SiO_2 的合成及其在潜指印显现中的应用研究进展》，载《刑事技术》2019 年第 3 期。

[2] Niu P, Liu B, Li Y, et al., CdTe@ SiO_2/Ag nanocomposites as antibacterial fluorescent markers for enhanced latent fingerprint detection, Dyes and Pigments, 2015, 119: 1 - 11.

人[1]通过两步法合成了 $NaYF_4@SiO_2$ 纳米棒,该材料可有效消除背景干扰。学者 Li 等人[2]制备了 $Fe_3O_4@SiO_2-Au$,该材料在刷显法和悬浮液法显现指印时表现出比纳米金更好的显现效果。

2. 稀土掺杂纳米 SiO_2

该方法集合了稀土材料的荧光性能,是荧光纳米 SiO_2 粉末材料中最常见的改性方法。稀土材料具有特殊的荧光性能,能够应对杂背景条件下的指印显现问题。

学者 Liu 等人[3]通过机械混合的方式制备了 Eu^{3+} 掺杂的磁性纳米 SiO_2,该材料对铝罐、玻璃和塑料上的指印有较好的显现效果。学者 Saif 等人[4]研究了 Tb^{3+} 等 5 种镧系元素掺杂的 $Y_2Zr_2O_7/SiO_2$ 的荧光性能,并用于光滑非渗透性客体上的指印显现。

3. 表面功能化纳米 SiO_2

该类方法在增加材料选择性方面有独特的优势,必将在未来指印现材料发展中扮演重要角色。该方法旨在对纳米 SiO_2 进行表面修饰,从而调节纳米材料与指印的亲和性。

Divya 等人[5]通过在亲水性二氧化硅表面修饰不同长度的烷基链(如 $-C_5H_{11}$、$-C_{11}H_{23}$ 和 $-C_{17}H_{35}$),成功调节了二氧化硅纳米粉末的疏水性和亲水性。这种结构上的优化,使二氧化硅纳米粉末在显现潜在指纹方面的性能得到了显著提升。

---

[1] Wang L, Gu W, An Z, et al., Shape - controllable synthesis of silica coated core/shell upconversion nanomaterials and rapid imaging of latent fingerprints, Sensors and Actuators B: Chemical, 2018, 266: 19 - 25.

[2] Li X, Li Q, Li Y, et al., Latent fingerprints enhancement using a functional composite of $Fe_3O_4@SiO_2-Au$, Analytical Letters, 2013, 46 (13): 2111 - 2121.

[3] Liu L, Xiao H, An X, et al., Synthesis and photoluminescence properties of core - shell structured $YVO_4: Eu^{3+}@SiO_2$ nanocomposites, Chemical Physics Letters, 2015, 619: 169 - 173.

[4] Saif M. Synthesis of down conversion, high luminescent nano - phosphor materials based on new developed $Ln^{3+}: Y_2Zr_2O_7/SiO_2$ for latent fingerprint application, Journal of Luminescence, 2013, 135: 187 - 195.

[5] Divya V, Agrawal B, Srivastav A, et al., Fluorescent amphiphilic silica nanopowder for developing latent fingerprints, Australian Journal of Forensic Sciences, 2018, 52 (3): 354 - 367.

Lee 等人[1]通过微乳液技术制备了掺杂了 Rubpy［二氯化三（2，2′-联吡啶）钌（Ⅱ）六水合物］和表面功能化了 CES（羧乙基硅三醇二钠盐）的 SiO$_2$ 纳米粒子（NPs）。学者陈煜太等人[2]合成了以纳米 SiO$_2$ 为基础、通过包埋［Ru（bpy）$_3$］$^{2+}$ 染料获得光致发光性能、经羧基和磺酸基两种阴离子修饰后可靶向识别指印残留物的功能型纳米材料。两种阴离子修饰产物因负电荷密度的增加而获得了更好的分散性，避免了传统小颗粒悬浮液法对分散剂的依赖，大大提升了悬浮液法的显现效率和环保性能。在显现原理上，阴离子纳米颗粒基于静电力与指印结合，因此负电荷密度的增加使纳米颗粒与指印残留物之间的静电作用力更强。王鸿飞等人[3]利用十八烷基三氯硅烷对纳米 SiO$_2$ 作疏水性修饰，得到了高灵敏度和高分辨率的 SiO$_2$ 材料。

（三）后续对纳米材料安全性的研究

陈煜太等人[4]提出了 SiO$_2$ 纳米材料的安全性问题——纳米 SiO$_2$ 在进入人体后会造成肺损伤，能够进入细胞核引起细胞核功能紊乱，并且具有潜在的心血管毒性，属于体内毒性材料。对此，2019 年该组学者根据纳米悬浮液显现指印方法的研究趋势，在纳米二氧化硅材料的基础上设计了一种高效、廉价、安全的新型指印显现材料。该研究通过羧基阴离子修饰赋予纳米材料指印残留物亲和能力，通过 RuBpy 掺杂赋予纳米材料荧光显现能力，最后采用纳米悬浮液显现方法对铝箔和玻璃上的指印进行显现，结果表明该方法具有较好的显现效果，实现了三级纹线特征的显现。

---

[1] Lee P L T, Kanodarwala F K, Lennard C, et al., Latent fingermark detection using functionalised silicon oxide nanoparticles: method optimisation and evaluation, Forensic science international, 2019, 298: 372-383.

[2] 参见陈煜太、黄威、姜红等：《磺酸基与羧基修饰纳米二氧化硅：两种阴离子型纳米指纹显现材料的制备与应用》，载《材料导报》2022 年第 5 期。

[3] 参见王鸿飞、李孝君、刘寰等：《双亲性二氧化硅纳米粒子的合成及应用》，载《材料导报：纳米与新材料专辑》2011 年第 2 卷。

[4] 参见陈煜太、姜红、王文龙等：《纳米 SiO$_2$ 的合成及其在潜指印显现中的应用研究进展》，载《刑事技术》2019 年第 3 期。

三、贵金属荧光纳米材料

贵金属纳米簇（noble metallic nanoclusters，NMNCs）是在多个领域广泛应用的纳米材料，其粒径一般小于 2nm，尺寸接近于传导电子的费米波长。该类材料通过电子在能级间的跃迁与光相互作用从而发射荧光，且通过改变原子的数目可以实现对波长从紫外到近红外的调节，因此其荧光性质具有较强的尺寸依赖性。目前，金、银、铜、铂等贵金属在指印显现领域均有大量应用。

（一）银纳米颗粒

金属银对指印残留物的有机成分具有亲和力。基于这一概念，自 1970 年以来，银纳米粒子已被用作银物理显影剂（Ag–PD）方法中的试剂，用于在多孔纸表面上显现潜在指印。Ag–PD 法涉及氧化还原反应，其中铁盐将硝酸银水溶液还原成金属银。在反应过程中形成的银纳米颗粒与指印残留物的有机成分相互作用，并且能够在纸表面上将印记可视化为深灰色或黑色银图像。指印的显现原理是带正电荷的指印残留物和带负电荷的银胶体之间存在静电吸引力。该方法具有一个缺点，即单独的 Ag–PD 溶液在显现潜指印的过程中，显现效果较差。为了克服这个问题，在用 Ag–PD 溶液处理之前，会用柠檬酸根离子修饰的金纳米颗粒先行施加在潜指印上。在显现环境优势上，该方法还可以提取潮湿物品上的指印。但是，这项技术成本昂贵、耗时长、稳定性较差、处理程序是破坏性的，会在文件上留下永久的污点。

学者黄锐等人[1]将磁性粉末与银纳米材料结合，通过绿色自组装法制备了 GSH–AgNCs@ PEI–Fe$_3$O$_4$ 纳米复合材料。该纳米簇单粒形貌为球形、大小均匀，平均粒直为 142.2nm，分散性较好，没有积聚现象，并且具有良好的磁性和荧光性。经研究，该磁性荧光银纳米簇的显现原理为：通过金

---

[1] 参见黄锐、何怡：《磁性荧光银纳米簇的绿色合成及其对汗潜指印的可视化显现》，载《刑事技术》2019 年第 3 期。

属银与汗液中蛋白质、氨基酸的巯基、氨基、羧基等基团的配位结合而实现对潜指印内源性成分的特殊识别。该纳米粉末一方面因纳米簇的可见荧光而实现潜指印的可视化，另一方面可利用 Fe_3O_4 的磁性实现粉末的绿色显现。实践模拟中，该团队模拟了该材料应用于常见表面材料如玻璃、木质桌面、A4 纸张和透明塑料片的潜指印显现效果，也模拟了该材料应用于常见生活客体如鼠标、门锁上的潜指印显现效果。实验结果表明，该粉末可激发出明亮的黄色荧光，显现的乳突纹线与背景反差大，显现效果良好。

（二）金纳米材料

金纳米颗粒（AuNPs）在近年来的潜指印显现材料研究中占据重要地位。因其具有惰性性质、对潜指印成分的高选择性和高灵敏度，所以经过金纳米颗粒显现的指印具有较长的存储时间。接下来笔者将介绍多种运用金纳米材料进行潜指印显现的方法。

在众多对金纳米颗粒显现潜指印的研究中，利用金纳米颗粒可以提高潜指印可见性的多金属沉积（MMD），其中涉及两步溶胶-凝胶法。具体步骤可分解如下：首先，将带有指印的物体表面浸入金纳米颗粒的溶液中（如柠檬酸根离子介质中稳定的金纳米颗粒）；其次，加入银物理显影剂（Ag – PD）溶液。在这段显现过程中，金纳米颗粒与指印残留物结合，并催化银离子沉淀为金属银，其中，带负电荷的金纳米颗粒和带正电荷的指印残留物之间产生静电相互作用，从而获得潜指印的银图像。[1] 但是，MMD 方法仍有适用有限的地方，因为该方法需要将指印承载物浸泡在金纳米颗粒的水溶液中，因此不适用于在犯罪场所表面或大型不可拆卸物体表面，如墙壁和地板上的指印。总的来说，与单独使用 Ag – PD 试剂显现指印相比时，MMD 方法中的金纳米颗粒显著提高了潜指印图像的强度和清晰度。相关领域的研究人员还介绍了在新型免疫测定多金属沉积（iMMD）方

---

[1] McCormick C. Gold Nanoparticles Enhance Clarity of Latent Fingerprints, MRS Bulletin, 2007, 32 (7): 526.

法中如何利用金纳米颗粒提高显现质量和效率[1]。iMMD 方法将传统的 MMD 技术与免疫分析技术相结合，从而用于潜指印的纹线可视化和潜指印内源成分检测（如蛋白质和多肽）。

除了通过化学催化方法增强 Ag–PD 试剂显现的潜指印图像外，也有科研团开发了功能化的金纳米颗粒来显现载玻片表面上的潜指印[2]。可替宁（Cotinine）是一种存在于烟草植物中的微量生物碱，是尼古丁的主要代谢物，其可运用于显现吸烟人群的潜指印。其原理在于，功能化的抗可替宁抗体和存在于指印汗液中的可替宁抗原之间形成的键。因此，使用抗可替宁抗体功能化金纳米颗粒作为显影材料，既可以显现指印图像，又能识别指印残留物中的特定代谢物。

黄锐团队提出了利用超声-微波协同新技术制作金纳米簇（Goldnanoclusters，AuNCs）的潜指印显现技术[3]。他们在 1h 左右（微波 50s，超声 1h）制备了金纳米簇。材料表征显示，该纳米簇由几个到几十个金原子组成，单个粒径在 2nm 左右。在具体应用中，该材料也显示出优于传统金粉的各项优势，如强稳定的光物理性质、高生物相容性、低毒性等。但是该材料的通用性较弱，对不同载体上汗潜指印的显现效果有明显差异，在非渗透性客体上的显现效果优于渗透性客体。

（三）铂纳米材料

铂纳米材料是一种具有独特物理化学性质的纳米尺度材料。铂纳米材料因其高表面积与体积比、独特的光学性质、催化活性和生物相容性等特性，在催化、生物医学、能源转换和存储等领域展现出广泛的应用潜力。黄锐团队采用层层纳米自组装法（LBL），以聚乙烯亚胺（PEI）修饰

---

[1] Prasad V, Lukose S, Agarwal P, et al., Role of nanomaterials for forensic investigation and latent fingerprinting—a review, Journal of forensic sciences, 2020, 65（1）: 26–36.

[2] Calavia P G, Russell D A, Detection of Drugs and Drug Metabolites from Fingerprints, 2016.

[3] 参见黄锐、陈虹宇：《金纳米簇高效绿色制备及其对汗潜指印的显现》，载《中国人民公安大学学报（自然科学版）》2017 年第 2 期。

Fe_3O_4，并修饰后的磁性粉末将之与 Pt NPs 结合，形成 Fe_3O_4@Pt。[1] 然后，通过巯基（-SH）的配位结合在 Fe_3O_4@Pt 核壳微球外包裹高荧光强度的 PEI，经过上述一系列过程制得 Fe_3O_4@Pt@PEI 磁性荧光纳米铂蛋。该材料的显现原理结合了磁性粉末和荧光粉末的显现优势，既可通过磁场力作用与潜在指印的汗垢和油脂发生物理机械吸附、静电荷吸附从而结合指印显现出指印；又因为 Fe_3O_4@Pt 结合 PE 后形成的 Fe_3O_4@Pt@PEI 具有荧光，可以使指印纹线发出黄色荧光，与暗态环境下的客体背景形成反差。在实际测试中，将该材料制成的粉末应用于不同客体上显现汗潜指印，结果表明该材料的显现效果上佳，可在自组装指印显现观察系统中检见清晰可辨的黄色荧光纹线，其显现效果明显优于传统指印荧光显现粉末。在与磁性粉末的比较中，Fe_3O_4@Pt@PEI 粉末在玻璃客体上的显现效果优于磁性粉末；在 A4 纸客体上，Fe_3O_4@Pt@PEI 粉末与磁性粉末有相当的显现效果。但是 Fe_3O_4@Pt@PE 粉末有一个更大的优势，即它对部分粗糙表面潜指印的显现相比传统荧光粉末更加明显。

该团队还以 BSA 作为稳定剂和还原剂制备了荧光铂纳米簇（Platinum Nanoclusters，PtNCs）[2]，经过材料表征，该纳米簇的其平均粒径为 5nm，荧光量子产率达 9.945%。该材料显现潜指印的原理是，金属纳米粒子能够与潜指印氨基酸成分中的巯基等基团结合，从而发射强荧光，增大指印乳突纹线与载痕体的背景反差，显现潜指印乳突纹线。经过实验检验，该荧光纳米指印显现溶液适用于非渗透性承痕体表面，其制备操作简单、稳定性较好、荧光效能高，是一种高效、便捷、环保的显现材料。

此外，该团队以乙二醇为还原剂，分别通过传统水热法和微波辐射法进行加热，从而制备两种加热方式下各自产出的铂纳米颗粒。[3] 实践模拟

---

[1] 参见黄锐、陈虹宇：《多功能纳米铂复合体制备及其对汗潜指印显现研究》，载《刑事技术》2017 年第 4 期。

[2] 参见黄锐、刘睿：《铂纳米簇的制备及在汗潜指印显现中应用》，载《刑事技术》2017 年第 1 期。

[3] 参见黄锐：《铂纳米颗粒的微波制备及其对汗潜指印的分子识别显现》，载《中国人民公安大学学报（自然科学版）》2018 年第 1 期。

中，该团队选择了透明玻璃、透明塑料、蓝色磨砂塑料以及 A4 文印纸张作为指印承受客体测试铂纳米颗粒材料的显现效果。结果显示，该材料在透明玻璃上能够显现完整指印；在透明塑料上能对细节特征进行良好表达，但是显现效果比在透明玻璃上差，因为其显现出的图像对比度较弱，纹线与承受客体背景反差小；在蓝色磨砂塑料 A4 文印纸张上的显现效果均较差，几乎无法辨识细节特征。将其与传统的茚三酮溶液进行比较，该铂纳米颗粒溶液的显现效果和显现速度都较差。

（四）铜纳米材料

铜纳米材料在指印显现中的优势包括非腐蚀性、非毒性以及环保性。这些特性使铜纳米材料在实际犯罪现场中显现潜在指纹时更为安全和可靠。Bhagat 等人进行了一项研究工作，利用绿茶提取物和超声波辅助的方法成功合成了铜氧化物（CuO）纳米颗粒。这些纳米颗粒被绿茶提取物包覆，用作增强潜在指纹显现的材料。该材料对指印的显现原理是利用铜氧化物纳米晶体在不同非多孔表面上通过粉末撒布法来显现潜在指纹。这些纳米晶体能够很好地定义指纹的脊线图案，使指纹细节如脊线、分叉、桥接等特征能够通过肉眼观察到。该材料的显现效果非常优秀。研究者在玻璃、白纸、黄油纸和钢铁等多种非多孔表面上测试了这种纳米复合材料，结果显示铜氧化物纳米复合材料能够有效地在这些表面上显现潜在指纹，且显现出的指纹图案清晰，细节丰富[1]。

四、其他荧光纳米材料

（一）碳基材料

碳基材料主要是指以碳为主体的材料。按照维度划分，碳基材料可分为零维、一维、二维和三维材料。其中，零维材料有碳量子点、富勒烯等；一维材料有碳纤维、碳纳米管、碳纳米线等；二维材料有石墨烯等；三维

---

[1] Bhagat D S, Suryawanshi I V, Gurnule W B, et al.. Greener synthesis of CuO nanoparticles for enhanced development of latent fingerprints, Materials Today：Proceedings, 2021, 36：747-750.

材料也称体材料，包含各类立体的本征或复合体系。广义上碳基材料可以看作以碳原子为骨架的材料体系，包括金刚石、石墨等纯碳体系和碳化硅、高分子有机物等多原子体系。此外，目前涌现的碳基新材料，主要包括特种石墨、纳米碳、多孔炭和储能炭材料等。

1. 普通碳基材料

荧光淀粉基碳纳米颗粒是一种具有生态友好性和生物相容性的碳基材料，有望用于检测潜指印。基于荧光淀粉基碳纳米颗粒的纳米复合材料显示出非常稳定的化学性质，具有可调的光致发光性能，是一种可在各种基底上显现潜指印的新型荧光标记物，能够对指印脊线细节特征进行一定程度的清晰显现。首先，荧光淀粉基碳纳米材料具有强烈的蓝色荧光，可以提供更好的分辨率和较少的背景干扰。其次，荧光淀粉基碳纳米材料灵敏度高，即使在指印老化长达6个月的情况下，仍然能够清晰地显现出指印的脊线。再次，荧光淀粉基碳纳米材料具有很好的通用性和高效性，可以应用于几乎所有非多孔物体表面的指印检测。最后，荧光淀粉基碳纳米材料的化学稳定性强，克服了如CdTe等量子点粉末在空气中氧化的倾向，从而减弱了光致发光。Li等人制备了一种基于碳纳米颗粒（CNPs）的荧光淀粉复合材料，用于显现潜指印。该显现材料的显现原理是利用荧光淀粉粉末在365纳米紫外光照射下的荧光特性。当荧光淀粉粉末撒在潜指印上时，紫外光激发淀粉粉末发出荧光，从而显现出指印的脊线细节。显现效果非常好，能够在多种基底上清晰地显现出指印，包括金属、合成材料等，且具有良好的对比度和可重复性。[1]

相关研究报告显示，纳米颗粒会影响免疫系统[2]，因为纳米颗粒的尺寸、溶解度和官能团性质将会影响人体免疫细胞的部分生理功能，如巨噬细胞和树突状细胞的生物相容性。除了树突细胞之外，肺上皮细胞也容易摄取纳米颗粒——纳米颗粒易在技术人员使用粉末除尘方法对潜指印进行

---

[1] Li H, Guo X, Liu J, et al., A synthesis of fluorescent starch based on carbon nanoparticles for fingerprints detection, Optical Materials, 2016, 60: 404-410.

[2] Dobrovolskaia M A, Shurin M, Shvedova A A, Current understanding of interactions between nanoparticles and the immune system, Toxicology and applied pharmacology, 2016, 299: 78-89.

显现时吸入肺中，该现象可能加剧一些肺部病症，如哮喘、慢性阻塞性肺病（COPD）、结核病（TB）和肺癌。因此，探明新型纳米粉末材料对细胞活力和炎性免疫应答的影响，对于该材料的健康应用具有关键意义。学者Jung等人[1]对此进行了相关工作，他们提出了一种制备绿色碳基纳米显现材料的方法——在FND（荧光纳米金刚石）表面涂覆PVP（聚乙烯），这不仅能够提高FND与潜指印的黏附效率，而且能够大幅减弱纳米颗粒对人体的负面作用。据该团队的毒性测试结果显示，FND@PVP材料在BMDC（骨髓来源突状细胞）或H1299细胞中，显示出较低的毒性或免疫应答。对FND@PVP材料进行表征，其结果显示，该团队制备的FND@PVP材料具有高荧光强度、大斯托克斯位移、优异的表面黏附性能和多个色心，这一系列性质能够增强指印显现图像的对比度、显现试剂的灵敏度和选择性。

2. 碳量子点材料

碳点（简称CD），也称碳源点、碳量子点、碳纳米点，是显著的较小尺寸的荧光碳基纳米粒子。CD具有水溶性、低毒、化学惰性、功能化、生物相容性、光化学稳定性、良好的导电性和环境友好性等特点，在生物成像、治疗、诊断、化学传感、纳米医学、药物释放、荧光标记和光电器件等领域有着广泛的应用。尽管CD在各种领域都有着潜力无限的应用，但其在潜指印检测领域的应用相对较新。目前，基于CD的纳米复合材料因其长寿命发射的优势，引起了潜指印检测领域的广泛研究。CD在显现潜指印方面有如下优点：（1）CD的合成方法可根据实验条件进行调整，对环境比较友好，制备成本较低；（2）CD在表面化学和生物学性质上具有可塑性。指印的生物特征可以通过CD表面上的官能团和指印残留物的结合来针对性体现，如通过调节溶液的环境进行共价偶联或静电吸附。

（1）金属氧化物碳量子点

在当前的研究进展中，碳基金属氧化物如TiO_2、Al_2O_3、ZnO、SiO_2和

[1] Jung H S, Cho K J, Ryu S J, et al., Biocompatible Fluorescent Nanodiamonds as Multifunctional Optical Probes for Latent Fingerprint Detection, ACS applied materials & interfaces, 2020, 12 (5): 6641-6650.

CeO$_2$ 被用于不同基底的潜伏性 FP 检测。

Pillay 等人以香蕉皮废料为原料，采用水热法合成了碳量子点，采用溶胶-凝胶法制备了 Al$_2$O$_3$ 纳米纤维，并制备了碳点/氧化铝纳米纤维（CD/Al$_2$O$_3$ NFs）纳米复合吸附剂，并将吸附铅（Pb^{2+}）后的吸附剂（Pb^{2+} -CD/Al$_2$O$_3$ NFs）用于潜指纹检测。碳量子点在这种材料中起到了吸附剂的作用，它们能够吸附 Pb^{2+} 离子。该材料的显现原理是利用 Pb^{2+} 离子与碳量子点之间的相互作用，通过粉末撒布方法在不同基底上显现潜指纹。当碳量子点吸附了 Pb^{2+} 离子后，可以在正常光照下显现出潜指纹。该材料在指印显现方面表现出了良好的效果。研究表明，这种可重复使用的纳米复合材料能够有效地在各种基底上发展指纹，并且具有作为法庭科学研究中潜指纹检测的标记剂的潜力。一旦这种吸附剂达到其最大的铅负荷，它可以被商业化并出售给执法人员用于潜指纹检测，而不是作为二次废物丢弃到环境中。[1]

（2）非金属氧化物碳量子点材料

二氧化硅可以为 CD 纳米复合材料提供高度的物理化学稳定性，并且这两种材料是生物相容的，可实现长寿命发射。因此，使用二氧化硅碳量子点材料能够减弱背景干扰，从而提高潜指引图像的质量。

2015 年，英国中央兰开夏大学 Kelarakis 团队[2]首次研发了基于 CD 的混合纳米粉末，在该混合纳米粉末中含有均匀分散在二氧化硅上的低含量 CD。对该材料的测试结果表明，该材料可在 3 种（紫色、绿色、红色）不同激发波长下，在载玻片上形成潜指印的较高分辨率图像。

Zhao 等人[3]制备了荧光 CDs@SiO$_2$ 纳米颗粒，该材料显现各种表面

---

[1] Fouda-Mbanga B G, Prabakaran E, Pillay K, Synthesis and characterization of CDs/Al$_2$O$_3$ nanofibers nanocomposite for Pb^{2+} ions adsorption and reuse for latent fingerprint detection, Arabian Journal of Chemistry, 2020, 13 (8): 6762-6781.

[2] Fernandes D, Krysmann M J, Kelarakis A, Carbon dot based nanopowders and their application for fingerprint recovery, Chemical Communications, 2015, 51 (23): 4902-4905.

[3] Zhao Y B, Ma Y, Song D, et al., New luminescent nanoparticles based on carbon dots/SiO$_2$ for the detection of latent fingermarks, Analytical Methods, 2017, 9 (33): 4770-4775.

（玻璃、铝箔、塑料袋、药品包装和皮革）上潜指印的效果是高度明亮的，在 415nm 蓝光直射下，获取的潜指印荧光图像质量完全能够满足人身同一认定的要求，与背景的反差较大，具有较高的对比度。在试剂灵敏性方面，即使该潜指印已经沉积了 60 天，使用该试剂显现的陈旧潜指印图像也能获取足够的乳突纹线细节。

彭迪团队长期从事碳量子点合成和潜指印显现研究，分别开发过高荧光、单分散的硅球碳点微球、磁性亲水性碳量子点和长波发射的碳点粉末材料。在其 2018 年的一篇报道中，他们制备了一种廉价、无毒的 SiO_2@CDs 微球来快速鉴定潜指印。[1] 该微球通过酰胺键将 CD 固定在硅球表面，这一设计既能避免 CD 的聚集诱导淬灭，又能发挥硅球的高分散性和流动性。该团队通过实验比较了市售的各种红色/绿色荧光粉末与该硅球碳点的性能差别，在各种波长的 UV 光照射下，新型指纹粉末能够更清晰地获得第三级纹线特征——汗孔。在灵敏度上，SiO_2@CDs 微球对沉积 7 天后潜指印的显现效果更好，AIFS 系统显示，其可检测到 70 个细节点，识别率为 88.9%。使用传统粉末的对照组中，只检测出 48、43 和 30 个细节点的较差图像。

在另一组报道中，彭迪团队以层层静电组装的工艺获得一种蓝色荧光的磁性碳点材料。[2] 该材料展现出良好的亲水性，一方面与指纹残留物中的湿气产生强烈的亲水作用，另一方面可避免粉尘大面积漂浮，是一种安全、高效的指纹显现材料。2022 年，彭迪团队再次以分层萃取的技术低成本制备了系列长波发射的碳量子点荧光粉末。[3] 该工艺可获得红色、橙色、黄色的高效荧光碳点，克服了传统碳点粉末多为蓝绿光发射的弊端。该团

---

[1] Peng D, Liu X, Huang M, et al., A novel monodisperse SiO_2@C-dot for the rapid and facile identification of latent fingermarks using self-quenching resistant solid-state fluorescence, Dalton transactions, 2018, 47 (16): 5823-5830.

[2] Ding L, Peng D, Wang R, et al., A user-secure and highly selective enhancement of latent fingerprints by magnetic composite powder based on carbon dot fluorescence, Journal of Alloys and Compounds, 2021, 856: 158160.

[3] Wang R, Huang Z, Ding L, et al., Carbon dot powders with cross-linking-based long-wavelength emission for multicolor imaging of latent fingerprints, ACS Applied Nano Materials, 2022, 5 (2): 2214-2221.

队以此材料为指纹粉末，成功地显现出各类复杂背景上的潜在指印，为碳点材料在法庭科学中的应用提供了新的思路。

（3）水溶性碳点

Dilag 等的科研团队[1]合成了 CD/聚二甲基丙烯酰胺（pDMA）纳米复合试剂用于潜指印的检测。CD/pDMA 纳米复合材料试剂具有水溶性、无毒、高荧光量子产率的特点。在实验中，科研人员将潜指印沉积在铝箔的无孔表面上，用该试剂进行显现，并使用三种不同的滤光片（无色滤光片、绿色滤光片和红色滤光片）在 350nm UV 光照射下拍照，另外还设定了两个变量组探究该试剂对陈旧指印的显现效果，即"新鲜指印"（2 小时内）和"老化指印"（两周后）两组潜指印。实验结果显示，该材料能够与指印结合发出石绿色荧光，使用绿色和红色的滤光片能够使指印更加明显和清晰。除了绿色荧光，水溶性碳点材料中还包括一种以鲜菇为原料的鲜菇多糖，该成分与指印结合能发出蓝色荧光，且灵敏度较强，因此即使是捺印 2 天后的指印用其显现也非常明显。

（4）阳离子碳点

阳离子碳点（cCDs）在其表面上含有大量的正电荷，其通过静电力与带负电荷的物质相互作用，从而改变自身荧光性质。Bahadur 等[2]在 2019 年制备了多荧光 cCDs 材料并将其应用于潜指印显现。他们以柠檬酸为碳前驱体，以聚乙烯亚胺（PEI）为封端剂，采用微波法合成了 Zeta 电位值为 6.64 - 0.53mV 的 cCDs。经过实验检验，用 cCDs 材料在玻璃表面上显现潜指印仅需要 2—3 分钟，并且显现结果在 UV 光（375nm）下清晰可见，能够表现出二级和三级指纹细节特征。由于 cCDs 中的缺陷，该材料可在不同波长的光激发下产生红色、绿色和蓝色荧光，这增强了该试剂的通用性，可适应多种背景荧光干扰。

---

[1] Dilag J, Kobus H, Yu Y, et al., Non - toxic luminescent carbon dot/poly (dimethylacrylamide) nanocomposite reagent for latent fingermark detection synthesized via surface initiated reversible addition fragmentation chain transfer polymerization, Polymer International, 2015, 64 (7): 884 - 891.

[2] Bahadur R, Kumawat M K, Thakur M, et al., Multi - fluorescent cationic carbon dots for solid - state fingerprinting, Journal of Luminescence, 2019, 208: 428 - 436.

（5）碳化聚合物点

碳化聚合物点（CPDs）是一类新型聚合物 CD，因其具有的丰富组成、结构、性能等特点不同于其他碳化聚合物。CPD 具有更强的稳定性和生物相容性。在指印显现领域，该材料表现出无毒、环保、低成本、高荧光量子产率的优点。Li 等[1]以一步溶剂热法合成了亮红色荧光碳化聚合物点（CPDs），再将该 CPDs/淀粉的混合粉末在各种表面（载玻片、不锈钢、大理石、胶带、铝箔、涂漆木材、光盘和硬币）上进行潜指印显现。实验结果显示，样品潜指印在波长 365nm 的 UV 光照射下能清晰显现指印纹线细节。该材料的稳定性、灵敏度相较市售传统显现粉末更加优秀，可对捺印 30 天的陈旧指印进行清晰显现。

（6）以其他自然混合物为原料的碳量子点材料

Yu 和 Yan[2]设计了一种新型潜指印显现试剂的合成方法，他们在微波辐射条件下混合了柠檬酸和 L - 半胱氨酸，然后将反应混合物与 Na^+ - 蒙脱石粉末混合，制备了无毒、经济、高灵敏度的 CDs@蒙脱石（CDs@PGV）纳米复合材料。实验结果显示，该材料在多色塑料表面上显现的潜指印经过 UV 光（365nm）激发，获取的荧光图像可展示清晰的乳突纹线细节。

Zhu 和 Jin 等人[3]以天然海带为碳源，采用水热碳化法制备了碳点 - 异硫氰酸荧光素（CDs - FITC）复合材料。在这项研究的基础上，Wang 和 Zhang 还共同研究出了环保、低成本的 CD/ZIF - 8 荧光粉。该新型显现试剂在玻璃、塑料和有色塑料表面显现后的潜指印，可在紫外、蓝色、绿色激发波长下形成具有良好对比度的清晰图像。

---

[1] Li F, Wang X, Liu W, et al., One - step solvothermal synthesis of red emissive carbonized polymer dots for latent fingerprint imaging, Optical Materials, 2018, 86: 79 - 86.

[2] Yu Y, Yan L, Rapid synthesis of C - dots@ PGV nanocomposites powders for development of latent fingermarks, Bulletin of the Chemical Society of Japan, 2017, 90（11）: 1217 - 1223.

[3] Zhu X, Jin H, Gao C, et al., Ratiometric, visual, dual - signal fluorescent sensing and imaging of pH/copper ions in real samples based on carbon dots - fluorescein isothiocyanate composites, Talanta, 2017, 162: 65 - 71.

Zhai 的科研团队[1]研发了一种新型无毒、绿色荧光的 CDs@蒙脱土复合材料（g-CDs@MMT）。该材料通过 UV 光照射，可获取潜指印的清晰绿色荧光图像，且显现效率较高，获取的荧光图像可显示清晰的指印纹线二级细节特征。

（二）其他纳米荧光复合材料

目前，市售汗潜指印显现试剂易受到背景干扰而减弱其显现效果，并且单种试剂还存在一些无法克服的严重缺点。例如，氰基丙烯酸酯发烟法只能用于光滑表面并且显现需要大量时间；茚三酮法和 1, 8 - 二氮杂芴 - 9 - 酮喷涂法仅可用于粗糙表面并且需要加热，这可能会破坏指印的原始成分。粉末除尘技术也存在一定的缺陷，如非荧光粉末显现图像低对比度过低，以及刷显手法可能造成损坏原始指印问题。基于这些问题，荧光探针法提供了新的思路。荧光探针亦被称为荧光化学传感器，是一种将生物、化学事件等信息转化为可被分析的荧光信号的"分子器件"。荧光探针通常由识别位点的分子、发色团或荧光团以及两者之间的通信机制构成。识别位点分子与待分析物（客体）作用（置换、化学反应、配位等），通过不同的通信机制或信号传导机理将识别的化学信号传递给荧光团，实现荧光团性质如荧光发射的波长、强度或荧光寿命的变化，进而实现对待测物定性或定量的检测。在此之前，已有研究人员使用基于 AIE19 - 24 的探针和缀合的聚电解质材料显现潜指印。近几年，有研究团队探索了利用聚集诱导发射（AIE）性质显现指印的方法。Ahmad 等人[2]设计并合成了一种 AIE（聚集诱导发光）活性分子 HPBI，该材料可用于快速显影和荧光成像汗潜指

---

[1] Zhai Y, Shen F, Zhang X, et al., Synthesis of green emissive carbon dots@ montmorillonite composites and their application for fabrication of light - emitting diodes and latent fingerprints markers, Journal of colloid and interface science, 2019, 554: 344 - 352.

[2] Ahmad M, Kumar G, Luxami V, et al., Fluorescence imaging of surface - versatile latent fingerprints at the second and third level using double ESIPT - based AIE fluorophore, New Journal of Chemistry, 2021, 45 (17): 7705 - 7713.

印，该材料可适用的基底材质非常丰富，包括铝箔、货币、砖和玻璃等。该材料的显现原理可以概括为：在将 HPBI 的纳米聚集体喷涂到各种表面上时，由于纳米聚集体和指印脊的组分之间的疏水和静电相互作用，指引脊线被荧光纳米聚集体填充，从而可以荧光探针技术显现该指印图像。实验结果显示，用该方法显现的潜指印能够清楚展示第二级、第三级指印纹线细节特征，并且对比度较高，没有背景干扰。

乙基-2-氰基丙烯酸酯（强力胶）发烟法是指印显现中常用的"原位"显现指印的方法，该方法可通过荧光染色增强指印图像的对比度。强力胶发烟法有以下几个优点：第一，它可以在原位显现指印而不影响基底的性质。第二，它可以避免指印图案和细节的破坏，如粉末除尘法就可能由于粉末颗粒和刷显操作对指印本身造成破坏。第三，强力胶发烟法的显影过程相对简单，并且对各种基底具有通用性。但该方法仍然有一些缺点，有时用强力胶显影的指印图像缺乏足够的对比度，导致难以识别，特别是在浅色基底上，因为熏染后的氰基丙烯酸酯树脂是白色的；此外，彩色背景的干扰也可能降低指印图案的分辨率。也有部分学者使用荧光试剂来增强显影效果，如对发烟指印进行染色的有机染料和量子点。这种荧光染色能够增强指印脊线和谷线之间的对比度，减少背景干扰。在显现指印中最常用的荧光试剂是罗丹明 6G（R6G）或其衍生物。然而，R6G 发射红色荧光，具有荧光强度 450—600nm 的吸光度，所以不能被两个常用激发波长（254nm 和 365nm）的普通便携式 UV 灯激发。大多数关于 R6G 显现指印的研究需要特定的激发波长，因此也需要配备一套相对笨重的仪器，其中包括特定的激发光源和合适的滤光片。那些需要紧急"原位"显影的潜指印，需要选择更加便携的显现方法。荧光共轭聚合物材料是一种属性优异的荧光材料，包括小分子荧光染料和半导体量子点，具有低毒性、可调结构和高抗光漂白性的特点。目前，共轭聚合物广泛用于生物成像、构建传感器和光电器件。聚对苯撑亚乙烯基（PPV）是其中最广泛的研究的共轭聚合物，该材料具有优异的光致发光性能，仅用实验室 UV 灯（365nm）即可激发。学者 Chen 在他们的研究中[1]成功地制备了一系列的荧光聚对苯撑乙烯（PPV）纳米粒子胶体溶液，并对其进行了表征。结果表明，这些共轭聚合物纳米粒子具有纳米级的圆形结构，且有理想的吸收和发射波长，可用作指印显色试剂，并通过一个简单的方法来调整荧光发射颜色。具体强化过程可以概括为：首先使用自制装置制备发烟法显现后的样品指印，然后轻轻地将浸泡过胶体溶液的脱脂棉施加在样品指印上来完成染色，其施加过程遵循少量多次的原则。强力胶烟熏显现指印的荧光增强方法具有两个优点：第一，纳米颗粒的颜色调节机制较为简单，仅改变取代基步骤的反应时间即可。第二，最终产品为水溶液状态，可直接使用。因此，未来该领域可致力于寻找在显色条件下具有更强荧光发射的共轭聚合物纳米粒子，丰富其发射颜色，将这种荧光指印显色策略扩展到更复杂的基底。

笔者在本章第二节"量子点材料"中提及了部分将油溶性 CdSQD 和 CdS/聚酰胺胺应用于基于氰基丙烯酸酯发烟法的潜指印增强思路。但这些方法有一些缺陷，如操作复杂，加工过程不环保、会释放出有害的氰基丙烯酸酯等。所以更多学者倾向于将基底直接浸入 QD 显影溶液中进行显现。但是这类方法也并不完全可行，有的显影液中含有镉元素，对使用者和环境有害；有的显影液制备工艺复杂，合成环境和表面改性要求严格。于是，许多学者先后对该类试剂进行研究，Xu 等人[2]制备了 Mn 掺杂 ZnS 量子点材料，实现了多种基底上潜指印的显现；Jiang 等人[3]制备了一种亲脂性白色发光 CD，将带有潜指印的玻璃浸入在该试剂中的可获得白色荧光指印图像；还有研究人员适用喷雾方法（溶解在 0.1M 盐酸中的红色发光 CD）对潜指印进行显现，但由于溶剂（0.1M pH = 1 盐酸）对大多数物体（如塑

---

[1] Chen H, Ma R, Fan Z, et al. Fluorescence development of fingerprints by combining conjugated polymer nanoparticles with cyanoacrylate fuming, Journal of colloid and interface science, 2018, 528: 200 – 207.

[2] Xu C, Zhou R, He W, et al. Fast imaging of eccrine latent fingerprints with nontoxic Mn – doped ZnS QDs, Analytical chemistry, 2014, 86 (7): 3279 – 3283.

[3] Jiang B P, Yu Y X, Guo X L, et al. White – emitting carbon dots with long alkyl – chain structure: Effective inhibition of aggregation caused quenching effect for label – free imaging of latent fingerprint, Carbon, 2018, 128: 12 – 20.

料和皮革）具有腐蚀性，因此该方法对环境仍不友好，并且白色荧光图像的荧光强度和对比度也不足，指印纹线细节难以分辨清晰；Wang 等人[1]合成了发蓝色光的激发波长依赖性 CD，也使用喷雾和粉末两种方法检测各种基地上的潜指印，实验结果表明，虽然显现效果能够满足第二级指印纹线特征，但是粉末除尘法容易破坏指印的完整性。Zhao 等人[2]以 DL-苹果酸和乙二胺为原料，制备了绿色环保型碳量子点（G-CD）试剂，用于各种基底上汗液潜指印的识别，实验结果显示，在 pH 为 9、显色时间为 30 min 时，该材料所获得的荧光指印图像纹线清晰、连贯，细节特征丰富，荧光强度强。该材料有效解决了水浸潜指印显现的问题。

第二节　量子点材料

半导体量子点（QD）材料可以在蓝光或紫外光的激发下发射强可见光，并且具有较宽的吸收光谱、较小的尺寸、可调的颜色、窄的发射光谱、高荧光量子产率、良好的光稳定性等光学优点，可以用多种功能配体灵活地进行化学修饰。目前的 QD 指印显现材料研究致力于提高对比度、灵敏度和选择性。

一、量子点材料在粉末显现法中的应用

QD 用于粉末除尘法中时，这些材料可以粘附到潜在指印残留物的水性或油性组分上，这在很大程度上类似于传统粉末除尘法的粘附方式。量子点与潜在指印残留物之间的吸附原理主要是物理吸附和静电吸引。在显现试剂粘附到指印上后，该 QD 显现材料由于暴露在空气中，会产生本身的高氧化反应，导致该 QD 材料发射的荧光降低，从而降低显影对比度。为了克服 QD 粉末在空气中的这种氧化问题，QD 通常与特定材料缀合或覆盖，从

---

[1] Wang C, Zhou J, Lulu L, et al., Rapid visualization of latent fingerprints with color-tunable solid fluorescent carbon dots, Particle & Particle Systems Characterization, 2018, 35 (3): 1700387.
[2] Zhao D, Ma W, Xiao X, The recognition of sweat latent fingerprints with green-emitting carbon dots, Nanomaterials, 2018, 8 (8): 612.

而形成基于 QD 的纳米复合材料（NC）。

在 Dilag 等人[1]的研究中，他们介绍了制备 CdS/壳聚糖 NC（一种封装在聚合物壳聚糖基质中的 CdSQD）材料的方法，用冷冻干燥器将合成的 NC 转化为干粉，并用该材料在铝基底上显现潜在指印。在适用阶段，首先将潜指印用氰基丙烯酸酯烟熏，其次用松鼠毛刷将所制备的 NC 施加到潜指印上。结果显示，使用 CdS/壳聚糖 NC 的干粉直接显影铝表面的未发烟潜指印时，可以观察到良好的结果。与常规微米级粉末（含二氧化钛）和铝粉等粉末显影的显现效果相比，CdS/壳聚糖纳米粒子显影的潜指印显影图像对比度更大，但显影灵敏度和选择性有所降低。一种合理的解释是，冷冻干燥过程会导致 CdS/壳聚糖 NC 聚集，从而影响最终展示的潜指印图像质量。

Algarra 等人[2]研究了类似的 CdS/PPHNC［键合到多孔磷酸盐异质结构材料（PPH）的 CdSQD］并探究了该材料在各种类型基底上的潜指印的显现效果。首先，将 PPH 材料杂化并实现与巯基丙基的化学功能化；其次，使用这些材料合成 CdS/PPH 纳米碳。在实践阶段，将制备的 NC 直接用于在塑料、玻璃、钢、陶瓷和木材表面上显现潜指印。由于沉积在钢和玻璃表面的潜指印图像具有良好的对比度，可以在 450nm 光的激发下进一步观察，但显影灵敏度和选择性有待进一步提高。因为纸的背景荧光干扰，在纸上显现潜指印的效果并不理想。

Gao 等人[3]将 CdTe QD 插入蒙脱石（MMT）制备了 CdTe/MMTNC 材料来显影各种基底上的汗潜指印。他们的实验结果表明，在 365nmUV 光的激发下，CdTe/MMTNC 试剂显影的指印乳突纹线细节清晰，具有高显影

---

[1] Dilag J, Kobus H, Ellis A V, Cadmium sulfide quantum dot/chitosan nanocomposites for latent fingermark detection, Forensic Science International, 2009, 187 (1 - 3): 97 - 102.

[2] Algarra M, Jiménez - Jiménez J, Moreno - Tost R, et al., CdS nanocomposites assembled in porous phosphate heterostructures for fingerprint detection, Optical Materials, 2011, 33 (6): 893 - 898.

[3] Gao F, Lv C, Han J, et al., CdTe - montmorillonite nanocomposites: Control synthesis, UV radiation - dependent photoluminescence, and enhanced latent fingerprint detection, The Journal of Physical Chemistry C, 2011, 115 (44): 21574 - 21583.

灵敏度和高显影选择性。但是，在测试纸张、皮革、涂漆木材三种基底时，由于纸的背景荧光太强，涂漆木材和皮革也存在较弱的背景荧光，因此纸张、涂漆木材、皮革基底的显影对比度远低于聚合物和玻璃基底的显影对比度。随后，该团队进一步制备了使用 CdTe@ SiO$_2$ NM（涂覆有二氧化硅层的 CdTe QD）材料来显现不同基底上的汗潜指印。该材料的合成思路可概括为，将裸露的 CdTe 量子点用 SiO$_2$ 涂层改性以形成 CdTe@ SiO$_2$ 纳米材料。与裸 CdTe 量子点相比，该材料附加的 SiO$_2$ 壳层具有稳定、透明、无毒的优点，因此 CdTe@ SiO$_2$ 纳米材料具有更好的黏附能力、更高的化学稳定性、更强的荧光强度和更低的毒性。在实际应用阶段，该团队将制备的 CdTe@ SiO$_2$ 纳米材料直接应用于玻璃、聚合物、塑料、橡胶、大理石、铝和纸张上显现潜指印，该材料依然表现出高灵敏度和选择性。但对黑色橡胶和纸张基底的显影对比度仍然较低，其原因是这两种基底具有不可避免的背景荧光干扰。

二、量子点材料在液相显现中的应用

量子点材料在潜指印显现中的应用还有这样一种思路：在液体方法的条件下，将 QD 选择性地与指印残留物中的特定组分粘连。因为相比物理显现过程（物理吸附和静电吸引可能同时发生），在液体环境中，量子点和潜在指印残留物之间的选择性相互作用由化学反应确定。在材料制备上，为了实现这种相互作用，研究人员通常用各种具有官能团的特定配体修饰量子点。

Liu 等人[1]制备了 CdTe QD 材料来显影潜指印。该材料中的 CdTe 量子点可以被指印脊线的化学成分选择性吸附，从而在 UV 光照射下显现出较好的对比度、灵敏度和选择性。但是，一些乳突纹线细节仍然会被 CdTe QD 材料本身覆盖，可能是因为操作过程中使用了过量的 CdTe QD，而这些

---

[1] Liu J, Shi Z, Yu Y, et al., Water-soluble multicolored fluorescent CdTe quantum dots: Synthesis and application for fingerprint developing, Journal of colloid and interface science, 2010, 342 (2): 278-282.

过量的试剂没有冲洗干净。

　　Menzel 等人[1]制备了使用二辛基磺基琥珀酸钠（DSS）的双支链分子修饰的 CdSQD（以下简称 CdS/DSSNC），将其溶解在庚烷或己烷中制成显现试剂。他们用这种新型试剂测试其在金属和黏性基底上的显影增强效果。首先，用氰基丙烯酸酯预发烟处理潜指印；其次，将热解的指印浸入 CdS/DSSNC 有机（庚烷或己烷）试剂中持续几秒至几分钟的时间，用己烷轻轻冲洗样品，以除去过量的 CdS/DSSNC；最后干燥样品，并在 UV 光下观察显影效果。实验结果显示，对于沉积在铝箔和软饮料罐基底上的熏显潜指印，使用 CdS/DSSNC 染色技术增强显影效果，可以显著提高对比度和选择性。但对于未熏染的裸指印和沉积在金属、玻璃、塑料基底上的熏显指印，该增强方法的效果并不理想，其原因可能是油性指印残留物被试剂中的有机溶剂反应后被去除了。

　　Jin 等人[2]制备了 CdS/PAMAM 显现材料［用聚酰胺胺树枝状聚合物（PAMAM）改性的 CdS QD］，并用该试剂增强铝箔上的熏显潜指印。该试剂的原理可概括为，显现材料和热解指印组分之间选择性结合后，CdS/PAMAM 可在紫外激发下发射强荧光进行显现。他们首先用氰基丙烯酸酯预处理指印，然后将热解指印在室温下浸入 CdS/PAMAM 溶液中持续 8—10 小时。实验结果显示，该试剂能够显著增强沉积在铝箔上熏染潜指印，因此该试剂具有高显影对比度、灵敏度和选择性的优势。

　　Wang 等人[3]制备了巯基乙酸（TGA）修饰的 CdSe@CdS QD 材料，将其溶解在水中制成水溶液试剂，并在 380nm UV 光下观察显现结果。实验结果表明，该 CdSe 量子点溶液的 pH 值条件对潜指印显现结果有明显影响——在弱碱性条件（pH=8）下，使用该试剂可以获得更多的乳突纹线细

---

[1] Menzel E R, Takatsu M, Murdock R H, et al., Photoluminescent CdS/dendrimer nanocomposites for fingerprint detection, Journal of Forensic Sciences, 2000, 45 (4): 770-773.

[2] Jin Y J, Luo Y J, Li G P, et al., Application of photoluminescent CdS/PAMAM nanocomposites in fingerprint detection, Forensic Science International, 2008, 179 (1): 34-38.

[3] Wang Y F, Yang R Q, Wang Y J, et al., Application of CdSe nanoparticle suspension for developing latent fingermarks on the sticky side of adhesives. Forensic Science International, 2009, 185 (1-3): 96-99.

节。在实验中他们还对比了裸 CdSe QD 材料的显现效果，发现 CdSe@ CdS QD 水溶液显影具有更好的显影对比度、灵敏度和选择性。该团队[1]还制备了 CdSe QD 材料，并将其溶解在水溶液中作为试剂显影潜指印。该团队为了获得良好、均匀的显影效果，对材料的显色时间、溶液 pH 值、激发光源等显色参数进行了优化研究。他们总结出，使用 CdSe QD 新型试剂进行指印显现时，最佳的浸泡时间需达到 15min 以上，已经沉积 24 小时以上的潜指印，浸泡时间还应延长到 30min 以上；此外，该新型试剂的最佳工作 pH 值为 8，属于弱碱性条件；该材料最佳的激发光源波长为 365nm UV 光或 440nm 蓝光，在这两种波长下激发的潜指印可以表现出足够的显影对比度、灵敏度和选择性。但是整个指印的显影效果并不均匀，部分区域会表现出过亮或过暗的荧光，在一些乳突纹线细节特征上也会发现一些微小的丝状荧光，但这种丝状荧光并不会造成明显的背景干扰。

Gao 等人[2]分别制备了带正电和带负电的 CdTe QD 水溶液，并将其用于显影光滑基底上的潜指印。两者的合成过程可以概括为：室温条件下，在水溶液中通过 TGA 表面改性制备带负电荷的 CdTe 量子点，通过水合肼表面改性制备带正电荷的 CdTe 量子点。他们的实际显影过程，包括以下连续步骤：首先，将 1ml 小等分试样的 CdTe 量子点水溶液（pH＝7—11）施加在样品潜指印上，并持续 30—60min；其次，用蒸馏水冲洗除去过量的 CdTe 量子点；最后，在 365nm 紫外光下观察指印显影图像。实验结果显示，相比带负电荷的 CdTe 量子点，带正电荷的 CdTe 量子点试剂在进行潜指印显影时具有更强的亲和力和有效性。其原因可能是由于粗糙表面的过量的 CdTe QD 没有被彻底冲洗，一些乳突纹线细节仍然被 CdTe QD 试剂覆盖。

---

[1] Wang Y F, Yang R Q, Shi Z X, et al., The effectiveness of CdSe nanoparticle suspension for developing latent fingermarks, Journal of Saudi Chemical Society, 2014, 18（1）: 13–18.
[2] Gao F, Han J, Zhang J, et al., The synthesis of newly modified CdTe quantum dots and their application for improvement of latent fingerprint detection, Nanotechnology, 2011, 22（7）: 075705.

第三节　稀土上转换荧光纳米材料

转换发光材料是一种近红外光激发下能够产出紫外/可见光的材料,即将红外低能光子转换为紫外/可见高能光子的发光材料。其特点是所吸收的光子能量低于发射的光子能量,故称为上转换发光,又称反斯托克斯发光。稀土上转换发光材料具有低毒性、化学稳定性高、光稳定性优异、发射带窄、发光寿命长等优点。同时,其激发光源近红外光(980nm 或 808nm)具有光穿透力强、对生物组织几乎无损伤、无背景荧光等特点。转换发光材料应用广泛,包括生物成像、光动力学治疗、光催化、三维显示、药物释放等。在以上实际应用中,稀土上转换纳米材料(UCNMs)主要起到了光源转换的作用。例如,在生物成像中,主要实现了由近红外光激发产生可见红、绿、蓝等颜色的光,进而对生物细胞进行标识;在光催化领域,实现了由近红外光激发产生紫外光,进而对有机污染物进行光降解;在光动力学治疗领域,主要利用稀土上转换发光材料将近红外光转换紫外、可见光并与相应的光敏剂偶联,从而产生单线态氧,终实现对癌细胞的诊治;在药物释放方面,主要利用稀土上转换纳米材料与孔材料相结合,通过近红外光控实现对靶向药物的可控释放;在指印显现领域,稀土上转换纳米材料因其具有发射带窄、毒性低、强度强、可化学官能化、使用 NIR 光等特点,所以能够避免背景荧光干扰,具有相对较高的显影对比度、灵敏度和选择性。目前,$NaYF_4$ 与 Yb^{3+}、Er^{3+} 共掺杂是最常用的 UC 材料,能发出满足摄影需求的 UC 荧光。

一、稀土上转换荧光纳米材料在粉末显现中的应用

当 UCNMs 用于粉末撒粉法时,它们黏附在潜在指印残留物上以使显影成为可能。从这个意义上讲,操作与传统的喷粉方法非常相似。

Ma 等人[1]首先通过实验介绍了市售 NaYF$_4$：Yb，Er 试剂在各种无孔和半孔基底上显影潜指印的效果。该试剂的显影操作非常简单，过程仅需用松鼠刷将 NaYF$_4$：Yb，Er 粉末沿着乳突纹线的纹路轻轻刷显即可。该团队的主要实验目的是测试多种基底的显影效果。实验结果显示，在光滑的杂志纸、啤酒罐和塑料标签上的显现效果十分理想，在一些特殊基底上的显现效果也较好，如澳大利亚五元聚乙烯钞票，该指印在 UV 辐射下会发射强荧光，从而引起严重的背景荧光干扰，但使用 UC 光进行观察的 NaYF$_4$：Yb，Er 试剂就不存在该问题。随后一年，该团队以相似的方法测试了 YVO$_4$：Yb，Er 试剂的显现效果，实验设计同样是将试剂用于显现各种无孔和半孔基底上的潜指印。实验也获得了类似的结果——经过 980nm NIR 光的激发后，用 NaYF$_4$：Yb，Er 和 YvO$_4$：Yb，Er 试剂显现的澳大利亚五元聚合物钞票基底上的显潜指印均发射出较强的可见荧光，并且乳突纹线细节特征非常清晰，几乎没有任何背景荧光干扰。虽然在上述两项研究中应用的 NaYF$_4$：Yb，Er 和 YVO$_4$：Yb，Er 颗粒的尺寸是微米级别，还未达到纳米级别，但这两种试剂为后来纳米级的 UC 颗粒显影试剂奠定了坚实的研究基础。

　　此外，有科研团队[2]采用共沉淀法成功制备了掺杂 Eu^{3+} 浓度分别为 7%、8%、9% 和 10% 的 $Y_2Sn_2O_7$，并将其与未掺杂 Eu^{3+} 的 $Y_2Sn_2O_7$ 样品比较，在测试了完整的结构、形态和光谱表征后，结果显示，Eu^{3+} 掺杂的 $Y_2Sn_2O_7$ 样品结晶为单一烧绿石相，其中 Eu^{3+} 离子占据了 D–3d 的对称性的位置。将制备的各类标准样品机械研磨后，再将这些材料制作成平均微晶尺寸小于 100 纳米的粉末显现试剂。经过显现实验，研究人员发现所有样品的 CIE 色坐标非常接近理想红光的色坐标，并测试该试剂在两种不同的

---

[1] Ma R, Shimmon R, McDonagh A, et al., Fingermark detection on non–porous and semi–porous surfaces using YVO$_4$：Er, Yb luminescent upconverting particles, Forensic Science International, 2012, 217 (1–3): e23–e26.

[2] Brini L, Bennour I, Toncelli A, et al., Eu–Doped Pyrochlore Crystal Nano–Powders as Fluorescent Solid for Fingerprint Visualization and for Anti–Counterfeiting Applications, Materials, 2022, 15 (7): 2423.

基底——木材和陶瓷上的显现效果。结果证明该试剂的灵敏度、选择性满足显现第三级指印纹线细节特征的需求。

除了 $NaYF_4$ 和 $Y_2Sn_2O_7$，还有科研团队[1]用表面共沉淀法制备了掺杂 Li^+、Tb^{3+} 的 $CaWO_4$ 绿色荧光纳米颗粒，并通过 X 射线衍射、高分辨率透射电子显微镜和能量色散 X 射线方法对该纳米磷光体的结构和形貌进行了表征，通过紫外-可见光谱、荧光光谱和傅里叶变换红外光谱方法研究了它们的光学性质。结果显示，该材料在 255nm 波长的光激发下，于 540nm 处展示出了绿色发射峰。这种荧光粉的灵敏性可显示出用于检测第三级细节，具有高对比度，并且该试剂能够在不同类型的无孔和有孔表面上进行潜指印显现。此外，无论指印基底物理性质如何，这种新型纳米磷光体都具有最小化背景荧光干扰的能力。

二、稀土上转换荧光纳米材料在液相显现中的应用

同样原理，UCNMs 悬浮液通过其在液体环境中选择性地粘附于潜指印残留物中的某些组分，从而进行潜指印显现。

Wang 等人[2]制备了溶菌酶结合适体（LBA）修饰的 $NaYF_4$：Yb，ErUCNMs（$NaYF_4$：Yb，Er/LBA）材料，并将其用于研究基于分子识别技术的潜在指印显现技术。溶菌酶是人体汗液中发现的多肽之一，通过 DNA 适体靶向溶菌酶 LBA 从而实现特异性识别的原理，溶菌酶可以作为识别指印残留物的通用靶标。该新型试剂的显现原理可以简单解释如下：其显现过程是将 $NaYF_4$：Yb，Er/LBAUCNMs 的悬浮液施加到潜指印上，并孵育该潜指印基底 30min。在孵育过程中，UCNMs 表面的 LBA 分子选择性地与指印残留物中的溶菌酶分子结合，使 $NaYF_4$：Yb，ErUCNMs 能够与潜指印定向选择性识别、吸附。

---

[1] Ghubish Z, El-Kemary M, Influence of Li^+ doping on the luminescence performance of green nano-phosphor $CaWO4$：Tb^{3+} as a sweat pores fingerprint and cheiloscopy sensor，Journal of Industrial and Engineering Chemistry，2022，107：61-74.

[2] Wang J，Wei T，Li X，et al.，Near-infrared-light-mediated imaging of latent fingerprints based on molecular recognition，Angewandte Chemie，2014，126（6）：1642-1646.

为了突出 $NaYF_4$：Yb，Er/LBA 的显现性能，该团队以类似的方式制备了 LBA 修饰的荧光素亚酰胺（FAM/LBA）和 LBA 修饰的 CdTeQD（CdTe/LBA）与 $NaYF_4$：Yb，Er/LBA 比较显现性能。实验结果显示，经过 FAM/LBA 或 CdTe/LBA 处理的大理石表面的潜指印，在用 365nm UV 光激发下没有显示指印，仅显示了强紫色背景荧光；使用 $NaYF_4$：Yb，ErUCNMs 悬浮液处理指印时，也得到了同样的现象。但是将 365nm UV 灯更换为 980nm NIR 光灯后，这三种材料显现的指印不仅能够观察到指印纹线图像，而且没有或较少有背景荧光的干扰。不过三种材料所表现的显现质量之间仍有差距——FAM/LBA 或 CdTe/LBA 材料显现的潜指印，由于一定程度上的背景荧光干扰，指印图像仅有较低的显影对比度；$NaYF_4$：Yb，Er/LBAUCNMs 显现的指印图像没有任何背景荧光干扰。此外，$NaYF_4$：Yb，Er/LBAUCNMs 显现的指印图像在放大后，可观察到乳突纹线终止点边缘形态和汗孔等细节特征。但该试剂仍然存在一些缺点，如需要至少 30 分钟的孵育时间，这相较于市售显现试剂的显现效率而言是较慢的。

Wang 的团队在后来的研究中进一步将 $NaYF_4$：Yb，ErUCNMs 和十二烷基磺酸钠（SDS）的表面活性剂混合后，用水分散制备出了 $NaYF_4$：Yb，ErUCNMs 的悬浮液，并简单将其用于潜指印显现研究中。[1] 其原理是 UCNMs 上 SDS 的疏水链易粘附到指印残留物中的油脂上，且烷基链之间的疏水相互作用允许相互吸收，因此能够高选择性地染色潜指印，然后再通过 980nm NIR 光激发 UCNMs 获得清晰的荧光指印图像。经该团队的实践检验，$NaYF_4$：Yb，ErUCNMs 悬浮液还能够清晰显现旧指印、湿指印、多色和自发荧光背景上的指印。

---

[1] Wang J, Wei T, Li X, et al., Near-infrared-light-mediated imaging of latent fingerprints based on molecular recognition, Angewandte Chemie, 2014, 126（6）: 1642-1646.

第四节　其他新兴材料

一、植物粉末材料

现阶段常用来显现指印的荧光粉大部分需要紫外光激发，在实际刷显或吹显过程中，吸入粉末对工作人员的身体会产生不利影响。因此，无毒的天然植物粉末在指印显现中的应用研究对一线工作人员的身体健康有着重要的意义。

学者尹雨晴、刘旭[1]基于菠菜、小球藻、紫菜和西蓝花4种植物粉末在近红外光谱区能够产生荧光的原理，将这4种植物粉末制成潜指印显现试剂，并对遗留时间一周之内的指印进行显现。实验结果显示，这4种植物显现粉末能够在深色背景下显现出浅色纹线。但该材料的局限性是：由于黑色可以吸收所有色光，这4种植物制成的红外荧光粉在显现过程中无法排除黑色背景的荧光，除此之外都有着良好的显现效果。

学者代雪晶等人[2]以自然生成的深绿色海藻作为显现指印的荧光粉末原材料，制备了可在近红外光谱区（尤其是波长为700—800nm）发出强烈荧光的潜指印显现粉末试剂。螺旋藻粉末的优势在于：一是目前市售指印显现荧光粉末大多由有毒有害的物质合成，但螺旋藻粉末对人体完全无毒无害；二是现有荧光粉末大都使用紫外激发，紫外光激发的缺点在于其显现出的指印图像易受背景荧光的干扰，但如果激发光在近红外光谱区，背景就不会产生荧光，仅会呈深色，因此红外激发的潜指印图像往往具有更高的对比度。这意味着以往难以处理的客体背景，如人民币和杂志光面纸页，可以显示强反差的指印与良好的纹线细节。另外，螺旋藻粉末发出的荧光在多个波段都有着不错的强度。实验结果显示，使用螺旋藻粉末进行

---

[1] 参见尹雨晴、刘旭：《利用植物荧光粉显现汗潜指印方法研究》，载《广东公安科技》2022年第2期。

[2] 参见代雪晶、马瑞聪：《新型无毒荧光显现剂——螺旋藻粉末在指印显现中的应用》，载《中国刑警学院学报》2019年第6期。

光致红外荧光摄影，可以显现一些具有复杂多色背景的半渗透和非渗透性客体表面的汗液和油指印。对于 1 周之内形成的汗液指印，螺旋藻粉末也具有不错的显现效果。

目前，市售的三种粉末即西蓝花粉末、菠菜粉末和紫菜粉末都具有荧光特性，荧光激发光谱峰值都为 417nm，荧光发射光谱峰值都为 678nm。代雪晶的团队研究了上述三种蔬菜粉末的荧光性能，[1] 研究发现西蓝花的荧光性能最优，最终将西蓝花粉末用于指印显现工作中。实验结果显示，使用西蓝花粉末显现出的指印具有细节特征明显、对比度高、纹线清晰连贯、背景干扰较低等优点。因此，西蓝花粉末可发展成为一种无毒无害、成本低廉的新型指印荧光显现剂。

二、其他新型显现试剂

荧光桃红又称玫瑰红、根皮红、食用红素色 104 号，是一种人工的有机合成色素。荧光桃红粉末可以在多波段光源的激发下发出强烈的橙黄色荧光，能够降低背景干扰，提高背景与指印纹线的反差。荧光桃红粉末作为一种安全无毒偶氮型酸性粉末，是理想的配粉材料。学者陈虹宇、尹晓婧、刘丽[2] 将荧光桃红粉末、还原铁粉按一定比例混合，制备了磁性荧光双功能粉末。其中荧光桃红粉末为配粉、还原铁粉为载粉，并将其应用于汗潜指印和皮脂指印的显现。该粉末荧光性能稳定，荧光强度即使是在放置 60 天后仍无明显变化。潜指印显现实验结果显示，该荧光磁性双功能粉末在 415nm 多波段光源的照射下能够清晰显现渗透性与非渗透性客体表面的汗潜指印和皮脂指印，并且该荧光磁性双功能粉末的荧光强度高、稳定、不易扬起浮尘，能有效提高现场指印的显现率，是一种绿色、具有推广价值的显现粉末。随后，该团队经深入研究，以荧光桃红粉末作为配粉，还原铁粉作

---

[1] 参见代雪晶、汤澄清、王猛等：《蔬菜粉末荧光光谱测定及其在手印显现中的应用》，载《光谱学与光谱分析》2022 年第 1 期。
[2] 参见陈虹宇、尹晓婧、刘丽：《新型荧光磁性双功能粉末应用于潜手印的显现》，载《四川警察学院学报》2018 年第 4 期。

为载粉，制备了兼具磁性、荧光功能的新型 M-05 指印显现粉末。[1] 该粉末扬尘较少，不仅可以显现非渗透性客体表面的汗潜指印，而且可以显现渗透性客体表面的汗潜指印，在一定程度上拓宽了粉末显现法的适用范围。

京尼平（Genipin）是一种环烯醚萜类物质，由京尼平处理过的指印在自然光下呈蓝色，如果使用多波段光源分别在不同波长频率下激发，并选择合适的滤色片接收，还能够增显出自然光状态下无法观察到的荧光图像。该试剂的显现实验操作较为简单，对实验室要求不高，在自然状态下生成的蓝色物质稳定。经多波段光源激发后，可从京尼平显过的部位，经由红色滤光镜下观察到橙红色荧光指印。在显现指印图像质量上，京尼平试剂所显现的荧光指印乳突纹线、中心花纹清晰，显出率较高，并且其操作中的加湿加热的熏显条件对于南方的天气较为友好。即使复杂颜色客体表面，如彩色画报纸等，虽然会受到背景颜色的感染，但京尼平可帮助鉴定人员定位指印所在位置，为其他后续技术处理提供帮助。[2]

芘是一种特别有用的荧光团，具有比蒽、萘和罗丹明 B 相对更高的量子产率，该试剂具有良好分辨率的吸收和发射光谱、长寿命的单线态激发、独特的荧光产物和测量其分子环境极性的能力。芘及其衍生物目前主要用于商业染料中，基于芘的 D-π-A 染料在非极性溶剂中表现出优秀的变色性和荧光性。尽管芘具有良好的荧光优势，但是其对指印残留物的亲和力并不强。针对这一缺点，Sharma 的科研团队[3]使用芘作为荧光团，用硅藻土、二氧化硅、玉米淀粉和铁粉作为黏合剂，配制了均匀的指印粉末，并系统地研究了不同百分比的芘试剂的指印显现效果。实验结果显示，该团队制备的芘制剂能够有效地在多孔、无孔和半多孔表面上显现潜指印，并且该染色结果具有长达 6 个月的稳定性。

---

[1] 参见刘丽、陈虹宇、尹晓婧：《基于 M-05 功能化粉末显现渗透性客体上潜指印的技术》，载《中国刑警学院学报》2019 年第 1 期。

[2] 参见李浩、曲会英、潘红等：《京尼平新配方与几种试剂显现指纹效果的比较研究》，载《刑事技术》2019 年第 4 期。

[3] Sharma K K, Kannikanti G H, Baggi T R R, et al., A pyrene formulation for fluorometric visualization of latent fingermarks, Methods and Applications in Fluorescence, 2018, 6 (3): 035004.

第六章
质谱、光谱成像技术在汗潜指印检测中的应用

第一节 质谱成像技术

一、质谱成像技术原理

质谱分析是现代物理与化学领域内使用的一个极为重要的工具。早期的质谱仪器主要用于测定原子质量、同位素的相对丰度以及研究电子碰撞过程等物理领域。第二次世界大战时期，为了适应原子能工业和石油化学工业的需要，质谱法在化学分析中的应用得到了重视。之后出现了高分辨率质谱仪，由于这种仪器对复杂有机分子所得的谱图分辨率高、重现性好，因而成为测定有机化合物结构的一种重要手段。

质谱分析的基本原理是质谱仪能用高能电子流等轰击样品分子，使该分子失去电子变为带正电荷的分子离子和碎片离子。这些不同离子具有不同的质量（确切地讲是质荷比 m/z），质量不同的离子在磁场的作用下到达检测器的时间不同，其结果为质谱图。该方法具体是根据带电粒子在电磁场中能够偏转的原理，按物质原子、分子或分子碎片的质量差异进行分离和检测物质组成的一类仪器。

质谱成像（MSI）是以质谱技术为基础的成像方法。该方法通过质谱直接扫描生物样品成像，可以在同一张组织切片或组织芯片上同时分析数百种分子的空间分布特征。简言之，质谱成像技术就是借助质谱的方法，在专门的质谱成像软件控制下，使用一台通过测定质荷比来分析生物分子

的标准分子量的质谱仪来成像的方法。

质谱成像的基本原理如下：首先，以适当的方式获取和制备待测样本，质谱仪按照预先设定的采集程序，利用激光或高能离子束等扫描样本，使其表面的分子或离子解吸离子化，再经质量分析器获得样本表面各像素点离子的质荷比和离子强度，借助质谱成像软件在各像素点的质谱数据中搜寻任意指定质荷比离子的质谱峰，结合其对应离子的信号强度和其在样本表面的位置，绘制出对应分子或离子在样本表面的二维分布图；其次，采用上述软件对样本连续切片的二维分布图进行进一步数据处理，获得待测物在样本中的三维空间分布。

二、质谱成像技术与指印显现

各种技术已被用于分析潜在的指纹，包括用粉末除尘、用试剂溶液喷雾进行目视观察以及光谱技术，如紫外/可见光、荧光、红外和拉曼光谱。在潜指印成功鉴定出人类汗液挥发性化合物以及肽和蛋白质中的性别特异性生物标志物，表明质谱成像（MSI）可用于法庭科学应用。与其他技术相比，质谱（MS）方法的主要优势是在一次分析中对各种内源性化合物（如肥皂、消毒剂、化妆品、香水、药物代谢物和食物残渣中的脂类和外源性成分）进行化学特异性检测和鉴定。这些化合物的存在与否原则上可用于法庭科学鉴定、医学诊断和药物代谢物研究。

三、相关研究成果

（一）手指汗孔质谱成像

基质辅助激光解吸电离（MALDI）是一种软电离技术，可用于检测各种高分子量分子。该可与质谱成像（MSI）联用绘制组织中的分子分布图。[1] 在 Elsner 团队进行超快高分辨率质谱手指汗孔成像研究（见图 6-1）之前，潜在指印的质谱成像技术仍然限于 1 级和 2 级特征，包括弧形纹、帐

---

[1] Elsner C, Abel B, Ultrafast high-resolution mass spectrometric finger pore imaging in latent finger prints, Scientific reports, 2014, 4 (1): 6905.

第六章 质谱、光谱成像技术在汗潜指印检测中的应用 | 107

形纹、箕形纹、斗型纹、分歧点、小眼等。必须指出的是，1-2级特征可以通过简单的复制技术轻易伪造。但 Elsner 等人构建了一个结合光学扫描、图像处理和质谱分析的研究框架，以快速识别和分析指纹中的汗孔区域。该团队通过高空间分辨率的基质辅助激光解吸/电离飞行时间质谱成像（MALDI-TOF-MSI）技术，结合快速光学扫描和图像处理方法，对潜在指纹中的汗孔进行成像和分析。

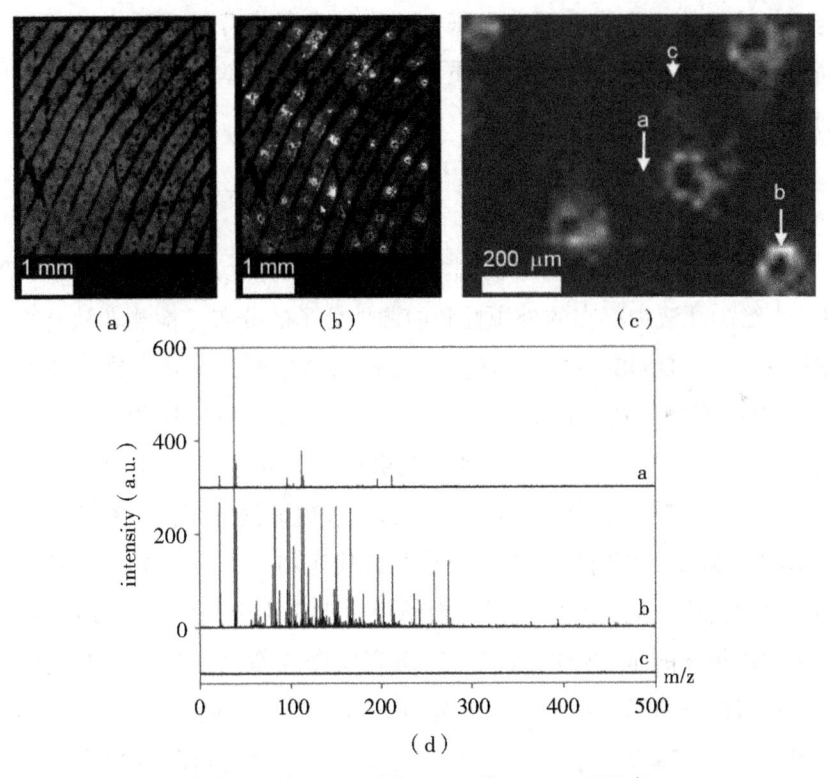

（其中，X 轴 m/z 是质荷比，Y 轴 intensity 是强度）

图 6-1　指纹汗孔中钾离子的高空间分辨率质谱成像

在方法选择上，该科研团队采用了在指纹样本上快速沉积纳米级金层的技术，并结合了桌面扫描仪进行光学成像，然后通过计算机控制识别汗孔坐标。这些坐标被用于选择性地对汗孔区域进行高分辨率 MALDI-MSI 分析。数据分析中，该科研团队关注了指纹中不同志愿者之间（个体之间变异）以及同一指尖不同位置的物质分布差异，并探讨了汗孔区域的信号强度与皮肤孔径的关系。

研究结果表明，该方法能够显著提高指纹分析的速度和分辨率，完整的测试准备和质谱记录过程仅仅持续几分钟，比 MALDI 成像的全扫描快 2—3 个数量级。基于该研究框架，该团队通过微创策略快速检测了人体组织内部的代谢物、药物和特征性代谢物，并在没有任何标记的情况下将它们与手指接触的化学物质区分开来。这种结合图像分析和质谱分析的方法在简单的样品处理后，对于扩展质谱技术在法庭科学和医学科学领域的应用前景十分广阔。

（二）针对内源性物质或外源性杂质的潜指印质谱成像

Guinan 等人[1]在指纹上使用多孔硅质谱成像上的解吸电离（DIOS - MSI）来绘制汗液中存在的外源性和内源性分子的分布，检测非法药物及其代谢物。首先，DIOS - MSI 方法允许非侵入性采样，排除了样本掺假的可能性。DIOS 底物的功能在于，从经过处理的指印中直接检测脂类、药物及其代谢物，这些指印通过前期处理，沉积在表面功能化的 pSi 膜上。在制样品完成后，实验使用激光诱导解离（LID）和碰撞诱导解离（CID）质谱分析。DIOS - MSI 可同时检测多种药物及其代谢物。其次，DIOS - MSI 可实现的分辨率允许根据指纹的质谱成像结果自动识别个人。在这项研究之前，该团队使用传统的基质辅助激光解吸电离质谱成像（MALDI - MSI）对指印中的油酸进行质谱成像研究，在这项研究中，他们使用了 α - 氰基 - 4 - 羟基肉桂酸作为基质。最后，利用传统质谱成像检测指印中化合物的方法需要复杂的样品制备，但 Guinan 所使用的 DIOS - MSI 方法允许指纹直接沉积在功能化的 DIOS 基质上，在案件进展受到阻碍时，也可以存储起来供将来分析。

---

[1] Guinan T, Kirkbride P, Pigou P E, et al., Surface - assisted laser desorption ionization mass spectrometry techniques for application in forensics, Mass spectrometry reviews, 2015, 34 (6): 627 - 640.

犯罪嫌疑人作案过程中如果使用了枪械，枪击残留物颗粒便会粘在枪手的手、头发、脸和衣服上以及射击点附近的物体或人的体表上。其中，附着在潜指印上的金属杂质和金属射击残留物（GSR）可以将生物特征信息与射击联系起来。在潜指印的外源性杂质中，可能含有源自火药的化合物，如硝酸盐或亚硝酸盐、弹药（Pb、Sb、Ba 等）、枪管（Cu、Zn）、底火（Hg）等其他外源性污染。Pluháček 等人[1]使用激光烧蚀质谱成像（LA‐ICP‐MS）方法研究了与枪弹有关的特征金属（Cu、Zn、Sb、Ba、Hg、Pb）的鉴别和空间分布，其开发的 LA‐ICP‐MS 成像方法可以对沉积在潜指印上的金属杂质和颗粒（GSR）进行同步的空间和化学分析，从而获得重建的指纹图像，并根据指纹图像比较和匹配直接识别嫌疑人。该团队开发的 LA‐ICP‐MS 成像方法也能区分不同来源（如自然发生、与金属枪械表面接触和射击）的潜指印的金属污染。

除开枪击残留物等外源性杂质外，一些内源性物质也可以作为潜指印质谱成像的桥梁物质。犯罪嫌疑人在作案过程中，血液或阴道分泌物等生物物质可能会沾在受害者或嫌疑人的手指上，如果任何一个人用他们"被污染的"手指触摸犯罪现场的物体，那么可能会留下"被污染的"手指印。通过被污染的手指印，不仅可以识别是谁留下的标记，还可以识别他们触摸了谁以及触摸了身体的哪个部位。Kamanna 等人[2]在他们的论文中描述了基于质谱（MS）技术的"法医工具箱"，该"法医工具箱"可识别指甲下的生物液体痕迹，或针对这些物质在指印中成像。其中配套的液相色谱‐多维质谱可有效检测阴道液和指甲下血液的蛋白质生物标志物特征，其检测结果不受洗手与否的影响。他们还示范了如何使用"工具箱"中的基质辅助激光解吸电离飞行时间质谱对指印中体液蛋白质和肽进行检测和绘图。

---

[1] Pluháček T, Švidrnoch M, Maier V, et al., Laser ablation inductively coupled plasma mass spectrometry imaging: A personal identification based on a gunshot residue analysis on latent fingerprints, Analytica Chimica Acta, 2018, 1030: 25-32.

[2] Kamanna S, Henry J, Voelcker N H, et al., A mass spectrometry-based forensic toolbox for imaging and detecting biological fluid evidence in finger marks and fingernail scrapings, International Journal of Legal Medicine, 2017, 131: 1413-1422.

(三) 不同手段优化后的潜指印质谱成像

与光谱相比，质谱成像技术可以提供更高的选择性和灵敏度，其常用的仪器包括解吸电喷雾电离（DESI）、基质辅助激光解吸电离（MALDI）和飞行间二次离子质谱（TOF–SIMS）。在这些技术中，TOF–SIMS 具有较好的空间分辨率，对生物标记中的一系列内源性和外源性化合物具有良好的灵敏性，对有机和无机物质都很敏感。其原理是通过用一次离子激发样品表面，打出极其微量的二次离子，根据二次离子因不同的质量而飞行到探测器的时间不同来测定离子质量，该技术具有极高的分辨率。早在2013 年，Bailey 等人[1]就利用飞行间二次离子质谱进行潜指印成像增强的研究。但实验结果表明，质谱成像法可以用于增强潜指印的可视化，但是这些使用常规显影剂显现的指印图像效果并不令人满意。在研究过程中，该团队发现，TOF–SIMS 的缺点是必须将样品引入真空室中，而这会引起指印化学成分的变化，增加每次分析的时间（以及分析的成本），并且因为仪器的限制，对可分析的样品大小有一定限制。目前，大约 15—20 平方厘米的样品可以容纳在真空室中。因此，如果检材所处的载体较大，脱气的时间会达到几个小时甚至更久。

在第一批学者初步尝试之后，许多非破坏性的质谱技术被后来的学者们用于检测指纹中的内源性和外源性物质。一是表面辅助激光解吸/电离飞行时间（SALDI–TOF）质谱，该方法已被用于检测脂肪酸、脱水胆固醇、角鲨烯，也可用于鉴定爆炸物、药物和尼古丁残留物。二是解吸电喷雾电离（DESI）质谱，该方法也已成功应用于几种外源性物质和外部摄取检测。三是基质辅助激光解吸/电离（MALDI）质谱，该方法可用于检测内源性物质，如氨基酸、脂肪酸、肽、脱水胆固醇、角鲨烯、DAG 和 TAG，除此之

---

[1] Bailey M J, Bright N J, Croxton R S, et al., Chemical characterization of latent fingerprints by matrix–assisted laser desorption ionization, time–of–flight secondary ion mass spectrometry, mega electron volt secondary mass spectrometry, gas chromatography/mass spectrometry, X–ray photoelectron spectroscopy, and attenuated total reflection Fourier transform infrared spectroscopic imaging: an intercomparison, Analytical chemistry, 2012, 84 (20): 8514–8523.

外还能检测表面活性剂、聚合物、药物、药品和炸药。在近几年的研究中，多位学者的相关研究证明，基质升华是非常均匀的基质沉积方法，其能够在离子迁移质谱检测中以高灵敏度和高空间分辨率检测小分子和蛋白质。Lauzon 等人[1]使用了基质升华的方法进行均匀的基质沉积，然后再进行自动溶剂喷雾沉积潜指印。样品制作成功后，该团队使用银辅助激光解吸电离（AgLDI）指纹质谱成像对制作的样品进行成像。其实验结果中显示出部分指纹区域，在该指印区域中，指印纹线细节以 10μm 的横向分辨率成像，其中揭示了细节点、毛孔和乳突纹线形状等信息。该光学图像的质量足以为法庭科学指印鉴定提供可靠的参考。AgLDI 指纹质谱成像对胆固醇、脂肪酸和其他含烯烃分析的组织切片，有高特异性和灵敏度，并且能够检测和成像许多其他外源性物质，这就能够直接从指纹中检测出嫌疑人携带或使用的生物制剂。除此之外，该团队还证明了银辅助激光解吸电离（AgLDI）的指纹质谱成像也可以在非导电表面（如纸）上进行。

多孔硅纳米结构成像质谱（NIMS）技术是从指纹图谱中提取外源性和内源性低分子量化合物分子成像的关键技术。然而，高精度的多孔硅纳米结构质谱成像可能难以实现，因为飞行时间质量分析仪不能准确地补偿测量的 m/z 值时发生的偏移。Guinan 等人[2]使用超薄银层（0.4—3.2nm）作为 pSi 衬底和指纹之间的"三明治"膜，以大幅提高指纹多孔硅纳米结构质谱成像的精度。该方法防止了样品在沉积、溅射和分析之间的延迟期间老化，也防止了样品在溅射期间暴露于真空，且银层也可以沉积在指纹的顶部。除此之外，该方法还可以适用于其他金属薄层。在该项研究中，银团簇在光谱中占主导地位，甚至在亚纳米厚度时也是如此，这表明该方法可提高表征内源性化合物试点研究的质量准确度。一旦确定了特征，这些内源性物质就可以用作内部校准物，这也能够确保内源性化合物不会由

---

[1] Lauzon N, Chaurand P. Detection of exogenous substances in latent fingermarks by silver – assisted LDI imaging MS: perspectives in forensic sciences, Analyst, 2018, 143 (15): 3586 – 3594.

[2] Guinan T M, Gustafsson O J R, McPhee G, et al., Silver coating for high – mass – accuracy imaging mass spectrometry of fingerprints on nanostructured silicon, Analytical chemistry, 2015, 87 (22): 11195 – 11202.

于与 Ag 簇的质量重叠而被"掩盖"。

基于上文的陈述，我们了解了使用有机和金属基质的基质辅助激光解吸/电离质谱指纹成像（MALDI-MSI），但还未阐述过使用显影粉末作为基质的指纹质谱成像。二氧化钛（TiO_2）是一种常用于深色无孔表面的显影粉末。Hinners 等人[1]的研究中，将 TiO_2 显影粉用作一种高效的单步显影和基质，并用基质辅助激光解吸电离质谱成像（MALDI-MSI）分析潜在指印。在细节上，他们研究了使用 TiO_2 作为现有 MALDI 基质的可行性（通过与 CFP 粉末进行比较）。实验结果显示，与 CFP 粉末相比，使用 TiO_2 显影粉末作为基质的离子信号略低。虽然 CFP 粉末确实是一种有效的基质，但是它在低质量范围内容易被碳簇污染，因此需要使用高质量分辨率质谱仪（HRMS）进行分析。与之相比，TiO_2 显影粉不会在低质量范围内产生明显的污染峰，这表明它能够在一些无 HRMS 的仪器中顺利运行，如基质辅助激光解吸电离飞行时间质谱仪。随后，该团队还将 TiO_2 粉末与同样适用于深色表面显影的 CHCA 粉末相比较。结果显示 TiO_2 粉末在视觉显影以及 MALDI-MSI 内源化合物分析方面更加有效，而 CHCA 粉末对大部分外源化合物的显现效果稍弱。但是，如果在 TiO_2 显影粉末上施加额外的 MALDI 基质，却不会正向改进潜指印化合物的检测效果；对此，该团队利用银溅射的方法，增强了 TiO_2 在负离子模式下潜在指印的离子信号。

第二节　光谱分析与光谱成像技术

一、光谱分析技术与光谱成像技术

（一）光谱分析原理

光学分析是一类重要的仪器分析方法。它根据物质与电磁辐射相互作用进行分析，这些作用包括发射、吸收、反射、折射、散射、干涉、衍射

---

[1] Hinners P, Lee Y J. Mass spectrometry imaging of latent fingerprints using titanium oxide development powder as an existing matrix, Journal of Mass Spectrometry, 2020, 55 (10): e4631.

等。电磁辐射（电磁波）按波长分为不同的区域，这些区域对应不同的能量范围。在光学分析中，不同区域的电磁波有相应的分析方法与之对应，因而光学分析方法种类很多，通常分为两大类，即光谱方法和非光谱方法。

光谱方法基于测量辐射的波长及强度。在这类方法中通常需要测定试样的光谱，这些光谱是由于物质的原子或分子的特定能级跃迁所产生的，因此根据其特征光谱的波长可进行定性分析。光谱的强度与物质的含量相关，借此可进行定量分析。光谱方法又可分为分子光谱和原子光谱。分子光谱由分子能级跃迁产生，原子光谱由原子能级跃迁产生。此外，根据辐射能量传递的情况，光谱方法还可分为发射光谱、吸收光谱、荧光光谱、拉曼光谱等。非光谱方法并不涉及光谱的测定，即不涉及物质内部能级的跃迁，此时物质与电磁辐射的相互作用表现为引起电磁辐射在方向上的改变或物理性质的变化，如产生折射、反射、散射、干涉、衍射及偏振等现象，利用这些变化可以进行分析，如比浊法、X 射线衍射等。

（二）光谱成像技术原理

光谱成像技术最早于 20 世纪 80 年代提出，并用于遥感光谱成像，成功地区分了不同的土壤形态和植物叶型。随着光谱成像和计算机技术的不断更新和迭代，光谱成像技术已经成为国防、农业、医疗和工业的重要技术手段。近年来，随着机器学习、模式识别的深入应用和材料科学的快速发展，光谱成像系统的性能不断提高，在食品检验、医疗诊断、国土安全、文物鉴定等方面发挥了巨大作用，特别是在法庭科学领域，为现场检验和无损提取微量物证提供了新的思路和方法。

光谱成像（Spectral Imaging）是指通过成像光谱仪，记录被检验物体（品）在一定光谱范围内密集均匀分布的多个窄波段单色光的反射光亮度分布或荧光亮度分布，形成由诸多单色光影像构成的光谱影像集。光谱成像技术的主要仪器设备由光源、可调光波长的液晶滤光片、数码 CCD 相机、计算机和专用应用软件组成。将测试材料直接置于液晶可调谐波长滤光片下，根据测试对象的理化性质选择合适的光源，使其在测试对象上形成相应的反射光或在一定范围内扩散荧光亮度。光谱成像和数字记录时，由电子计算机控制的液晶显示器波长可调滤光片依次通过特定范围内波长位置等间隔的多个预设窄带单色光，被测物体不同波段的反射光和荧光依次通过液晶波长可调滤光片到达 CCD 感光器。电子计算机控制的 CCD 感光器的记录操作与滤光片通过单色光的操作同步进行，使感光器可以记录被测物体在相应波段的亮度，许多单色光亮度的图像存储在电子计算机中，形成光谱成像的光谱图像集。

二、相关研究成果

（一）光谱成像技术相关研究结果

1. 红外光谱成像

红外成像技术（见图 6-2）是一项前途广阔的高新技术。位于可见光光谱红色（波长 0.78μm）以外、波长范围为 0.78—1000μm 的电磁波，称为红外线，又称红外辐射。其中，波长为 0.78—2.0μm 的部分称为近红外，波长为 2.0—1000μm 的部分称为热红外。与质谱相比，振动光谱（如红外光谱和拉曼光谱）对分子结构非常敏感，但对分子属性信息（如分子质量、元素同位素组成）并不敏感。这项技术常用在潜指印光致发光显现方法中，但对于不同的潜指印红外成像显现研究，所依赖的发光物质不同。

早在 2009 年，Chen 等人[1]就通过实验向大众展示了如何使用红外成像光谱识别潜指印和揭示其化学史。这种简单的红外化学成像技术不需要样品制备、衍生或添加荧光抗体，但有可能产生数据库可搜索的指纹，直接将法庭科学证据与基本印记相关联。但此时的红外光谱成像显现潜指印技术仍存在一些短板，如选择性不足、显现条件苛刻、无法适应复杂案件的环境等。

---

[1] Chen T, Schultz Z D, Levin I W. Infrared spectroscopic imaging of latent fingerprints and associated forensic evidence, Analyst, 2009, 134（9）: 1902-1904.

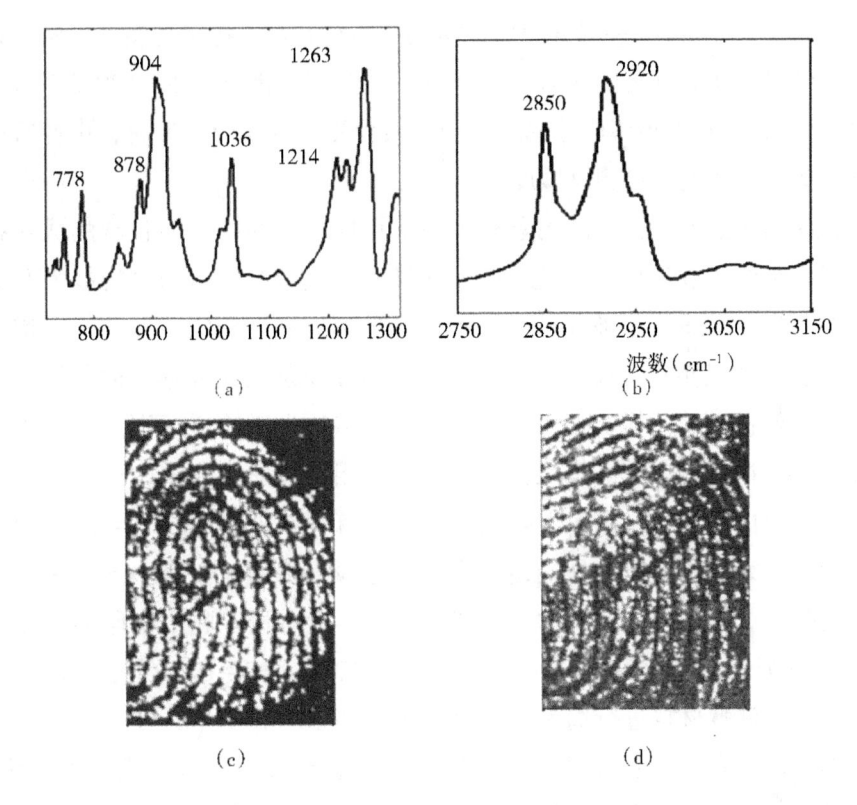

图 6-2　红外光谱成像

溶菌酶是一种存在于眼泪、唾液、汗液和其他体液中的特殊酶。已有研究表明，来自手指表面的溶菌酶在能够作为用于光致发光指印显现方法的通用目标物质。而单链 DNA 或 RNA 通常称为适体，由于具有高选择性和亲和力而引起了人们的广泛关注。与抗体相比，适体显示出许多特殊的性质，如设计灵活性、耐受苛刻的合成条件、易于修饰和生化稳定性等。Wang 等人[1]选择溶菌酶结合适体（LBA）作为显现潜指印的通用靶向试剂。光致发光技术虽然能够选择性地针对指印残留物的某些组分缀合后的发光材料，但这种技术仍然存在两个主要缺点：易受背景荧光干扰和通用性不足。为了避免来自某些特殊表面的背景荧光的干扰，他们选择了抑制

---

[1] Wang J, Wei T, Li X, et al., Near-infrared-light-mediated imaging of latent fingerprints based on molecular recognition, Angewandte Chemie International Edition, 2014, 126 (6): 1642-1646.

背景荧光的发光材料——上转换纳米粒子（UCNPs），特别是镧系元素掺杂的稀土纳米晶体。这是因为各种基质中的荧光团不能被 NIR 光激发，所以在使用 UCNPs 对潜指印成像的过程中，很少受到背景荧光干扰，由此获得显著的光学对比度和检测灵敏度。

使用高能激光或长时间的紫外线辐射可能会破坏指纹中包含的或在指纹附近发现的痕迹证据。因此，部分通过光谱成像的潜指印显现技术和痕迹证据收集技术通常是破坏性的，可能会破坏原始沉积物。但红外光谱技术（IR）可以避免这一现象，常规红外光谱在识别痕量证据中的灵敏度大小取决于材料光谱、基质光谱和指印成分光谱的光谱响应区别以及其光谱的信噪比，在功能上，也能从物质与红外光相互辐射的光谱中识别材料的固有化学组成。因此，许多学者已经进行过有关红外光谱技术与潜指印成分识别的研究。如使用红外光谱技术，通过检查指印的多个小部分来识别指纹的化学成分。但这种技术没有成像能力，没有用于整个指印的检测或表征。经改进，目前发展成熟的傅里叶变换红外（FT–IR）光谱成像技术已经可以对许多材料进行简单成像和分析。在这一技术中，红外光谱的化学特异性保留在了成像模式，同时增加了高通量采集能力和成像可视化，允许在毫米到厘米大小的视场内同时快速采集空间定位的光谱数据，但该技术仍有缺陷，即相关检测仪器并不便携。

Bhargava 等人[1]提出了一种非破坏性的方法来检测叠加指印和带有相关痕迹证据的指印。这种方法有可能获得组成材料的分子结构。他们在实验中使用了反射吸收（R–A）模式 FT–IR 光谱分析法，对多种基底进行了测试，证明了该方法的可行性。该方法与传统红外光谱分析和红外光谱成像的区别在于：首先，传统方法需要对指纹和痕迹证据进行分离处理，采用红外光谱成像技术的方法可以同时获取指纹和痕迹证据的光谱信息，避免了分离处理的步骤。其次，传统方法对于微小痕迹的检测灵敏度较低，

---

[1] Bhargava R, Schwartz Perlman R, Fernandez D C, et al., Non–invasive detection of superimposed latent fingerprints and inter–ridge trace evidence by infrared spectroscopic imaging, Analytical and bioanalytical chemistry, 2009, 394: 2069–2075.

而采用红外光谱成像技术的方法可以实现对微小痕迹的高灵敏度检测。此外，他们还通过图像处理方法将光谱信息转化为可视化的图像，使对指纹和痕迹证据的分析更加直观和准确。因此，该研究通过将红外光谱成像技术应用于指纹和痕迹证据的分析中，实现了对叠加的潜指印和指纹之间的微小痕迹证据的非破坏性检测和分析。

Ricci 等人[1]将胶带剥离法与衰减全反射 FT–IR（ATR–FTIR）成像方法相结合，用于在犯罪现场收集证据和分析毒品处理者的指印残留物。在实验中，他们使用这种方法研究了指印残留物中脂质和氨基酸的分布。指印残留物中存在的脂质会引起 CH_2 基团的反对称和对称拉伸振动，这种变化体现在 2800—3000 cm^{-1} 之间的吸光度上，他们通过前者的变化，构建了指印图像。除此之外，他们还检测了脂质随温度和时间的变化而发生改变，这对于理解潜指印的老化过程具有重要意义。随后他们将这种无损技术进行实际应用，用明胶带从各种表面提取的潜指印，并对其进行成像。通过这一方法，可以使同一样品内不同深度的空间分辨化学图像避免提取介质的光谱干扰。Crane 等人[2]通过实验证明，FT–IR 光谱成像技术能够显现多种多孔或无孔基底上的未加工潜指印，同时还能保留重要的痕量证据。Tahtouh 等人[3]证明，FTIR 化学成像能够检测各种复杂表面上的潜指印，包括聚合物钞票、各类纸张和铝饮料罐。除了内源性成分检测和指印成像，FT–IR 成像技术还可用于检测与法庭科学证据相关的外源性痕量残留物，如爆炸物、管制药品、毒物毒品、化妆品以及保健产品等。

2. 拉曼光谱成像

傅里叶变换红外光谱（FT–IR）和拉曼光谱（RS）都可以通过绘制分子的官能团来提供指纹的视觉图像。最初，RS（见图 6–3）主要用于检测

---

[1] Ricci C, Chan K L A, Kazarian S G. Fourier transform infared spectroscopic imaging for the identification ofconcealed drug residue particles and fingerprints//Optics and Photonics for Counterterrorism and Crime Fighting Ⅱ，SPIE, 2006, 6402: 169–177.

[2] Crane N J, Bartick E G, Perlman R S, et al., Infrared spectroscopic imaging for noninvasive detection of latent fingerprints, Journal of forensic sciences, 2007, 52（1）: 48–53.

[3] Tahtouh M, Kalman J R, Roux C, et al., The detection and enhancement of latent fingermarks using infrared chemical imaging, Journal of Forensic Sciences, 2005, 50（1）: JFS2004213–9.

指印中残留的微量爆炸物和毒品。RS 在这方面的主要优势是非破坏性，即使经过拉曼光谱检测，该检材仍然可以用于进行进一步的生物特征分析、识别个人身份。Widjaja 等人[1]据此开展了相关研究，他们利用遥感制图从胶带粘贴的潜指印中提取化学成分信息，从中检测了相关化学成分，包括触摸前额后的皮脂指印模型，包含布洛芬、L-精氨酸和碳酸氢钠的药物模型以及包含蔗糖和阿斯巴甜的添加剂模型，并结合强大的多元数据分析方法，将所有这些测试物质依据其独特的纯拉曼光谱特征进行正确区分和识别。Emmons 等人[2]对受污染的指纹进行了明场拉曼成像，通过对光谱的特征区域（500—1850cm^{-1}）进行皮尔逊正弦互相关分析，可以检测和识别爆炸物残留。但是这些研究主要聚焦在指印化学成分的分析上，并不涉及获得可用于身份识别指印图像的指印成像研究。

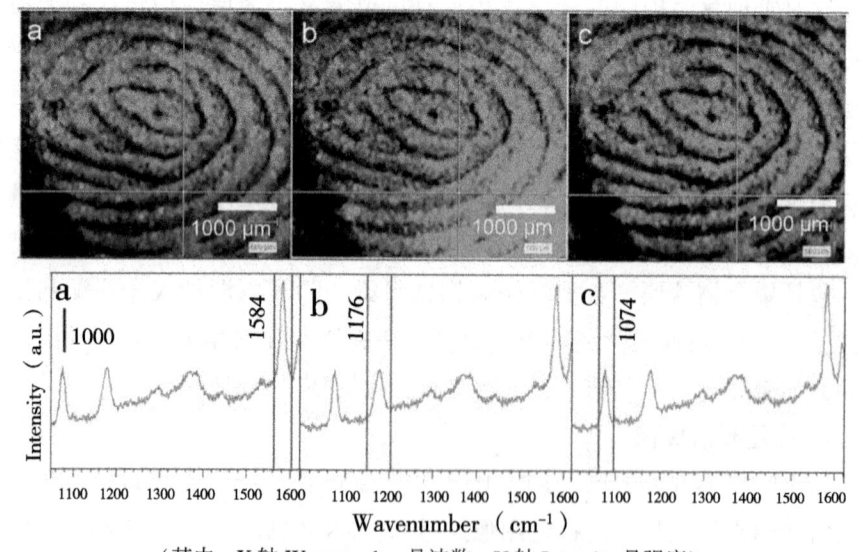

（其中，X 轴 Wavenumber 是波数，Y 轴 Intensity 是强度）

图 6-3 指纹的拉曼光谱成像

[1] Widjaja E. Latent fingerprints analysis using tape-lift, Raman microscopy, and multivariate data analysis methods, Analyst, 2009, 134 (4): 769-775.
[2] Tripathi A, Emmons E D, Wilcox P G, et al., Semi-automated detection of trace explosives in fingerprints on strongly interfering surfaces with Raman chemical imaging, Applied Spectroscopy, 2011, 65 (6): 611-619.

在 Figueroa 等人[1]的相关研究中，他们提出了一种通过受激拉曼散射（SRS）显微术从不同基底上快速简便提取潜指印图像的方法，并且该方法在玻璃或不锈钢基底上没有观察到明显的指纹降解或脂质扩散。除此之外，该方法也结合了指印残留化学成分检测的优势功能，能够同时检测微量外源化学物质。具体来讲，他们在实验中采用无标记的受激拉曼散射技术，通过探测拉曼脂质谱带，快速简便地对潜指印的形态进行成像。除了基于脂质对潜指印进行成像外，他们还进一步使用超光谱受激拉曼散射成像识别外来化学物质。对比自发拉曼固有的采集速率慢、分辨率差和灵敏度低的缺点，受激拉曼散射显微镜技术在光谱采集速度、检测灵敏度、空间分辨率和生命系统的穿透深度方面非常先进，但是却很少能找到这种优秀的无标记检测技术在生命科学领域之外的应用。

虽然傅里叶变换红外光谱（FT-IR）和拉曼光谱（RS）是互补的分子振动检测技术，但它们的一个关键区别在于样品制备。与 RS 相比，FT-IR 需要复杂的样品制备，这与潜指印的重复检测需要并不兼容。但从另一方面来讲，RS 信号效率较 FT-IR 低，需要非常长的采集时间才能对检材成像。对此，表面增强 RS 能够克服传统 RS 的时间成本缺点，表面增强 RS 通过纳米颗粒与特定蛋白质（或其他可靠成分）的结合，从而增强指印成像和指印化学分析的选择性、对比度和灵敏度。但该技术与大多数标记技术一样，需要事先了解可用于相互作用的目标。此外，为了放大信号，该技术总是与纳米材料联合使用，需要进行特殊的检材处理，这一处理对指印原始成分来讲可能是破坏性的，可能给后续的化学分析带来偏差。

汗液的主要成分是水、无机盐和有机化合物，还包括微量的蛋白质和氨基酸。除了显现潜指印以识别个体之外，对指纹内沉积的代谢物和特定污染物的检测也非常重要。与其他光谱技术相比，拉曼光谱具有光谱信息更丰富、峰宽更窄的优势，所以它也被广泛用于检测潜指印中的外源物质。但由于传统拉曼光谱的拉曼散射截面较小，导致它的灵敏度不足以满足常

---

[1] Figueroa B, Chen Y, Berry K, et al., Label-free chemical imaging of latent fingerprints with stimulated Raman scattering microscopy, Analytical chemistry, 2017, 89 (8): 4468-4473.

规检测。为了克服这一困境，学者们选择使用表面增强拉曼散射（SERS）检测和识别各种物质，其灵敏度相比传统的拉曼技术增强了104—106倍。比如，如果有分子吸附在粗糙金属表面，尤其是金属纳米粒子二聚体或聚集体，甚至可通过SERS检测到这样的单个分子。与传统的拉曼技术相比，SERS在检测拉曼探针或其他种类分子时具有高灵敏度的优点。相应地，SERS成像可以给出分析物更详细的化学信息。因此，SERS成像技术可以广泛应用于鉴别微量证据的法庭科学调查领域（如鉴别非法药物或爆炸物颗粒）。

对氨基酸这一成分来讲，在使用SERS化学成像时，可以通过金属电介质基底改善氨基酸的振动强度，从而产生传统方法无法检测到的潜指印图像。为了进一步增强化学特异性，Song等人[1]在他们的研究中，介绍了一种使用抗体-银纳米颗粒-拉曼探针缀合物能够同时鉴定潜指印特异性蛋白质和潜指印成像。这种缀合物可以通过特异性免疫识别的方法，间接提供靶蛋白的化学信息，这些靶蛋白可能对医学诊断或刑事调查工作具有特殊价值。振动光谱的破坏性较小，不会对指印残留物造成损害，因此经过振动光谱检测和成像的检材，仍可以用其他方法进行进一步的化学分析和鉴定。与其他需要强辐射照明的光学方法相比，分子振动光谱对操作者来说也更加安全。然而，振动光谱成像方法的成本较为昂贵，且与现场指纹可视化的兼容性也需要改进。在这个研究方向上，拉曼光谱技术需要高稳定性的激光源和灵敏的放大设备来增强检测信号。

近年来，基于界面转移的潜指印成像方法因其全干特性引起了学者们广泛的研究兴趣。Zhao等人[2]在他们的研究中向大众介绍了一种"全干法"，这种方法既能对潜指印进行显现，也能对潜指印进行转移。另外，他们还向大众展示了多种物质的增强拉曼分析。这个方法的步骤为：首先，将聚多巴胺（PDA）薄膜涂覆的聚二甲基硅氧烷（PDMS）薄片与密集的等离子体银纳米粒子（AgNPs@PDA@PDMS）覆盖到携有潜指印的基底

---

[1] Song W, Mao Z, Liu X J, et al. , Detection of Protein Deposition within Latent Fingerprints by Surface-Enhanced Raman Spectroscopy Imaging, Nanoscale 2012, 4 (7), 2333-2338.

[2] Zhao L, Wang W, Hu W. Simultaneous transfer and imaging of latent fingerprints enabled by interfacial separation of polydopamine thin film, Analytical chemistry, 2016, 88 (21): 10357-10361.

上。轻轻分离后，将 AgNPs@ PDA 膜从 PDMS 上转移到潜指印上，从而在基底上显现正的潜指印图案，并且在 PDMS 薄片上留下镜像的潜指印图案。其次，通过银增强拉曼技术对潜指印中的化合物进行进一步分析。银增强拉曼技术能够在无孔基底上实现高对比度潜指印可视化，且有助于对汗液中的多种物质进行灵敏的拉曼分析。

3. 紫外光谱成像

在法庭科学领域，光谱成像作为一种非侵入性技术，几乎无须对样本进行预处理，从而显著降低了污染风险。在效率层面，光谱成像技术能够迅速获取高空间分辨率的光谱数据，为有机和无机物质的化学特性提供定性和定量信息。然而，法庭科学领域的光谱成像研究多聚焦于可见光及红外区域，紫外光谱成像技术的应用相对较少。国内法庭科学研究者对紫外检验技术的研究始于 20 世纪 80 年代。天津市刑事科学技术研究所的周云彪等人[1]率先采用了紫外检测技术检测镜子、瓷器和塑料上的汗液－皮脂混合指印等各种潜在指印。1993 年，公安部物证鉴定中心的王桂强研究员团队[2]建立了紫外反射发光检测技术方法，并取得了良好的实践效果（见图 6-4）。

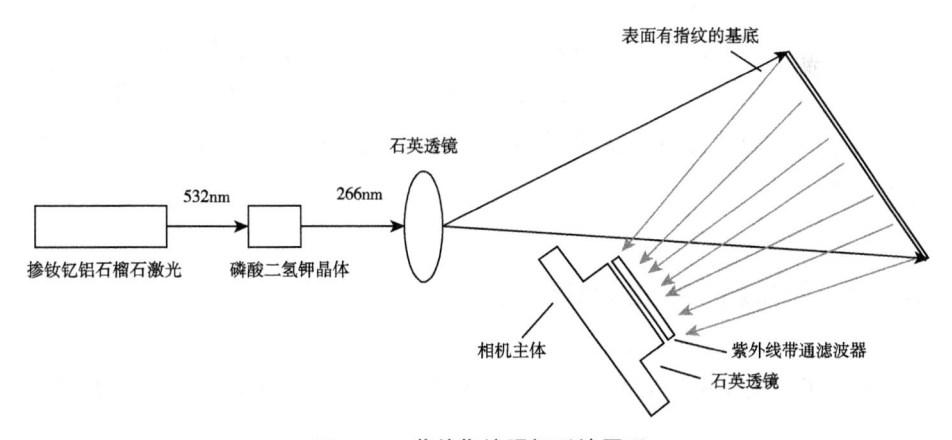

图 6-4 紫外指纹照相系统原理

---

[1] 参见周云彪、秦明伟、曹志宏等：《直接短波紫外光拍摄指纹法及设备》，专利申请号：CN88103 139.9；专利公布号：CN1038174A。

[2] Bramble S K, Creer K E, Qiang W G, et al., Ultraviolet luminescence from latent fingerprints, Forensic science international, 1993, 59 (1): 3-14.

对于肉眼无法直接辨别的无光釉面砖上的汗潜指印，Huang 等人[1]采用紫外光谱成像技术在深色背景下可以看到轻微的汗-皮脂混合指纹线。经过比较实验，波长在 270—380nm 的效果比其他波长好得多。对于潜在皮脂指印，其显现效果类似于潜在混合指印，合适的波长为 240—360nm。对于在浅色背景下可以看到深色线条的血指印，合适的波长为 260—520nm。实验结果表明，利用紫外光谱成像技术可以很好地检测不同种类瓷砖上的潜在指纹和血迹指印，这对检测其他材料上的指印很有帮助，并且经科学检验得出的光谱和谱线图像可以作为合法证据被法庭接受。

Li 等人[2]利用指纹中的各种残留物（脂肪酸酯、蛋白质、羧酸盐等）对紫外光的特殊吸收、反射、散射和荧光特性，削弱或消除指印显现中的背景干扰，增加指印与背景的亮度对比。他们设计并应用了一种以 266nm Nd：YAG 固体激光器为激发光源的照明光学系统，其中的紫外成像系统选用紫外透镜作为指纹成像元件，紫外线增强 CCD（ICCD）由第二代紫外线增强器和由光纤板和光锥直接耦合的 CCD 组成，用 ICCD 作为成像敏感元件，可实现潜指印反射或荧光图像的采集和记录。因此，他们利用紫外反射成像和荧光成像技术，对暗红色背景的白铁盒、透明塑料两种非吸收性基底和笔记本纸、牛皮纸信封两种吸收性基底（都是未经过特殊处理的表面）的新旧潜指纹进行了无损检测和记录，其结果符合法庭科学中指纹鉴定的要求。

第三节　利用新型设备的其他检测技术

近年来，法医专家在调查犯罪现场和收集痕迹物证的过程中，与图像

---

[1] Huang W, Xu X, Wang G. Detection of latent fingerprints by ultraviolet spectral imaging//2013 International Conference on Optical Instruments and Technology: Optical Sensors and Applications, SPIE, 2013, 9044: 236-245.

[2] Li H, Cao J, Niu J, et al., Study of UV imaging technology for noninvasive detection of latent fingerprints//International Symposium on Photoelectronic Detection and Imaging 2013: Laser Sensing and Imaging and Applications, SPIE, 2013, 8905: 422-427.

采集和信号处理相关的技术辅助变得越来越重要。传统指印显现提取方法（如使用碳黑粉）手动提取潜指印非常耗时，并且许多传统方法的通用性不足，无法适应复杂的案件现场条件。因此，能够无接触、代大面积检测、非侵入式采集和自动处理潜指印的新技术十分有应用前景。

Makrushin 等人[1]使用配备彩色白光传感器 CWL600 的 FRT MicroProf 200 表面测量装置，在不破坏表面的情况下获取敏感表面上的潜指印，获取的结果可同时提供灰度强度图像和 3D 形貌数据。此外，该仪器还允许对同一痕迹进行多次调查，并对留下的残留物进行化学分析。在实际运用中，指纹图案通常为表面结构或纹理所干扰。因此，该团队还提出了将图像处理和分类技术用于高分辨率指印扫描中，从而获得完整指印或足以鉴定的部分指印。具体的实验数据集由 10 名测试者的 560 枚指纹组成。该实验设置了白色家具、刷漆的金属表面和无光泽车身表面三种基底，这三者的孔隙率、粗糙度和反射率各不相同。

也有学者通过使用扫描开尔文微探针研究潜指印和金属表面的电化学作用，从而显现潜指印。相关原理可解释为：汗液中的无机盐沉积在指纹纹线上，这些覆盖到金属表面的汗潜指印使金属表面局部去钝化，产生 200mV 以上的伏安电位下降。由于伏特电势图案可以持续几个月，因此可以通过电势绘图来显现指印。这个方法的优势是，即使金属表面涂覆有聚合物层，该电势绘图仍然可以绘制，因为伏打电位差是由不挥发的盐所产生的，所以当指印残留物中的有机成分被加热到 600℃ 时，这些电位差就会持续存在。

扫描电化学显微镜（SECM）扫描探针技术已经发展成为一种强大的分析工具，用于测量非均相和均相反应的动力学，可视化和量化各种样品表面和生物系统上非均相分布的化学活性，并能够在基底表面上进行微米和纳米加工。此外，SECM 测量通常可以在没有荧光标记的情况下进行，而潜

---

[1] Makrushin A, Hildebrandt M, Dittmann J, et al., 3D imaging for ballistics analysis using chromatic white light sensor//Three - Dimensional Image Processing (3DIP) and Applications Ⅱ, SPIE, 2012, 8290: 394-405.

指印显现中的流行方法——荧光检测需要用合适的荧光染料标记生物分子。结合银染或多金属沉积（MMD）技术，利用 SECM 成像，能够显现潮湿多孔和无孔表面上的潜指印超微结构。这种方法充分利用了电化学腐蚀对基底电化学反应速率微小变化的高度敏感性。据此，Liu 等人[1]提出了一种能够在潮湿的多孔和非多孔表面显现潜指印的电化学方法。首先，通过 PVDF 膜上蛋白质修饰的银染色指印，并用银-金多金属沉积方法处理玻璃表面上的指印；其次，以 $[IrCl_6]_3$ 作为氧化还原介体，通过 SECM 在反馈模式下检测银的溶解来显现指纹。实验的最后结果获得了指纹的高分辨率 SECM 图像，其质量可以与最先进的光学检测技术相媲美。

---

[1] Liu L, Chen H, Tian L, et al., Physical visualization and squalene-based scanning electrochemical microscopy imaging of latent fingerprints on PVDF membrane, Analyst, 2023, 148 (5): 1032-1040.

第七章
电化学成像技术在汗潜指印检测中的应用

　　电化学是研究两类导体形成的带电界面现象及其上所发生的变化的科学。电化学成像技术因其具有灵敏度高、可控性好、成本低廉且易于联用等优势,在物质检测和组分分析等领域有着独特的优势。近年来,法庭科学工作者逐渐重视电化学方法在潜指印显影方面的应用,相关报道日渐增多。本章通过对作用于基底物质的电化学反应相关研究的梳理和归纳,全面综述了基于电化学沉积、电致化学发光及表面等离子共振三种技术的汗潜指印显影方法的国内外研究进展,重点阐述了电化学方法检测潜指印的应用现状和发展前景,以期为指印的无损检测和残留物识别提供借鉴和思路。

第一节　电化学成像技术介绍

　　目前的电化学成像技术主要包括以下三类[1]:

　　(1) 电致化学发光技术。电致发光也称电化学发光,是化学发光方法与电化学方法相互结合的产物,是指通过电化学方法产生一些特殊的物质,再由这些电生的物质之间或电生物质与其他物质之间进一步反应而产生的一种发光现象。此外,该技术的表面约束、低背景信号和敏感的光输出以及其强度对局部电极表面特性的依赖性,使其成为一种不断上升的成像/显

---

[1] 参见彭迪、张雨嫣:《基于电化学检测的"负像"潜手印显影技术研究进展》,载《刑事技术》2022年第3期。

微镜技术。

（2）电化学沉积技术。电化学沉积技术是基于电解液中特定的金属离子在外加电场作用下得到电子而还原并沉积于阴极表面实现材料复制成形的技术。电化学沉积法既是一种化学过程，又是一种氧化还原过程，其电极反应过程由液相传质、表面转化、电化学步骤、新相生成等环节串联而成。

（3）其他类型。例如，表面等离子体共振光谱技术、扫描开尔文探针等。

当前，电化学成像方法显现汗潜指印主要包括两种解决思路[1]：一种是汗潜指印的"正成像"，即将乳突纹线中的某些物质（如氨基酸、油脂等）与电化学发光活性分子结合，利用其与共反应剂分子之间的电化学发光或其他显色反应，提高乳突纹线的信号强度，使乳突纹线区域直接发光与基底产生差异，即基于化学物质与指印物质直接作用实现潜指印的显现。另一种是汗潜指印的"负成像"，理论上，乳突纹线部位与小犁沟部位对特定电化学体系的响应存在差别，因此利用电化学检测技术可以把电化学反应控制在背景（基底）区域，从而使纹线与背景产生视觉反差，达到"负像"显影效果。相对于"正像"指纹显影方法，这种"负像"显影模式从理论上可完全保持指纹中的 DNA 等遗传信息、化学信息的完整性。

电化学检测特有的高灵敏度、高可控性、低成本和易于联用等优势，赋予"负像"指纹显影技术强大的成分检测能力，有利于指纹的分泌物、代谢物及外源性物质的检验鉴定。未来，基于电化学检测的汗潜指印显现技术想要得到进一步推广应用，尚需解决以下几个问题：

（1）在适用客体方面。目前，电化学方法通常只能处理金属等导电客体表面的指印，未来能否将适用范围扩大到非导体基底，是决定电化学方法能否进一步推广的关键。

（2）在实用性方面。基于电致化学发光技术的显影方法，需解决部分发光体系发光随时间衰减过快的问题；同时，一些较高成本电极材料和有

---

[1] Meng C, Kneževi S, Du F, et al., Recent advances in electrochemiluminescence imaging analysis, EScience, 2022, 2 (6): 591-605.

毒有害的电解质，也降低了本方法的实用价值。

（3）在遗传物质破坏性方面。虽然现有部分研究表明，电化学检测能与接触 DNA 检测兼容，但仍有必要进一步开展本技术的生物兼容性、化学兼容性的理论和实验研究，全面评估相关电化学体系的毒害性。

（4）在检测性能方面。现有的电化学检测指纹技术多数仍局限于形态特征检验，后期应大力发挥电化学检测易于联用的优势，结合各类化学分析、仪器分析技术，建立更有效的指纹信息多维诊断方法，为案件侦破提供更多线索。

基于电化学检测的汗潜指印显现技术近年来发展迅猛，随着研究的不断深入和技术的逐渐完善，相信这一新兴技术在刑事侦查和物证鉴定领域有着广阔的应用前景。

第二节　电致化学发光成像技术

一、电致化学发光成像技术原理

电致化学发光（Electrogenerated chemiluminescence，ECL）是电化学反应和化学发光相结合的产物，也称电化学发光，是指发光物质在电极表面经电化学和化学反应后，通过将电能转换成辐射能，形成高能的激发态，再经过弛豫后产生光的过程。1927 年，Dufford 等人[1]首次发现在 Grignard 化合物的无水乙醚溶液中，对阳极或阴极加 500—1500 V 电压时产生电解发光现象。但直至 1964 年，Bard 等人才对这一现象进行深入研究。

电致化学发光的本质仍是化学发光，因此其具备传统化学发光灵敏度高、线性范围宽的优势，同时又兼有电化学方法设备简单、操作简易、易于调控等特点，当前已被广泛用于生物、医药、环境、免疫和核酸杂交分析等领域。电化学发光物质通常需要满足以下几个条件：其一，具有可逆

---

[1] Dufford R T, Nightingale D, Gaddum L W. Luminescence of Grignard compounds in electric and magnetic fields, and related electrical phenomena, Journal of the American Chemical Society, 1927, 49 (8): 1858-1864.

的一电子转移的电解反应；其二，自由基离子必须在氧化还原反应中有一定的稳定性；其三，反应的动力学必须足够快以便检测到光子。常见的ECL试剂有9，10-二苯基蒽（DPA）、钌联吡啶（[Ru(bpy)$_3$]$^{2+}$）、过氧化草酸酯、鲁米诺和量子点等。

作为一种在电极表面由电化学引发的特异性化学发光反应，电化学发光包括电化学和化学发光两个部分。根据发光过程电位控制的方法以及参与发光反应的物质种类，又可以将ECL方法分为湮灭型ECL（annihilation ECL）和共反应物参与型ECL（coreactant ECL）两类。

（1）湮灭型。湮灭型ECL是指在电极表面施加一个交变电压，使在电极表面迅速形成发光物质的氧化态自由基和还原态自由基，氧化态和还原态产物在发生湮灭反应后形成发光物质的激发态，再经过弛豫后发光，如DPA的化学发光反应。

（2）共反应物参与型。在共反应物参与型ECL中，ECL试剂与共存物质同时氧化或还原，共存物迅速分解产生高能自由基中间体，ECL试剂与该高能自由基发生反应，形成激发态，经弛豫而发光，如三丙基胺-联吡啶钌体系。

以三丙基胺-联吡啶钌体系为例，该电化学发光物质发生电致化学发光反应的具体原理如下：

$$Ru(bpy)_3^{2+} - e \rightarrow Ru(bpy)_3^{3+}$$

$$TPrA - e \rightarrow TPrA^{+\cdot} \rightarrow TPrA^{\cdot} + H^+$$

$$Ru(bpy)_3^{3+} + TPrA^{\cdot} \rightarrow [Ru(bpy)_3^{2+}]^* + products$$

$$[Ru(bpy)_3^{2+}]^* \rightarrow Ru(bpy)_3^{2+} + h\nu$$

发光底物二价的三联吡啶钌及反应参与物三丙胺（TPA）两种电化学活性物质可同时在电极表面失去电子而被氧化。氧化的三丙胺失去一个H$^+$而成为强还原剂，将氧化型的三价钌还原为激发态的二价钌，随即发射光子（hν）而恢复为基态的发光底物。这一过程在电极表面周而复始地进行，反应产生多个光子，使光信号增强，反应物的循环不断地发出光子而常保持底物浓度的恒定。简言之，在电致化学发光过程中，通过氧化还原过程在电极表面产生ECL中间体，中间体由于高能电子转移形成激发态，当其恢复基态时就会发出特定波长范围的光。

ECL 作为一种逐渐发展成熟的技术，一方面，可以利用其直接与指印物质作用显现潜指印的技术原理，将乳突纹线中的某些物质（如氨基酸、油脂等）与电化学发光活性分子结合，再进一步利用其与共反应剂分子之间的电化学发光反应，从而使乳突纹线区域直接发光与基底产生差异，从而实现潜指印的显现；另一方面，与电沉积技术显影潜指印类似，乳突纹线中的脂肪酸、皮脂、三十碳六烯等有机物为电化学惰性物质，它们通过抑制电化学反应的电子转移而阻止某些电化学发光产物的生成，最终得到指印图像。

近年来，已有钌化合物/共反应剂体系和鲁米诺/过氧化氢电化学发光体系被应用于 ECL 的汗潜指印成像。相较于传统汗潜指印化学发光成像方法，该方法具有许多无法比拟的优势，如重现性好、试剂稳定、灵敏度高、快速高效、反应可控、时空可控、分辨率高、无背景干扰和一些试剂可以重复使用等优点。

二、电致化学发光成像技术的进展

（一）基于 [Ru (bpy)$_3$]$^{2+}$ 的电致化学发光技术

2012 年，Xu 等人[1]借助 [Ru (bpy)$_3$]$^{2+}$/TPrA [tris (2, 2′- bipyridyl) ruthenium (II) /tri - n - propylamine] 电化学发光体系，成功在 ITO 基底上可视化汗潜指印。他们研究合成具有生物反应活性的电化学发光活性分子 [Ru (bpy)$_2$ (dcbpy) NHS]，将该活性分子溶于 N, N′- 二甲基甲酰胺溶液中，再将其滴加到以 ITO 作为基底的潜指印样品上，待 [Ru (bpy)$_2$ (dcbpy) NHS] 结构中的 N - 羟基琥珀酰亚胺酯因共价结合而与乳突纹线上残留的氨基酸结合之后，再用磷酸盐缓冲溶液缓慢冲洗掉游离的试剂，以此对样本进行预处理。之后将预处理过的指印样本转移至含有二丁基乙醇胺的共反应剂溶液中，并施以 +1.3V 的恒压电流。

---

[1] Xu L R, Li Y, Wu S Z, et al., Imaging latent fingerprints by electrochemiluminescence, Angewandte Chemie International Edition, 2012, 124 (32): 8192 - 8196.

研究证明，荧光猝灭较常发生在荧光激发过程中，这是由于发光分子之间的短程交互引起的，这也就导致了荧光激发成像分辨率较低，而利用电化学发光体系可以将电化学反应控制在被共价键固定的发光分子与反应剂当中，从而降低荧光猝灭带来的影响，得到具有较高分辨率的潜指印图像。在施加+1.13V 恒压电流，发光剂和共反应剂 TPrA 浓度分别为 0.5mmol/L、50.0mmol/L 的优化条件下，"负像"指印能持续发光约 40s。在此条件下，潜指印样本乳突纹线上标记的发光分子与电解液中的共反应剂之间发生电化学发光，基底指印未覆盖乳突纹线的黑暗区域就与明亮的乳突纹线与产生反差，从而显现出指印的形态。同时，他们还对比解释了在没有电化学发光的情况下，仅靠荧光激发显现指印与电化学发光显现指印的成像效果。这一方法可以检测遗留时间长达 7 个月的汗潜指印，到清晰观察到指印的二级特征以及部分三级特征，且避免了外加光源的干扰，是一种简单快速、灵敏度高的安全成像方法。此外，该方法具有非破坏性，故而在其他化学方法处理前后皆可采用该方法。

2013 年，Li 等人[1]建立了以 RUB 为发光剂、TPrA 为共反应剂的电化学体系，成功实现了 ITO 表面潜指印的显现。在此体系当中，同样需要对指印样品进行预处理，先将红荧烯（RUB）溶于乙醇溶液中得到红荧烯的聚合体，再将捺印有指印的 ITO 电极浸入该溶液中浸泡 10 分钟，之后将样品取出冲洗干净并在氩气流下干燥。由于 RUB 具有亲脂性，其聚合物可以通过疏水作用优先吸附到乳突纹线上，在施加+2.4V 的恒压电流，电解质四正丁基六氟磷酸铵（TBAPF$_6$）和共反应剂二丁胺基乙醇（DBAE）浓度分别为 0.05L/mol、0.1L/mol 的优化条件下，乳突纹线上吸附的 RUB 聚合体与共反应物反应发光与基底产生对比，实现了潜指印的成像。

为提高 ECL 潜指印显影装置的便携性，满足现场检测的需要，2019 年，Li 等人[2]以智能手机 USB 接口提供能源，利用经典的 [Ru(bpy)$_3$]$^{2+}$/TPrA

---

[1] Yan Li, Linru Xu, Yayun He, et al., Enhancing the visualization of latent fingerprints by electrochemiluminescence of rubrene, Electrochem Commun, 2013 (33): 92-95.

[2] Li S, Lu Y L, Liu L, et al., Fingerprints mapping and biochemical sensing on smartphone by electrochemiluminescence, Sensors and Actuators B: Chemical, 2019, 285: 34-41.

体系，实现了智能手机上的潜指印成像和生化传感。在指印成像的基础上，Li 等人的研究还利用了尼古丁、三硝基甲苯（TNT）等爆炸物可淬灭电化学发光信号的特性，实现了对潜指印残留物中外源物质的检测。此外，该方法还可结合智能手机自带 RGB、灰度及二进制等多模分析手段，有望在指纹解锁的同时实现初步的疾病诊断、公共安全测试等扩展性识别功能，为指纹的多维度应用开辟新的发展方向，增强和发展了电化学发光显现潜指印的便捷性和实用性。

（二）基于鲁米诺的电致化学发光技术

2012 年，Xu 等人[1]同时证明了 [Ru(bpy)$_3$]$^{2+}$/TPrA、鲁米诺/双氧水两种 ECL 体系在显现潜指印方面的独特优势。2014 年，他们又以鲁米诺/H$_2$O$_2$（或 K$_2$S$_2$O$_8$）为电致化学发光体系，进一步发展了 ECL 显现金属基底潜指印的技术。[2] 研究通过施加 0.8V 恒电位，使电极表面的鲁米诺发生电化学氧化，在 H$_2$O$_2$ 或 K$_2$S$_2$O$_8$ 的存在下进一步氧化产生激发态的 3-氨基邻苯二甲酸盐，随后激发态 3-氨基邻苯二甲酸盐回到基态可产生最大波长为 425nm 的荧光。这一方法对指纹的破坏性小，并且不会影响后续的 DNA 分析。

2014 年，许林茹团队[3]基于选择性空间控制鲁米诺在电极表面的电化学发光行为，构建了一种潜在指纹的负成像技术，并通过实验探索了共反应剂种类、施加电位以及发光体浓度对指纹显现效果的影响。该研究以鲁米诺-K$_2$S$_2$O$_8$（或双氧水）为 ECL 反应体系，通过选择性地控制电极表面 ECL 的产生与否，对电极上承载的指纹进行显现。研究表明，在实验参数为 1.0V 恒电位及 5mmol/L 鲁米诺条件下，实验所获指印图像效果最佳。

---

[1] Xu L R, Li Y, Wu S Z, et al., Imaging latent fingerprints by electrochemiluminescence, Angewandte Chemie International Edition, 2012, 124 (32): 8192-8196.

[2] Linru Xu, Zhenyu Zhou, Congzhe Zhang, et al., Electrochemiluminescence imaging of latent fingermarks through the immunodetection of secretions in human perspiration, ChemComm, 2014 (50): 9097-9100.

[3] 参见许林茹、何亚芸、苏彬：《基于鲁米诺电化学发光成像的潜在指纹显现技术》，载《化学通报》2014 年第 1 期。

该成像方法对样本不具有破坏性,具有便捷高效、成本较低、无须对基底或样本进行处理等优点,可以清晰显现指纹的整体形貌和二级结构,并且可以用于不锈钢客体上指印的显现,为指纹显现和电化学成像技术提供了一种新方法和新思路。

2020 年,Hu 等人[1]提出了一种利用鲁米诺在 ITO 电极基底上的小犁沟区域空间选择性电聚合来可视化潜在指纹的有效 ECL 方法。沉积在电极表面的汗潜指纹作为掩模,抑制了电化学活性,使鲁米诺发光单体在指纹覆盖的电极表面被选择性地电聚合。因此,电化学发光只在指纹脊之间产生,最终产生清晰的"负像"ECL 图像。实验结果表明,制备的聚鲁米诺具有良好的 ECL 性能,能够可视化汗潜指纹的第二和第三级细节的"负图像"。同时,聚鲁米诺 - ITO 电极在碱性溶液中具有很强的 ECL 发射,随着溶液 pH 从 7.0 增加到 9.0,ECL 强度急剧增加。在 pH 为 9.0、电位为 1.2V 的条件下,观测到聚鲁米诺 - ITO 电极产生最大的 ECL 强度。与其他潜在指纹可视化技术相比,该方法操作简单,不需要很多复杂的仪器。此外,该方法在水溶液中进行,并且不含任何有毒、有害的试剂,因此对检查人员是安全的。该方法为潜在指纹成像,特别是沉积在传导物体表面的指纹成像提供了一种安全、强大的策略。

(三) 其他电致化学发光技术

除了经典的三联吡啶钌 [Ru(bpy)$_3$]$^{2+}$、鲁米诺等电化学发光剂,目前红荧烯 (Rubrene,RUB)、多孔硅 (pSi) 也有用于"负像"潜指印的显现报道。

1. 基于红荧烯 (RUB) 的电致化学发光技术

2013 年,Li 等人[2]率先建立了以红荧烯 (RUB) 为发光剂、TPrA 为共反应剂的电化学体系,以负像模式在工作电极 ITO 及不锈钢表面获得了

---

[1] Hu S J, Cao Z Y, Zhou L, et al., Electrochemiluminescence imaging of latent fingerprints by electropolymerized luminol, Journal of Electroanalytical Chemistry, 2020, 870: 114238 - 114243.

[2] Li Y, Xu L R, He Y Y, et al., Enhancing the visualization of latent fingerprints by electrochemiluminescence of rubrene, Electrochemical Communications, 2013, 33: 92 - 95.

油脂指印的高灵敏显现，其 ECL 原理符合典型的共反应剂机制，具体如下：

$$RUB_{(substrate)} - e \rightarrow RUB^{+}{}_{(substrate)} \tag{1}$$

$$TPrA_{(substrate)} - e \rightarrow TPrA^{+}{}_{(substrate)} \rightarrow TPrA_{(substrate)} + H^{+} \tag{2}$$

$$RUB^{+}{}_{(substrate)} + TPrA_{(substrate)} \rightarrow RUB^{*}{}_{(substrate)} + products_{(substrate)} \tag{3}$$

$$RUB^{*}{}_{(substrate)} \rightarrow RUB_{(substrate)} + hv \tag{4}$$

RUB 是一种高度电化学发光分子，其 ECL 可以通过离子湮灭或共反应物途径产生。在湮灭途径中，氧化和还原物质（自由基阳离子 $RUB^{\cdot +}$ 和阴离子 $RUB^{\cdot -}$）是通过在瞬态模式下交替施加正负电势而产生的。然后，两个自由基物种之间的发射电子转移反应产生激发态（RUB^{*}），该激发态通过发光弛豫到基态。在共反应物路径中，溶液中的另一种物质（通常称为共反应物）在与 RUB 相同的电位步骤中同时被氧化或还原，由此形成的中间产物进一步与 $RUB^{\cdot +}$ 或 $RUB^{\cdot -}$ 反应，从而产生光发射。

由第二种反应途径产生的 RUB 的 ECL 可以应用于增强 LFP 的可视化。这种增强具有空间选择性，可以通过分别控制发光物位于基底表面或位于指纹脊来实现指印的负模式或正模式成像。负模式直接在含有红荧烯和共反应物的电解质溶液中进行。鉴于指纹沉积物中的有机残留物使下面的表面电化学惰性或活性降低，ECL 反应仅发生在指尖未触及的表面上，在照亮的背景下产生具有暗脊图案的负的指印图像。正成像模式基于红荧烯聚集体通过物理吸引优先吸附到脊材料上，然后，在适当施加的电势下，指纹可以通过包含共反应物的溶液中的 ECL 反应而发光。

总之，通过空间选择性地控制来自裸露电极表面或指纹本身的光生成，可以通过红荧烯的 ECL 以两种不同的模式增强皮脂潜在指纹的可视化。这种基底表面不同区域电化学活性的差别，可以实现基于空间选择性的高灵敏识别，拓宽了 ECL 潜指印成像技术的应用范围。同时，该方法非常简单，可以无须对基底或指纹本身进行预处理，对原始指纹材料的破坏微不足道。

2. 基于多孔硅的电致化学发光技术

多孔硅（pSi）的电化学发光在显示技术和化学传感器方面具有较广阔

的应用前景。2014 年，Tan 等人[1]发现具有不同表面化学性质的 pSi 表现出明显不同的动态 ECL 过程。基于 ECL 动态过程的内在机制，建立了一种图像对比技术，并利用基于 ECL 的图像可视化技术，演示了潜在指纹（LFPs）的可视化和指纹中 TNT 的原位检测。

Tan 等人的研究指出，吸附在 pSi 表面上的化学物质会影响 ECL 的动态过程，一些化学物质可能会阻断 pSi 表面的电化学反应，从而导致活化过程的延迟，而具有吸电子或供电子能力的化学物质则会猝灭或增强 ECL 强度。TNT 的强吸电子能力是淬灭 pSi 发光的关键因素。在此基础上，基于 ECL 的成像技术可以实现高分辨率的化学物质图像信息的可视化。在研究中，该团队比较了附着有 TNT 和没有 TNT 的两种潜指印在 pSi 电极上的显影效果。结果表明，有 TNT 的指纹呈现"负像"，未附着 TNT 的指纹呈现"正像"。该技术证明了指纹上油性 lfp 和爆炸残留物的可视化。

与基于分子发光的 ECL 技术相比，这一技术更为简单，无须任何共反应剂的参与，是一种成本较低、操作简便的潜在指印显影方法，且该方法有望推广到化学传感器阵列、生物组织样本的分子识别等领域。

第三节　电化学沉积技术

一、电化学沉积成像技术原理

电化学沉积（Electrochemical deposition）又称电沉积（electrodeposition），是在外电场作用下，利用外电场产生的电流使电解质溶液中的正负离子产生迁移，从而在电极上发生得失电子的氧化还原反应生成镀层的过程。电化学沉积技术起源于欧洲，自 19 世纪早期，电化学沉积就已被应用于金属电镀工业。1800 年，意大利化学家 Luigi V. Bmgnatelli 最先提出了镀银工艺。

---

[1] Tan J, Xu L R, Li T, et al., Image-contrast technology based on the electrochemiluminescence of porous silicon and its application in fingerprint visualization, Angewandte Chemie International Edition, 2014, 53: 9822-9826.

在电化学沉积过程中，在阴极产生金属离子的还原而获得金属镀层，称为电镀；在阳极发生阳极金属的氧化而形成合用的氧化膜，称为金属的电化学氧化，简称金属的电氧化。这些过程在一定的电解质和操作条件下进行，金属电沉积的难易程度以及沉积物的形态与沉积金属的性质有关，也依赖于电解质的组成、pH值、温度、电流密度等因素，如阳极沉积一般便在具有较高pH的电解质溶液中进行。

电化学沉积与化学镀的最大区别在于虽然都是在溶液中进行氧化还原反应，但前者是在外电场作用下通过电解质溶液中正负离子的迁移而在电极上发生氧化还原反应形成镀层；后者是通过化学镀液在工件的自催化作用下在工件表面直接形成镀层。通常而言，金属电沉积的历程可以区分为传质过程、表面转化、电化学步骤及相生成几个步骤。上述串联过程的整体反应速度将受反应最难或最慢的步骤控制，即其余的步骤将被迫以相同的速度进行，因而各步骤是既相互联系又相互影响的。在金属离子电沉积中，一般液相传质步骤往往进行得比较慢，因而该步骤决定了整个电极反应的进行速度。

电沉积是一种历史悠久且工艺成熟的材料表面处理技术，由于它具有成本低廉、安全环保、工艺简单、易于操作、工艺柔性好、宽料性能调控尺度和适用性广的特点，目前已被广泛应用于电镀、表面修饰、防腐及电化学传感器等领域中，具有良好的应用前景与发展空间。目前，多数基于电沉积的潜指印显现技术都是按照指印显影的特殊要求，在成熟的电化学体系基础上稍作改进而建立的。其显现原理为：乳突纹线部位由于油脂等有机物的存在，多表现为电化学惰性，因此，指印纹线可以抑制电沉积反应，而电解质在阴极被还原得到不同性质的材料薄膜，从而与纹线产生视觉反差而形成"负像"的指纹图案。依据电化学反应所形成的薄膜物质种类，可把基于电沉积技术的潜指印显影技术分为金属薄膜、电致变色薄膜和其他类三类。

二、电化学沉积成像技术进展

(一) 电沉积金属薄膜的潜指印显现技术

基于金属沉积的潜指印显影方法以多金属沉积法（Multi metal deposition，MMD）、单金属沉积法（Single metal deposition，SMD）为代表，在法庭科学领域早有报道。然而，这两种方法成本高，操作复杂，且沉积时间过长，其应用价值不高，后续研究并不多见。基于电沉积金属薄膜的潜指印显现技术在成本、操作简便性和反应时间等方面均有优势，有望替代MMD 和 SMD 在指纹领域的应用。

2013 年，Qin 等人[1]首先验证了水电解质中电沉积金或银纳米颗粒在氧化铟锡（ITO）、金、铂和不锈钢四种客体上的指印显影效果，并获得了高对比、高灵敏的指纹图像。这种方法在水中进行，可以用于处理潮湿客体上的指印。然而，由于采用了 $HAuCl_4$ 或 $AgNO_3$ 作为电解液，该方法的成本依然较高。此外，由于体系中加入了强电解质硫酸，可能会腐蚀一些较有活性的金属材料。随后，Zhang 等人[2]于 2015 年将更廉价的铜离子作为电解质，系统研究了铜的浓度、沉积电位和沉积时间对显影效果的影响。在优化条件下（电压 -0.18V，沉积时间 4min，电解质浓度 10mmol/L $CuSO_4$），能显出粗糙、较脏客体上指印的二级特征。遗憾的是，该两种方法所使用的电解液中均含有硫酸，这导致了留痕客体选择的局限性。

基于降低成本和改善方法适用性的考虑，2016 年，Zhang 等人[3]先后开发了两种基于共沉积溶剂体系（AgO-CuO 体系和 ZnO-CuO 体系）的电化学显现技术，并用 ITO 和各种金属基底（铝板、铜板、镁板、锌板、不锈钢板和三种硬币）考察了该体系对不同留痕人、不同遗留时间指纹的

---

[1] Qin G, Zhang M Q, Yang Z, et al., Visualizing latent fingerprints by electrodeposition of metal nanoparticles, Journal of Electroanalytical Chemistry, 2013, 693: 122-126.

[2] Zhang M, Yu X, Qin G, Zhu Y, Wang M, Wei Q, Zhang Y, Zhang X, Sci China Chem, 2015, 58: 1200-1205.

[3] Zhang Y, Zhang M, Wei Q, Gao Y, Guo L, Zhang X, Electrochim Acta, 2016, 211: 437-444.

显影效果。结果表明,共沉积形成的 AgO – CuO 或 ZnO – CuO 薄膜形成的负像指印对比度均高于单一金属的沉积效果,且能够显现留痕 1 周的潜指印。

(二) 电沉积电致变色薄膜的潜指印显现技术

电致变色(electrochromism)是指某些材料由于具有特定的光学属性(反射、透过、吸收等),因而能在外加电场的作用下发生稳定、可逆的颜色变化的现象。电致变色材料作为当前最具前景的智能材料之一,已被广泛应用于军事伪装、摄像器材、变色玻璃、安全防伪及分析传感等领域。

目前报道用于潜指印显现的有机电致变色材料主要有聚吡咯、聚苯胺、聚乙撑二氧噻吩等。2001 年,Bersellini 等人[1]首次将聚吡咯电化学沉积到金属表面,通过电致变色效应实现了潜指印的负像显影。而后,英格兰 Leicester 大学 Hillmand 课题组[2]较系统地研究了多种聚合物电沉积变色体系在潜指印显影中的应用,结果显示,吡咯 – 乙撑二氧噻吩的共聚体系相对于单一聚合物展示出更好的显色效果,并且对高温、浸水及老化等各种恶劣环境下金属表面的指印具有良好的适用性。

在无机电致变色材料方面,普鲁士蓝最早被开发指纹显影的价值[3]。2013 年,Qin 等人[4]以铂箔为对电极,Ag/AgCl 为参比电极,通过循环伏安法将普鲁士蓝膜镀于 ITO 和不锈钢上,成功得到高分辨的蓝底负像指纹。

---

[1] Bersellini C, Garofano L, Giannetto M, et al., Development of latent fingerprints on metallic surfaces using electropolymerization processes, Journal of Forensic Sciences, 2001, 46 (4): 15060.

[2] Brown R M, Hillmand A R. Electrochromic enhancement of latent fingerprints by poly (3, 4 – ethylenedioxythiophene), Physical Chemistry Chemical Physics, 2012, 14 (24): 8653 – 8661; Beresford A L, Hillmand A R. Electrochromic enhancement of latent fingerprints on stainless steel surfaces, Analytical Chemistry, 2010, 82 (2): 483 – 486.; Beresford A L, Hillmand A R. Electrochromic enhancement of latent fingerprints on stainless steel surfaces, Analytical Chemistry, 2010, 82 (2): 483 – 486.

[3] Ding P, Song G, Zhou J D, et al., Collection of rolling fingerprints by the electrochromism of Prussian blue, Dyes Pigments, 2015, 120: 169 – 174.

[4] Qin G, Zhang M Q, Zhang Y, et al., Visualization of latent fingerprints using Prussian blue thin films, Chinese Chemical Letters, 2013, 24: 173 – 176.

2021年，Yuan等人[1]提出了恒电流电沉积具有电致变色特性的CO_3O_4薄膜的显影方法，他们借助光学显微镜、原子力显微镜等仪器以及RGB分色定量评价手段证明了该方法检测指纹的高灵敏和高对比度。法医DNA检测表明，在电化学显影处理后，指纹物质仍可进行DNA分型，基因座检出率高达80.9%，表明该体系具有较好的生物兼容性。

（三）电沉积其他材料的潜手印显现技术

Zhang等人[2]利用石墨烯在电化学沉积反应中的过程可控性和高选择性，在Na_2HPO_4缓冲液中实现了电化学惰性的ITO、铝板、不锈钢板以及较活泼的镁板、镀锌板上指印的高灵敏显现。该方法没有使用强酸、强碱作电解液，也无须贵金属作沉积物，是一种低成本、简单快速、绿色环保的电沉积指纹显影技术，为更多清洁材料的应用提供了宝贵的参考。

2019年，另一团队Zhang等人[3]利用H_3BO_3和Ni^{2+}的协同效应，有效地抑制了电解液中磷光粉的水解，同时通过添加阳离子表面活性剂改善电镀膜量（镀层厚度），最终实现了铜箔上潜指印的"负像"指纹成像。这种共沉积的Ni/磷光粉复合物薄膜保留了商用铝酸盐磷光粉的长余辉发光特性，为多彩背景客体上潜指印的显现提供了新的解决方案。

第四节 其他电化学技术

一般来说，传统的电化学技术测量电极和电解质之间的整个界面的平均响应。对局部电化学现象的研究导致了扫描探针电化学技术的出现，通常集成了一个探针进行局部信息的检测、定位系统和测量仪器。近年来，

---

[1] Yuan C J, Li M, Wang M, et al., Electrochemical development and enhancement of latent fingerprints on stainless steel via electrochromic effect of electrodeposited Co_3O_4 films, Electrochimica Acta, 2021, 370: 137771 - 137780.

[2] Zhang M Q, Zhu Y, Yu X, et al., Application of electrodepositing graphene nanosheets for latent fingerprint enhancement, Electroanalysis, 2014 (26): 209 - 215.

[3] Zhang X S, Zhang K Y, Wei X, et al., Electrodeposited Ni/phosphors composite coating for latent fingerprints visualization, International Journal of Electrochemical Science, 2019, 14: 9058 - 9068.

基于高探针电化学技术的扫描探针和高空间分辨率的扫描开尔文探针、扫描电化学显微镜和表面等离子体共振被应用于特定场景的指纹成像。

一、扫描开尔文探针

扫描开尔文探针（scanning Kelvin probe，SKP）是一种非常灵敏的表面分析技术，具有非接触、非破坏性优势，其最早由 Lord[1]于 1898 年用于测量真空或空气中金属表面电子逸出功。1932 年 Zisman 对其进行了改进，用于测定表面物理中的接触电位差。作为最先进的电化学测试手段，扫描开尔文探针可以原位非接触性检测金属表面的伏打电位分布，及时发现体系界面的微小变化，预测电化学反应的空间分布，并做出三维电势分布图，目前已被广泛应用于多个行业领域的形貌及元素分析的相关研究中。

2001 年，Williams 等人[2]首次使用扫描开尔文微探针研究了环境空气中潜在的人指纹和金属表面之间的电化学相互作用。实验证明，可以使用 SKP 技术对铁、铜和黄铜等金属基底上的潜在指纹进行成像。指纹残留物中存在的无机盐导致指纹脊区金属表面的脱钝化，导致指纹脊与背景区域相比产生大于 200 mV 的伏特电位下降。这一伏特电势差异可以持续存在数月，并且可以通过电势绘图来显现指印印迹，即便涂覆有聚合物层也是如此。由于伏特电位差是由不挥发的盐产生的，因此即便指纹残留物的有机成分被加热到 600℃挥发时，这些电位差依然能够存在并通过 SKP 检测。

2014 年，Dafydd 等人[3]研究了在扫描开尔文探针显现指纹之前进行真空金属沉积（Vacuum metal deposition，VMD）的应用。研究表明，通过对非贵金属使用银沉积和对贵金属使用金－锌沉积，指纹脊和沟之间的潜在反差被最大化。这一结果证实了小汗腺指纹对真空金属覆盖沉积的较高

---

[1] Lord Kelvin. V. Contact Electricity of Metals. The London, Edinburgh, and Dublin Philosophical Magazine and Journal of Science, 1898（278）：82－120.

[2] Williams G, Mcmurray HN, Worsley DA, Latent fingerprint detection using a scanning kelvin microprobe. Forensic Sci, 2001（5）：1085－1092.

[3] Hefin Dafydd, M. Phil, Geraint Williams. et al., Latent Fingerprint Visualization using a Scanning Kelvin Probe in Conjunction with Vacuum Metal Deposition, Forensic Sci, 2014（1）：211－218.

敏感性。Dafydd 等人建议指印样本最好单独显影，并通过缓慢建立金属沉积来防止过度显影和金属冷凝速率的变化。基于参考电位的变化和表面上新电位的连续性，可以使用扫描开尔文探针来监控金属沉积的进程。应用金属沉积具有增加表面导电性和均匀性的额外前景，并且两者都可以帮助使用扫描开尔文探针的指纹可视化。

2018 年，Challinger 等人[1]对未处理的黄铜、镀镍黄铜和铜金属表面进行测量，并与传统的增强技术进行比较，如使用 Au – Zn 和 Au – Ag 的真空金属沉积（VMD）。研究指出，扫描开尔文探针技术是一种非接触、非破坏性的方法，在环境条件下使用，可用于恢复金属表面的潜在印迹，不需要任何增强技术，也不会妨碍后续的分析。在使用 VMD 技术时，受指纹影响的不同金属表面之间的 CPD 变化范围为 0—150mV。一般来说，SKP 在没有附加增强技术的情况下工作得最好。此外，在该研究中，还将 SKP 作为一种处理金属基板的指纹成像方法，与扫描电镜、电子探针显微分析仪（EPMA）和阴极发光技术进行了比较，结果表明采用 SKP 对可见的和潜在的指纹的成像效果更好。

二、扫描电化学显微镜

扫描电化学显微镜（Scanning electrochemical microscope，SECM）是 20 世纪 80 年代末由 A.J. Bard 的小组提出和发展起来的一种扫描探针显微镜技术，隶属于显微镜的一种。扫描电化学显微镜基于电化学原理工作，可测量微区内物质氧化或还原所给出的电化学电流。利用驱动非常小的电极探针在靠近样品处进行扫描，样品可以是导体、绝缘体或半导体，从而获得对应的微区电化学和相关信息，最高分辨率可达纳米级。

2007 年，Zhang 等人[2]提出了一种利用扫描电化学显微镜在聚（偏二

---

[1] S. E. Challinger, I. D. Baikie, G. Flannigan, et al., Comparison of Scanning Kelvin Probe with SEM/EPMA Techniques for Fingermark Recovery from Metallic Surfaces. Forensic Science International, 2018 (291): 44 – 52.

[2] Zhang M, Girault HH. Fingerprint Imaging by Scanning Electrochemical Microscopy, Electrochem Commun, 2007, 9: 1778 – 1782.

氟乙烯）膜（PVDF）上可视化人体指纹的有效策略。与经典的油墨指纹图像相比，这里的油墨被牛血清白蛋白的水溶液取代。将"墨水"手指放在 PVDF 膜上后，用硝酸银染色，用六氯酸钾（Ⅲ）（K_3IrCl_6）作为氧化还原介质对指纹进行电化学成像。使用直径为 25μm 的 Pt 盘状微电极，以高分辨率记录了面积为 5mm×3mm 的 SECM 图像。该方法所获得的图案具有高分辨率，皮肤上的孔（直径 40—120μm）和脊的相对位置清晰。

2012 年，Qin 等人[1]基于扫描电化学显微镜已经成功开发出 5 种金属表面（铂、金、银、铜和不锈钢）汗潜指印的高分辨率图像。该团队以二茂铁甲醇为氧化还原介质，在恒定高度反馈模式下检测指纹沉积物的拓扑结构，检测了清洁金属上的皮脂腺指纹拓扑图像。在这一过程中，对被绝缘指纹残留物屏蔽的表面区域的电化学过程的抑制产生了指纹的负图像。该方法可以测量衬底表面的小电导率差异，避免背景颜色的干扰。

SECM 成像的分辨率对于其在指纹成像中的应用非常重要，但鉴于在探针电极上发生的氧化还原反应是一个扩散过程，且探针电极在快速移动过程中会对扩散过程产生影响，使电流信号中存在噪声，影响探针电极上的稳态电流最终导致所获 SECM 图像模糊。为了提高 SECM 图像的清晰度和分辨率，2018 年，王伟等人[2]提出了一种将 LoG 算法与新的 NEDI 插值算法相结合的数字图像处理方法对获得的 SECM 图像进行处理。利用该方法对金叉指电极基底、金点阵电极基底和印有指纹的 ITO 基底上的指纹进行了 SECM 成像处理。研究通过对 3 种基底的原始图像和处理后的图像进行比较分析，证明 LoG 算法与 NEDI 插值算法结合在一起的图像处理技术有利于增强 SECM 图像的清晰度和分辨率。

2020 年，Shi 等人[3]基于水和扫描电化学显微镜提出了另一种指印显

---

[1] Qin G, Zhang M, Zhang T, et al., Label-Free Electrochemical Imaging of Latent Fingerprints on Metal Surfaces, Electroanalysis, 2012, 24 (5)：1027-1032.

[2] 参见王伟、刘振邦、包字等：《数字图像处理技术在扫描电化学显微镜中的应用》，载《分析化学》2018 年第 3 期。

[3] Mi Shi, Qianhui Wei, Lu Tian, et al., Label-free physical and electrochemical imaging of latent fifingerprints by water and SECM, Electrochimica Acta, 2020 (350)：136373.

现策略，该方法可以对硝酸纤维素（NC）膜上潜在指纹的物理图案和电化学信息进行双重成像。Shi 等人利用甲基病毒素（MV^{2+}）作为氧化还原介质，选择性地对硝化纤维素膜上的皮脂腺和天然指纹的指纹脊残基进行 SECM 成像，从而使 SECM 尖端电流呈现鲜明对比。这一技术的原理如下：当恒定电位为 0.85V 时，MV^{2+} 被还原为 MV^+。将 Ag QRE 应用于探针。当探针接近指纹脊区域时，MV^+ 与指纹残基中吸附的电活性物质反应产生 MV^{2+}，产生正反馈，同时背景区域由于阻碍了 MV^{2+} 的扩散而产生负反馈。采用该方法获得的指印图像具有高分辨率，可观测到 2 级和 3 级特征。此外，该方法适用范围较广，在玻璃、陶瓷杯、人皮和皮革等多种基质上皆可以基于该方法进行成像，同时不破坏各种基底上的指纹物理脊。该方法在指印证据的获取与识别等相关应用中具有巨大的潜力。

三、表面等离子体共振成像技术

表面等离子体共振（Surface plasmon resonance，SPR）又称表面等离子体共振与表面等离激元共振，是一种光物理现象，即当入射光达到某一个角度时，光子的能量会被金属吸收转化成表面等离子体波，同时金属介质中传输振幅呈指数衰减的倏逝波，当二者发生共振时，在这个角度（共振角）的光线不会被反射出来。当金属表面附着物的属性或附着量改变时，共振角将不同。基于分子吸附在重金属膜上引起介电常数的变化，表面等离子体共振作为一种灵敏的表面分析技术，可以通过 SPR 谱（共振角随时间变化）来反映与金属膜表面接触的物质变化。自 20 世纪 90 年代以来，表面等离子体共振技术被广泛用于研究生物分子的相互作用，在生命科学、医学诊断、食品安全及环境检测等领域发挥着重要作用。

除电化学沉积和电致化学发光技术外，Shan 等人[1]巧妙地将电化学反应和金属基底 SPR 检测技术结合，他们以 $[Ru(NH_3)_6]^{3+}$ 为电解质，通过实时监测纳米金修饰的玻璃电极上电化学反应的 SPR 信号的微小变化，实

---

[1] Shan X N, Patel U, Wang S P, et al., Imaging local electrochemical current via surface plasmon resonance, Science, 2010, 327 (5971): 1363 – 1366.

现了"负像"指纹和痕量 TNT（0.5ng）的同时成像。其显现原理仍然是指纹物质中的汗渍、油脂或 TNT 等外源性成分会抑制电化学反应过程，这会引起纹线与背景的 SPR 信号相应不同，从而获得显影效果。为了证明这种耦合技术的高选择性，实验中还用蜡烛颗粒作为干扰物质与 TNT 一起掺杂入指纹中，结果显示在电化学电流的 SPR 成像模式中，TNT 的检测信号远高于蜡烛颗粒。不同于传统电化学方法仅能检测总电流的变化，这种基于局部电流密度 SPR 信号的实时监测方法展现出超高的灵敏度和选择性，有望成为痕量分析领域的全新选择。

第八章
传统血指印检测技术及其进展

目前，司法实践中检测血指印的手段仍以传统血指印检测技术为主。传统血指印检测技术主要包括光学显现方法、血红素催化方法、蛋白质染色方法与氨基酸反应方法。[1] 不同检测方法在适用性、显现效果和假阳性问题、遗传物质兼容性等方面各有优劣。本章将就传统血指印检测技术的基本原理、显现方法及其最新进展进行介绍与评述。

第一节　血指印的光学显现与图像处理

一、传统光学显现方法

光学显现方法又称配光法，鉴于光学方法的非接触性与无损性特点，光学显现方法通常作为司法实践中指印显现的首选方法。与汗潜指印显现中采用的光学方法相似，血指印显现中常用的传统光学显现方法亦包括紫外、红外、荧光、分色和配光等光学方法。[2] 绝大多数传统光学方法需要结合特定的拍摄角度或拍摄技巧。依照具体光学显现原理的差异，可将血指印检测中的光学显现方法划分为以下三大类。

---

[1] 参见彭迪、张子敏、张永红：《血指印检测技术研究进展》，载《中国科学：化学》2024年第12期。
[2] 参见王桂强：《血指印的光学显现和照相技术》，载《刑事技术》1996年第6期；夏维忠、李京钊、高毅：《光学显现法在手印痕迹检验中的应用研究》，载《工业技术创新》2020年第6期。

（一）利用指印物质与背景基底吸收、反射性能的差异

1. 可见光类

可见光类的显现方法主要是利用指印残留物与遗留客体表面不同的理化性质所导致的反射性能与反射光强度的差异，从而减弱甚至消除背景表面上的图案或相似颜色干扰，如定向反射/漫反射方法、暗视场配光方法。

（1）定向反射/漫反射方法

根据光的反射定律，光在光滑表面主要产生定向反射，而在粗糙表面主要产生漫反射。因此，定向反射/漫反射方法便是利用指印残留物与遗留客体表面反射性能的差异，通过人为添加光源，以改变承痕客体与指印在与入射角相等的反射角方向上的反射亮度分布，从而增强承痕客体表面背景物质与指印物质之间的视觉差异的方法。

定向反射/漫反射方法又可划分为垂直定向反射方法和小偏角定向反射方法。其中，垂直定向反射方法要求光源光线垂直入射在承痕客体表面，同时在该垂直方向上利用相机等照相设备接收并记录物体表面由反射光亮度分布差异而形成的血指印图像。小偏角定向反射方法要求光源光线以较小的入射角照射物体，同时在相应的反射角方向上接收记录物体的反射亮度分布。通过利用上述定向反射/漫反射的配光技术，可以增大血指印物质与客体背景间的对比度，从而达到显现血指印的目的。

（2）暗视场配光方法

暗视场配光方法主要用于显现或增强深色光滑表面上的血指印。与定向反射方法相似，暗视场配光方法要求光源光线以较小的入射角入射在被检验物体上，在垂直物体表面的方向上利用相机等照相设备接收并记录物体的反射光亮度分布差异。

由于血指印物质对光线主要产生漫反射，因此其在垂直方向上的光分量较多，同时，光滑客体表面主要产生定向反射，其反射光不会出现在垂直方向上，故而采取暗视场配光方法时，血指印物质的垂直反射分量通常远大于背景表面的垂直反射分量，从而导致两者在垂直方向上形成一定的亮度反差。暗视场配光方法的效果主要取决于承痕客体表面的光滑程度和

颜色深浅，以及血指印纹线物质自身的反射性能。通常情况下，背景表面颜色越深、光滑程度越高，反射光线在垂直方向上形成的亮度反差就越大，背景与血指印纹线的对比度也越高。

然而，受现场环境情况、血指印自身反射性能、背景表面光滑程度等因素的影响，暗视场配光方法仅对少数血指印具有较好的显现效果。

（3）分色法

分色法利用血指印物质与背景物质对不同波长可见光的吸收能力与反射能力差异，通过设置特定波长的光源或特定观测波长，强化指纹与背景之间的亮度分布，抑制背景干扰，从而达到血指印显现与增强目的。

分色法主要包括光源分色和照相分色两种类型。

光源分色，即采用特定波长的光源照射承痕客体，利用血指印物质与背景物质对可见光的吸收波长差异，使两者最终呈现出不同的亮度反差结果，并采用相机记录的方法。物体的颜色、光源光线的波长及带宽等都可能影响光源分色的显现效果。司法实践中，可采用滤色片、单色仪、分光光度计、多波段光源和激光光源等方式实现光源的分色。其中，滤色片方法需要额外光源，如在普通白色光源或闪光灯前添加滤色片，从而产生特定的单色光源，但目前可供选用的滤色片颜色有限，且透过滤色片所产生的单色光源的频带较宽，指印显现效果较差；多波段光源具有单色性好、波段选择多、便捷高效、发光强度大及显现效果好等优势，是最为常用的光源分色手段。此外，目前物证检验领域中推广应用的多波段光源设备通常专门配备了用于发现和拍照提取血指印的415nm或425nm紫色光波段。鉴于人类肉眼对415nm的紫色光敏感度较低，难以直接观察到分色法对血指印的图像增强，因此可以适当曝光胶片以强化显现效果。

照相分色，即采取添加滤光镜等方法，使相机实现分色记录。滤光镜能减弱或消除特定波段光线及杂光的影响，允许特定单色光通过，从而改变胶卷的影像效果。常见的滤光镜主要包括两种：一种滤光镜是镶在圆形金属框内的透明着色玻璃片或塑料片，通过金属框上的螺纹可以将滤光镜固定至镜头前；另一种滤光镜是一块方形着色的塑料片，作为"滤光镜系统"的一部分，通过滑槽嵌在镜头前端附加的特定框架上。不同的滤光镜对光线的吸收和透射性能不同。例如，根据不同的光谱波段，可划分为紫外滤光片、可见滤光片和红外滤光片；根据不同的光谱特性，可划分为带通滤光片、截止滤光片、分光滤光片、中性密度滤光片和反射滤光片；根据不同的膜层材料，可划分为软膜滤光片、硬膜滤光片，等等。此外，不同滤光镜在通过的光线波段范围大小与波带宽窄方面也有所不同，据此又可划分为带通型、短波通型（又称低波通）与长波通型（又称高波通）的滤光片。其中，带通型滤光片能够通过选定波段的光而截止通带以外的光；短波通型滤光片允许短于选定波长的光通过，截止长于该波长的光，如红外截止滤光片；长波通型滤光片允许长于选定波长的光通过，截止短于该波长的光，如红外透过滤光片。一般的滤光镜都具有相同色通过、相邻色部分通过的性能。

由于背景物质与血指印残留物的反射效果存在差异，它们之间的相对亮度差也将随相机接收记录的波段变化而变化，并在不同波段产生不同的亮度反差结果。故而选择适当的分色照相记录波段，可使被检验物体的亮度分布更有效地表现各种物质之间的差异。在刑事图像技术中，通常选用红、绿、蓝、黄等有色滤光镜增强血指印与背景物质的对比度。由于血液在415nm波长出现最大吸收峰，因此，照相分色时通常选用415nm的紫色波段以增强承痕客体表面血指印纹线的清晰度和对比度。

2. 非可见光类

血液中的血红蛋白在300—900nm的紫外、可见光和近红外区域都有较强的吸收，其中在380—440nm的光学区域内产生强吸收带，且在415nm处存在最大吸收峰。基于血液的这一特点，可以采用紫外、红外等方法进行血指印的检测与增强。

（1）紫外反射方法

紫外反射方法通常采用200—300nm波长的短波紫外照射被检验物体，并使用照相设备在长波紫外区域（通常为300—400nm波段）接收记录物体的亮度分布。不同的指印残留物成分对紫外光的反射与吸收性能也有所不同，如汗液、血液、灰尘等成分不吸收紫外光，对该波长的光线有较强的反射能力，而多数脂类物质则吸收紫外光。因此，对于非全血指印或血指印与其他类型指印共存的案件现场，紫外反射方法能够在增强血指印的同时显现汗液指印与灰尘指印，给指印证据的提取带来诸多便捷。

与可见光区域的视觉效果不同，在可见光区具有较强反射性能而呈现浅色调、高亮度的背景，可能在紫外观察系统中由于入射光线被吸收而呈现深色调、暗色调，从而增大血指印与背景表面之间的亮度反差，减弱或消除背景花纹的干扰。

（2）红外反射方法

红外反射方法通常采用多波段光源或白色光源附加红外滤光镜的形式制作红外光源，并使用照相设备接收记录被检验物体在近红外区域内（700—900nm 波段）的反射光线亮度分布。

血指印残留物中血液的含量以及承痕客体表面对红外光的反射能力是影响红外反射方法显现或增强效果的主要因素。通常情况下，血指印中的血液总量越多，血指印对红外光线的吸收能力越强，与此同时，客体表面对红外光线的反射能力越强，血指印与承痕客体表面的对比度也就越高。此外，由于血液在近红外区域内有较强的吸收能力，在红外光源照射下往往呈现出暗色调，而部分深色背景在红外光下则由于反射光线增加而在相机中呈现出较高的明度，从而使血指印与背景之间形成较大的亮度反差，并减弱或消除客体表面的图案干扰。因此，红外反射方法对于深色客体表面的血指印纹线有较好的显现与增强效果。

（二）利用指印物质与背景基底荧光性能的差异

血指印残留物中的部分成分在蓝光和紫外光等高强度较短波长光线的激发下可以发出固有可见荧光，如大分子蛋白质、小分子氨基酸、多肽、脂类与维生素等。同时，为保证光源的单一性、避免无关杂光干扰显现效果，指印的荧光检测与拍照固定流程应当尽可能在暗室条件下进行。

1. 紫外荧光方法

紫外荧光方法通常采用长波紫外（300—400nm）或短波紫外（260—300nm）作为激发光源照射被检测客体表面。该方法是增强弱血指印的良好策略，其检测与显现血指印主要包括以下两种思路。

一是血指印荧光。在可见光源照射下，血指印中的血液区不呈现荧光效果，但在短波紫外激发条件下，血液可在中长波紫外区域内（300—400nm）表现出发光性质，若在该波段光源照射下背景表面呈现弱荧光或非荧光，则血指印便将以较高亮度呈现在深色背景上，形成纹线图像。鉴于肉眼无法观测到中长波紫外光谱区域内的光线，因此通常采用在相机镜头前添加滤光镜的形式接收记录血指印纹线细节，常用的滤光镜包括红滤光镜、橙滤光镜、UV 镜等。

二是背景荧光。潜血指纹中的血液对紫外光线具有吸收作用，且在可见光区域内不产生荧光，但在能够被紫外线激发荧光的客体表面，血指印纹线可与其形成亮度反差从而实现指印成像，即血指印以暗色呈现在明亮背景上。多数物质在紫外光源照射条件下均能表现出一定的荧光性，因此采用紫外荧光方法能够较好地显现与增强这类客体表面的血指印。

2. 激光荧光方法

与紫外荧光方法相似，激光荧光方法也利用血指印物质成分与背景表面在特定波长光源激发条件下荧光效果的差异来实现血指印的显现和增强，可用于检测部分深色客体表面的血指印。目前，司法实践中常用的激光光源波长主要包括两类：一类是 445nm 的蓝绿色激光；另一类是 532nm 的绿色激光。

血液在蓝绿光源照射下吸收蓝绿光且不显示可见荧光，而部分深色客体表面在蓝绿色激发光下呈现较强的荧光，从而与血指印呈现出一定程度的明暗差距。在血指印检测过程中，对于紫外荧光方法或激光荧光方法的选择，需要结合承痕客体表面的具体荧光特性综合评判，确保血指印与客体表面能够产生较高的对比度与亮度差。

（三）利用承痕客体表面的立体特征

利用承痕客体凹凸起伏的立体性进行血指印显现与增强的方法主要以无影照明方法为代表，该方法通常用于增强起伏表面上的弱血指印。该方法增强血指印的原理如下：承痕客体表面若存在细小的凹凸起伏，在普通照明手段下这些凸起可能产生一定阴影并对指印纹线的显现造成影响。无影照明方法基于多点光源效应原理，即采用多个光源或环形光源照射同一物体时，部分光源的光线因被物体遮挡而形成阴影，其他光源的光线便会从另一方向照射该阴影区域，减弱甚至消除该区域内的阴影，最终产生无影区。该方法可以较好地消减客体表面的阴影干扰，从而达到增强非平滑表面上血指印的效果。

二、图像处理方法

光学显现法作为非接触性的显现技术，具有破坏性小、操作简单、适用范围广、显现或增强效果好等优势。然而，部分血指印图像在进行光学显现处理后可能依旧无法满足指印识别或鉴定的要求，在这种情况下往往需要结合数字图像进行进一步处理。

（一）分色法结合色彩通道处理法

分色法是一种基于血指印物质与背景物质对不同波长可见光的吸收能力差异，通过设置特定波长的光源或特定观测波长以强化指纹与背景之间的亮度分布、实现血指印的显现与增强的光学显现方法。色彩通道处理法则通过图像处理软件增加血指印彩色分量与客体背景色彩色分量之间的差值，从而获得更高对比度的图像。分色法与色彩通道处理法的实质都是对图像的明度与色相进行调整，综合使用两类方法通常能够呈现出更好的图像效果。

图像通道在 Photoshop 中是一个很重要的概念，一幅完整的图像通常由多个不同的图像通道组成。例如，RGB 图像模式作为一种加色模式，每个像素由红、绿、蓝三原色按不同比例混合而成的，任意一幅彩色图像都可视为三张不同原色图像的叠加，每一个通道记录一个对应原色在彩色图像上的分布信息，因此在 RGB 色彩模式下，图像通道包括红、绿、蓝三种通道形式，也被称为"原色通道"。彩色数码图像的记录、传输与处理都经由红、绿、蓝三个通道进行，因此，通过控制各色彩通道的开闭与否，便可以达到调控参与成像的色彩的目的。除 RGB 红、绿、蓝三原色的单通道输出外，还可通过双通道共同输出来实现补色的通道输出，如关闭红色通道，由绿色通道与蓝色通道实现青通道的输出；关闭绿色通道，由蓝色通道与红色通道输出品红色；关闭蓝色通道，由红色通道与绿色通道实现黄色通道的输出；此外，也可以通过调整曲线设置方式等来实现其他色相的单通道输出。

计算机对图像色彩具有较强的捕捉提取与分离能力，经通道分色后获得的图像颜色的纯度较高，能够较大程度上降低背景色彩与花纹的干扰，实现血指印的显现与增强。与此同时，检材图像的色彩纯度、扫描仪的光学精度、图像位数与分辨率以及图像明度、色相、对比度和饱和度的调整等都可能影响血指印纹线的成像效果。

（二）紫外、红外反射法与暗视场配光法结合灰度变换处理

灰度变换处理的基本原理是根据特定目标条件对图像中的每一个像素的灰度值通过一个函数映射到另一个灰度值上，以实现图像的灰度变换。常见的灰度变换包括有线性灰度变换与非线性灰度变换。灰度变换处理作为一种基础经典而直接有效的图像增强方法，旨在改善图像画质，使指印具有更加清晰与更高对比度的成像效果。

由于采用紫外反射方法与红外反射方法获得的图像光源光线较弱，因此所拍摄图像的曝光度也偏低。若在全波段 CCD 采集系统中设置较大的增益，则易导致图像生成较多噪点。在这种情形下，将获取的指印图像结合灰度变换处理，通过增加图像中两个灰度值间的动态范围，突出或抑制特定的灰度区间，能够有效增加图像各部分之间的反差，提高指纹信息的利用效率，这一过程也被称为"对比度拉伸"。

与紫外、红外反射法相似，暗视场配光方法要求光源光线以较小的入射角入射在被检验物体上，在垂直物体表面的方向上利用相机等照相设备接收并记录物体的反射光亮度分布差异，适用于光滑客体表面的血指印。但部分血指印也具备一定的光泽度，产生混合反射，因此部分纹线与背景的对比度可能较低，需要经由灰度变换处理进行增强。此外，由于暗视场配光方法记录的通常为浅色调纹线与深色调背景，而指纹采集流程所获样本通常为白色背景黑色纹线，因此为方便后续指纹识别与同一认定流程，可通过灰度反转、去色等对检材进行处理强化。

第二节 血红素催化试剂

一、血红素催化的基本原理

血液是一种流体结缔组织，由血浆和血细胞组成。其中，红细胞在血细胞中的含量最高，主要有效成分是一种含铁量较高的蛋白质，称为血红蛋白（hemoglobin）。作为人体血液中一类红色含铁的携氧蛋白质，血红蛋白包括脱氧血红蛋白、氧合血红蛋白、硫化血红蛋白、碳氧血红蛋白和高铁血红蛋白四类。血液中的血红蛋白约占红细胞含量的 95%—97%，是血红素和珠蛋白构成的缀合蛋白质，其中每一个血红蛋白由 4 个血红素和 1 个珠蛋白组成，每个血红素由 4 个吡咯类亚基组成一个环，称为卟啉环，中心为一个共轭的亚铁离子 Fe（Ⅱ），亚铁离子有 6 个配位键，其中 4 个与血红素的环状结构相连，并与之处于同一平面中；每个珠蛋白有 4 条多肽链，其每条多肽链与一个血红素连接，最终构成血红蛋白的一个单体，即血红素基团。红细胞中的血红素能够吸收可见光，使血液在含氧量正常的情况下呈现红色，是脊椎动物血液的主要有色成分。此外，作为铁卟啉化合物，血红素不仅是血红蛋白的辅基，亦是肌红蛋白、过氧化物酶等的辅基。血红素的具体结构如图 8-1 所示。

通常情况下，在血液离开人体形成血痕的过程中，血红素中的亚铁离子 Fe（Ⅱ）与氧气发生氧化还原反应，逐渐被氧化成三价铁离子 Fe（Ⅲ），同时血红蛋白转化为棕褐色的高铁血红蛋白，使血液的颜色由鲜红色转变为暗褐色。高铁血红蛋白中的铁离子在过氧化氢共存的情况下能够催化氧化反应，使过氧化氢变成水和单氧，而这一催化功能在血指印显现中起着至关重要的作用，据此，我们将无色显影剂导致血指印显色或荧光的主要步骤总结为以下两步[1]：

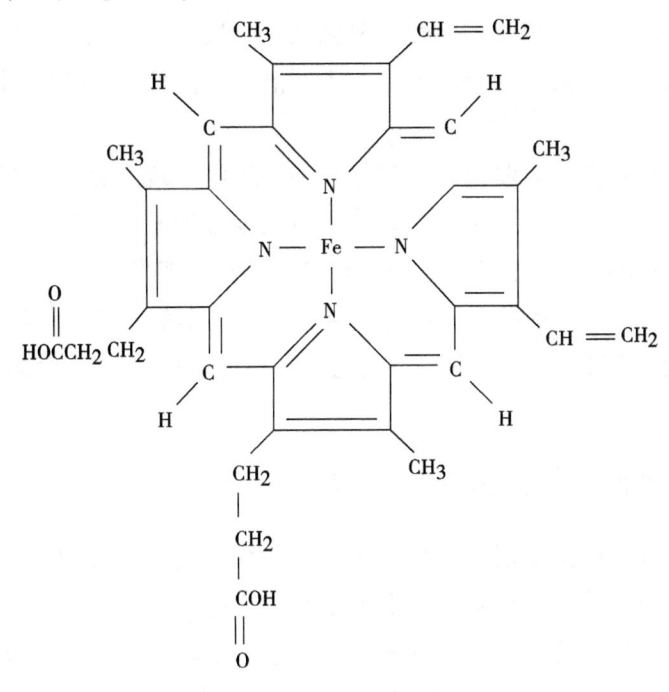

图 8-1　血红素的具体结构

$$H_2O_2 + Fe(Ⅲ) \rightarrow H_2O + Fe(Ⅳ)^+ \tag{1}$$

$$Fe(Ⅳ)^+ + 试剂(无色) \rightarrow 试剂(有色或荧光) + Fe(Ⅲ) \tag{2}$$

血红素催化的基本原理主要基于血红素基团中过氧化氢酶（CAT）的活性，即血红素基团催化氧化氢分解为水和氧气的能力。血红素催化方法通常不需要使用任何仪器，可直接用于犯罪现场遗留血痕的显现与增强。

此外，鉴于血液、汗液或皮脂残留物中皆分布有蛋白质与氨基酸，故而与蛋白质染色试剂和氨基酸反应试剂方法相比，血红素催化试剂在血液

---

[1] Wirstam, M.; Blomberg, M. R.; Siegbahn, P. E. Reaction Mechanism of Compound I Formation in Heme Peroxidases: A Density Functional Theory Study. J. Am. Chem. Soc. 1999, 121, 10178 – 10185; Bleay, S. M.; Croxton, R. S.; De Puit, M. Fingerprint Development Techniques: Theory and Application. John Wiley & Sons Ltd. Press: Hoboken, 2018.

检测的特异性上更胜一筹,且多数情况下不与体液或其他污染物发生反应;但从另一方面来讲,相较于血红素催化试剂,蛋白质染色试剂和氨基酸反应试剂除用于显现血指印外,还可用于汗潜指印的检测,其应用范围更为宽泛。

然而,现有血红素催化方法仍存在一些不容小觑的弊病。部分还原试剂具有一定的生物毒性,不利于相关人员长期接触及广泛适用。此外,在一些物质共存的情况下,血红素催化试剂可能产生假阳性结果,如铜、铁、铅等重金属离子,高锰酸钾、甲醛、硫酸铜等化学氧化剂,动物血液中的过氧化氢酶与部分植物中的植物氧化酶,都可能影响血痕检测结果的可靠性。

二、传统血红素催化试剂及其进展

传统血红素催化试剂主要包括苯胺类与联苯胺类化合物、鲁米诺、无色结晶紫以及相关替代试剂等。由于血红素催化试剂可能与杂质反应产生假阳性结果,故该类检测方法仍归属于假定性实验而非验证性实验。同时,部分血红素催化试剂具有一定程度的生物毒性,如联苯胺、四甲基联苯胺、鲁米诺等。因此,近年来传统血红素催化试剂相关的进展研究主要集中在如何规避试剂与反应物的假阳性或假阴性反应,并致力于研发相关试剂无毒替代品和新型指印固定剂。

截至目前,针对血红素催化试剂使用过程中的固定问题,新兴的解决方案主要包括以下两类:一类针对鲁米诺试剂,即在使用鲁米诺显现血指印前,先进行海藻酸盐处理,以防血指印的垂直扩散;另一类针对白结晶紫试剂,即采用 5-磺基水杨酸作为固定剂,在使用白结晶紫显现指印之前固定血指印中的蛋白质。

(一)联苯胺和苯胺类化合物

1. 联苯胺类化合物

血指印检测领域常用的联苯胺类化合物主要包括:联苯胺、四甲基联苯胺和二氨基联苯胺三种。

联苯胺和四甲基联苯胺方法主要利用血红素基团中的铁离子。在血红素催化反应中，通常需要人为添加过氧化氢，同时铁离子起到过氧化氢酶的作用，催化过氧化氢分解为水和氧气，释放出氧化能力极强的原生态氧（O），最终导致无色的四甲基联苯胺被氧化为蓝绿色的四甲基联苯胺，从而使血指印显现出蓝绿色。

作为联苯的衍生物之一，联苯胺又称4,4′-二氨基联苯，被IARC划为一类致癌物。自1904年Oskar Adler和Rudolf Adler[1]发现联苯胺与血液反应时会生成蓝色物质以来，联苯胺类化合物便被广泛应用于血痕检测。然而，鉴于联苯胺具有较强的致突变及致癌风险，Holland等人[2]研究者在1974年合成了安全性更高的3,3′,5,5′-四甲基联苯胺（Tetramethylbenzidine，TMB）作为联苯胺的替代品。相较于传统联苯胺试剂，四甲基联苯胺检测血痕的灵敏度更高、稳定性更强，适用于浅色客体表面的潜血指印显现，血痕检测效果极佳。此外，经动物试验和Ames细菌自动变异性试验测试，结果表明四甲基联苯胺为非致癌物和非致突变物。当前，四甲基联苯胺已广泛应用于临床医学、法庭科学及环境监测等领域，并逐步取代了具有强致癌风险的联苯胺及其衍生物。然而，虽然四甲基联苯胺的生物毒性远低于联苯胺，但其仍是一种较强的皮肤刺激剂，且存在少数报道称其可能具有致癌后果，故使用该试剂时仍应当戴手套并在通风条件下进行操作与处理。

二氨基联苯胺（Diaminobenzidine，DAB）是具有高特异性的血痕检测替代物，在与血液接触时，其发生氧化反应生成不溶于水、醇和二甲苯的棕色沉淀物。如前文所述，血红素催化试剂在多数情况下对血液的选择性较高，不与人体其他体液或分泌物发生反应，但部分试剂在植物过氧化物酶存在的情况下可能产生假阳性结果。因此，为避免试剂与植物过氧化物

---

[1] Adler, O.; Adler, R. Über das Verhalten gewisser organischer Verbindungen gegenüber Blut mit besonderer Berücksichtigung des Nachweises von Blut, 1904.
[2] Holland, V.; Saunders, B.; Rose, F.; Walpole, A. A safer substitute for benzidine in the detection of blood. Tetrahedron, 1974, 30, 3299-3302.

酶的交叉反应，1989 年，Hussain 和 Pounds[1]提倡使用 3，3′－二氨基联苯胺替代联苯胺与四甲基联苯胺进行血痕检测。二氨基联苯胺试剂在反应过程中所需的 pH 值较高，足以规避试剂与蔬菜过氧化物酶发生反应，同时，实验并未观察到其与铁或铁锈反应产生假阳性。

目前，二氨基联苯胺因其对辣根过氧化物酶的高灵敏度而被广泛运用于指印显现、生物芯片和免疫学等领域的染色和显色反应。然而，二氨基联苯胺化学性质不稳定，需要在低温、避光条件下密封保存，且其具有一定的致突变风险，故而在实践操作中应注意做好防护措施。

2. 苯胺类化合物

苯胺类化合物主要以邻苯二胺和对苯二胺为代表。

邻苯二胺（ortho－Phenylenediamine，OPD）即 1，2－苯二胺，常温下为无色单斜片状晶体，微溶于冷水，较多溶于热水，易溶于乙醚、氯仿和乙醇，可用于制备显影剂与表面活性剂，其与血指印反应生成棕黄色产物；对苯二胺（para－Phenylenediamine，PPD）又名 1，4－二氨基苯，常温下为白色至淡紫红色片状结晶，溶解性与邻苯二胺相似，具有易燃性，其与血痕反应生成紫红色产物。

邻苯二胺和对苯二胺的化学性质相对较稳定、生物毒性较低，是二氨基联苯胺的可靠替代品。2002 年 Caldwell 和 Kim[2]的研究表明，对于血指印检测，邻苯二胺在 pH 值为 5.4 的纸张表面和 pH 值为 7.4 的玻璃表面显现效果较好。然而，自 2002 年二人采用邻苯二胺试剂检测血指印以来，邻苯二胺在血指印显现领域几乎未取得任何进展。直至 2018 年，Oliver 等人[3]发现在 pH 值为 5.4、6.4 和 7.4 的条件下，邻苯二胺溶液在血指印增强方面的效果差异微乎其微，但在 pH 值为 5.4 的条件下，其对陶瓷基底表面血

---

[1] Hussain, J.; Pounds, C. The Enhancement of Marks Made in Blood with 3，3′，4，4′－Tetraaminobiphenyl. Forensic Sci. Serv. UK. 1989, 653.

[2] Caldwell, J. P.; Kim, N. D. Extension of the color suite available for chemical enhancement of fingerprints in blood. J. Forensic Sci. 2002, 47, 332–340.

[3] Oliver, S.; Smale, T.; Arthur, I. The use of ortho－Phenylenediamine and Zar－Pro™ strips for the development of bloodmarks on a dark－coloured, non－porous surface. Forensic Sci. Int. 2018, 288, 97–106.

指印的显现性能略胜一筹。此外，该研究亦指出，邻苯二胺试剂既可用于检测遗留时间长达 90 天的血指印，亦可作为汗潜指印的检测方法。

（二）鲁米诺

鲁米诺（Luminol）又名发光氨、3-氨基苯二甲酰肼，常温下为浅黄色粉末，易溶于碱液，能溶于稀酸，几乎不溶于水，难溶于醇，其化学性质较为稳定，是一种人工合成的有机化合物。鲁米诺溶于碱性溶液后，可以与部分金属催化剂发生氧化反应，如血液中的铁离子，反应所产生的能量以光子的形式发散出来，最终使血痕产生蓝绿色的荧光效果。

鲁米诺的合成最早可追溯至 1853 年，但直至 1928 年化学家 Albrecht[1]首次通过研究发现鲁米诺的化学发光反应特性，自此，鲁米诺在血痕显现方面的能力优势才逐渐被人们挖掘与利用。鲁米诺具有超高灵敏度、低成本、制备简单等优点，是揭露潜藏血迹与陈旧血痕的有效检测方法，也是目前法庭科学领域最为常见的化学发光试剂之一。

然而，鲁米诺试剂的缺陷也是研究者们长期探讨的焦点。首先，鲁米诺的抗干扰性较差，其诱导发光反应易受多种物质的影响与阻断，包括一些抗氧化剂或含铁试剂、排泄物、辣根过氧化物和家用漂白剂[2]。其次，鲁米诺试剂不具有蛋白质固定功能，在无孔表面重复应用时可能导致脊细节扩散。再次，鲁米诺的荧光持续时间相对较短，且其氧化反应不可逆转，因此需要及时将所显现的痕迹拍照固定。最后，鲁米诺溶液显强酸性，对皮肤、眼睛、呼吸道等有一定的刺激性，应当尽量避免直接接触。此外，2018 年 Akemann 等人[3]的研究表明，在检测暴露于热、水、火或烟灰中的血迹时，鲁米诺可能产生假阴性结果。

---

[1] Albrecht, H. O. Über die chemiluminescenz des aminophthalsäurehydrazids. Z. Phys. Chem. 1928, 136, 321–330.

[2] Cavalcanti, D. R.; de Barros, R. M. Escondendo Manchas de Sangue em Locais de Crime: Análise da Ação Antioxidante dos Chás Verde e Preto Sobre o Luminol. Braz. J. Forensic Sci. 2016, 6, 47–60.

[3] Akemann, E.; Bushong, L. C.; Jones, W. M. Using Luminol to Detect Bloodstains Exposed to Fire, Heat, and Soot on Multiple Surfaces. J. Forensic Identif. 2018, 68, 438–453.

2012年，Passi等人[1]对经鲁米诺和漂白剂处理的血痕进行了检测，以评估这两者对血清学标记物检测能力与后续DNA分型定性定量分析的影响。研究指出，鲁米诺对检测血型抗原的种属试验和洗脱方法无破坏性，对随后的PCR分型也几乎未造成影响。在另一项有趣的工作中，Farrugia等人[2]发现在实验所选用的各类试剂中，鲁米诺是唯一能检测所有织物基底上血痕的试剂，且其可视化程序无须完全避光。

2014年，Munro等人[3]研究了海藻酸盐在固定和检测血指印方面的性能。海藻酸盐作为一种常用的细胞固定剂，具备高黏附性，可与血液永久结合，是固定血液成分、保留大部分脊细节的良好介质。同时，实验指出，应用海藻酸盐处理垂直表面和乳化涂料，能够有效防止鲁米诺处理后血迹的垂直扩散以及犯罪现场其他化学品和溶剂的污染。

2017年，Nagesh等人[4]使用鲁米诺作为显影剂，考察了层数、油漆类型和隐藏时间对血迹可视化的影响，结果表明，鲁米诺试剂可有效检测各种表面上经三层油漆覆盖的血迹。

近年来，Streeting等人[5]进行的一项研究表明，Grodsky luminol制剂对RSIDTM - blood检测的功效具有未知的抑制作用，而这项检测通常作为确定性实验来验证微弱或潜在血迹的存在。虽然抑制机制仍不明确，但这项工作首次报道了使用鲁米诺试剂盒对血液确定性实验可能造成的假阴性结果，这种假阴性结果可能对后续的DNA分析造成影响。

---

[1] Passi, N.; Garg, R. K.; Yadav, M.; Singh, R. S.; Kharoshah, M. A. Effect of luminol and bleaching agent on the serological and DNA analysis from bloodstain. Egypt. J. Forensic Sci. 2012, 2, 54 - 61.

[2] Farrugia, K. J.; Bandey, H.; Dawson, L.; Daéid, N. N. A comparison of enhancement techniques for footwear impressions on dark and patterned fabrics. J. Forensic Sci. 2013, 58, 1472 - 1485.

[3] Munro, M.; Deacon, P.; Farrugia, K. J. A preliminary investigation into the use of alginates for the lifting and enhancement of fingermarks in blood. Sci. Justice. 2014, 54, 185 - 191.

[4] Nagesh, D.; Ghosh, S. A time period study on the efficiency of luminol in the detection of bloodstains concealed by paint on different surfaces. Forensic Sci. Int. 2017, 275, 1 - 7.

[5] Streeting, C. A.; Chaseling, J.; Krosch, M. N.; Wright, K. A comparison of ABAcard® Hematrace® and RSIDTM - Blood tests on dried, diluted bloodstains treated with leucocrystal violet or luminol. Aust. J. Forensic Sci. 2020, 1 - 11.

此外，在常规鲁米诺配方的基础上，法国里昂第一大学酶与生物分子工程实验室的 Loic J. Blum 教授开发了一款名为蓝星的血痕显现试剂（Blustar Forensic）。该试剂为药片形式，保存时间可达 2—3 年，溶液配制简便，具有更大的荧光强度、更高的灵敏度以及更长的荧光持续时间，同时对后续的 DNA 分析无明显影响。目前，蓝星血痕显现试剂已成为司法实践常用的血痕血迹检测方法。

（三）白结晶紫

白结晶紫（Leuco crystal violet，LCV）也称无色结晶紫或隐色结晶紫，常温下为白色、灰白色或淡紫色结晶性粉末，能溶于水、乙醇和甲醇，是一种相对快速便捷的潜血指印显色剂。LCV 试剂的储存时间相对较长，在冷藏条件下，配备好的试剂能够保存近 3 个月。白结晶紫在血液和过氧化氢共存的情况下被氧化、释放出氧气并呈现紫色，基于白结晶紫的这一特性，该方法可用于检测和增强多孔和无孔的浅色基底上的血指印。

然而，鉴于过氧化物酶试剂存在的致癌风险，目前在法庭科学领域并不推荐使用如白结晶紫和苯胺、联苯胺一类的试剂，但近年来仍有少数报道提及白结晶紫在固定剂、生物相容性及发光性能方面的改进。例如，2014 年 Fox 等人[1]指出，应用白结晶紫处理血液会降低信使 RNA 图谱的检测效率，不利于后续进行体液鉴定或相关遗传分析。因此，在实际案例中应重视检测方法对血迹遗留时间判断和基因分析的影响，并据此指导指印增强和体液检测的顺序或决定优先保留的证据类型。

此外，为解决使用白结晶紫处理血指印时易产生气泡，从而导致背景染色与纹线扩散，破坏血指印的细节和特征的弊端，McCarthy[2]在 2014 年的研究中指出，可在白结晶紫中添加 5 - 磺基水杨酸（SSA）作为血迹中蛋

---

[1] Fox, A.; Gittos, M.; Harbison, S.; Fleming, R.; Wivell, R. Exploring the recovery and detection of messenger RNA and DNA from enhanced fingermarks in blood. Sci. Justice. 2014, 54, 192–198.

[2] McCarthy, D. Sulfosalicylic Acid and Rhodamine 6G as a Fixing and Development Solution for the Enhancement of Blood Impressions. J. Forensic Identif. 2014, 64.

白质的固定剂。实验表明，SSA 并不抑制白结晶紫与血痕发生反应，且在应用白结晶紫之前使用 SSA 和 R6G 的混合物作为稳定剂，能够有效提升白结晶紫产生和激发荧光的效果。无独有偶，在 2019 年，Seo 等人[1]开发了一种在使用白结晶紫之前先采用乙醇基氨基三唑（AT）溶液处理血指印的方法，这一方法能够有效缓解白结晶紫的冒泡现象。

在另一项研究中，研究者 Praska 和 Langenburg[2]提出了一个长期被忽视的问题，即汗潜指印是否会被血液检测试剂可视化，从而导致汗潜指印被误认为血指印。这一问题在法庭科学领域曾引发激烈争议，因为在部分案件中这可能间接决定了犯罪嫌疑人有罪与否。在对单独汗潜指印和暴露于血液中的汗潜指印进行白结晶紫染色及对比测试后，Praska 等人得出结论，只有在显影程序之前才有辨别出假血指印的可能性，一旦使用了血液检测试剂，便难以分辨血痕的真伪。国内另一研究团队对一起持枪自杀案件的检验也表明，无孔表面上的汗潜指印在被新鲜血液浸泡后有被误认为血指印的可能性。

为解决真假血指印的辨别问题，Deininger 等人[3]在 2018 年考察了无限聚焦显微镜（IFM）在区分沉积血痕类型方面的可行性，并提出在不同形成机制中指印脊和沟上的血液沉积高度明显不同的假设。令人遗憾的是，最终实验结果表明，无限聚焦显微镜虽然可用于胶带表面提取的指印样本，但其检测性能高度依赖于血痕所处的基质和环境，适用范围有限，不推荐用于犯罪现场的血指印显现。

（四）其他血红素催化类试剂

其他血红素催化类试剂包括 2，2 - 联氮 - 二（3 - 乙基 - 苯并噻唑 - 6 -

---

[1] Seo, Y. - H.; Yu, J. - S. Reducing the Bubbling of LCV by Inhibition of Catalase Activity. J. Korea Contents Assoc. 2019, 19, 249 - 256.

[2] Praska, N.; Langenburg, G. Reactions of latent prints exposed to blood. Forensic Sci. Int. 2013, 224, 51 - 58.

[3] Deininger, L.; Francese, S.; Clench, M.; Langenburg, G.; Sears, V.; Sammon, C. Investigation of infinite focus microscopy for the determination of the association of blood with fingermarks. Sci. Justice. 2018, 58, 397 - 404.

磺酸）二铵盐（ABTS）、无色孔雀石绿（Leucomalachite green，LMG）和荧光素（Fluorescein）等。

ABTS 是二氨基联苯胺（DAB）的非致癌替代物，与血指印中的血液发生氧化还原反应，生成物呈亮绿色，在部分有色表面上具有一定优势，可用于显现深色背景基底上的血指印[1]。但遗憾的是，ABTS 作为一种新型色原试剂，其生产成本通常较高。LMG 为片状结晶，系孔雀石绿的酸性还原物，其对光敏感、在空气中易氧化，需要密封避光保存。荧光素又称荧光黄、酸性黄73，正常状态下为橙黄色粉末，常用作颜料与指示剂。在血指印显现方面，LMG 和荧光素的可视化效果较差，应用范围有限，故而两者在实践中的应用相对较少。例如，2011 年 Farrugia 等人[2]观察到在牛仔布和皮革等深色织物上用 LMG 处理血指印时，图像的对比度较低；采用荧光素可视化浅色织物上的血指印时，指印显现效果较差，且在尼龙、涤纶、白棉和有花纹的棉织品上皆观察到背景染色，对指印荧光造成干扰。此外，2014 年，Pereira[3]比较了一系列常规化学试剂在无孔和多孔表面上检测血指印的可适用性，结果表明，LMG 和 LCV 在众多常规试剂中效果最差。

近年来，Lee 等人[4]的实验表明，在 1%（v/v）的过氧化氢（AHP）溶液中加入 1 M 的 HCl 和 2%（w/v）的 5-磺基水杨酸（SSA），所形成的混合物可致使血液产生荧光。该混合物由 505 nm 波长的光线诱导激发荧光，以 SSA 作为血液固定剂。研究证明，经该试剂处理后的血指印与血鞋印可在黑色多孔和无孔表面上产生超过 2 个月的荧光，其灵敏度与 LMG 或 LCV 大致相当。

---

[1] Caldwell, J. P.; Henderson, W.; Kim, N. D. ABTS: a safe alternative to DAB for the enhancement of blood fingerprints. J. Forensic Sci. 2000, 45, 785-794.

[2] Farrugia, K. J.; Savage, K. A.; Bandey, H.; Ciuksza, T.; Daéid, N. N. Chemical enhancement of footwear impressions in blood on fabric—part 2: peroxidase reagents. Sci. Justice. 2011, 51, 110-121.

[3] Pereira, P. The Use of Various Chemical Blood Reagents to Develop Blood Fingerprint or Footwear Impressions. J. Forensic Identif. 2014, 64, 43.

[4] Lee, W.; Hong, S. Photoluminescence of blood by acidic hydrogen peroxide—A preliminary test. J. Forensic Sci. 2022, 67, 161-168.

第三节　蛋白质染色试剂

一、蛋白质染色的基本原理

蛋白质染色法又称生物染色法。司法实践中所使用的蛋白质染色试剂多为酸性有机染料，这类染料含有酸性基团，大多数含有磺酸盐基团和钠盐，少数含有羧基。蛋白质染色试剂的染料分子结构相对简单，多数为单偶氮类染料，易溶于水，其与蛋白质反应或吸附结合生成有色产物。多数蛋白质染料具有低毒低污染、成本低廉、配制简便、显现流程操作简单、可在常温条件下长期保存并反复使用的优势。

在溶液中，大分子蛋白质中的氨基和羧基水解生成正负两性离子，在特定 pH 条件下，蛋白质电离的阳离子数量大于阴离子数量，蛋白质整体呈正电荷。蛋白质染色试剂的原理便是利用蛋白质的这一物理特性，通过调节酸碱度等条件，使血液中的蛋白质与染色试剂分别携带异种电荷，并通过正负键结合，从而检测或增强血指印纹线细节。[1] 在酸性条件下，大分子蛋白质携带正电荷，酸性染料也解离出阴阳离子，染料整体携带负电荷，血液中的蛋白质通过离子键吸附酸性染料中的阴离子，与此同时，部分蛋白质染料中的磺酸基还可能与蛋白质发生反应并生成复合盐。

此外，氢键、范德华力和其他物理相互作用力，也可能对酸性染料与蛋白质分子间的亲和力造成影响。在特定 pH 值条件下，蛋白质电离的氨基和羧基数目相等，阴阳离子达到平衡，蛋白质总体呈电性中和，处于等电状态，该 pH 值便称为蛋白质的等电点。其中，当试剂溶液 pH 值小于等电点时，蛋白质与染料主要通过离子键结合；当试剂溶液 pH 值大于等电点时，蛋白质与染料主要通过范德华力和氢键结合。因此，在强酸性条件下，离子键在染料与蛋白质的结合过程中起主要作用；在弱酸性条件下，范德华力与氢键在染料与蛋白质的结合过程中发挥主要作用。通常情况下，弱

---

[1] Farrugia, K. J.; Savage, K. A.; Bandey, H.; Daéid, N. N. Chemical enhancement of footwear impressions in blood on fabric – Part 1: Protein stains. Sci. Justice. 2011, 51, 99–109.

酸性染料由于分子结构较复杂，磺酸基在染料分子中占比较低，氢键和范德华力较强，对蛋白质分子的亲和力大于强酸性染料。除蛋白质染色试剂溶液的 pH 值外，染色试剂的中性电解质成分、染色温度和时间等都可能对蛋白质染色试剂的染色与显影效果造成不同程度的影响。

　　基于上述原理，可将蛋白质染色试剂的显影过程划分为以下两个主要步骤：首先，蛋白质染料被溶解于溶剂中，其中水或醇是这一染料的主要溶剂；其次，蛋白质染料电离产生电荷并吸附蛋白质，与此同时，部分染料的磺酸基可能与蛋白质反应构成复合盐，氢键和其他物理相互作用力也可能这一过程中发挥作用，最终导致血指印染色或荧光。其主要反应原理如图 8-2 所示。

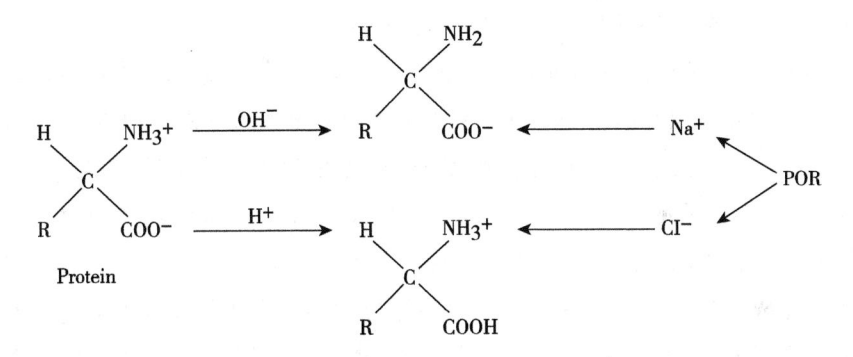

图 8-2　蛋白质染色试剂显影过程反应原理

　　一般情况下，血液中的蛋白质含量显著高于人体其他分泌物或体液成分，因此蛋白质染色试剂的灵敏度通常高于血红素催化试剂；但鉴于血红蛋白通常比人体其他蛋白质具有更高的稳定性，故在陈旧血印检测方面，血红素催化试剂的灵敏度可能并不亚于蛋白质染色试剂或氨基酸反应试剂。

二、传统蛋白质染色试剂及其进展

　　常见的蛋白质染色试剂包括氨基黑、考马斯亮蓝、匈牙利红、酸黄 7 等生物染料。这些染料一般根据颜色得名，其中匈牙利红和酸黄 7 可激发出荧光，而氨基黑和考马斯亮蓝则不产生荧光。

(一) 氨基黑

氨基黑（Amido black，AB）又名苯胺蓝黑、萘酚蓝黑或酸性黑，常温下为暗红色至黑褐色粉末，易燃，常温常压下化学性质稳定，但需避免与氧化物接触，可溶于水与乙醇，微溶于丙酮，不溶于其他有机溶剂，是一种较为常见的重氮染料。在酸性条件下，氨基黑试剂中的阴离子与带正电的蛋白质吸附结合，其磺酸基与蛋白质反应构成复合盐，将血指印染色为蓝黑色，因此不推荐将氨基黑试剂应用于深色表面的血指印显现。

2010 年，英国警方科学发展处（PSDB）曾推荐采用甲醇或水作为氨基黑溶液的溶剂，用于增强血液中的指印。自此之后的研究主要聚集于氨基黑的遗传物质兼容性和显现效果的改进等方面。

例如，Fox 等人[1]通过对细胞物质含量较低的连续捺印系列指印进行测试，发现氨基黑水溶液不利于后续信使 RNA 图谱的分析。2017 年，Hartley 等人[2]也得出 AB 可能影响稀释血迹的 DNA 回收的结论。然而，Harush-Brosh 等人[3]在 2021 年的另一项发现表明，虽然氨基黑会导致血液中的 DNA 数量减半，但氨基黑能够将血液中主要 DNA 图谱与次要 DNA 图谱之比改变为 70∶30，根据这一原理能分别出两种不同的 DNA 谱，即汗液中的嫌疑人 DNA 谱及血液中的受害者 DNA 谱。氨基黑的这一特点在确定被害人身份、识别与恢复嫌疑人的 DNA 图谱等方面具有不小的潜在价值。

2015 年，Hong 等人[4]设置了比较实验以测试氨基黑、LCV 和匈牙利红可视化血指印的性能。研究表明，氨基黑显影方法具有较高的灵敏度，

---

[1] Fox, A.; Gittos, M.; Harbison, S.; Fleming, R.; Wivell, R. Exploring the recovery and detection of messenger RNA and DNA from enhanced fingermarks in blood. Sci. Justice. 2014, 54, 192-198.

[2] Hartley, G.; Glynn, C. L. A comparative analysis of protein and peroxidase blood enhancement reagents following laundering and their impact on DNA recovery. 2017.

[3] Harush-Brosh, Y.; Levy-Herman, Y.; Bengiat, R.; Oz, C.; Levin-Elad, M.; Horowitz, M.; Faerman, M. Back to Amido Black: Uncovering touch DNA in blood-contaminated fingermarks. J. Forensic Sci. 2021, 66, 1697-1703.

[4] Hong, S.; Seo, J. Y. Chemical enhancement of fingermark in blood on thermal paper. Forensic Sci. Int. 2015, 257, 379-384.

是热敏纸表面的最佳检测试剂，其中1∶80稀释率的血指印在热敏纸表面经氨基黑染色后仍具有肉眼可辨的清晰脊细节。一年后，Bentolila等人[1]使用一种新的化学增强方法显现织物上的血指印，即在氨基黑染色前对指印进行海藻酸盐凝胶处理，这一方法更适用于深色图案的人造丝绸基底，其显现效果优于单独应用氨基黑的检测方法。

然而，氨基黑10B具有一定的刺激性和腐蚀性，会在人体呼吸系统中产生若干问题，也可能对皮肤和眼睛造成刺激。因此，工作人员在实际操作中应穿戴适当的防护服、手套、护目镜或面具，尽量避免吸入氨基黑粉尘或使其与眼睛和皮肤直接接触。同时，氨基黑作为易燃物品，在其保存与使用过程中应远离火源。

（二）考马斯亮蓝

考马斯亮蓝（Coomassie brilliant blue）又称酸性蓝83，其与血液中的蛋白质反应呈现出亮蓝色。由于考马斯亮蓝具有化学性质稳定、灵敏度高、成本低、干扰物质少、操作便捷及质谱兼容性好等特点，使该类染料成为最常用的微量蛋白质测定方法。

考马斯亮蓝染色起初运用于纺织行业，自1963年Groth团队[2]首次将考马斯亮蓝R-250应用于醋酸纤维素膜上的蛋白质染色后，各国科学家对考马斯亮蓝在蛋白质染色方面的应用又进行了不少探索。1976年，Bradform建立了考马斯亮蓝G-250法。自此，考马斯亮蓝染色法逐渐被推广使用，现已成为实验室必备的蛋白质检测方法之一。

目前，广泛使用的考马斯亮蓝试剂以考马斯亮蓝G-250和考马斯亮蓝R-250为主，两种染料均能有效染色固定的蛋白质。考马斯亮蓝R-250（即三苯基甲烷）比考马斯亮蓝G-250少2个甲基，呈蓝色或轻微红色，

---

[1] Bentolila, A.; Reuveny, S. A.; Attias, D.; Elad, M. L. Using alginate gel followed by chemical enhancement to recover blood-contaminated fingermarks from fabrics. J. Forensic Identif. 2016, 66, 13–21.

[2] Groth, S. F. d. S.; Webster, R.; Datyner, A. Two new staining procedures for quantitative estimation of proteins on electrophoretic strips. Biochim. Biophys. Acta. 1963, 71, 377–391.

每个分子含有两个 SO_3-H 基团，本身呈偏酸性，与蛋白质吸附结合速度较为缓慢，染色灵敏度比氨基黑高 5 倍。考马斯亮蓝 G-250 又称二甲花青亮蓝，是一种甲基取代的三苯基甲烷，微溶于冷水。游离状态的考马斯亮蓝 G-250 在酸性溶液中呈蓝偏绿色，与蛋白质结合后呈蓝色，这一蛋白质-色素结合物的最大光吸收波长为 595nm，且其光吸收值与蛋白质含量成正比。考马斯亮蓝 G-250 与蛋白质的结合速度极快，且成本低廉，可测定微克级蛋白质含量，测定蛋白质浓度范围为 0—1000μg/mL，常用于微量蛋白质的快速测定。

在血指印检测过程中，考马斯亮蓝和蛋白质的氨基、羧基基团产生静电作用而非共价作用。考马斯亮蓝作为一种二磺酸化三苯甲烷类染料，在酸性条件下，考马斯亮蓝中的磺酸基基于静电相互作用力与蛋白质分子上质子化的碱性氨基酸间相结合，与此同时，考马斯亮蓝的疏水性基团（苯环）和蛋白质的疏水性区域通过疏水作用力而吸附。此外，氢键和范德华力也促成了该染料和蛋白质的蛋白质结合，最终使考马斯亮蓝染料与蛋白质分子形成一个蛋白质-染料的非共价复合体。这种复合物的形成，稳定了染料的带负电荷的形态，从而使复合物呈现出蓝色。

基于考马斯亮蓝在蛋白质测定方面的高灵敏度，可将这一方法用于检测稀释血痕。2014 年，Mattson 和 Bilous[1]通过比较 5 种血指印检测试剂，发现对于多孔和无孔表面稀释率为 1/25 的微弱血指印，考马斯亮蓝是最佳的显现试剂，且该试剂对于瓷砖上稀释率高达 1/125 倍的血指印同样具有增强效果。

然而，考马斯亮蓝对 DNA 的生物毒性问题亦不容小觑。2016 年，Tsai 等人[2]分析了一系列指纹可视化方法对实验室常见上皮细胞 DNA 分型的

---

[1] Mattson, P.; Bilous, P. Coomassie brilliant blue: an excellent reagent for the enhancement of faint bloody fingerprints. Can. Soc. Forensic Sci. J. 2014, 47, 20-36.

[2] Tsai, L.-C.; Lee, C.-C.; Chen, C.-C.; Lee, J.C.-I.; Wang, S.-M.; Huang, N.-E.; Linacre, A.; Hsieh, H.-M. The influence of selected fingerprint enhancement techniques on forensic DNA typing of epithelial cells deposited on porous surfaces. J. Forensic Sci. 2016, 61, S221-S225.

DNA 提取定量和 STR 分析的影响。根据来自 DNA 数量、质量和可观测的随机效应模型数据，该团队不推荐使用考马斯亮蓝处理多孔表面需要进行后续 STR 分析的指印。

此外，对于渗透性客体应慎用考马斯亮蓝，避免因渗透性承痕客体经考马斯亮蓝试剂染色后同样变为蓝色且难以冲洗，从而导致痕迹血指印纹线无法显现或效果欠佳。

（三）匈牙利红

匈牙利红（Hungarian red）常温下为具有一定金属光泽的深红色至深橄榄绿色粗粉或小块，化学性质稳定，溶于水，微溶于醇，稀水溶液呈紫红色，是为玫苯胺（Rosaniline）二磺酸钠盐、三磺酸钠盐和铵盐的混合物，最大吸收波长为 540—545nm，常用作生物染色剂与 pH 指示剂。20 世纪 90 年代，荷兰 CHEMZIS 工作组获得了 Miskolc（匈牙利城市）警方使用的蛋白质染色试剂，但他们未被告知溶液成分，便将之命名为匈牙利红，后来该溶液被证实为酸性品红，又称酸性复红或酸性紫 19[1]。

作为酸性染料，匈牙利红染色剂电离后产生带负电荷的磺酸基，与蛋白质电离后产生的带正电的氨基结合形成紫红色的盐，最终染色并增强血指印纹线。普遍认为，匈牙利红在光滑表面和无孔表面上的显现效果优于多孔表面及半多孔表面，可有效增强浅色非渗透性客体上的血痕。例如，2017 年 Corcoran[2]的研究证明，匈牙利红对受污染的玻璃和金属基底上的血指印脊图案可视化效果良好。

匈牙利红试剂在血指印检测方面的灵敏度较低，不适用于显现稀释血痕。2019 年，Petretei[3]比较了 AB 和匈牙利红对水稀释型血指印的检测能

---

[1] Theeuwen, A. v.; Van Barneveld, S.; Drok, J.; Keereweer, I.; Limborgh, J.; Naber, W.; Velders, T. Enhancement of footwear impressions in blood. Forensic Sci. Int. 1998, 95, 133 – 151.

[2] Corcoran, E. Evaluation of current methods for processing bloody fingerprints on non – porous substrates exposed to various contaminants. Present at Boston University, 2017, 10265262.

[3] Petretei, D. Enhancement of Fingerprints in Diluted Blood. Probl. Forensic Sci. 2021, 120, 267 – 277.

力差异，结果显示，匈牙利红对于稀释血迹的检测效果较差，在低至1∶1的稀释比例下也仅能可视化脊轮廓。

匈牙利红染料具有一定的刺激性，工作人员应注意穿戴适当的防护用具，避免其直接接触眼睛、皮肤或吸入呼吸系统。

（四）酸黄7

酸黄7（Acid yellow 7，AY7），又称 C.I. 酸性黄3、亮磺胺五羟黄酮，是酸性染料的一种，在酸性介质中进行染色，可用作荧光示踪剂。酸黄7常温下为亮黄色粉末，易溶于水，微溶于乙醇、丙酮，不溶于其他有机溶剂；其化学性质稳定，但需要在干燥条件下避光密封保存。

在弱酸性条件下，酸黄7与血液中的蛋白质分子结合，反应所生成的复合物在440nm波长的光源激发下可产生黄色荧光。基于其较为突出的荧光特性，酸黄7通常比其他非荧光蛋白质染色试剂具有更高的检测灵敏度与更好的可视化效果，是苯并蒽黄染料的良好替代品[1]。

2013年，Farrugia团队[2]通过设计实验对不同试剂对织物基底上血指印的显现性能进行比较，结果表明，AY7对黑棉、涤纶和尼龙表面的血指印具有卓越的增强效果。2014年，Pereira[3]经一系列验证实验，得出AY7是无孔表面血指印的最佳检测试剂的结论，因为在众多血液检测试剂中，只有AY7能够在替代光源下可视化至第3级的指印细节。同年，Mattson等人[4]在所进行的研究中也指出，AY7可以有效显现瓷砖上1∶125稀释的潜在血指印，这表明该试剂具有较高的显影灵敏度。

此外，酸黄7染料毒性较低，可用作化妆品色素或专业色素，但对眼睛

---

[1] Farrugia, K. J.; Savage, K. A.; Bandey, H.; Daéid, N. N. Chemical enhancement of footwear impressions in blood on fabric – Part 1: Protein stains. Sci. Justice. 2011, 51, 99–109.

[2] Farrugia, K. J.; Bandey, H.; Dawson, L.; Daéid, N. N. A comparison of enhancement techniques for footwear impressions on dark and patterned fabrics. J. Forensic Sci. 2013, 58, 1472–1485.

[3] Pereira, P. The Use of Various Chemical Blood Reagents to Develop Blood Fingerprint or Footwear Impressions. J. Forensic Identif. 2014, 64, 43.

[4] Mattson, P.; Bilous, P. Coomassie brilliant blue: an excellent reagent for the enhancement of faint bloody fingerprints. Can. Soc. Forensic Sci. J. 2014, 47, 20–36.

和皮肤具有一定的刺激性，因此在操作过程中应同样注意防护。

（五）其他蛋白质染色试剂

除上述蛋白质染色试剂外，苯并蒽黄、克劳尔双重染料、Lac 染料等也属于蛋白质染色试剂。

苯并蒽黄（Benzoxanthene yellow）常温下为浅黄色固体，溶于水，具有一定的荧光性，激发波长为 395 nm，多用于检测无孔表面的血指印。但该染料具有一定的生物毒性，对操作的安全性要求较高，且可能造成环境污染，因此目前在实践中有关苯并蒽黄染料的报道或应用相对较少。

Crowle's 双重染色（Crowle's Double Stain）是 Crowle 团队于 1982 年提出的一种蛋白质染色方法，最初用于交叉免疫电泳的定性和定量分析。Crowle's 双重染色试剂由比布里希猩红（Biebricht scarlet）、亮蓝 R（Brilliant blue R）、乙酸和三氯乙酸按一定比例配制而成，具有较高的灵敏度，但据 Frégeau 等人[1]报道，当指印残留物长时间暴露于 Crowle's 双重染色试剂或匈牙利红溶液时，可能导致后续的 STR 扩增效率降低。

Lac 染料（Laccifer lacca）是 Chingthongkham 等人[2]于 2020 年提出的一种新型蛋白质染色试剂，该天然染料从一种乳胶鳞状昆虫的分泌物中提取，分别为紫胶酸 A、B、C 和 E，其主要成分为蒽醌的衍生物，包含酚共轭蒽醌的结构。该团队首先用 2% 的 SSA（5-磺基水杨酸）固定剂固定血指印样品，而后利用紫胶作为染料来检测和增强各类无孔和多孔基质上的血指印。实验结果显示，Lac 染料和氨基黑在无孔表面上的显影色彩对比度和细节显现性能相似，但在多孔表面上 Lac 染料的显现效果相对较差。因此，该团队建议可将 Lac 染料作为无孔表面上氨基黑等化学试剂的有效替

---

[1] Frégeau, C. J.; Germain, O.; Fourney, R. M. Fingerprint Enhancement Revisited and the Effects of Blood Enhancement Chemicals on Subsequent Profiler Plus™ Fluorescent Short Tandem Repeat DNA Analysis of Fresh and Aged Bloody Fingerprints. J. Forensic Sci. 2000, 45, 354-380.

[2] Chingthongkham, P.; Chomean, S.; Suppajariyawat, P.; Kaset, C. Enhancement of bloody fingerprints on non-porous surfaces using Lac dye (Laccifer lacca). Forensic Sci. Int. 2020, 307, 110119.

代品。该染料成本较低、安全性高，在血指印检测方面具有一定的应用潜力。

第四节　氨基酸反应试剂

一、氨基酸反应的基本原理

作为一种有机化合物，氨基酸是构成蛋白质的基本单位，其分子中含有氨基和羧基两种官能团，通常为无色晶体。不同种类的氨基酸以"脱水缩合"的方式组成多肽链，并按特定数量、排列顺序和空间结构而经过盘曲折叠构成不同的大分子蛋白质。血液中的血红蛋白本质上便是多种氨基酸组合而成的高分子化合物，此外，一些游离氨基酸也是指纹残留物的主要活性化学物质。因此，除显现汗潜指印外，氨基酸反应试剂也被广泛运用于检测与增强案件现场的血指印纹线。

在反应机制上，氨基酸反应试剂与蛋白质染色试剂有显著差异，前者的反应物是蛋白质、肽或血浆中的一些解离氨基酸，而后者的反应物是大分子蛋白质本身。蛋白质染色的原理是利用蛋白质的物理特性，通过调节酸碱度等条件，使血液中的蛋白质与染色试剂分别携带异种电荷，并通过正负键结合，同时氢键、范德华力和其他物理相互作用力也在这一过程中发挥作用。氨基酸反应试剂则主要与氨基酸发生化学反应，产生原始试剂的脱氧分子，由血液中蛋白质的氨基提供氮原子而桥接形成，这些氨基通常来自蛋白质和肽上的末端氨基或血浆中的游离氨基酸，反应产物具有明显的颜色或强烈的荧光。

氨基酸反应试剂的显色原理较为复杂，以茚三酮试剂的反应为例，茚三酮化学反应的实质是茚三酮与氨基酸中的 $\alpha-NH_2$ 的反应。人体内的绝大多数氨基酸及具有游离 $\alpha-$ 氨基的肽都能发生水解、与茚三酮反应，并最终生成蓝紫色络合物（例外：脯氨酸或羟脯氨酸因其 $\alpha-$ 氨基被取代而在茚三酮反应中生成黄色物质，天冬氨酸与茚三酮反应生成棕色物质）。茚三酮反应大致可分为以下两步：首先，在加热条件及弱酸环境下，$\alpha-$ 氨基酸被氧化分解形成醛，生成 NH₃ 并释放和 CO₂，水合茚三酮反应生成还原型茚三酮；其次，在弱酸性溶液中，上一步骤中生成的还原型茚三酮、NH₃ 和上一步骤未参与反应的水合茚三酮分子反应，缩合生成可见的蓝紫色络合物，这一物质又称鲁赫曼紫（Ruhemann's Purple）。[1] 这一反应适宜的酸碱度条件 pH 值为 5—7。茚三酮反应的简化反应流程及原理如图 8-3 所示。

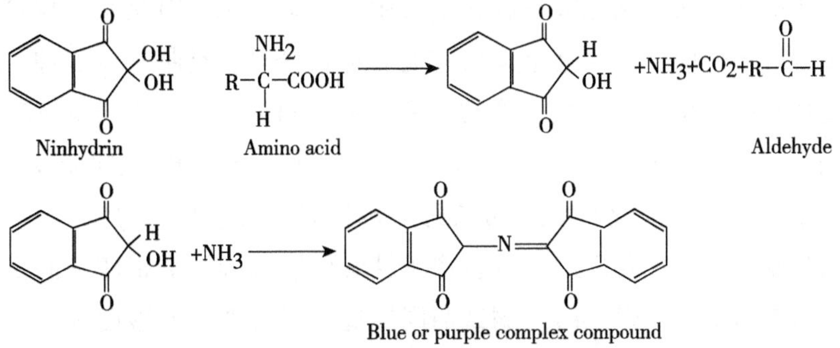

图 8-3 茚三酮反应流程及原理

二、传统氨基酸反应试剂及其进展

法庭科学领域用于血迹检测的氨基酸反应试剂主要以茚三酮及其类似物为代表，目前司法实践中应用最为规范的茚三酮类似物主要包括 1,2-茚二酮和 1,8-二氮-9-芴酮两类。其中，茚二酮与 1,8-二氮-9-芴酮都属于荧光试剂，特点波长的光源照射能够激发出较强的荧光，对客体表面的污染性较小，可以避免背景图案或颜色的干扰。

（一）茚三酮

茚三酮（Ninhydrin，NIN）也称 2,2-二羟基-1,3-茚二酮、苯并

---

[1] Farrugia, K. J.; Bandey, H.; Savage, K.; NicDaéid, N. Chemical enhancement of footwear impressions in blood on fabric — Part 3: Amino acid staining. Sci. Justice. 2013, 53, 8-13; Bossers, L. C.; Roux, C.; Bell, M.; McDonagh, A. M. Methods for the enhancement of fingermarks in blood. Forensic Sci. Int. 2011, 210, 1-11.

茚三酮，由剑桥大学化学教授 Ruhemann[1]于 1910 年首次合成，是一种灵敏度较高的氨基酸、蛋白质的检测试剂，亦是法庭科学领域多孔表面汗液指印的典型检测试剂。常温下，茚三酮为白色晶体或淡黄色结晶粉末，易溶于水，溶于乙醇，微溶于乙醚、三氯甲烷，丙酮、石油醚、氟利昂等皆可作为茚三酮溶液配方的载体溶剂。茚三酮化学性质较为稳定，但在潮湿条件下易吸潮结块，见光或暴露在空气中易逐渐变色，因此茚三酮粉末需冷藏密封、干燥保存，并避免其与其他氧化物接触。经茚三酮处理，不可见的潜血指印可呈现出蓝紫色脊纹图案。自其问世以来，茚三酮方法被广泛应用于医学、化学分析、食品等领域中氨基酸和蛋白质的定性定量检测，但直至 1954 年，人们才意识到茚三酮在指印显现方面的用途。[2]

茚三酮显现法主要适用于浅色渗透性客体表面的汗潜指印，但由于血液中也含有氨基酸，因此茚三酮试剂同样适用于可视化渗透性客体避免的血指印。但茚三酮方法也存在一定的缺点，如反应速度较慢，不适用于塑料、油漆等客体表面的指印，等等。

自人们发现茚三酮在指印检测领域的作用以来，各国学者在茚三酮试剂的配方、茚三酮同系物等方面进行不断的研究与探索，衍生出如 5 - 甲硫基茚三酮、5 - 二甲基氨基茚三酮、5 - 甲氧基茚三酮等一类化合物，但皆未取得明显的突破性进展。2014 年，为进一步提高茚三酮试剂的检测灵敏度，Yang 等人[3]将茚三酮作为显影剂进行稳定化处理，并以此制备了一系列新型指纹显影膜（Fingerprint developing membranes，FDM）。这种固体介质的茚三酮膜比传统茚三酮方法的检测效果更好，能够显现皮革、玻璃等非渗透性客体表面的血指印，拓宽了传统茚三酮显现方法的适用范围，且在显现过程中不造成背景染色，避免了传统方法中可能出现的脊纹扩散

---

[1] Ruhemann, S. CXXXII. —Cyclic di - and tri - ketones. Journal of the Chemical Society, Transactions. 1910, 97, 1438 - 1449.

[2] Oden, S.; HOFSTEN, B. V. Detection of fingerprints by the ninhydrin reaction. Nature. 1954, 173, 449 - 450.

[3] Yang, R.; Lian, J. Studies on the development of latent fingerprints by the method of solid - medium ninhydrin. Forensic Sci. Int. 2014, 242, 123 - 126.

现象。此外，该茚三酮显影膜灵敏度更高，对多孔和无孔材料上潜在指印的最低检测限度可达到 0.1 mg/L 氨基酸，可检测 25% (v/v) 稀释的潜在血指印。

(二) 茚二酮和 1, 8 - 二氮 - 9 - 芴酮

1. 茚二酮

茚二酮 (1, 2 - Indanedione, IND) 又称 1, 2 - 茚满二酮，一种双环芳烃 β - 二酮类化合物，常温下为淡黄色至浅绿色结晶性粉末，可溶于甲醇、乙醇、丙酮和乙酸乙酯等有机溶剂，是一种对氨基酸具有高敏感性的荧光试剂。1958 年，Cava 团队首次合成了茚二酮。1997 年，美国宾夕法尼亚大学的 Ramotowski 团队[1]推荐将茚二酮作为渗透性客体表面的指印显现试剂。作为茚三酮的一种高灵敏度可行替代试剂，茚二酮主要适用于渗透性客体表面的指印成像，且多用于检测并增强干燥多孔基底上的指印，其与氨基酸反应生成粉红色物质，反应产物在蓝绿光激发下能够发出强烈的黄橙色荧光。

与茚三酮反应相似，在加热条件及酸性环境下，茚二酮试剂与蛋白质中的氨基酸、多肽或游离胺发生反应。首先，茚二酮作用下，氨基酸分子中的 α - 氨基和 α - 羧基氧化脱氢，生成 NH_3 并释放 CO_2，并与胺反应形成亚胺，再脱羧降解生成 2 - 氨基 - 1 - 茚酮；其次，酸性溶液中，2 - 氨基 - 1 - 茚酮与未参与上一步骤反应的过量茚二酮进一步发生化学反应，最终缩合生成稳定的具有荧光性质的络合物。该生成物在自然光下呈现粉红色，在 510—530nm 波长的蓝绿光源激发下呈明亮的橙黄色，可透过橙色滤光片观察并拍照提取生成的指印纹线。

目前，许多国内外学者就茚二酮在血指印检测方面的性能及其改进开展了探索与研究，合成了 1, 2 - 茚二酮 - 氯化锌等衍生物产物。1, 2 - 茚

---

[1] Hauze, D. B.; Petrovskaia, O.; Taylor, B.; Joullié, M. M.; Ramotowski, R.; Cantu, A. 1, 2 - Indanediones: new reagents for visualizing the amino acid components of latent prints. J. Forensic Sci. 1998, 43, 744 - 747.

二酮-氯化锌的优势主要在于其与氨基酸反应后可以无须后续处理而直接产生荧光。

2015年，Mangle等人[1]探索了1,2-茚二酮-ZnCl$_2$（IND-Zn）的反应活性和处理顺序问题，发现在使用茚三酮显现指印前先进行 IND-Zn 处理，可以削弱底物和氨基酸间的氢键或静电相互作用力，从而提升指纹残基中氨基酸的利用率与反应效率。此外，Lin 等人[2]在2017年通过实验分析了血指印检测技术的 DNA 兼容性，发现采用茚二酮或茚三酮方法处理多孔基底表面的血指印对后期的 DNA 分型无显著影响。

2021年，Kim 等人[3]比较了聚乙烯吡咯烷酮和1,2-茚二酮的混合物（PVP-IND）与 AB 水溶液两者检测血指印的能力。实验表明，对于稀释血液中的指印，PVP-IND 比 AB 水溶液检测效果更佳。然而，对于未稀释血液中的指印，AB 水溶液的效果优于 PVP-IND，这一差异可能归因于 PVP 与血液中氨基酸反应所导致的脊扩散。

2. 1,8-二氮-9-芴酮

1,8-二氮-9-芴酮（1,8-Diazafluoren-9-one，DFO）由 Druey 等人于1950年首次合成，常温下为亮黄色结晶，是一种高灵敏度的氨基酸及多肽荧光分析试剂。作为一种具有强荧光性的茚三酮类似物，1,8-二氮-9-芴酮的灵敏度高于茚三酮试剂。1990年，Grigg 等人[4]推荐将1,8-二氮-9-芴酮作为纸张客体表面潜在指印的检测试剂，其与 α-氨基酸反应生成一种呈现强荧光的洋红色化合物。

---

[1] Mangle, M. F.; Xu, X.; de Puit, M. Performance of 1,2-indanedione and the need for sequential treatment of fingerprints. Sci. Justice. 2015, 55, 343-346.

[2] Lin, S.-w.; Ip, S. C.; Lam, T.-t.; Tan, T.-f.; Yeung, W.-l.; Tam, W.-m. Compatibility of DNA IQ™, QIAamp® DNA Investigator, and QIAsymphony® DNA Investigator® with various fingerprint treatments. J. Leg. Med. 2017, 131, 293-301.

[3] Kim, D.; Ryu, H.; Jeong, S.; Joo, I.; Hong, S. Enhancement of fingerprint in blood deposited on the surface of thermal paper by using the mixture of polyvinylpyrrolidone and 1,2-indanedione. Anal. Sci. Technol. 2021, 34, 122-127.

[4] Grigg, R.; Mongkolaussavaratana, T.; Pounds, C. A.; Sivagnanam, S. 1,8-diazafluorenone and related compounds. A new reagent for the detection of α-amino acids and latent fingerprints. Tetrahedron Lett. 1990, 31, 7215-7218.

酸性条件下，DFO 于氨基酸分子中的 α-氨基酸等发生反应，并与胺反应形成亚胺，分别得到脱羧甲亚胺叶立德和酯取代甲亚胺叶立德；在有 N-甲基马来酰亚胺存在的环境下，这些甲亚胺叶立德经过内过渡态进行立体有择的环加成反应，最终缩合生成稳定的具有荧光性质的络合物。在自然光源照射下，DFO 所显现的淡紫红色指印纹线不明显，但该络合物在 470—550nm 波长的蓝绿光源照射下可发射较强的橙红色可见荧光，从而显现血指印纹线，可通过橙红色滤光镜或滤光片等进行观察或拍照记录。

在适用性方面，2014 年，Pereira[1]通过实验比较了 DFO、茚三酮、氨基黑、LMG、LCV、匈牙利红和酸黄 7 等不同试剂在特定类型表面对血指印和鞋印的显现性能，得出了茚三酮和 DFO 在多孔表面上检测效果最佳的结论。

在遗传物质兼容性方面，Laurin 团队[2]于 2015 年系统地测试了各种指印增强试剂及相关产品对指印残留物后续 DNA 分析的影响，该研究未发现茚三酮、1, 2-茚二酮-$ZnCl_2$ 和 DFO 对后续 DNA 回收存在抑制或阻断作用。

2018 年，陈虹宇与刘丽[3]比较了茚二酮和 DFO 对不同纸类客体表面的血指印的显现效果，研究表明，茚二酮对血液含量较高的新鲜血潜指印的显现效果普遍优于 DFO 试剂，且茚二酮方法所显现的血指印细节特征点数量普遍多于 DFO 方法。DFO 显现方法在部分客体表面如黑色衬垫纸、紫色便利贴纸上的成像效果较差，但对于画报、报纸、格线稿纸表面的新鲜少量血潜指印效果较好，且在陈旧血指印显现方面也比茚二酮试剂更具有优势。

---

[1] Pereira, P. The Use of Various Chemical Blood Reagents to Develop Blood Fingerprint or Footwear Impressions. J. Forensic Identif. 2014, 64, 43.

[2] Laurin, N.; Célestin, F.; Clark, M.; Wilkinson, D.; Yamashita, B.; Frégeau, C. New incompatibilities uncovered using the Promega DNA IQ™ chemistry. Forensic Sci. Int. 2015, 257, 134-141.

[3] 参见陈虹宇、刘丽：《茚二酮、DFO 显现纸张上血潜指印的比较研究》，载《中国人民公安大学学报（自然科学版）》2018 年第 4 期。

> **拓展知识** 血指印检测前的固定和洗涤方案

上述常规指印检测试剂通常由一定水性溶剂调配而成，主要采用湿法进行血指印显现，故而往往需要专门的固定程序以避免染色时的血痕扩散模糊与指印脊纹破坏。固定程序的本质是采用特定方法使血液中的蛋白质变性且不溶于水，以将其固定在基质表面。一般而言，显影液中存在的短链醇有助于防止染色阶段的血液扩散，而实践中通常建议采用乙醇作为溶剂，因为其毒性和易燃性皆低于甲醇。但针对蛋白质染色试剂，则主要采用 5-磺基水杨酸（5-sulfosalicylic acid，SSA）和甲醇作为固色剂：其中在水为主要溶剂的情况下，首先选用 SSA；如果以甲醇为主要溶剂，则优先选用甲醇。

此外，2022 年 Grimberg 等人[1]提出，可采用加热固定法替代现有血指印固定方法。他们对不同类型表面上（汽车零部件、玻璃和地砖）的血指印进行不同时间的加热，而后用氨基黑溶液显影。结果表明，加热可成功起到固定血指印的作用，其所需温度与加热时间成反比。同时，Grimberg 等人还利用这一实验结果设计了一款便携式、定制化的加热装置，这一装置可将血指印的固定时间从数小时缩短到数分钟。

洗涤是血指印显现过程中的另一个重要步骤，这一程序发生在使用显影剂后，主要通过喷洒或浸泡的方式完成。在无孔表面，洗涤的主要目的是冲洗未反应的试剂；在多孔表面，洗涤的主要目的是除去被背景表面吸收的试剂。为保持所显现指印的完整性，在染色和洗涤过程中通常使用相同溶剂。

---

[1] Grimberg, Z.; Tavor Re'em, T.; Levin-Elad, M. Heat and let dye: Fixing blood-contaminated fingermarks using heat. J. Forensic Sci. 2022, 67, 955-963.

第九章
血指印检测中的先进材料

第一节 无机荧光纳米材料

21世纪以来，随着纳米成像技术的迅猛发展，研究人员可通过纳米精度的加工处理来实现纳米材料的特殊性质与特定功能，从而使纳米成像技术在指印检测领域具有较为突出的对比度、灵敏度和选择性优势。[1] 纳米材料由于具有极大的表面能及表面活性，能够在纳米材料与被吸附分子之间形成范德华力与化学键，因此通常具有较强的吸附性能。其中，基于化学键的吸附稳定性更强，常温下不易产生脱附现象。纳米材料的这一特性也因此被广泛用于指印检测领域。

目前，纳米成像技术已逐渐成为最具发展潜力的指印检测手段之一，金属及其氧化物、半导体纳米晶体、碳点、稀土材料、贵金属纳米团簇等皆可作为指印显影剂主要的纳米材料成分。其中，无机纳米材料的制作程序相对简单且合成成本相对低廉，因此其在法庭科学领域的相关研究早于有机荧光材料。鉴于无机纳米材料能够进行多用途的表面功能化修饰，且部分材料对蛋白质与氨基酸存在固有亲和力，理论上其在血指印检测领域同样拥有广阔的发展前景，由此制作而成的显影剂能够具备丰富的可视化色彩选择和突出的光学性能。然而，当前在血痕检测领域，无机非荧光纳米材料的相关研究或实际应用依旧屈指可数。

---

[1] Prabakaran, E.; Pillay, K. Nanomaterials for latent fingerprint detection: a review. J. Mater. Res. Technol. 2021, 12, 1856–1885.

一、量子点技术

（一）量子点显现原理

作为一种新颖的低维半导体纳米材料，量子点（Quantum dots，QDs）又称半导体纳米微晶，是 20 世纪 90 年代提出来的一个新概念，也被称为"人造原子"、"超晶格"、"超原子"或"量子点原子"。量子点通常呈球形或类球形，由有限数目的原子组成，是在把激子在 3 个空间方向上束缚住的半导体纳米结构。其 3 个维度尺寸均为纳米数量级，稳定直径为 2—20nm，是在纳米尺度上的原子和分子的集合体。量子点材料通常具有良好的光稳定性与较强的荧光强度，可由一种或多种半导体材料组成，主要是由Ⅱ-Ⅵ族元素（如 CdS、CdSe、CdTe、ZnSe 等）和Ⅲ-Ⅴ族元素（如 InP、InAs 等）组成。

基于其独特的零维结构，量子点作为一种纳米级别的半导体亦具有许多独特的纳米性质。量子点具有显著的尺寸效应、介电限域效应、量子隧道效应和表面效应，可以通过改变量子点的尺寸大小或进行量子点的表面修饰来控制或改善量子点的理化性质。目前，量子点技术在现代发光材料和器件、生物医学等方面具有巨大的应用潜力。

随着量子点技术的不断发展与成熟，在血指印检测领域，部分研究者也开始利用量子点所具有的独特的光电性质来实现血指印成像。由于量子点的电子和空穴在各方向上的运动都被静电势限域，导致连续的能带结构变成具有分子特性的分立能级结构，即量子点中电子的能量是量子化的，通过对这种纳米半导体材料施加一定的电场或光压，便能够使电子在分立的能级上跃迁，致使半导体材料发射出特定频率的光，而所发射荧光的频率会随着半导体尺寸的改变而变化。因此，通过调节纳米半导体的尺寸能够实现控制颗粒发射或吸收特定波长与颜色的光，同时通过波长或颜色可以调节能级。

量子点材料与指印残留物成分中的大分子蛋白质或特定小分子的吸附结合主要通过静电吸引、常规交联剂连接及生物素-亲和素等方式进行。

当下，在血指印检测领域主要利用的是与量子点的静电吸引。通过对量子点进行适当的表面修饰，可使量子点表面带负电荷，同时可通过调整酸碱度条件使蛋白质携带正电荷，或是通过改造带中性电荷的蛋白质，在蛋白质末端构建带正电荷的结构。在此基础上，在无须其他试剂的条件下，带正电的蛋白质表面区域可通过静电吸引并附于结合纳米尺寸的量子点。交联剂亦称"交链剂"，是一类具有针对氨基、巯基等特殊基团的反应性末端的小分子化合物，能在分子缩聚时起架桥连接作用而使分子中的基团互相键合，从而使分子结合在一起。此外，还可以在静电吸附的基础上添加亲和素，基于生物素-亲和素的高特异性结合，间接将量子点与蛋白质分子相连接，该方法能够有效降低量子点表面缺陷的影响。

（二）量子点技术及进展

量子点材料在特定波段光源激发下能够产生强烈荧光，根据这一特性制作而成的显影剂能够有效提升指印乳突纹线质量并避免不同承受客体的背景色干扰。此外，相较于普通有机荧光染料，量子点材料稳定性好、发射光谱较窄、荧光效果强，且有望通过尺寸调节与表面修饰赋予其更多、更强大的显现性能。

2009 年，Becue 等人[1]首次将无机荧光纳米材料——高荧光碲化镉量子点（CdTe QDs）引入血指印检测领域。该团队发文称，量子点在不含表面活性剂或有机溶剂的水溶液中对血红蛋白具有较强的亲和力，并基于此提出了一种基于水溶液中高发光量子点检测无孔表面血液指纹的方法，其在无孔基底如玻璃、透明聚丙烯、黑色聚乙烯表面上的检测效果甚至能与AY7 染料相媲美，且在铝表面上的显现效果优于 AY7。此外，该方法使用水作为量子点材料的溶剂，避免了有毒或高度易燃的有机溶剂的使用，在安全性方面有一定提升。然而，镉元素毒性较大，对人体健康具有严重危害性，且镉中毒后在人体内代谢较慢；同时，镉的环境污染性较强，2019

---

[1] Becue, A.; Moret, S.; Champod, C.; Margot, P. Use of quantum dots in aqueous solution to detect blood fingermarks on non-porous surfaces. Forensic Sci. Int. 2009, 191, 36-41.

年7月，镉及镉化合物被列入第一批有毒有害水污染物名录。基于镉的种种缺陷，含镉量子点材料也逐渐被其他材料所替代。

为改善量子点材料的安全问题，2013年，Moret 等人在[1] Becue 团队的基础上进一步研发了掺铜的硫化锌量子点（ZnS：Cu）代替 CdTe 量子点用于血指印检测。该团队同样测试了硫化锌量子点与 CdTe 量子点、酸黄7试剂在玻璃、透明聚丙烯、黑色聚乙烯和铝箔基底表面的显现性能。实验结果表明，ZnS：Cu 量子点能够在紫外照射条件下产生蓝绿色荧光，且发射光谱不随粒径而变化，其对无孔表面连续捺印的耗尽系列指印在显影性能上与 CdTe 量子点相当且优于 AY7，是镉基量子点的有效替代品，且两种量子点溶液的成本远低于 AY7 染料。

然而，当前量子点技术在实际应用中依旧存在难以忽视的弊端，包括衬底物自身荧光引起的高背景干扰、对操作者的皮肤和眼睛的光损伤以及量子点的固有毒性等，这些缺陷导致量子点技术在血指印检测领域难以实现长期广泛适用。

二、荧光上转换纳米颗粒

（一）荧光上转换纳米颗粒显现原理

荧光上转换发光纳米材料（Upconversion nanophosphors，UCNPs）是一种新型纳米材料，通常由基质材料、稀土激活剂和敏化剂组成，因此也称为稀土上转换发光纳米材料。这类纳米材料具有稀土离子的独特能级结构，可将近红外光转换为短波可见光，具备光稳定性强、化学稳定性高、生物毒性低及无背景光干扰等显著优势，在生物学荧光标记物、光电化学分析、太阳能电池、指印与血痕显现等领域有着极为广阔的应用空间。

上转换发光，指材料在低能量的光源激发条件下，吸收低能量光子，高能量光子的现象。斯托克斯定律认为，材料在高能量的光激发下，只能

---

[1] Moret, S.; Bécue, A.; Champod, C. Cadmium-free quantum dots in aqueous solution: Potential for fingermark detection, synthesis and an application to the detection of fingermarks in blood on non-porous surfaces. Forensic Sci. Int. 2013, 224, 101-110.

发射出低能量的光，即经波长短、频率高的光激发，材料发射出波长长、频率低的光；相反，上转化发光表现为材料在低能量的光激发下，发射出高能量的光，即经波长长、频率低的光激发，材料发射出波长短、频率高的光，因此上转换发光又称反‑斯托克斯发光（Anti‑Stokes）。同时，基质材料、敏化剂和激活剂都可能影响稀土上转换发光材料的发光性能。

与只涉及一个基态和一个激发态的传统典型的发光过程不同，上转换过程需要许多中间态来累积低频的激发光子的能量，具有 f 电子和 d 电子的激活离子因具有大量的亚稳能级而在这一过程中发挥重要作用。上转换发光过程中主要包含激发态吸收（ESA）、能量转移（ET）和光子雪崩（PA）三种发光机制。其中，激发态吸收是上转换发光的基本过程，其机制是同一离子从基态经由连续的多光子吸收，从而到达能量较高的激发态。能量转移是指两个能量相近的激发态离子通过非辐射过程耦合，其中一个激发态离子把能量转移给另一个激发态离子回到低能态，另一个激发态离子接受能量而跃迁到更高的能态。光子雪崩则是一种具有超高阶光学非线性响应的光学现象，该原理具体表现为一个能级上的粒子通过交叉弛豫在另一个能级上产生量子效率大于 1 的抽运效果。

上述过程均是通过掺杂在晶体颗粒中的激活离子能级连续吸收一个或多个光子来实现的。其中，稀土离子的吸收和发射光谱主要来自内层 4f 电子的跃迁，该跃迁过程不涉及化学键的断裂，因此上转换发光纳米材料不产生光致褪色和光化学衰退，具有较高的稳定性。此外，由于掺杂三价稀土离子具备较长的亚稳能级寿命，因而往往通过掺杂三价稀土离子来实现上转换过程的高效率转换。

与量子点材料相似，荧光上转换纳米颗粒也可以通过表面功能化修饰使材料拥有特定的理化性质。例如，通过设置外层壳的保护，避免荧光上转换纳米颗粒核受到其他化学物质的影响。此外，在血指印检测领域，往往通过表面功能化修饰为上转换纳米颗粒提供能够连接特定物质或生物分子的功能性基团，从而使上转换纳米颗粒通过静电吸附或化学反应与血指印物质结合。

(二) 荧光上转换纳米颗粒及其进展

与量子点只能被紫外光激发荧光不同,上转换纳米磷光体是赫赫有名的 NIR 诱导荧光材料,长期被用于汗潜指印的无背景成像[1]。近年来,不少学者也将荧光上转换纳米颗粒材料的相关研究扩展到了血指印检测领域。

2016 年,Li 等人[2]报道了 Nd^{3+} 致敏的 $NaYbF_4$:Tm@ $NaYF_4$:Yb@ $NaNdF_4$:Yb 分级结构纳米颗粒的设计和合成,并采用这些亲水性纳米颗粒进行汗潜指印和血指印的可视化。该方法通过使用柠檬酸盐修饰上转换纳米颗粒表面,使 UCNPs 表面的羧基与血指印残留物的胺基之间发生化学反应,同时静电相互作用也促成了 UCNPs 与血指印成分的结合。在 808nm 的激发光下,UCNPs 中 $NaYF_4$:Yb 的中间层有效阻止了从 Tm^{3+} 到 Nd^{3+} 的交叉弛豫过程,从而提升了纳米颗粒的荧光强度。该上转换纳米颗粒在可见光区域的脊图案则由于猝灭效应而受到严重抑制,但在近红外(NIR)区域具有 696nm 和 980nm 的双 NIR 发射,可检测出高分辨率的指印脊纹。基于荧光上转换纳米颗粒的稳定性,可以在使用这一方法后的任意时间段拍照固定所显现的血指印。此外,研究指出该 UCNPs 对血液的热损伤较小,且在灵敏性方面优于 AY7 染料,故而有望在法庭科学领域和生物成像方面发挥重要作用。

同年,另一团队[3]采用粉末法分析了 $NaYF_4$:Yb、Er、Gd UCNPs 对 8 类不同渗透性(杂志封面和火车票)和非渗透性(玻璃、瓷砖、铝箔、不锈钢片、硬币、大理石)基底表面血指印的检测性能。研究表明,与

---

[1] Wang, M.; Li, M.; Yu, A.; Zhu, Y.; Yang, M.; Mao, C. Fluorescent nanomaterials for the development of latent fingerprints in forensic sciences. Adv. Funct. Mater. 2017, 27, 1606243; Wang, Y.; Wang, J.; Ma, Q.; Li, Z.; Yuan, Q. Recent progress in background – free latent fingerprint imaging. Nano Res. 2018, 11, 5499 – 5518.

[2] Li, J.; Zhu, X.; Xue, M.; Feng, W.; Ma, R.; Li, F. Nd^{3+} – sensitized upconversion nanostructure as a dual – channel emitting optical probe for near infrared – to – near infrared fingerprint imaging. Inorg. Chem. 2016, 55, 10278 – 10283.

[3] Li, B. -Y.; Zhang, X. -L.; Zhang, L. -Y.; Wang, T. -T.; Li, L.; Wang, C. -G.; Su, Z. -M. NIR – responsive NaYF4:Yb, Er, Gd fluorescent upconversion nanorods for the highly sensitive detection of blood fingerprints. Dyes Pigm. 2016, 134, 178 – 185.

AY7 相比，UCNPs 在所有测试基底上都展现出更为优越的显现效果，具有低毒、高效、高灵敏度的显著优势。

在众多无机荧光纳米材料中，基于 NIR 激发的 UCNPs 成像技术能够有效检测各类案件中的汗潜指印和血指印，具备较高的灵敏度、对比度与安全性，对操作人员更为友好；同时，NIR 区域的辐射能量较低，无法激发底物的自身荧光，能够有效减少血指印检测过程中基底背景的荧光干扰。基于 UCNPs 成像技术的诸多优势，该技术极可能成为新一代指印检测技术的主要研究发展方向。

第二节 无机非荧光纳米材料

一、纳米二氧化钛

（一）显现原理

二氧化钛（TiO_2）是一种无毒无机化合物，常温下为白色固体或粉末状的两性氧化物，具有半导体的性能与优良的电学性能。由于其具有高光子能量和化学稳定性、商业可用性、低成本和安全性，被认为是光电化生物传感的一种很有前景的光敏材料。

纳米二氧化钛又称钛白粉，外观为白色疏松粉末，直径低于 100nm。依据不同的晶体类型，可将纳米二氧化钛分为金红石型纳米二氧化钛、锐钛型纳米二氧化钛两种。在二氧化钛的基础上，纳米尺寸的二氧化钛具有较高的化学稳定性、热稳定性、分散性、抗菌自洁性、亲水性与透光性，对紫外线具有优良的吸收、反射及散射功能与高折射率，因此主要用于抗化学腐蚀与抗紫外材料、抗菌自洁材料、涂料、电池制造业与航天工业领域。

在指印检测方面，指印残留物成分与纳米二氧化钛之间的吸附主要基于二氧化钛的光诱导表面超亲水性与表面羟基。在紫外光源照射条件下，二氧化钛价带电子被激发到导带，电子和空穴向二氧化钛表面迁移并生成电子空穴对，电子与 Ti 反应，空穴则与表面桥氧离子反应，分别形成正三价的钛离子和氧空位。此时，空气中的水解离吸附在氧空位中，成为化学吸附水（表面羟基）并进一步吸附空气中的水分，形成物理吸附层。与此同时，鉴于二氧化钛中 Ti－O 键的极性较大，表面吸附的水容易因极化发生解离并形成羟基，这种表面羟基不仅有利于二氧化钛的表面修饰，还可为二氧化钛提供特定的吸附功能。

（二）纳米二氧化钛显现方法及其进展

在显现方式上，使用无机纳米材料进行血痕检测时，通常采取湿法显现的方式而非金属氧化物常用的粉末刷显法。

2003 年，Bergeron[1]的研究报道了一种二氧化钛和甲醇制剂，其中甲醇能够发挥类似固定剂的作用，因此该制剂可以在无须额外固定剂的情况下，作为检测深色基质表面指印的补充试剂，在自然光源条件下通过喷洒悬浮液的方式检测血指印。同时，该二氧化钛试剂能够显现至可识别的白色三级脊纹细节而不造成背景污染。然而，实验也同样指出该试剂仅适用于无孔表面，对于多孔与半多孔基底表面指印的结果较差，在适用范围上存在一定的局限性。

此后，随着纳米技术的发展，纳米二氧化钛作为一种新型 SPR－W（白色小颗粒试剂）曾多次被举荐为深色表面改善血液中脊细节清晰度和提高显现对比度的最佳配方[2]。然而，二氧化钛的吸收范围狭窄，因此只能在紫外线下反射或散射光线。此外，2011 年 Au 团队[3]的研究指出，纳米二氧化钛颗粒主要与指印中的非血部分相互作用从而实现血指印成像，但这种 SPR－W 处理可能会损耗指印中回收的 DNA 数量，不利于后续的遗传物质分析。

---

[1] Bergeron, J. Development of bloody prints on dark surfaces with titanium dioxide and methanol. J. Forensic Identif. 2003, 53, 149.

[2] Bouwmeester, M.; Leegwater, J.; de Puit, M. Comparison of the reagents SPR－W and Acid Yellow 7 for the visualization of blood marks on a dark surface. J. Forensic Identif. 2016, 66, 289－302.

[3] Au, C.; Jackson－Smith, H.; Quinones, I.; Jones, B.; Daniel, B. Wet powder suspensions as an additional technique for the enhancement of bloodied marks. Forensic Sci. Int. 2011, 204, 13－18.

二、纳米二氧化硅

（一）显现原理

二氧化硅（SiO_2）是一种酸性氧化物，不溶于水，不溶于酸，可溶于氢氟酸及热浓磷酸，与熔融碱类化合物能够发生化学反应，通常为坚硬、脆性、难溶的固体，主要被广泛应用于光学仪器、玻璃工艺及陶器工艺等领域。

纳米二氧化硅为白色蓬松粉末，是一种极具工业应用前景的重要超微细无机新型多孔材料，具有无毒无污染、耐高温、化学纯度高、稳定性强、分散性能好等诸多优势。在血指印检测方面，纳米二氧化硅颗粒与血指印残留物间的结合主要依赖其表面吸附力及氢键作用。纳米二氧化硅颗粒具有三维网状结构，粒径小而比表面积大，因此具有较强的表面吸附力与较大的表面能；同时，与二氧化钛相似，二氧化硅也具有表面羟基的特性，由于二氧化硅分子中氧原子的电负性高于硅原子，因此氧原子能够通过氢键吸引附近的氢原子，从而影响二氧化硅分子与其他物质间的相互作用及理化性质，如表面羟基通过氢键形成多分子吸附层等。

基于其分子的种种特性，纳米二氧化硅在磁性、催化性、热阻、电阻、光吸收等方面具有特殊优势，因此在纺织、农业、食品、涂料、抗菌剂等众多领域应用十分广泛，近年来在指印检测领域也初露头角。

（二）纳米二氧化硅颗粒方法及其进展

迄今为止，在血指印领域内有关纳米二氧化硅颗粒的研究或应用报道仍旧较少。

2018 年，Meng 等人[1]基于单分散纳米二氧化硅颗粒（MSNs）悬浮液开发了一种新型血指印成像方法。该团队使用超声将 MSNs 分散在含有 1.0% 吐温 80 的乙醇溶液中，制成 0.1g/ml 的悬浮液，在染色后通过简单的喷洒乙醇溶液来清洗多余试剂。利用试剂成分的光子晶体效应，能够在

---

[1] Meng, L.; Ren, Y.; Zhou, Z.; Li, C.; Wang, C.; Fu, S. Monodisperse silica nanoparticle suspension for developing latent blood fingermarks. Forensic Sci. Res. 2020, 5, 38–46.

白光或单色光源照射条件下显现出清晰的血指印脊纹细节。

这种单分散纳米二氧化硅颗粒对血指印具有较强的亲和力，该团队推测这一现象可能与其中的蛋白质有关，同时由于纳米二氧化硅颗粒具有良好的光子晶体效应，因此无须对该试剂额外添加偶联染料，或者对纳米二氧化硅颗粒专门进行表面功能化修饰加工与添加荧光探针等。此外，据报道这一精心设计的试剂亦具备足够高的灵敏度，可检测到黑色塑料袋表面遗留至少 30 天的陈旧血指印。

三、纳米无机染料 Co_2TiO_4 和 $Cr_{0.1}Sb_{0.1}Ti_{0.8}O_2$

为满足不同案件现场指印检测的需要，Peng 和 Huang 团队借助水溶液阳离子表面活性剂（也称小颗粒试剂或 SPR），相继合成了绿色纳米染料 Co_2TiO_4 和黄色纳米染料 $Cr_{0.1}Sb_{0.1}Ti_{0.8}O_2$ 两种不同色彩效果的指印显影剂，作为检测汗潜指印和血指印的多功能发光染色试剂。这两种染料不仅为随机背景色的承痕客体表面的血指印检测提供了更多可能，同时还具备显现陈旧指印的良好性能。

（一）Co_2TiO_4

纳米 Co_2TiO_4 为绿色结晶粉末，外观呈大小均匀的球形。2018 年，Peng 等人[1]采用传统的共沉淀法制备了用于检测潜指纹和血液指纹的 Co_2TiO_4 纳米粉末。为测试 Co_2TiO_4 纳米粉末检测指印的性能，该团队采用粉末刷显法和小颗粒试剂法测试了 Co_2TiO_4 纳米粉末在常见基底如玻璃、塑料片、铝箔、瓷砖、棱皮片、棒带粘面和复印纸表面显现血指印的性能。结果表明，Co_2TiO_4 纳米粉末该试剂具有较为广阔的适用范围与良好的发展前景。该纳米粉末可以在无须额外添加固定剂的条件下有效检测不同基底表面的潜血指印，并在一分钟内使潜血指印纹线呈现绿色，具有高分辨率、高灵敏度、低成本、无毒、高效和高选择性的优势。

---

[1] Peng, D.; Liu, X.; Huang, M.; Liu, R. Characterization of a novel Co_2TiO_4 nanopowder for the rapid identification of latent and blood fingerprints. Anal. Lett. 2018, 51, 1796–1808.

研究推测，小颗粒试剂中的表面活性剂在 Co_2TiO_4 纳米颗粒和血指印残留物成分中的结合起到关键作用。一方面，离子表面活性剂主要通过静电相互作用黏附在 Co_2TiO_4 纳米复合体表面，使 Co_2TiO_4 纳米复合体和表面活性剂表面携带相同的电荷，并分散在表面活性剂水溶液中；同时，血红蛋白在潮湿时具有较强的可吸附性，能够通过范德华力、氢键等方式与离子表面活性剂结合。另一方面，表面活性剂和血红蛋白表面的静电相互作用诱导血红蛋白封闭结构的展开，导致血红蛋白中的疏水基团暴露出来，从而促进 Co_2TiO_4 纳米颗粒与血红蛋白之间的疏水结合。

此外，研究通过测试纳米材料浓度和表面活性剂种类对血指印显现效果的影响，指出十二烷基二甲基苄基氯化铵或十二烷基三甲基氯化铵等阳离子表面活性剂在检测血指印方面效果更好，因为这类表面活性剂能够促进 Co_2TiO_4 纳米复合体在具有强静电斥力的水中分散。实验表明，采用10%（w/v） Co_2TiO_4 纳米粉末和1%（w/v）十二烷基二甲基苄基氯化铵配置成试剂，通过小颗粒试剂法可以有效显现不同基底上遗留时间为180天的指印，且能够观测到指印的第三级细节。这为陈旧血指印的检测提供了一种功能多样、便捷高效的血痕可视化方法。

（二）$Cr_{0.1}Sb_{0.1}Ti_{0.8}O_2$

2021年，Huang 和 Peng[1]采用均匀沉淀法合成了金红石铬（Cr）和锑（Sb）掺杂的二氧化钛纳米颗粒，首次提出了一种利用陶瓷纳米颗粒显现指印的快速双模式可视化方法。这种黄色纳米颗粒可以通过粉末除尘法可视化汗潜指印或通过小颗粒试剂法，增强多孔、半多孔和非多孔基底表面的血指印并成功可视化第三级细节特征。

作为一种陶瓷纳米颗粒，该纳米颗粒的合成过程较为简单，有利于大规模的制备及推广，同时也易于为血指印成像提供更多颜色选择。此外，具有与纳米二氧化钛或氧化锌类似结构的陶瓷纳米颗粒通常具有良好的抗

---

[1] Huang, M.; Peng, D. A rapid and dual-mode visualization of latent and bloody fingermarks using Cr- and Sb-codoped titanium dioxide nanoparticles. J. Mater. Sci. 2021, 56, 5543-5554.

紫外线特性，能够吸收和散射紫外光，因此可以在紫外光源照射下以负图像的方式检测荧光与多色表面上的潜在指纹。

$Cr_{0.1}Sb_{0.1}Ti_{0.8}O_2$ 纳米材料和血指印成分结合的机制与 Co_2TiO_4 纳米颗粒相似，也是通过静电作用、疏水作用和物理吸附作用等与血红蛋白进行特异性结合。首先，离子表面活性剂主要通过静电相互作用附着在 $Cr_{0.1}Sb_{0.1}Ti_{0.8}O_2$ 纳米材料表面，使纳米材料与表面活性剂表面携带相同的电荷并分散在水溶液中，并与血红蛋白发生静电相互作用。其次，血红蛋白在潮湿状态下具有较强的吸附性，能够通过范德华力、氢键等方式与离子表面活性剂结合。再次，表面活性剂能够分解血红蛋白的折叠结构，从而增强纳米材料与血红蛋白中色氨酸残基之间的疏水组合。最后，潜伏血迹与纳米材料吸附结合并在几秒钟内显现出黄色的指印脊纹。

Huang 和 Peng 的研究结果表明，与常规血指印检测方法相比，该掺杂 Cr 和 Sb 的金红石二氧化钛纳米颗粒是一种多功能的检测不同基底表面汗潜指印和潜血指印的方法，该方法能够在清晰可视化细节特征的同时不造成背景染色，具有较高的灵敏度、选择性、对比度和良好的适用性。

第三节　有机荧光材料

有机荧光材料通常是含有 π 共轭体系的芳香族有机分子，研究人员通过对有机分子进行合理设计，还可赋予材料优异的光学性能。由于其具有光电效率高、热光化学稳定性、响应快速以及分子柔性等优势，目前，有机荧光材料已被广泛应用于生物标记、疾病诊断、发光二极管等相关领域。[1]

对于指印检测技术而言，有机材料的主要优势在于其表面丰富的官能团，这些官能团能够为指印中的有机残留物提供更多作用位点，从而提高指印检测的灵敏度。然而，绝大多数传统荧光材料只有在稀溶液中或单分

---

[1] Wang, H.; Ji, X.; Li, Z.; Huang, F. Fluorescent supramolecular polymeric materials. Adv. Mater. 2017, 29, 1606117.

子状态下才能表现出较好的荧光性能，一旦其成为固态或高浓度聚集，荧光便会减弱甚至消失，这一现象被称为"聚集诱导猝灭"效应（Aggregation-caused quenching effect，ACQ）。用于指印显现的传统有机染料如香豆素、罗丹明 6G 和罗丹明 B 等，通常也受到聚集诱导猝灭的影响，导致荧光强度减弱和指印图像模糊。

为解决这一问题，聚集诱导发射发光体（AIEgens）和共轭聚电解质（CPEs）作为近年来的新兴有机材料被相继引入指印检测领域，并被众多学者誉为显现潜在指印的理想荧光检测方法。其中，聚集诱导发光（Aggregation-induced emission，AIE）现象由我国唐本忠院士团队最先发现并提出，开辟了有机发光材料的一个新领域。与聚集诱导猝灭效应不同，聚集诱导发光效应是指有机发光团在聚集态比在溶液中表现出更高的光致发光效率的现象。通常认为，AIE 与 ACQ 不同的分子结构导致了两者聚集状态下荧光效果的差异。共轭聚电解质主要是指其重复单元含离子型官能团侧链的共轭聚合物，且其试剂溶液可以导电。

截至目前，有机荧光材料技术在血指印检测方面的相关研究已取得多项成果。简言之，目前基于新型有机荧光材料的指印检测技术具有高灵敏度、强稳定性和良好的 DNA 兼容性等卓越性能，其在血指印成像方面的相关研究虽然起步较晚，但随着有机材料合成技术的不断进步，未来这类血指印检测方法有望获得更为广阔的发展前景。

一、新型共聚物 PFTPEBT – MI

在血指印检测方面，2017 年，Malik 团队[1]研发了一种聚集诱导发射增强（aggregation-induced emission enhancement，AIEE）活性分子基阳离子 CPE 的新型共聚物（PFTPEBT – MI）。

共聚物（copolymer/heteropolymer）是由至少两种单体经聚合反应所形

---

[1] Malik, A. H.; Kalita, A.; Iyer, P. K. Development of well – preserved, substrate – versatile latent fingerprints by aggregation – induced enhanced emission – active conjugated polyelectrolyte. ACS Appl. Mater. Interfaces. 2017, 9, 37501 – 37508.

成的一种聚合物，其结构中包含两种及以上结构单元，结构单元之间以化学键连接。相较于只有一种结构单元且性能较为单一的均聚物，共聚物可以通过控制聚合反应的反应物来调整的结构单元的种类和含量，从而设置共聚物的特定性能。此外，针对马来酸酐等自身难以发生均聚的单体，也可通过与其他单体形成共聚物的方式加以利用与改善。聚集诱导发光聚合物又称荧光发射聚合物，是一种能够通过吸收特定波长的光线而发光的聚合物。在分子结构上，这类 AIE 物质通常具备数量较多的由单键连接的苯环，且多为具有大平面结构的稠环化合物，结构非常稳定。

目前，国内外学者通过各类实验分析与理论推测，提出了几类可能的 AIE 发光机制，如分子共平面、非紧密堆积、分子内旋转受限、光化学或光物理过程受抑制、形成特殊激基缔合物等。通常情况下，聚集诱导发光聚合物的 AIE 现象是上述一种或多种原理共同作用的产物。

在检测机制方面，Malik 团队认为该新型共聚物和指印组分之间的结合是基于两者间存在的较强的静电作用和疏水作用，这一机理使 CPE 分子能够牢牢附着在指印残留物上，并以高分辨率显现各种基底表面的脊纹图案。

进一步研究表明，在 365nm 的紫外光源照射下，基于聚合诱导增强发射活性共轭聚电解质 PFTPEBT – MI 的荧光方法可以快速显现在塑料、玻璃、铝箔、金属表面等多种基底表面的汗潜指印，能够清晰显示第三级指纹细节，且无须额外采用表面活性剂等进行处理。与此同时，该方法具有高选择性与高对比度，除显现普通汗潜指印外，该方法亦不受血液及其成分的干扰，能够有效可视化被血液浸润的汗潜指印，是一种直接、快速、简便、经济、高灵敏度的指印检测技术。

二、四苯乙烯（TPE）的荧光探针

荧光探针是指在激发光激发条件下，在紫外、可见或近红外区能够产生特征荧光，并且其激发波长、时间、强度、偏振等荧光性质能够基于所处环境极性、折射率、黏度等性质的改变而灵敏地变化的一类荧光性分子。根据材料属性可分为有机探针和无机探针，根据探针尺寸可分为分子探针和纳米探针，根据激发光源分为单光子荧光探针、双光子荧光探针及多光子荧光探针。荧光探针技术广泛应用于各类检测和标记实验中，如抗原或抗体标记、大分子及细胞和亚细胞结构标记、金属离子检测、生物分子示踪或含量检测等。

2019年，Wang等人[1]构建了基于四苯乙烯（TPE）的荧光探针，用于血指印检测。作为一种聚集诱导发光的发光物（AIEgen），该探针的分子结构中含有马来酰亚胺（maleimide，MI）结构，能够与人血清白蛋白发生点击反应（Click reaction），释放出游离磷，以实现荧光的"开启"。该团队称这种TPE－MI方法能够实现高分辨率、高对比度的潜血指印成像，且在可视化效果、荧光寿命、特异性等方面优于鲁米诺试剂。

TPE－MI方法检测血指印的原理是基于人血清白蛋白（HSA）和四苯乙烯马来酰亚胺（TPE－MI）染料之间的轻度无催化剂硫醇－烯点击反应。与常见在固态/聚集态发出强烈荧光的AIEgens相比，TPE－MI在聚集态并不产生荧光，需要在MI的羰基和烯烃基团之间的共轭通过与硫醇基团的加成反应被破坏，并形成发射产物四苯乙烯琥珀酰亚胺（Tetraphenylethene succinimide，TPE－SI）后才展现出其荧光性能。该方法中的荧光探针以血液中含量最多的人血清白蛋白（Human serum albumin，HSA）作为靶蛋白，其特异性的识别规避了传统检测技术可能出现假阳性的弊端，且HSA的游离巯基可作为开启反应物，其蛋白腔能够限制荧光团的分子内运动，从而增强TPE的聚集诱导发光效应，提高检测结果的可靠性和分辨率。

Wang等人的研究指出，相较于传统或类似结构的AIEgens，TPE－MI具有更好的光物理性质、高灵敏度和稳定性。TPE－MI溶液的储存时间能够超过6个月，在254nm和365 nm紫外光源照射条件下，TPE－MI能够特异性地检测血痕，并以高分辨率显现1∶1000稀释的血迹区域。这一方法所显现的血迹荧光寿命较长，30天内荧光强度未见明显下降，即便暴露于开放环境中长达1年也仍然具有较强的荧光。

[1] Wang, Z.; Zhang, P.; Liu, H.; Zhao, Z.; Xiong, L.; He, W.; Kwok, R. T.; Lam, J. W.; Ye, R.; and Tang, B. Z. Robust serum albumin–responsive AIEgen enables latent bloodstain visualization in high resolution and reliability for crime scene investigation. ACS Appl. Mater. Interfaces. 2019, 11, 17306–17312.

同时，与目前广泛采用的传统血红素催化方法相比，TPE-MI 避免了因过氧化氢产生气泡而破坏指印纹线的弊端，能够清晰显现第三级的指印细节特征。此外，得益于温和的点击反应，这一方法可在极大程度上保留 DNA 信息和血迹的飞溅形态，有助于后续的现场重建与相关分析。进一步研究表明，该方法能够检测各类基底表面的陈旧血痕，且即便背景存在天然的荧光干扰，仍然能够区分出由 TPE-MI 所显现的血迹。

三、荧光共轭聚合物

共轭聚合物分子量较大，是指碳链骨架上含有单、双键交替共轭体系的聚合物，其稳定性强，具有较强的光捕获能力以及低成本、低毒性、化学结构和发射颜色可调的显著优势。

（一）氨基功能化共轭聚合物

在 2021 年，Fan 等人[1]通过将棉垫与一种新的荧光氨基功能化共轭聚合物结合，提出了一种简单而经济的潜血指印检测策略。该共轭聚合物由两性聚（对亚苯乙炔撑）组成，每个重复单元由两个质子化的初级氨基和两个长十二环烷氧基酯基团组成（PPEOR-NH$_3^+$）合成。通过使用经聚合物溶液浸泡的棉垫覆盖不同基底表面的潜血指印，便可轻松实现指印纹线的可视化。该方法操作简单、成本低廉、快速高效，能够普遍适用于不同基底表面的血指印检测。

该研究团队在对这一聚合物的显现机理进行深入研究后，认为脊纹成像的实现主要是基于聚合物和血液成分之间的亲和力、聚合物和基底之间的相互作用，以及血液对聚合物荧光的轻微猝灭。首先，质子化伯氨基的引入为 PPEOR-NH$_3^+$ 提供了血浆蛋白中游离羧基的相互作用位点，由此生成的化学键能够使所显现的指印在长期储存条件下具备较强的稳定性和抗

---

[1] Fan, Z.; Zhang, C.; Chen, J.; Ma, R.; Lu, Y.; Wu, J.-W.; Fan, L.-J. Highly Stable, Nondestructive, and Simple Visualization of Latent Blood Fingerprints Based on Covalent Bonding Between the Fluorescent Conjugated Polymer and Proteins in Blood. ACS Appl. Mater. Interfaces. 2021, 13, 15621-15632.

溶剂洗涤性,可以保护血指印不受空气中的水分和其他常见溶剂的染色与破坏。其次,PPE 聚合物的发射波长通常在 470nm 左右,能够避免来自大多数衬底的背景荧光的干扰。此外,PPEOR-NBoc 可以溶解于常见的有机溶剂中,因此可以避免水显影溶液对潜血指印纹线造成损害。

鉴于 PPEOR-NH^{3+} 的最大吸收波长接近 415 nm,且在该波长下能够产生清晰的指纹图像,因此 Fan 团队将指印的激发光源波长选在 415 nm。在该条件下观察到的指纹图像可以分为荧光脊与暗沟、暗脊与荧光沟两种正负指印图像,这两种指印图像都能良好显现指印细节。该团队推测这一现象可能是基于以下两个因素:一是血液的存在可能会导致试剂发生荧光猝灭,从而抑制荧光的产生。二是共轭聚合物对不同底物的亲和力不同,当其对底物的亲和力大于对血液的亲和力时,便呈现出负图像的指印;反之,当其对底物的亲和力小于对血液的亲和力时,便呈现出正图像的指印。

进一步实验表明,该荧光共轭聚合物能够显现与增强被各种物质污染的血指印,对遗留时间超过 600 天的陈旧潜血指印也同样有效。同时,这一方法操作简单,无须对血指印进行额外的前/后处理,亦不降解或破坏血液中的 DNA,有利于后续的 DNA 分析和鉴定。此外,与浸泡、刷显和喷涂等传统的预处理方法相比,棉垫浸润法中的棉垫不仅在同一场景中可重复使用,对脊细节、底物和 DNA 残基的污染也更少[1]。

(二) 阳离子共轭聚合物

2021 年,该研究团队[2]又合成了具有聚[对(亚苯乙烯)-(亚噻吩乙炔撑)](poly[p-(phenylene ethylene)-alt-(thienylene ethynylene)])主链的荧光阳离子共轭聚合物(PPETE-NMe^{3+}),并将其溶解在 N,N-二甲基甲酰胺(DMF)中,以制备新型显影溶液。

---

[1] Fan, Z.; Zhang, C.; Ma, R.; Fan, L. -J. Dye-soaked cotton pads for latent blood fingerprint development. SN Appl. Sci. 2020, 2, 1-14.

[2] Zhang, C.; Fan, Z.; Zhan, H.; Zhou, H.; Ma, R.; Fan, L. -J. Fluorescent Cationic Conjugated Polymer-Based Adaptive Developing Strategy for Both Sebaceous and Blood Fingerprints. ACS Appl. Mater. Interfaces. 2021, 13, 27419-27429.

在检测原理方面，该团队认为试剂的成像机理可能是基于一些微弱的物理相互作用，例如，亲脂性主链和侧链烷氧基可能与指印残留物中的脂质和蛋白质的疏水部分相互作用，而阳离子侧基和带相反电荷的指印残留物成分之间可能发生静电相互作用。

作为一类典型的软物质，高分子聚合物能够实现机械性能与构形之间的耦合，具备在外部因素影响下进行自我调节或自组织成不同分子或聚集状态的功能。故而，研究人员通过对预聚物 PPETE – Br 进行季铵化，从而改变了聚合物的极性和溶解度，使 PPETE – NMe$_3^+$ 能够较好地溶解于 DMF 中；并通过在主链中引入不同性质的结构单元或作为侧基，使其离子基团为试剂与指印物质的结合提供了静电相互作用。这种弱相互作用有助于聚合物链根据不同指纹的组成部分调整结构或延伸侧基，从而吸附于指印脊纹表面。最终，聚合物链可以通过暴露适当的部分与指印中的某些特定成分形成特定的相互作用，以适应各类无孔基底表面不同类型的指印。

实验结果表明，在 365 nm 紫外光源照射条件下，这一方法所显现的指印图像能够产生黄绿色荧光，可用于增强铝箔、玻璃、罐、硬币等无孔基底表面的汗潜指印和血指印，能够显现至指印的第三级细节；同时，经与氨基黑 10B 的比较实验，研究人员观察到虽然在汗潜指印检测方面 PPETE – NMe$_3^+$ 的敏感性不如氨基黑，但试剂在血指印检测方面的敏感性高于氨基黑 10B。此外，由于该聚合物在遇到不同的指印物质时能够自由切换与指印物质间的相互作用，因此无须特地区分非多孔表面上的汗液指印和血指印，这一自适应特性有利于其在实践中的广泛应用。

四、吲哚染料

除聚集诱导发射发光体（AIEgens）和共轭聚电解质（CPEs）外，近年来另一类名为吲哚染料（Benzazole dye）的有机荧光材料也被报道用于指印检测。

吲哚又称苯并吡咯，是与苯平行的吡咯类化合物，外观为片状白色晶体。吲哚及其同系物、衍生物在自然界中广泛存在，并以其优异的光物理性质而闻名，如强荧光与大斯托克斯位移（large Strokes shifts）等。2016

年，Barros 等人[1]首次合成了 3 种荧光吲哚基染料。实验表明，这类染料试剂在水中进行指印的染色和洗涤处理，能够检测不同类型和不同颜色胶带上的汗潜指印，具有较高的选择性。而后在 2017 年，该团队成功将这类吲哚染料的应用扩展到血指印和血迹检测领域。

在 2017 年的研究中，Barros 团队[2]证实了 3 种荧光吲哚染料具有广阔的适用性。在 365 nm 长波紫外线激发条件下，经该染料处理的血指印能够产生蓝绿色荧光，因此可以适用于不同颜色或图案基底表面的指印；同时，这类染料既可用于检测陶瓷、木材和聚苯乙烯等多孔基底表面的血指印，亦能检测漆铝、不锈钢、玻璃、聚丙烯、涂漆和非漆聚乙烯等半多孔和无孔表面的血指印。研究还表明，荧光吲哚染料对血迹具有较高的选择性，在指印纹线以外的背景表面未观察到荧光或其他相关显色反应。除此之外，Barros 团队通过设置吲哚、氨基黑和鲁米诺的比较实验，证实了在稀释血痕检测方面，浓度为 0.001% （v/v）的吲哚染料 HB-7 与氨基黑的检测灵敏度相当，且两者的灵敏度均优于鲁米诺试剂。

这类吲哚具有较强的光化学稳定性，其可溶于水的性质避免了有毒有机溶剂的使用，且制作成本较低，无须复杂的仪器设备、烦琐的前后处理或特殊的储存条件。Barros 团队认为，这类新型染料极可能是基于染料的磺酸基团和指印组分中的蛋白质或氨基酸的氨基间的化学反应或静电吸附作用而实现血指印成像，但其详细机制仍在研究过程中。[3]

上述 3 种荧光吲哚基染料的缺陷在于，这类染料不适用于纸张、织物等渗透性较强的多孔表面，因为染料溶液在这类渗透性基底上易被吸收扩散，从而导致整个表面染色，无法使血迹和基底表面之间产生对比。同时，对于织物等自身具有荧光的多孔材料，在光源照射下材料的固有荧光可能对

---

[1] Barros, H. L.; Stefani, V. A new methodology for the visualization of latent fingermarks on the sticky side of adhesive tapes using novel fluorescent dyes. Forensic Sci. Int. 2016, 263, 83-91.

[2] Barros, H. L.; Mileski, T.; Dillenburg, C.; Stefani, V. Fluorescent benzazole dyes for bloodstain detection and bloody fingermark enhancement. Forensic Chem. 2017, 5, 16-25.

[3] Barros, H. L.; Stefani, V. Micro-structured fluorescent powders for detecting latent fingerprints on different types of surfaces. J. Photochem. Photobiol. A. 2019, 368, 137-146.

染料荧光产生干扰，但这一缺陷或许可以通过使用不同波长的激发源来解决。此外，由于染料的显色反应本质上主要基于染料磺酸基与氨基间的相互作用，因此对于某些非血液组分也可能产生假阳性。

第十章
血指印检测的新兴方法

第一节 免疫反应试剂

当前，体外免疫反应被广泛应用于免疫学研究、临床检测、酶联免疫吸附与免疫印迹显现等领域，具有特异性强、灵敏度高、快速高效、反应条件温和以及操作简便等显著优势。

在司法实践中，如何在血痕显现过程中靶定人类血液、避免动物分泌物等杂质所导致的假阳性结果仍是一大难题，而免疫反应试剂则为这一困境提供了一种崭新的解决思路。

一、免疫反应试剂的显现原理

免疫反应的实质是抗原与相应抗体在体内或体外发生的特异性结合反应，这一反应是基于抗原决定簇和抗体超变区分子间的结构亲和性与互补性。抗原和抗体的分子空间结构是抗原抗体特异性结合的主要影响因素，抗体的亲和性与亲和力越强，抗原抗体间的结合越牢固。基于抗原抗体分子结构特点的多样性，抗原抗体间的结合反应也呈现出一定的复杂性。

抗原与抗体之间的结合过程不生成共价键，属于非共价结合，在这一过程中，静电作用、范德华力、疏水作用与氢键这四类分子之间的相互作用力起到重要作用。通常情况下，疏水作用力最强，在抗原抗体的结合中发挥关键作用。在溶液状态下，抗原抗体的疏水作用力对两者之间水分子的排斥能够有效促进抗原抗体间的结合吸附，同时，在水溶液中，蛋白质因静电作用在分子表面形成亲水胶体——水化膜，也称水化层。抗原抗体结合过程中,抗体超变区与抗原表位相互吸引靠近,表面电荷减少或消失,分子表层水化膜减薄或被排开,形成疏水空间并暴露出结合位点,在抗原抗体结合后,蛋白质由亲水胶体转化为疏水胶体,形成抗原抗体复合物。

概括而言,抗原抗体间的特异性结合反应可划分为以下两个阶段。在第一阶段中,抗原与抗体发生特异性结合反应,这一阶段反应迅速,耗时仅几秒至几分钟,但不呈现出可见反应;在第二阶段中,抗原-抗体复合物在电解质、补体、pH、温度等特定条件影响下,产生凝集、沉淀、溶解、补体结合介导等现象,此阶段反应速度较慢,耗时数分钟至数小时,属于可见反应阶段。

在血指印检测领域,免疫反应试剂(Immune response reagent,IRR)的原理便是在普通显色或荧光材料的基础上,利用抗体-抗原的体外免疫反应特异性靶定血指印残留物中的特定物质组分,从而达到血痕显现与增强的目的。

二、免疫反应试剂的研究进展

(一) 抗 hHb 抗体修饰的 $NaYF_4$:Yb,Er,Gd 荧光上转换纳米棒

目前,小鼠抗人血红蛋白单克隆抗体已广泛用于各学科领域,其主要功能在于实现免疫印迹与酶联免疫吸附。

2018 年,Liu 等人[1]通过 N-羟基丁二酰亚胺(N-hydroxy succinimide,NHS)偶联化学反应,将实现了抗 hHb 抗体(H5A3)(抗人血红蛋白单克隆抗体)在 $NaYF_4$:Yb,Er,Gd 荧光上转换纳米棒上的共价连接(UCNRs/anti-hHb),使其对人类血液具有高度特异性和敏感性,并将其用于人血指印中血红蛋白的特异性识别。

在荧光强度方面,荧光上转换纳米材料的形态结构和荧光强度不受其与抗 hHb 抗体的结合与相互作用的影响。在 980nm 的近红外光源照射条件下,经 UCNRs/抗 hHb 处理的血指印能够激发出绿色荧光,其荧光性能优越,能够清晰显现出指印图像。同时,由于荧光上转换纳米材料可以通过

---

[1] Liu, C.-M.; Zhang, L.-Y.; Li, L.; Li, B.-Y.; Wang, C.-G.; Wang, T.-T. Specific detection of latent human blood fingerprints using antibody modified $NaYF_4$:Yb,Er,Gd fluorescent upconversion nanorods. Dyes Pigm. 2018,149,822-829.

双/多光子机制将近红外光转化为可见光,因此显现后承痕客体表面不产生自身荧光,能够成功避免背景荧光造成的干扰。

在生物毒性方面,荧光上转换纳米材料不仅能够通过简单的表面修饰赋予或强化特定功能,且作为一种生物相容性药物,荧光上转换纳米材料的毒性较低,对操作人员的身体健康几乎不造成危害。

在试剂假阳性方面,Liu 等人的实验指出,所制备的 IRR 能够有效区分人类血液与猪血、鸡血,避免了动物血液的假阳性干扰。因此,相较于常规试剂,抗 hHb 抗体修饰的 $NaYF_4$:Yb,Er,Gd 荧光上转换纳米棒具有种属特异性,采用该方法可同时进行血液的种属检验,从而省略确证试验环节,具有一定的实践应用价值。

此外,实验结果表明,使用 UCNRs/抗 hHb 还能够可视化稀释血指印和陈旧血指印。其中,对于遗留时间 15 天内的陈旧指印,能够识别出相当清晰的山脊细节。与 AY7 的对比实验也表明 UCNRs/anti – hHb 具有优良的抗背景干扰能力与较好的成像能力,对于具有强自身荧光的背景表面指印尤为有效。同时,该试剂能够适用于多种基底表面的人类血液指印,包括多种渗透性和非渗透性客体。

鉴于 UCNRs/抗 hHb 所具有的高特异性与选择性、高灵敏度、低背景干扰、适用性好的优异性能特点,因此这一检测方法在法庭科学领域具有良好的发展前景。然而,在当前的技术手段下,抗 hHb 抗体的价格较为昂贵,储存与运输条件相对苛刻,导致这一方法所需制作成本相对较高,也限制了该方法的大规模推广。

(二) 化学发光免疫分析和模式识别方法

2019 年,Xu 等人[1]建立了酶联免疫分析和模式识别相结合的方法来提取血指印与汗潜指印图像的化学信息和图像信息。

---

[1] Xu, L.; Cao, Z.; Ma, R.; Wang, Z.; Qin, Q.; Liu, E.; Su, B. Visualization of latent fingermarks by enhanced chemiluminescence immunoassay and pattern recognition. Anal. Chem. 2019, 91, 12859 – 12865.

该可视化方案的成像原理大致如下：首先，辣根过氧化物酶（Horseradish peroxidase，HRP）修饰的抗体对指印残留物成分中的蛋白质和多肽分泌物进行特异性识别。其次，在辣根过氧化物酶催化条件下，鲁米诺和H_2O_2之间发生化学反应，产生最大波长为 425 nm 的荧光。这种在化学反应过程中伴随着光辐射的现象被称为化学发光（Chemiluminescence，CL），这种化学发光效应可以通过加入分子增强剂（Molecular enhancer）而显著增强，如通过在衬底溶液中加入对碘苯酚（p-iodophenol，IOP）作为缓冲液，能够大幅提升试剂的荧光强度，并产生更稳定和更持久的光发射，从而增强化学发光效应下的指印显现效果。

鉴于免疫分析方法所具有的特异性分子识别功能，在血指印检测方面，该方法可以通过靶定人体免疫球蛋白 G（Human immunoglobulin G，hIgG）实现血指印的可视化。同样，该方法也可以特异性地靶向汗潜指印残留物中的表皮生长因子（Epidermal growth factor，EGF）和皮离蛋白（Dermcidin），从而有利于从指印证据中提取更多的化学信息。

由于常见的指印识别主要是基于鉴定人员的经验与专业知识进行的视觉比较，具有较强的主观性，因此，Xu 等人还推荐采用自动指纹识别系统（Automatic fingermark identification system，AFIS）对指纹质量进行定量测量，并从显现的指印中提取细节特征，以促进指纹检测的定量分析和客观评价。

Xu 等人的研究表明，这种酶联免疫分析和模式识别相结合的可视化方法能够显现至指印的第三级细节，并有效检测指印残留物成分中蛋白质与多肽的化学信息。相较于常见荧光和光散射等光学检测方法，这种化学发光的产生无须额外的光源进行激发，能够有效避免客体背景荧光和反射光等因素造成的影响，且其能够稳定发光 20 min 以上；同时，该方法亦能够有效识别在黑暗环境中或深色客体表面的指印图像而不受背景颜色或图案的干扰，对于非导电的承痕客体表面指印也同样适用。

第二节 高光谱成像技术

如前文所述，光学方法作为一种非接触性和非破坏性手段，在部分情况下足以实现一些微弱血指印的可视化，是犯罪现场血痕检测的首选方法。常见的传统光学方法主要利用背景表面和血液的吸收光谱或反射模式的差异来显现或增强血液印痕，如紫外（UV）、红外（IR）、荧光、分色法和配光法等。

近二三十年来，随着数字成像和光谱测量技术的深度融合，高光谱成像技术（Hyperspectral Imaging，HSI）不断发展与完善。与传统光学成像方法只能获取二维平面数据不同，高光谱成像技术基于传感器扫描获取对应一行场景中每个点的光谱信息，形成三维数据，进而实现对特定物体甚至整个场景进行成像。这一新兴成像技术集光学、电学、信息技术等学科领域的先进技术于一体，有机结合传统二维成像技术和光谱技术，可根据物体在不同波长下的光学特性，测算并提供物体的空间和光谱信息，形成由光谱维度、扫描带宽和扫描长度维度组成的"数据立方体"，能够实现对指印数据的定位、定性和定量分析。

一、高光谱成像技术原理

高光谱成像技术是基于大量窄电磁波波段的一种影像数据技术，能够获取高分辨率的连续窄波段图像数据，可以同时检测目标物丰富的一维光谱或辐射信息、二维形态信息和三维空间几何信息，并能够实现特定物体或场景的空间构建和表面成像，因此高光谱成像技术经常作为一种表面测量方案被运用于多种场景中。

区别于传统光学显现方法，高光谱成像综合成像技术与光谱技术，主要基于测量光与物质相互作用后的反射光或散射光而获取相应的数据立方，并能够依据目标物在波谱空间上的差异性来区分不同物质的种类及特征，是一种多维信息获取技术。高光谱成像设备所输出的图像或视频中的每个像素都有自己的光谱，并且每段光谱都包含大量光谱频带。同时，相较于基于色彩差异来分辨物质的传统多光谱成像技术，高光谱成像技术可实现在光谱空间的离散采样，即其既能够捕捉图像上每个点的光谱数据，亦能够获得任意谱段的有关信息，从而有效实现可见和红外波段范围内的物质反射或散射所产生的连续光谱数据及影像信息获取。

血指印检测领域中所涉及高光谱成像技术的原理可简要概括为以下两个步骤：一是目标光谱信息的获取，物体与光源相互作用后的反射光或散射光被光谱分析设备接收，设备精确地反应出接收到的光信号在特定光谱频带上分布的强度差异以及其在光谱带内的信号位置分布；二是利用采集到的光谱数据输出目标图像数据，或是基于具体光谱特征识别不同的物质材料，其中血红蛋白在 Soret γ 谱带（400 nm 左右区域的卟啉显示的大的吸收带，也称作索雷谱带）的强吸收峰为血液物质与其他指印污染物的区分创造了良好条件。通常情况下，光谱分辨率越高，其区分目标物的性能越强，而高光谱成像在光谱空间上存在数十条至数百条不等的大量通道，其单通道波段窄，光谱分辨率高达纳米数量级（通常在 10nm 以内），能够良好弥补传统光学方法光谱分辨率的缺陷，并快速检测与分析多个不同物质的光谱构成；同时，高光谱技术在其光谱维度上可选择性强、灵活度高，这一"全光谱"特性有利于获取可分辨空间位点上的光谱信号，得到更加丰富的细节信息，且能够较好地避免其他因素的干扰，从而提升成像与分析结果的精确度和准确度。

二、高光谱成像技术的进展

目前，高光谱成像作为一门新兴技术，主要应用于遥感探测领域，但近年来也有部分学者探索其在血指印检测领域的运用，其主要亮点在于能够实现血指印成像与指印残留物成分的简要区分，同时作为一种非接触式检测方法，该方法能够有效避免指印细节与 DNA 成分的破坏。

（一）Li 团队的高光谱成像技术研究

2014 年，Li 等人[1]首次采用高光谱成像技术分辨血液指印与 9 种其他红色污渍。这一非破坏性方法利用血红蛋白位于 400—500nm 的 Soret γ 谱带的特定吸收光谱，以及不同物质可见波长反射率的差异实现指印污染物种类的区分。由于血红蛋白在 415nm 处存在最大吸收峰，且吸收峰波段较窄，因此相较于利用 500—600nm 吸收峰强度较弱、波段较宽 α 和 β 吸收谱带，利用 γ 吸收谱带进行血斑的检测和鉴定的方法在理论上具有更高的灵敏度和特异性。经处理高光谱图像中，血液图像像素呈黑色，而其他物质的像素皆为白色，从而实现血指印图像的可视化与增强。

研究结果表明，在血指印检测灵敏度方面，高光谱成像技术能够成功可视化白色滤纸表面 1∶512 稀释的潜在血迹和红色基底上 1∶32 稀释的潜在血迹，具有极高的检测灵敏度。在适用范围方面，HSI 最适用于检测浅色基底表面血指印，因其对入射光的吸收较少、干扰较低，而在暗色基底上的光线吸收程度较大，成像数据较嘈杂，效果不如浅色基底；同时，该技术能够成功可视化红棉、深灰色棉和深灰色卡片等深色基质表面的肉眼难以观测到的血痕血迹，亦可以检测复杂背景表面的血指印，并在一定程度上排除承痕客体表面的其他污染物造成的背景干扰。

Li 团队通过盲测实验论证了高光谱成像技术对 9 种非血迹的分辨能力，同时指出高光谱成像技术能够大致区分其他 40 类可能与血液混淆的污染物。在该项实验中，高光谱成像系统的准确性可高达 100%，未观测到假阳性结果。然而，该团队认为对于高光谱成像技术在血指印领域的应用仍需进行更为深入的研究分析，且应考虑在 415 nm 处有类似的大幅度光吸收的非血液物质所可能引起的假阳性情况，如动植物蛋白等血红蛋白类似物，但在该团队目前的实验中尚未发现可能导致这种情况的相关物质成分。

---

[1] Li, B.; Beveridge, P.; O'Hare, W. T.; Islam, M. The application of visible wavelength reflectance hyperspectral imaging for the detection and identification of blood stains. Sci. Justice. 2014, 54, 432-438.

(二) Cadd 团队的高光谱技术研究

2016 年，Cadd 等人[1]的实验进一步证实了高光谱成像技术在血指印检测方面的优越性。该团队利用可见波长高光谱成像技术对白色瓷砖表面的血指印进行血液检测与指印图像成像。

实验表明，在稀释血迹检测方面，高光谱成像技术能够在高达 20 倍的血液稀释率下显现血指印的细节特征，且在 1∶15000 的稀释条件下仍可检测到潜伏血迹的存在；在陈旧指印检测方面，高光谱成像技术可以清晰显现遗留时间在 6 个月以内的血指印，而对于遗留时间超过 6 个月的血指印中心的脊细节花纹清晰度略有下降，Cadd 等人推测这可能是由于血液随时间推移而降解，从而导致用于识别血液成分的波长吸收的减少；在假阳性检测方面，实验指出高光谱成像方法能够成功区分 6 种油漆和 11 种其他红色或棕色物质形成的指印，而不产生假阳性结果；在检测效率方面，该方法能够在 30 秒内快速靶定血液成分，这为存在大量可疑血液证据的现场提供了一种高效的检测与侦查思路。

同年，为评估高光谱成像技术在血液检测方面的性能，Cadd 等人[2]进一步通过实验比较了高光谱成像技术与酸黑 1 方法对于白色瓷砖表面血指印在检测效果上的差异。该团队通过分析血液样本和 10 种其他非血液污染物成分的指印，发现高光谱成像技术在血液检测方面具有极高的特异性与选择性，而使用酸黑 1 试剂检测的指印则呈现出大量假阳性结果，且该方法也对部分指印纹线造成了一定程度的破坏。与此同时，研究还发现高光谱成

---

[1] Cadd, S.; Li, B.; Beveridge, P.; O'Hare, W.T.; Campbell, A.; Islam, M. The non-contact detection and identification of blood stained fingerprints using visible wavelength reflectance hyperspectral imaging: Part 1. Sci. Justice. 2016, 56, 181-190; Cadd, S.; Li, B.; Beveridge, P.; O'Hare, W.T.; Campbell, A.; Islam, M. The non-contact detection and identification of blood stained fingerprints using visible wavelength hyperspectral imaging: Part II effectiveness on a range of substrates. Sci. Justice. 2016, 56, 191-200.

[2] Cadd, S.; Li, B.; Beveridge, P.; William, T.; Campbell, A.; Islam, M. A comparison of visible wavelength reflectance hyperspectral imaging and Acid Black 1 for the detection and identification of blood stained fingerprints. Sci. Justice. 2016, 56, 247-255.

像方法检测血液的性能不受化学增强方法的影响，因此可以在采用化学增强前后进行，且高光谱成像技术所具有的非接触性和非破坏性特点能够大幅度降低目前湿化学假定性测试对指印脊细节的损害程度。

2018 年，Cadd 等人[1]将高光谱成像技术成功应用于白色瓷砖表面陈旧血指印的显现与血指印遗留时间的分析。这项研究根据血红蛋白谱图在 400—680nm 存在明显差异且在 415 nm 处产生 Soret 峰的原理，采用 HSI 技术结合假色标尺对比分析的方法对白色瓷砖表面遗留 30 天以内的陈化血指印进行测量。Cadd 团队通过对 400—680nm 的吸收光谱进行分析，发现随着血迹遗留时间的推移，在 400nm 左右的 Soret 波段、500—600nm 的 β 和 α 波段吸收峰强度明显下降，这是由于血红蛋白（Hb）完全氧化为氧合血红蛋白（HbO_2），而后氧合血红蛋白自动氧化为蛋氨酸血红蛋白（met-Hb）并变性为高铁血色原（hemichrome，HC）。对数转换结果也证明 525/550 nm 峰谷比值与遗留时间之间存在明显的规律性，而根据这种变化趋势和变化规律，便可以进行血指印遗留时间的推断与分析。

同时，该团队基于吸收光谱中 550 nm 与 525 nm 处吸收峰与谷的比值，并将这一比值用于制作遗留时间的红、绿、蓝假色标尺（False color scale），包括一份 24 小时的量表和一份 30 天的量表，不同的比值决定了图像中分配给红色、绿色和蓝色的值，而这一假色标尺可作为指印遗留时间的判断依据。在前期工作中，该团队对 30 天内 9 个不同遗留时间段的血指印进行分析，实验结果表明，所有指印数据都显现出清晰的脊细节，同时吸收光谱的分析也能够简便地鉴别出血指印的不同遗留时间。但 Cadd 等人认为，使用这种假色标尺方法对遗留时间在 14 天内的血指印最有效，因为这段时间内吸收峰谷比值产生明显变化，并反映为图像颜色的显著差异，其中血指印最明显的成分差异发生在指印沉积的 24 小时内；遗留时间超过 14 天的血指印残留物成分变化较小，所以颜色之间的差异较小，难以用肉眼区分。

---

[1] Cadd, S.; Li, B.; Beveridge, P.; O'Hare, W. T.; Islam, M. Age determination of blood-stained fingerprints using visible wavelength reflectance hyperspectral imaging. J. Imaging. 2018, 4, 141.

Cadd 团队的研究证明了高光谱成像技术在血指印检测及其遗留时间判断方面具有相当大的潜力。此外，随着研究的进一步开展，高光谱成像技术也可能适用于检测其他生物物质成分，如唾液、精液和汗液等。截至目前，暂未发现任何物质对指印检测造成假阳性，这表明该装置在区分血液和其他污染物方面具有较高的准确性与良好的应用前景。

第三节　其他血指印检测技术

一、质谱成像

（一）质谱成像原理

质谱分析法（Mass spectrum，MS）是一种通过测算离子荷质比（电荷-质量比）而测量各离子谱峰强度，并以高分辨率识别分子结构及其成分的高效分析方法。质谱法在分析过程中能够提供样品丰富的结构信息，可用于进行元素成分、同位素成分及有机物构造等的分析，具有选择性高、灵敏度高、适用性强的优势，在国防工业、民用工业等社会各领域均发挥着重要作用。

质谱分析法的基本原理大致如下：试样进入质谱仪后，化合物中各组分在质谱仪真空离子源中被离子轰击并发生电离，电离成为分子离子和碎片离子，生成不同荷质比的带正电荷的离子，经加速电场的作用，形成离子束。而后，不同离子束由于质荷比不同而产生不同的运动轨迹，进入质量分析器。在质量分析器中，再利用电场和磁场使离子速发生相反的速度色散，通过电子倍增管检测放大的信号传入显示器，将它们分别聚焦得到一幅完整的质谱图，从而确定其质量。一般质谱图的横坐标为质荷比，纵坐标为离子的强度。离子的绝对强度取决于样品量和仪器的灵敏度；离子的相对强度与样品分子结构有关。同一样品在一定的电离条件下得到的质谱图是相同的，这是质谱图进行有机物定性分析的基础。

当下，司法实践对揭示指印内源性和外源性物质、确定遗留时间等方面提出了更高的要求，而作为一项重要的分析测量技术，质谱分析法在潜指印的化学成像技术领域也逐渐占据一席之地。[1] 受汗潜指印领域成功的科研成果启发，部分研究人员也将质谱分析技术引入血指印检测领域，从而揭示血指印的内源性和外源性物质并实现血指印成像。

（二）质谱成像方法进展

2014 年，Bradshaw 等人[2]采用基质辅助激光解吸电离质谱分析（Matrix – Assisted Laser Desorption Ionisation Mass Spectrometry Profiling，MALDI – MSP）和成像（MALDI – MSI）方法检测指印残留物成分中是否存在血液并进行指印成像。在这种技术中，离子的形成是由于紫外区激光发射的能量转移，该能量转移是由与分析物共结晶的紫外吸收化学物质——基质（Matrix）所介导的。分子的解吸和电离产生大量的单电荷离子，从其质荷比可以很容易地推断出相应分子的分子量。简单来说，这一方法的检测原理主要是基于质谱法对于检测物质成分荷质比的特异性和高灵敏度，通过直接在指印残留物中检测血红素和血红蛋白分子与离子的特定荷质比，并根据所检测到的荷质比的数值来判断遗留的指印残留物中是否存在血液成分。在成像模式下，样品被均匀地涂上基质，然后在固定的激光器下自动移动，该激光器在样品位置的二维光栅上激发，由于该方法允许在单次分析中同时可视化多个离子的精确定位，因此可以通过绘制 x 和 y 位置坐标与特定 m/z 离子丰度的关系以高空间分辨率来创建 2D 图像，从而实现血指印成像。Bradshaw 等人的初步实验表明，该技术能够成功可视化新鲜和陈旧的血痕血迹，且与当前用于增强血指印的其他常见方法兼容，这表明了在实践中使用该技术进行血液确认性分析与可视化血指印的可行性。

2018 年，Lauzon 等人[3]评估了银辅助激光解吸电离（Silver – assisted

---

[1] Hinners, P.; Thomas, M.; Lee, Y. J. Determining fingerprint age with mass spectrometry imaging via ozonolysis of triacylglycerols. Anal. Chem. 2020, 92, 3125 – 3132.

[2] Bradshaw, R.; Bleay, S.; Clench, M.; Francese, S. Direct detection of blood in fingermarks by MALDI MS profiling and imaging. Sci. Justice. 2014, 54, 110 – 117.

[3] Lauzon, N.; Chaurand, P. Detection of exogenous substances in latent fingermarks by silver – assisted LDI imaging MS: perspectives in forensic sciences. Analyst. 2018, 143, 3586 – 3594.

laser desorption ionization，AgLDI）和成像质谱（Imaging mass spectrometry，IMS）检测外源性物质的能力。该方法利用飞行时间质谱仪（Time of flight mass spectrometer，TOF）对残留在非导电基底表面（如纸、纸板、塑料等）上的汗潜指印与血指印进行化学分析。研究表明，银辅助激光解吸电离和成像质谱方法可以从指印残留物中分析出几种化妆品和个人护理产品特定的化学特征，且能够检测和成像含有四氢大麻酚、可卡因和海洛因三种常见非法药物的指印。此外，AgLDI-IMS方法亦可对常规化学试剂处理后的血指印进行高灵敏度成像，如1，2-茚二酮-锌、酰胺黑和白结晶紫等，从而解决多色基底表面痕量血液指印经常出现的对比度问题。

此外，在2019年由Francese[1]所撰写的一篇文章中也详细论述了质谱成像方法在法庭科学领域中的重要作用与巨大潜力，如能够较好地避免假阳性结果的产生、能够提供血指印的图像信息与化学信息等。此外，现有研究指出，在血液中血红素的定性分析和可视化检测方面，MALDI-MSI方法比茚三酮方法具有更高的灵敏度。

二、电化学成像

相较于常用的光学显微镜方法，电化学方法通常在特定物质成像方面具有更高的灵敏度。然而，在指印检测领域，截至目前的电化学成像方法更多适用于汗潜指印的检测，在血指印检测方面的有关研究与文献寥寥无几。

2019年，Tian等人[2]在表面询问（Surface interrogation，SI）模式下，利用扫描电化学显微镜（scanning electrochemical microscopy，SECM）开发了一种在疏水聚（二氟乙烯）薄膜［poly（vinylidene difluoride），PVDF］上检测血指印的策略。该团队创造性地选择［Ru（NH$_3$）$_6$］Cl$_3$作为氧化还

---

[1] Francese, S. Criminal profiling through MALDI MS based technologies – breaking barriers towards border – free forensic science. Aust. J. Forensic Sci. 2019，51，623 – 635.
[2] Li, B.；Beveridge, P.；O'Hare, W. T.；Islam, M. The application of visible wavelength reflectance hyperspectral imaging for the detection and identification of blood stains. Sci. Justice. 2014，54，432 – 438.

原介质参与血指印脊沉积物中电活性高铁血色原（hemichrome，HC）的化学反应。这是以电化学成像方法检测血痕的首例研究报道。

与前文基于血红素催化的技术不同，这一方法以 HC 中 Fe（Ⅱ）和 Fe（Ⅲ）之间的转化为基础，使扫描电化学显微镜所检测的指印脊和沟在电极尖端的电流响应上呈现明显对比。在血液离开人体后一旦与周围环境中的空气接触，将逐渐在氧气作用下自动氧化为完全饱和的氧合血红蛋白（Oxy - hemoglobin，HbO_2）。由于细胞色素 b5 的可用性降低，氧合血红蛋白向蛋氨酸血红蛋白（Met - hemoglobin，met - Hb）的转化将不可逆转。血红蛋白被自动氧化为含有三价铁离子的蛋氨酸血红蛋白后将变性为高铁血色原（hemichrome，HC）。高铁血色原（Fe Ⅲ）是蛋白质结构变化而形成的，这一变化导致蛋白质中的原子与第六个配体上的铁结合，因此可以简便地通过电化学方法进行蛋白质检测。

在反应过程中，[Ru（NH$_3$）$_6$]Cl$_3$溶液作为氧化还原介质含有一种可逆介质（[Ru（NH$_3$）$_6$]$^{3+}$），该介质在实验开始时不参与任何反应。血指印脊纹中的 HC 的铁原子一开始处于正三价氧化态，即 HC（Fe^{3+}），基底保持开路状态。当在尖端上施加合适的电位时，[Ru（NH$_3$）$_6$]$^{3+}$可以被局部还原生成滴定物[Ru（NH$_3$）$_6$]$^{2+}$，[Ru（NH$_3$）$_6$]$^{2+}$穿过针尖 - 基底间隙，与 PVDF 基底上的吸附物 HC（Fe^{3+}）发生化学反应。因此，[Ru（NH$_3$）$_6$]$^{3+}$随着 HC（Fe^{3+}）的消耗而再生。滴定剂[Ru（NH$_3$）$_6$]$^{2+}$与吸附质 HC（Fe^{3+}）之间的反应在尖端提供了一个瞬态的正反馈回路，直到吸附质被完全消耗。相比之下，由于[Ru（NH$_3$）$_6$]$^{3+}$向电极尖端的扩散受到相对较大的绝缘 PVDF 衬底（负反馈）的阻碍，因此尖端电流在接近指标沟区域时减小。在此基础上，尖端电流的正反馈和负反馈之间产生鲜明对比。简单来说，基底的存在扰动了尖端的电化学响应，尖端电流的变化主要是由于受血液污染的脊和无血液污染的沟之间的电化学反应性差异的影响，而这种电流反馈的差异则反映了 PVDF 表面血指印的脊和沟的图像信息，故而能够据此制作出具有高分辨率的血指印电化学图像。

此外，指出商用疏水性聚二氟乙烯薄膜不仅可作为导电基底，亦可作为普通玻璃和多色钞票上的血痕增强材料。同时，该方法可对稀释 1000 倍的血液指印进行无标记成像（label-free imaging），为微量血痕的检测提供了新的解决思路，是一种操作简便、成本低廉、具有高灵敏度和高分辨率的可靠方法。

三、柱状薄膜技术

（一）柱状薄膜技术原理

镀膜技术主要用于制备部分光学元件表面的保护膜。自 20 世纪 30 年代起，随着真空机械泵抽气系统的出现与进一步完善，镀膜技术逐渐从化学溶液镀膜演变为真空镀膜工艺。

早期真空镀膜技术主要依赖于蒸发体的自然散射过程，这种方法存在诸多不足，如结合力较差、工作效率低下以及生成的光泽度不理想。然而，随着技术的进步，现在引入了中频磁控溅射靶技术。该技术利用磁控射靶，在电场的作用下，将膜体的蒸发分子加速并轰击靶材，从而溅射出大量的靶材原子。这些呈中性的靶原子（或分子）随后沉积在基片上，形成所需的薄膜。这一技术的引入，极大地扩展了可加工的膜体品种，解决了过去自然蒸发方法无法处理的材料，如镀钛、镀锆等。

真空镀膜工艺电磁辐射小、对操作人员的危害性较低，是一种较为安全、环保的镀膜技术。目前，根据原料加热方式的不同，真空镀膜工艺的加热方式可大致分为抵抗加热、电子束、高周波诱导、雷射等。蒸镀材料以金属及金属氧化物、氟化物材料为主，包括铝、亚铅、金、银、白金、镍等，除金属外，近年来树脂、玻璃、纸等材料也变为可产生光学特性薄膜的蒸镀材料。在镀膜的颜色方面，真空镀膜法能够在高真空与高温镀钛环境条件下，通过加入不同气体镀出不同的薄膜颜色，如加入 N_2 镀膜颜色为金色，加入 O_2 镀膜颜色为彩色或蓝色。由于在这一过程中所使用的物质是钛和高纯气体，且产物在高温真空环境中生产，因此通常不会生成任何有害物质，镀膜产物安全环保，能够通过各种安全测试。

柱状薄膜（columnar-thin-film，CTF）技术作为真空镀膜技术的一种，其产物是通过加热蒸发容器中的原料，使原料的原子或分子逸出并最终沉积于特定基底表面而形成的固态薄膜。该技术基于指纹的拓扑结构，通过在真空状态及适当压强下用电子束等热源加热原料（一般为精选的纳米材料）并使其蒸发形成离子体，使产生的离子体高速运动，并经由弹道发射至平台上安装的基底表面。当平台围绕通常穿过质心的轴均匀快速旋转时，蒸发的原子或分子在暴露的基底表面凝结并形成沉积层，即沉积（thermal vapor deposition，TVD），最终体现为在指印脊图案上形成由平行纳米柱组成的薄膜。

(二) 柱状薄膜技术的进展

柱状薄膜技术最初于 2011 年由 Lakhtakia 等人[1]引入指印检测领域，旨在获取汗潜指纹的拓扑结构并阐明重叠指纹的沉积顺序。

2015 年 Williams 等人[2]注意到柱状薄膜技术与另外一种名为真空金属沉积（vacuum-metal-deposition，VMD）的显影技术非常相似——这两种技术都需要在真空室中将材料沉积在指印基底上。因此，该团队对这两种技术在汗液和血液指印显影方面的效果进行了对比研究。

研究表明，虽然柱状薄膜技术与真空金属沉积技术存在部分相似之处，但这两种技术之间仍有许多差异点。在显现原理方面，VMD 技术依赖于锌在金上的选择性沉积，产生被锌（或低氧化锌）覆盖的区域与未被类似覆盖的区域的视觉对比；CTF 技术则是基于沉积的柱状薄膜上不同高度的光线反射方式的差异。在薄膜形态方面，CTF 技术沉积的薄膜呈柱状形态，而 VMD 技术的薄膜呈分离的片状。在蒸发原料方面，相较于 VMD 技术，CTF 技术可以采用更多种类的材料进行热蒸汽沉积以达到指印显现与增强

---

[1] Lakhtakia, A.; Shaler, R. C.; Martín-Palma, R. J.; Motyka, M. A.; Pulsifer, D. P. Solid-state acquisition of fingermark topology using dense columnar thin films. J. Forensic Sci. 2011, 56, 612-616; Shaler, R. C.; Lakhtakia, A.; Rogers, J.; Pulsifer, D. P.; Martí N-Palma, R. J. Columnar-thin-film acquisition of fingerprint topology. J. Nanophotonics. 2011, 5, 051509.

[2] Williams, S. F.; Pulsifer, D. P.; Shaler, R. C.; Ramotowski, R. S.; Brazelle, S.; Lakhtakia, A. Comparison of the Columnar-Thin-Film and Vacuum-Metal-Deposition Techniques to Develop Sebaceous Fingermarks on Nonporous Substrates. J. Forensic Sci. 2015, 60, 295-302.

的目的。在适用范围方面，CTF 技术在开发透明三明治袋上的指印和不锈钢上的部分血指印方面具有优越性；VMD 技术在白色购物袋和光滑面的指纹方面具有优越的性能；两种技术在玻璃上显现指印的效果相似，但 CTF 技术具有更高的对比度，同时这两种技术都不适用于黑色垃圾袋上的指印增强。

Williams 团队认为，虽然这两类技术各有优劣，但 CTF 不直接作用于分泌物，不易受分泌物的量或沉积压力的影响；相较之下，VMD 只能在使用金属的情况下使用，因此 CTF 的适用范围更为广泛，能够较好地解决血指印检测中所遇到的一些棘手问题。此外，犯罪现场中少数指印由显在部分和潜在部分组成，这两部分都需要进行增强处理。基于传统的开发思路，这通常需要两种不同的检测技术，分别作用于非血液与血液部分，但两种技术往往相互干扰。

此外，该团队首次通过 CTF 方法可视化非多孔基底上指印的血液和非血液部分。[1] 他们通过研究发现，使用 CTF 和 VMD 技术可以导致不锈钢上非血液指纹的降解，但使用 CTF 技术的降解程度很小，并证实 CTF 方法能够成功增强整个指印的纹线，且在检测效果上优于其他几种基于蛋白质染色的常规检测技术。

除显影性能外，部分学者也对柱状薄膜技术对接触式 DNA 分析的影响进行了研究与论证。2015 年，Plazibat 等人[2]对进行了 CTF 沉积的血液涂片、血液指印与唾液指印以及未进行 CTF 沉积的血液涂片、血液指印与唾液指印进行了 DNA 分析。分析结果表明，未经 CTF 方法处理的唾液指印和血液指印与经 CTF 方法处理后的指印相比，两者残留物成分中的常染色体 STR 质量相同、图谱一致且完整；即使是没有指纹遗留的血液涂片，CTF 沉积也不会对 DNA 分析造成抑制。这一结果表明，CTF 方法处理并不抑制

---

[1] Williams, S. F.; Pulsifer, D. P.; Lakhtakia, A.; Shaler, R. C. Visualization of partial bloody fingerprints on nonporous substrates using columnar thin films. Can. Soc. Forensic Sci. J. 2015, 48, 20–35.

[2] Plazibat, S. L.; Roy, R.; Swiontek, S. E.; Lakhtakia, A. Generation of DNA profiles from fingerprints developed with columnar thin film technique. Forensic Sci. Int. 2015, 257, 453–457.

后续的 DNA 分析，能够保留指印残留物中的 DNA 成分。

无独有偶。Goecker 等人[1]在 2016 年也对经氰基丙烯酸酯发烟、黑色粉末除尘和柱状薄膜技术处理的指印进行了遗传物质破坏性分析。其分析结果表明，相较于未经任何方法处理显影的指印，经上述三种增强技术处理后的指印并未产生明显不同的降解模式，因此不阻碍后续的 DNA 分析。

2020 年，Tiedge 等人[2]的研究也得出了相同的结论。该团队通过对 100 个经 CTF 方法处理的血指印与未经其处理的血指印进行大规模平行测序和 STR 分析，发现 CTF 蒸发物材料的 DNA 分析未受抑制。因此，基于柱状薄膜的指印检测技术可以与法医 DNA 分析一同进行，从而实现对个体的准确鉴定与识别。

四、Zar – Pro 荧光增强条带

Zar – Pro 荧光增强条带（Zar – Pro fluorescent lifting strips，ZP 带）是 Zarate 于 2010 年申请的专利。[3] 该条带由浸渍二氧化钛的白色尼龙转移膜组成。该技术提供了一种简单无毒的方法，旨在解决复杂纹理或多色背景下血液中的脊图案易受视觉干扰的问题。

血浆中的蛋白质由氨基酸组成，部分氨基酸（如苯丙氨酸、酪氨酸和色氨酸）含有内在的荧光团。但通常情况下，在使用替代光源（Alternative light source，ALS）观察血液时，血痕会吸收一部分光线，因此即使存在固有的荧光团，血液本身也并不产生可见荧光。同时，如前文所述，二氧化钛具有表面超亲水性、表面羟基、表面酸碱性与表面电性等特性，对蛋白质等生物分子具有吸附功能，常作为一种化学增强方法用于小颗粒试剂检

---

[1] Goecker, Z. C.; Swiontek, S. E.; Lakhtakia, A.; Roy, R. Comparison of Quantifiler ® Trio and InnoQuant™ human DNA quantification kits for detection of DNA degradation in developed and aged fingerprints. Forensic Sci. Int. 2016, 263, 132 – 138.

[2] Tiedge, T. M.; McAtee, P. D.; McCormick, M. N.; Lakhtakia, A.; Roy, R. Massively parallel sequencing and STR analysis from partial bloody fingerprints enhanced with columnar thin films. Forensic Sci. Int.: Genet. 2020, 49, 102369.

[3] Zarate, J. Llifting And Preserving Bloody Impressions For Law Enforcement U. S. 2010/0040765Al, Feb. 18, 2010.

测指印。基于二氧化钛、氨基酸和蛋白质之间的这种亲和力特性，可以吸附在指印残留物表面，但二氧化钛本身也不属于天然荧光材料，无法通过 ALS 的可视化进行荧光增强。

Morden 和 Zarate[1]认为，提升条的固有荧光可归因于一种被称为金属增强荧光（Metal-enhanced fluorescence）的现象，该现象具体反映为在无须额外添加荧光增强化学品的条件下，具有特殊形貌及构型的表面（如金属薄膜）能够使位于其邻近的荧光分子的荧光信号得到增强。指印残留物成分中的血液和其他蛋白质分泌物含有能够导致分子荧光的荧光团，当这些荧光团被固定在靠近某些金属的地方时，便可被替代光源激发，蛋白质内源性荧光团和金属之间的相互作用会产生高强度的荧光，从而有效增强血指印的脊图案。

Morden 和 Zarate 的研究表明，与蛋白质偶联并被替代光源激发时，提升条具有高灵敏度和良好的荧光性能。在血液稀释试验中，研究表明 Zar-Pro 荧光增强条带的灵敏度在 1/100—1/1000 这个区间内。在保存方面，从这些试验中提取的血印保存了近两年后并未产生明显的变化或降解，其荧光特性仍然可以用于分析。在适用性上，实验指出该方法能够成功检测和增强各种基底表面的血迹血痕，而无须考虑孔隙度、背景颜色和图案等；实验亦证明了基底纹理对增强质量的影响大于孔隙率的影响，因此很少或没有背景纹理的光滑基底表面的增强效果最佳。

在对操作便捷的荧光条带进行全面评估后，Kemme[2]于 2014 年的研究表明，对于血指印检测，Zar-Pro 方法在白、黑瓷砖上产生的结果比匈牙利红和 ALS 可视化血峰吸收方法更可靠、重现性更好。然而，Oliver 等人[3]通过实验证明，ZP 条带能提取经 OPD、匈牙利红、AY7 或 AB 化学

---

[1] Zarate, J.; Morden, C. A fluorogenic method for lifting, enhancing, and preserving bloody impression evidence. J. Forensic Identif. 2011, 61, 260-280.

[2] Kemme, M. Evaluation of Zar-Pro lifting strip fidelity in comparison to other blood fingerprint enhancement methods. Boston University, 2014.

[3] Oliver, S.; Smale, T.; Arthur, I. The use of ortho-Phenylenediamine and Zar-Pro™ strips for the development of bloodmarks on a dark-coloured, non-porous surface. Forensic Sci. Int. 2018, 288, 97-106.

处理后及未经处理的老化90天的血痕，即便经处理和未处理的指印脊细节质量皆较差。因此，在未来可能需要对ZP条带的容量和适用范围进行进一步研究。

综上，近年来血指印检测技术相关研究进展显著，不论是传统化学试剂法还是以新兴材料、新试剂、新设备为代表的新技术均取得长足进步，但部分科学问题和实践困境仍亟待解决。未来该领域的研究前沿或将围绕7个方向寻求突破：（1）研发灵敏度更高、特异性更强的多功能血指印检测材料与技术方法；（2）开展生物相容性有关机制研究，更好地配合法医遗传学的检验工作；（3）与现代分析技术深度融合，以获取更丰富的血指印残留物内源性和外源性物质信息；（4）血指印遗留时间的推断方法；（5）血足迹、血掌印等类似痕迹的检测方法；（6）研发便携、高效、快速的现场血指印检测装备；（7）结合图像处理算法等人工智能技术，进一步提升血痕检测的精度和功能性。[1]

---

［1］ Zhang Z, Peng D, Recent Advances in Enhancement Techniques for Blood Fingerprints, Critical Reviews in Analytical Chemistry, 2023, 53（2）：442-461.

第十一章
指印成分分析基础

第一节　指印成分分析概述

指印成分分析的目的是对指印样品的成分进行分析，通过检测分子结构，对指印中的各类未知物、未知成分进行定性或定量分析，基于不同成分分析技术，可以快速确定目标指印中各种组成成分的化学信息，从而获得指印遗留者的一些相关个人特征。当现场遗留指印不适用于指印图像的人身识别时，如在指印纹线模糊不全、显影过程导致指印受到破坏或者在指纹数据库中无法获得匹配信息的情况下，指印成分分析便可用于提取关于指纹遗留人的附加信息。

依据不同的研究目的与分析结论，指印成分分析可划分为以下几类。

（1）定性分析。定性分析的主要任务是通过物质成分分析的手段得出被测物中主要包括的物质成分，即鉴定物质的组分，明确物质中含有何种元素、离子或官能团。定性分析不检测被测物的组分含量。

（2）定量分析。定量分析以测定物质中各物质成分的含量为主要目标。通常情况下，只有在确定被测物的物质组成之后，才能选择适当的分析方法进行相应的定量分析，得出特定物质成分或元素在化合物中的含量及分配比例。定量分析只能做到无限接近真实情况，但却无法 100% 保证准确。基于分析试样用量和被测成分的不同，定量分析又可分为常量分析、半微量分析、微量分析、超微量分析等。

（3）定性半定量分析。定性半定量分析是采用简略的方法，对未知样品进行快速的、希望得知成分的大致含量的分析方法。定性半定量分析能基本确定被测物的组分，在定量上也有一定的参考值，但其准确性低于定量分析，其优点在于简单、高效、成本较低，通常用于测定成分是否超过或低于某一标准，或是用于划定含量范围以便进一步选择合适的精确定量分析方法。

针对指印残留物中化学成分的检测，可以采取多种分析技术，常见的分析技术主要包括光谱及成像技术、质谱技术、色谱技术、色谱-质谱联用分析技术、免疫分析技术等。随着科技发展的日新月异，指印残留物成分分析的精确度不断提升，具有特异性强、灵敏度高、无损性好等特点，部分方法还具备可视化功能，能够在获取指印化学信息的同时对指印纹线进行成像，从而获得更多来源于遗留指印的个体特征信息，充分发挥现场指印的证据价值。

第二节　指印成分分析的常见方法

一、光谱分析法

光谱分析法是根据物质的光谱来鉴别物质及确定其化学组成和相对含量的方法，是以分子和原子的光谱学为基础建立起来的分析方法。

目前，光谱分析法已经成为最常用的近代仪器分析方法，也是指纹残留物研究的主要分析方法，具有成本较低、灵敏度高、快速准确等显著优势；同时，该方法具有非破坏性，在分析后仍能保持指纹的完整，不影响指纹后续的显现、鉴定等流程，有利于证据的保全和复勘复验。2005年，澳大利亚的Lennard等人[1]使用液晶可调波长滤光镜光谱成像装置进行了指印纹线影像的初步实验研究，是物证鉴定领域广泛研究光谱成像检验技术的开端。

---

[1] Payne G, Reedy B, Lennard C, et al., A further study to investigate the detection and enhancement of latent fingerprints using visible absorption and luminescence chemical imaging, Forensic science international, 2005, 150 (1): 33-51.

相较于质谱分析方法，光谱成像技术不仅可以获取清晰的指印图像，还可以在对指印进行显现的基础上对指印残留物的化学成分进行分析。该技术可以对汗液斑痕中的物质进行定性半定量分析，可以区分汗液斑痕中的外源性和内源性物质，如检测出药品与毒物成分的盐型。

然而，相较于质谱分析法精确的定量能力，光谱分析法在定量分析方面存在一定的缺陷，如对于体液斑痕的检测存在选择性差、灵敏度低等。故而，提高光谱成像技术的灵敏度，充分发挥其确定化学成分的能力，是未来光谱成像技术的发展方向。

目前，光谱分析法主要有原子发射光谱法、原子吸收光谱法、紫外－可见吸收光谱法、红外光谱法等。根据电磁辐射的本质，光谱分析可分为分子光谱和原子光谱。司法实践中，在指印成分分析领域使用的光谱分析法中以拉曼光谱、红外光谱和傅里叶变换红外光谱最为常见。

(一) 拉曼光谱分析法

拉曼光谱 (Raman spectra) 是基于光和材料的相互作用而产生的一种散射光谱。拉曼光谱分析法是基于印度科学家 C. V. 拉曼 (Raman) 所发现的拉曼散射效应，可适用于固体、气体和液体样品的分析。此方法最初于21世纪初引入指印成分检测领域，Day 等人[1]首次使用拉曼光谱进行指纹毒品分析，用于检测潜在指纹中的非法药物及其掺杂物，并成功从咖啡因、阿司匹林、扑热息痛、淀粉和滑石的混合物中，区分出了磷酸可待因、盐酸可卡因、硫酸安非他明、巴比妥和硝西泮5种滥用药物。这是光谱技术第一次用于检测指纹中的毒、药物成分，自此之后光谱成像成为指纹成分分析的研究热点。随后，West 等人[2]将拉曼光谱应用到实际的物证提取环

---

[1] Day J S, Edwards H G M, Dobrowski S A, et al. , The detection of drugs of abuse in fingerprints using Raman spectroscopy Ⅰ: latent fingerprints, Spectrochimica Acta Part A: Molecular and Biomolecular Spectroscopy, 2004, 60 (3): 563 – 568.

[2] West M J, Went M J. The spectroscopic detection of drugs of abuse in fingerprints after development with powders and recovery with adhesive lifters, Spectrochimica Acta Part A: Molecular and Biomolecular Spectroscopy, 2009, 71 (5): 1984 – 1988.

节，对证据袋里的指纹中沾染的可卡因、氯胺酮进行了快速、无损的检测，降低了证据污染的可能性。

拉曼散射是分子对光子的一种非弹性散射效应。当用一定频率的激发光照射分子时，一部分散射光的频率和入射光的频率相等，这种散射是分子对光子的一种弹性散射。只有分子和光子间的碰撞为弹性碰撞，没有能量交换时，才会出现这种散射。该散射称为瑞利散射。还有一部分散射光的频率和激发光的频率不等，这种散射称为拉曼散射。拉曼散射的概率极小，最强的拉曼散射仅占整个散射光的千分之几，而最弱的拉曼散射占整个散射光的比例甚至小于万分之一。拉曼光谱仪中激光光源发出的单色光打到样品上产生的散射光，经过一个过滤瑞利散射的滤片后再经过光栅分光，最后到达检测器被接收。入射光和拉曼散射之间的能量差对应于分子振动、转动的变化，因此可用于对指印残留物中相关物质组分进行定性分析、定量分析以及结构分析。

拉曼光谱可实现指印残留物的无损检验，其提供的信息与红外光谱提供的信息互补。然而，虽然拉曼光谱能够区分指纹中的不同物质，但其对某些物质的检测灵敏度并不高，尤其在存在荧光干扰的情况下；其数据处理方法较为复杂，易受荧光背景干扰，并且灵敏度不如质谱联用技术高，因此造成其发展较为缓慢。但是，随着纳米技术的发展，表面增强拉曼光谱克服了拉曼光谱灵敏度的问题，同时，便携式手持拉曼仪的发明亦为现场检测提供了极大的便利。

(二) 红外光谱分析法

红外光谱是分子能选择性吸收某些波长的红外线，而引起分子中振动能级和转动能级的跃迁，检测红外线被吸收的情况可得到物质的红外吸收光谱，又称分子振动光谱或振转光谱。其原理是利用红外光谱法对有机物进行定性和定量的检测，通过红外线光谱仪发出红外线光线，再将光线照射到待检测物体的表面，有机物因其吸收特性会吸收红外光，从而产生红外光谱图。

Williams 等人[1]最先使用显微镜红外光谱分析法,以 10μm 的空间分辨率,将指纹上单颗油脂液滴可视化,获得了可重复的内源性指纹残留物光谱图。Grant 等人[2]也证实了该方法可以从潜在指纹中的接触混合物中识别出不同的成分。

红外光谱对样品的适用性相当广泛,固态、液态或气态样品都能应用,无机、有机、高分子化合物都可检测。在定性分析和定量分析中都发挥着一定的作用。此外,红外光谱还具有测试迅速、操作方便、重复性好、灵敏度高、试样用量少、仪器结构简单等特点,其能提供有关化学成分的官能团信息,实现对指纹的快速、无损成像,空间分辨率适中,因此,其已经成为现代结构化学和分析化学最常用和最不可缺少的工具。但此方法也面临着化学特异性不强的问题。

(三)傅里叶变换红外光谱分析法

傅里叶变换红外光谱分析(Fourier Transform Infrared spectroscopy,FTIR)法的原理是通过测量干涉图和对干涉图进行傅里叶变化的方法来测定红外光谱。红外光谱的强度 h(δ)与形成该光的两束相干光的光程差 δ 之间有傅里叶变换的函数关系。该技术可对指纹样品进行原位成像,配备的焦平面阵列检测器可同时测量样品中不同位置的红外光谱,从而能够对相对较大的样品区域进行快速分析。用衰减全反射组件可直接检测样品表面。

Ricci 等人[3]首次将胶带提取指纹法与 ATR – FTIR 光谱成像相结合,使用 3 种不同的 ATR 组件成功区分了指纹中不同粒径的布洛芬和扑热息痛

---

[1] Williams D K, Schwartz R L, Bartick E G. Analysis of latent fingerprint deposits by infrared microspectroscopy, Applied Spectroscopy, 2004, 58 (3): 313 – 316.

[2] Grant A, Wilkinson T J, Holman D R, et al., Identification of recently handled materials by analysis of latent human fingerprints using infrared spectromicroscopy, Applied Spectroscopy, 2005, 59 (9): 1182 – 1187.

[3] Ricci C, Chan K L A, Kazarian S G. Fourier transform infared spectroscopic imaging for the identification of concealed drug residue particles and fingerprints//Optics and Photonics for Counterterrorism and Crime Fighting II, SPIE, 2006, 6402: 169 – 177.

混合物，报告了 3 种不同 ATR 组件的 ATR-FTIR 成像灵敏度。Mou 等人[1]使用 FTIR 鉴定了指印残留物中外源性的爆炸物，包括三硝基甲苯（TNT）、硝酸铵（AN）和三硝基甲苯（TNB），可以快速地通过光谱数据和数据库比对来进行现场遗留指印是否含有爆炸物的快速筛查。通过 ATR-FTIR 成像，能够根据指纹区域的化学成分不同分离叠加的潜在指纹，并且不损害检测指纹脊间存在的痕迹证据。

FTIR 具有高检测灵敏度、高测量精度、高分辨率、测量速度快、散光低以及波段宽等特点，且对样品不会造成破坏，操作相对便捷，在法庭科学领域的应用越来越广泛。随着计算机技术的不断进步，FTIR 也在不断发展。该方法现已广泛应用于有机化学、金属有机、无机化学、催化、石油化工、材料科学、生物、医药和环境等领域。

二、色谱分析法

色谱分析法又称色层法或层析法，是一种物理化学分析方法，它利用不同溶质与固定相和流动相之间的作用力（分配、吸附、离子交换等）之间的差别，当两相做相对移动时，各溶质在两相间进行多次平衡，使各溶质达到相互分离。在色谱法中，静止不动的一相称为固定相（Stationary phase），固定相一般为固体或液体；运动的一相称为流动相（Mobile phase），流动相一般为气体或液体。在色谱中，常用固定相有石膏、氧化铝、蔗糖、淀粉等，常用流动相有水、苯等各种有机溶剂。

色谱的种类很多，大致可分为柱色谱、纸色谱、薄层色谱、气相色谱、液相色谱、超临界流体色谱等。柱色谱即为向玻璃管中填入固定相，以流动相溶剂浸润后在上方倒入待分离的溶液，再滴加流动相，因为待分离物质对固定相的吸附力不同，吸附力大的固着不动或移动缓慢，吸附力小的被流动相溶剂洗下来随流动相向下流动，从而实现分离。纸色谱则是以滤

---

[1] Mou Y, Rabalais J W. Detection and identification of explosive particles in fingerprints using attenuated total reflection - Fourier transform infrared spectromicroscopy, Journal of forensic sciences, 2009, 54（4）: 846-850.

纸条为固定相，在纸条上点上待分离的混合溶液的样点，将纸条下端浸入流动相溶剂中悬挂，溶剂因为毛细作用沿滤纸条上升，从而将样点中的溶质分离。薄层色谱是在玻璃板上先涂以固定相涂层，然后点样，下端浸入溶剂，同样自下而上分离。薄层色谱常常用于探索柱色谱实验条件、溶剂和固定相的选择等。

色谱法的应用十分广泛，根据其使用的目的可以分为制备性色谱和分析性色谱两大类。在近几十年来，色谱作为一种强大的分离技术与 MS 等检测手段的联用得到了极大的发展，GC – MS、HPLC – MS 等在兴奋剂检测、食品安全分析等方面应用广泛，是最为成熟的分析方法。

（一）气相色谱法

气相色谱法是利用气体作流动相的色层分离分析方法。汽化的试样被载气（流动相）带入色谱柱中，柱中的固定相与试样中各组分分子的作用力不同，各组分从色谱柱中的流出时间不同，组分彼此分离。采用适当的鉴别和记录系统，制作标出各组分流出色谱柱的时间和浓度的色谱图。根据图中表明的出峰时间和顺序，可对化合物进行定性分析；根据峰的高低和面积大小，可对化合物进行定量分析。气相色谱法具有效能高、灵敏度高、选择性强、分析速度快、应用广泛、操作简便等特点，适用于易挥发有机化合物的定性、定量分析。对非挥发性的液体和固体物质，可通过高温裂解、汽化后进行分析。气相色谱法可与红外吸收光谱法或质谱法配合使用，以气相色谱法作为分离复杂样品的手段，以达到较高的准确度，是司法鉴定中检测有机化合物的重要分析手段。

气相色谱法的种类有很多，根据不同的依据可以分为不同的种类。首先，根据所用的固定相不同，可以将气相色谱法分为用固体吸附剂作固定相的气固色谱和用涂有固定液的单体作固定相的气液色谱。其次，根据色谱分离原理不同，可以将气相色谱法分为吸附色谱和分配色谱。在这两种气相色谱中，对于气固色谱来说，固定相为吸附剂，且气固色谱属于吸附色谱，而气液色谱属于分配色谱。再次，根据色谱操作形式的不同来划分，则气相色谱属于柱色谱。最后，根据所使用的色谱柱的粗细不同，可以将气相色谱法分为一般填充柱和毛细管柱两大类。

只要在气相色谱仪允许的条件下可以气化但又不分解的物质，都可以使用气相色谱法测定。对于部分热不稳定物质，或者说难以气化的物质，通过化学衍生化的方法，仍然可以使用气相色谱法进行分析。气相色谱法可应用于定性分析和定量分析。

气相色谱法具有分离效率高、分析速度快、样品用量少、检测灵敏度高、选择性好以及应用范围广等优点。虽然气相色谱法主要用于分析各种气体和易挥发的有机物质，但在一定条件下，也可以分析高沸点物质和固体样品。

但是，气相色谱法也存在一定的缺点。在对组分直接进行定性分析时，必须用已知物或已知数据与相应的色谱峰进行对比，或者与其他方法如质谱、光谱等联用，才能获得直接肯定的结果。在定量分析时，常常需要用已知物纯样品对检测后输出的信号进行校正。

（二）液相色谱法

液相色谱法的原理是基于混合物中各组分对两相亲和力的差别。液相色谱法根据不同的依据可以分为不同的种类。基于固定相和流动相的物理状态以及它们之间的相互作用机制不同，可以将液相色谱分为液固色谱、液液色谱和键合相色谱；依据固定相的形式的不同，可以将液相色谱法分为柱色谱法、纸色谱法以及薄层色谱法；按照吸附力的不同，液相色谱法可以被分为吸附色谱、分配色谱、离子交换色谱和凝胶渗透色谱。近年来，出现了高效液相色谱法也称高压液相色谱法，此方法即是在液相柱色谱系统的基础上加上高压液流系统，使流动相在高压下快速流动，以提高分离的效果。

三、质谱分析法

质谱成像技术通过将指印检材直接推进离子源，利用特定的技术使样本表面的分子或离子解吸离子化，离子化后的分子或离子被引入质量分析器进行质量分离和测定，获得样本表面各像素点离子的质荷比（m/z）和离子强度，借助质谱成像软件在各像素点的质谱数据中搜寻任意指定质荷比离子的质谱峰，结合其对应离子的信号强度和其在样本表面的位置，绘制出对应分子或离子在样本表面的二维分布图，从而对指印成分进行分析。也可直接对指印中的化学成分进行分析，得出质谱图进行定性分析。

质谱成像技术在2007年前后被用于指印中的化学成分分析。质谱技术可以测量分子的分子量，由此更具有空间特异性，可以提供物质关于内源性（如游离脂肪酸、胆固醇酯和角鲨烯）和外源性指纹物质的信息，有助于识别已知或未知的分子。质谱技术一般包括样品准备、离子化、分子的质量分析及图像重构四个步骤。

质谱成像技术作为一种接近无损的检验方法，可以直接从生物组织切片表面获得多种蛋白质或小分子代谢物的空间分布信息，且具有较高的空间分辨率。由于其可以对多个指印成分进行直接分析，分析速度快，单次分析样本数量多，质谱数据库的准确度高，被普遍应用于指印中化学物质的检测。利用质谱成像技术对指印成分进行分析，不仅可以得到物质的组成，还能获得物质的空间分布信息。随着科技的发展，质谱成像技术发展迅猛，除了提供指纹中特定化学成分的空间分布信息外，还能够对待测物进行定量，可选择范围较广，但是该方法在使用时对仪器参数的优化有一定要求。

（一）激光解吸离子化质谱

激光解吸离子化质谱（LDI－MS）是一种新型的质谱分析技术。用激光照射喷涂在固体签底上的样品，激光所提供的能量使样品气化并电离，由此产生的方法被称为激光解吸离子化质谱。电离以低能密度操作时比较适用于分子分析，而以高能密度操作时比较适用于元素分析。此方法也存在一些缺点，如分析物可能与增强粉末或基质形成结晶，从而给分析造成困难。LDI－MS现今在分析领域的主要应用有表面辅助激光解吸附/离子化质谱成像法（SALDI－MS）和基质辅助激光解吸附/离子化质谱法（MA-LDI－MS）。

(二) 解吸电喷雾电离质谱成像

美国普渡大学COORS团队[1]于2004年开发了解吸电喷雾电离质谱成像（DESI‐MSI），DESI‐MSI无须对样品进行预处理就可直接对表面复杂基体样品进行质谱分析，并且相对无损，样品只有受到电离影响的微小部分被破坏。作为一种非破坏性技术，DESI‐MSI可应用于从小分子到蛋白质的广泛质量范围，被有效应用于指印化学成分检测分析。但是，该技术中所使用的基质可能影响电离和液滴形成的效率，且部分样品如果不进行预处理，分析物沉积的表面状态可能导致灵敏度较差。

解吸电喷雾电离法（DESI）是指通过检测指印中内生性和外源性物质的分子粒子特征来成像。该技术利用电喷雾发射器将带有电荷的微滴溶剂喷雾喷射在指印表面，喷雾将待测物解吸到气相中并将其电离，从表面释放的离子在大气压下通过氮气传输一段距离，待溶剂挥发后到达质谱仪进行质谱分析。DESI‐MS成像通过绘制指纹表面的化学物质的分布，提供了对外源性和内源性成分的分析。

DESI‐MSI不仅可以有效检测出多种包括硬脂酸、棕榈酸、角鲨烯、十七烷酸和肉豆蔻酸在内的皮肤上自然存在的化学物质，还可以实现对可卡因、大麻醇和爆炸性TNT等物质的检测，并实现重叠指纹的区分，得到指纹提供者的性别、种族和年龄（在10年内）等信息。同时，DESI‐MSI还可用于检测滥用药物及其代谢产物，甚至可以利用其在指纹上的空间分布不同来区分摄入药物和接触污染，即使在洗手后，其差异也可在质谱成像中明显观察到。

(三) 飞行时间二次离子质谱

近年来，飞行时间二次离子质谱（Time of flight secondary ion mass spectrometry，TOF‐SIMS）逐步被应用于指印化学成分的分析中。

---

[1] Takats Z, Wiseman J M, Gologan B, et al., Mass spectrometry sampling under ambient conditions with desorption electrospray ionization, Science, 2004, 306 (5695): 471‐473.

该技术利用被聚焦的高能初级离子束（1 – 40 keV）轰击样品表面，使带正、负电荷的原子、原子团、分子和分子碎片等二次离子从样品表面溅射，不同质荷比的离子由于飞行速度不同导致二次离子分离，随后得以生成质谱图像，且其信号强度受离子在分析表面的浓度、离子溅射率、基质效应和波束条件的影响。该技术具有较高的灵敏度，并且具有精细聚焦的初级离子束，拥有几十纳米量级的高横向分辨率，即 TOF – SIMS 可在宽质量范围内以高灵敏度、高质量精度、横向分辨率同时检测和识别极少量的未知物质。此外，TOF – SIMS 还可以识别沉积的顺序。

四、免疫分析法

免疫分析法是利用抗原抗体特异性结合反应检测特定物质的分析方法。2007 年，Leggett 等人[1]首次将免疫分析技术应用于指纹学领域。Leggett 等人利用的蛋白质 A 包裹的纳米金颗粒与荧光染料染色的二级抗体检测汗潜指印中的代谢物成分，不仅可从指印中的化学物质信息推测遗留者的个人信息，还获得了具有高清晰度的指印图像。由此，免疫分析法逐步广泛应用于指印成分分析等领域。

免疫分析的基础是抗体和抗原的特异性结合，其中，抗原可以是任何具有特异性结合免疫反应成分的物质，且由于抗原结合位点形成独特的三维结构，抗体对单个抗原具有高度特异性。免疫标记法通常将指印化学成分中的物质作为抗原，让其与具有特异性的抗体颗粒和荧光染料进行免疫反应，从而实现对指印成分的检测和分析。

免疫分析法具有快速、灵敏等特点，但样品预处理较为复杂，且由于指印中可用于免疫分析的蛋白质含量较少，主要应用于指纹中毒品成分、违禁药物成分、氨基酸成分等的检测。利用特异性抗体颗粒进行毒品检测，能够获得化学荧光图像，可直观判定毒品及其代谢物，无须昂贵仪器。特

---

[1] Leggett R, Lee – Smith E E, Jickells S M, et al., "Intelligent" fingerprinting: simultaneous identification of drug metabolites and individuals by using antibody – functionalized nanoparticles, Angewandte Chemie International Edition, 2007, 46 (22): 4100 – 4103.

异性抗体颗粒与磁性粉的结合使用也使后续的显现处理成为可能。但该方法在定量分析方面存在一定缺陷，并且针对不同待测物需要制备不同的抗体，难以用于已知物质定量与未知物质筛查。免疫分析法克服了灵敏度和选择性的问题，但样品前的处理较为复杂。

第十二章
指印内源性物质成分分析

第一节 基于脂质的内源性成分检测

一、基于光谱分析的脂质检测方法

2008 年，Hemmila 研究组[1]采用傅里叶变换红外反射光谱（FTIR），探索了遗留指印的红外光谱随遗留者年龄的线性变化。该研究采集了 4—68 岁共 78 个人的指纹，经使用 FT-IR 光谱仪分别记录其在 24 小时、48 小时内的光谱图像后，将整个光谱集合排列后导入 The Unscrambler 的单个 Excel 矩阵中，并对所有样本和所有波长的整个集合进行主成分分析（Principal Component Analysis，PCA）。在此基础上，该团队构建了 155 个指纹红外光谱对人的年龄的偏最小二乘回归分析（Partial least squares，PLS1），得出了以年龄作为光谱函数的线性模型。

法庭科学和皮肤病学文献证实，年轻人指印中的脂肪酸主要为游离脂肪酸，老年人指印中的脂肪酸主要为醇酯化的长链脂肪酸，因此根据游离长链脂肪酸以及酯的成分比例，能够进行指印遗留者的年龄估计。基于脂肪族基团的 C-H 在红外光谱的 $2800-3000 cm^{-1}$ 吸收特性，可根据该区域光谱信息来辨别 4 个不同的年龄段。对整个人群的年龄与红外光谱的 PLS1 回归分析显示，成分的组合随年龄线性变化，个体的实际年龄与预测年龄之间有很强的相关性（92%），通过使用 8 个主成分，校正的均方根误差

---

[1] Hemmila A, McGill J, Ritter D. Fourier transform infrared reflectance spectra of latent fingerprints: a biometric gauge for the age of an individual. Journal of Forensic Sciences, 2008, 53 (2): 369-376.

（RMSEC）为 3.6 年。据此，Hemmila 研究组成功将实验人群划分为 4—5 岁、11—14 岁、18—26 岁和 29—70 岁 4 个年龄段，其中，在 25 岁左右的年龄范围内，绘制的样本中出现了可辨别的拐点。同时，Hemmila 建议可以用更精确的统计数据进一步构建老年人和年轻人的独立线性回归模型。

2010 年，Antoine 等人[1]采用 FTIR 检测了儿童和成人潜在指印中特定化学成分（如皮脂、汗液）随遗留时间的变化以及这些变化如何影响遗留指印预测个体年龄的能力。此外，该研究还测试了温度的变化对影响潜在指印残留物组分的影响。分级聚类算法（Hierarchical Cluster Analysis，HCA）显示，根据皮脂成分的差异，可区分沉积后 4 周内的儿童和成人指印。对脂质和羰基酯区域进行的 HCA 表明，成人和儿童的皮脂和皮肤之间存在显著差异，尤其是在脂质和羰基酯光谱区域。例如，儿童指印皮脂中 CH_3 基团的比例增加，但在成人指印皮脂中保持不变；儿童短跑胆固醇浓度高于成人。由于短链或高度支化的脂质分子中 CH_3 基团的比例更高，而长链或直链脂质在脂质光谱区具有更高比例的 CH_2 基团，因此该结果在一定程度上也反映了长短链脂质分子随时间的改变而改变。

通常情况下，成人的脂质含量高于儿童，但归因于游离脂肪酸的挥发性，随着时间的推移，两者的脂质含量都有所下降。与此同时，成人与儿童的脂肪族 CH_3、脂肪族 CH_2 和羰基酯组成随着时间的推移发生了不同的变化，这与儿童指纹中较高的胆固醇和胆固醇酯以及成人指纹中较高的蜡酯和甘油酯相一致。由于在老化的指纹中没有观察到胆固醇，且其分子结构具有较低的 CH_3/脂质比率，Antoine 等人认为随着时间的推移，儿童指纹中 CH_3 分数的增加可能是由于胆固醇随着时间的推移而消失。相反，成年人的指纹中胆固醇含量很少，这与 CH_3 分数随时间推移保持不变是一致的。因此，在指印遗留时间已知的情况下，根据儿童和成人的指纹中脂质组成随时间的变化不同，可以用于估计个人年龄。然而，研究表明指印残留物中

---

[1] Antoine K M, Mortazavi S, Miller A D, et al., Chemical differences are observed in children's versus adults' latent fingerprints as a function of time, Journal of Forensic Sciences, 2010, 55 (2): 513–518.

脂质物质的含量呈现较大的个体差异，因此如何建立具有普适性的年龄区分模型仍待进一步研究。

二、基于质谱、色谱分析的脂质检测方法

（一）气相色谱质谱联用技术

众所周知，脂质组成在同一个体的指纹之间（组内变异）和不同个体的指纹之间（组间变异）存在差异，但这种变异的程度仍未确定。为此，2014 年，Girod 等人[1]使用气相色谱质谱联用技术（GC/MS）对 25 个不同个体指印残余物的初始脂质组成进行定性和定量研究。在检测到的 104 种脂质中，有 43 种在该研究文献中首次报道。棕榈酸和角鲨烯在所有指纹中的含量都较高，其次含量高的是胆固醇、肉豆蔻酸十四烷醇酯和棕榈油酸肉豆蔻醇酯。Girod 等人最后选择了 10 种化合物进行进一步研究，以评判其在年龄估计等方面的参考价值。

研究结果表明，组内变异的相对标准差显著低于组间变异。使用数据预处理可以显著减少这种可变性。在此基础上，Girod 等人提出了一个客观的个体分类模型。研究中，Girod 等人观察到高胆固醇血症和痤疮会影响患者的脂质含量。该团队对预处理数据进行分级聚类分析，将 25 例个体的指纹分为两大类，分别对应"出油量少"和"出油量多"脂质个体，这两个脂质个体又可再细分为 4 个小组，即"出油量极少"、"出油量较少"、"出油量较多"和"出油量极多"。该团队使用选定的个体的指印为样本，通过重复试验以证明这种分类的科学性与稳定性。重复试验结果显示，这些样本中有 86% 被正确分类，这说明这种个体分类模型在相关研究方面的潜力。

（二）解吸电喷雾电离质谱成像

2017 年，Zhou 等人[2]将解吸电喷雾电离质谱成像 DESI－MSI 应用于

---

[1] Girod A, Weyermann C. Lipid composition of fingermark residue and donor classification using GC/MS, Forensic Science International, 2014, 238: 68－82.

[2] Zhou Z. Machine Learning Assisted Biomedical Diagnosis and Chemical Optimizations, Stanford University, 2019.

潜在指印，从指纹中同时获取图像数据和化学信息，并采用一种名为梯度决策树算法（Gradient boosting tree，GDBT）的机器学习模型对样本进行分析。质谱和机器学习的耦合为潜在指印的分析提供了极大优势。机器学习方法挖掘了质谱法提供的大量化学信息，同时 GDBT 模型能够通过寻找决策树中使加权杂质减少最大化的特征来选择分析的对象。此外，通过对机器学习模型的特征选择和串联质谱分析，能够确定个体间不同的特定分子。

Zhou 等人在训练集基础上训练了一个判别模型，并在交叉验证集上对超参数进行优化。结果证实，该方法有望实现不同性别、种族和 10 年内年龄的区分，来自 194 个样本的结果显示准确率分别为 89.2%、82.4% 和 84.3%。这表明使用 GDBT 分析进行指纹的 DESI - MSI 成像可能为相关法庭科学提供极大的帮助。

（三）MALDI - 线性离子阱 - 轨道阱质谱仪

甘油三脂（Triacylglycerols，TGs）又称甘油三酯、三酰甘油，是一种有机化合物，由 1 个甘油主链、3 个不同长度的脂肪酸链和双键组成。甘油三脂由食物脂肪与肝脏合成，是人类皮肤油脂的主要成分，也是潜在指纹残留物中的主要成分。

2020 年，O'Neill 等人[1]基于基质辅助激光解吸电离（MALDI）- 线性离子阱（linear ion trap，LIT）- 轨道阱质谱仪技术测定甘油三酯，并使用在线统计软件 MetaboAnalyst 进行分层聚类分析。由于甘油三酯与许多健康状况有关，O'Neill 等人认为潜在指纹中的甘油三酯图谱，如脂肪酰基链的相对饱和水平，能够识别个体的健康信息、反映个体代谢疾病，特别是与糖尿病等具有较高的关联性。

O'Neill 等人进行了一项小规模的概念验证研究来检验这一假设。实验提供的数据显示，不同人群完全饱和的 TGs 与具有一个或多个双键的 TGs 在相对量上存在较大差异。潜在指纹中 TG 的相对丰度可能会受到生活方式

---

[1] O'Neill K C. Innovations in latent fingerprint analysis for forensic applications with matrix assisted laser desorption/ionization mass spectrometry imaging，Iowa State University，2020.

选择（如饮食和锻炼）或健康状况（如糖尿病）的影响。虽然目前的小规模研究在糖尿病方面没有定论，即等级聚类分析方法不能区分糖尿病和非糖尿病参与者，但完全饱和甘油三酯相对丰度的升高与糖尿病部分相关，特别是对于 2 型糖尿病参与者而言。此外，在饮食习惯方面，与没有饮食限制的人相比，素食者的饱和甘油三酯水平相对较高，且高于平均水平。在锻炼习惯方面，与完全不锻炼的男性相比，非常活跃的男性参与者的饱和甘油三酯水平较低；然而，锻炼对女性参与者的甘油三酯水平没有太大的影响。由于缺乏统计能力，这项研究的结果只是初步的，但它表明甘油三酯的潜在特征与健康信息、饮食和锻炼有关。

总的来说，这项研究证明甘油三酯谱与生活方式或健康状况之间可能存在潜在的相关性，能够用于区分素食人群和常规饮食人群，在 2 型糖尿病患者判断方面也具有一定的作用，在法庭科学领域确定未知嫌疑人个体特征、缩小嫌疑人范围以及医学诊断领域中具有一定的发展潜力。

第二节　基于氨基酸的内源性成分检测

一、质谱、色谱分析方法

（一）气相色谱质谱联用技术

早在 1997 年，Asano 等人[1]基于气相色谱/质谱联用技术（GC‐MS）研究了指印残留物化学成分的存在及其差异是否可以用于判断遗留者的个人特征，如年龄、性别和个人习惯等。研究中，样品确定的化学成分包括脂肪酸、长链脂肪酸酯、胆固醇和角鲨烯。该团队还计算了 10 种选定组分相对于角鲨烯的面积比，用于一个小型初步实验，该实验显示了其中 3 种组分的轻微性别差异。研究指出，女性指纹中氨基酸总量约为男性中的两倍。

---

[1] Buchanan M V, Asano K, Bohanon A. Chemical characterization of fingerprints from adults and children//Forensic evidence analysis and crime scene investigation, SPIE, 1997, 2941: 89‐95.

2020 年，Helmond 等人[1]选择了高效液相色谱 – 串联质谱（UPLC – MS/MS）方法来测定指纹残留物中组氨酸、丝氨酸、苏氨酸、丙氨酸、脯氨酸、蛋氨酸和缬氨酸的对映体比例。通过对多达 6 个月的指纹样本进行分析，发现只有 D – 丝氨酸的相对比例随着指纹年龄的增长而显著变化。随后，通过计算 D – 氨基酸的百分比来评估指纹的年龄，即通过将 D – 对映体的峰面积除以 D – 和 L – 对映体的总峰面积，然后乘以 100% 来得出结果。最后，研究得出结论，D – 丝氨酸的相对比例变化可以作为指纹年龄估算的一个有前景的指标，为犯罪现场指纹的年龄鉴定提供了新的研究方向。

（二）液相色谱质谱联用技术

由于氨基酸是官能度相对较高的小分子，无论其是否衍生化，气相色谱质谱联用方法中使用的固定相在对氨基酸的亲和力方面都可能存在问题。因此，2014 年，Puit 等人[2]报道了一种使用芴基甲氧基碳酰氯（Fluorenyl-methyloxycarbonyl，FMOC）衍生化方法进行液相色谱分离和质谱检测联用（LC – MS）的指印残留物中氨基酸的分析方法，探索了使用液相色谱质谱联用方法分析氨基酸衍生物的可能性。液相色谱质谱联用方法比 GC – MS 更适合保留极性更强的分子，同时芴基甲氧基羰基衍生化方法可用作氨基酸上胺的保护基团，由于氨基酸极性的增加，该方法能够促进氨基酸的分离。

Puit 等人通过 LCMS 方法分析了可在指纹中检测到的 19 种天然氨基酸。结果表明，该方法能够获得 20 个个体的完整氨基酸谱，且在对目标化合物校准曲线、检测限和定量限方面皆获得了良好的结果。实验结果显示，氨基酸组成的变化主要体现于组氨酸、赖氨酸和鸟氨酸，提取的氨基酸通过 FMOC – Cl 进行衍生化，这是一种常用的氨基酸衍生化方法，可以提高氨基酸在色谱中的稳定性和检测灵敏度。衍生氨基酸的分析表明，指印残留

---

[1] Van Helmond W, Weening M, Vleer V, et al., Analysis of amino acid enantiomers from aged fingerprints, Analytical Methods, 2020, 12 (15): 2052 – 2057.
[2] De Puit M, Ismail M, Xu X. LCMS analysis of fingerprints, the amino acid profile of 20 donors, Journal of Forensic Sciences, 2014, 59 (2): 364 – 370.

物中最丰富的氨基酸是丝氨酸，在检查每个志愿者的氨基酸的总分布时，可以观察到部分氨基酸含量体现出个体差异。例如，部分氨基酸在一些志愿者中未被检测到，或者落在校准曲线的范围之外，而其他志愿者在沉积分析中则显示出惊人的高物质含量。男性和女性志愿者潜在指印残留物中的氨基酸组成基本相同，但氨基酸浓度存在一定差异，女性志愿者的氨基酸谱显示出相当不同的组成，特别是谷氨酸水平相对于丝氨酸超过100%。但由于志愿者数量较少，因此该结论还需进一步研究证实。

2019年，Helmond等人[1]分析了463名志愿者捐赠的1852枚指印的化学成分。志愿者年龄从18—63岁不等，中位数年龄为26岁。在靶向代谢组学方法中，Helmond等人使用LC-MS分析了926个指印（463个天然指印和463个外分泌指印）的氨基酸谱，使用GC-MS定量了其他926个指印（463个天然指印和463个外分泌指印）中的脂肪酸、角鲨烯和胆固醇含量，并基于此建立了指印化学图谱数据库，以比较从不同类型指印中获得的氨基酸和脂质谱。

在研究过程中，Helmond等人发现在指印残留物具有很大的个体差异与内部差异，总氨基酸水平的范围可从低于100纳克到10克。其中，在天然指印中，总脂质含量的变化范围从100纳克到100克；在皮脂指印中，脂质的变化范围从大约1克到超过100克。同时，1-苯丙氨酸、1-（异）-亮氨酸和棕榈油酸在男性和女性志愿者之间存在显著差异。此外，研究发现使用大麻的志愿者指印中的1-丙氨酸水平存在明显差异，而消耗大量酒精（大于15单位）的志愿者指印中的1-脯氨酸水平存在明显差异。然而，指印组成中单独的氨基酸和脂质化合物不足以成功判别志愿者的个人特征信息。随后，Helmond等人基于全扫描MS数据，构建了指印类型、性别和吸烟习惯的分类模型。该模型可以准确区分指纹类型，其中LC-MS和GC-MS的准确率分别为95.3%和86.8%；基于天然指印的LC-MS分析预测性别的准确度中等，为77.9%；基于自然指印和外分泌指印预测日常吸烟

---

[1] Van Helmond W, Van Herwijnen A W, Van Riemsdijk J J H, et al., Chemical profiling of fingerprints using mass spectrometry, Forensic Chemistry, 2019, 16: 100183.

习惯的准确率较高，分别为 90.4% 和 90.2%，在该模型中，对应于尼古丁和可替宁的 m/z 值是最重要的预测因子。该结果为从指印残留物的化学成分中检索志愿者信息的进一步研究提供了参考思路。

（三）基质辅助激光解吸电离质谱

2012 年，Ferguson 等人[1]指出基质辅助激光解吸电离质谱（MALDI-MS）可以从潜在指印中直接检测和成像多种内源性和外源性化合物，从而提供用于嫌疑人识别的指印图像信息和用于提供额外线索的化学信息。Ferguson 等人从 80 名志愿者（40 名女性和 40 名男性）收集的指纹中获得 MALDI-MS 图谱，并使用偏最小二乘判别分析（PLS-DA）的多元数据分析方法对来自该研究的光谱数据进行分类。

最小二乘判别分析算法非常适合预测二元分类问题，从而分析整个光谱以获得特征性的鉴别特征。研究表明，基于该技术对指印残留物成分中肽和蛋白质组成的质谱图谱检测以及光谱的多元建模，在给定足够大且有代表性的训练数据集的情况下，可以提取关于志愿者性别的信息，并自动校正背景信号或与分类问题无关的数据变化。基于不同赋值标准，模型能够以 67.5%—85% 的预测准确度确定指印遗留者的性别。同时，对于指印残留物组分的化学分析有望额外提供诸如营养习惯、药物使用或激素状态等特征的信息。所训练的模型可以对样品制备方法进行微调，如果信噪比和分辨率低于预定值，可以通过使用可替代的质谱仪进行自动光谱剔除来研究和改善光谱重现性。此外，对于实践工作中种族、年龄、疾病、药物、饮食等大范围多种类的变量，Ferguson 等人建议增加志愿者的数量以保证数据模型的适用性与准确性。

---

[1] Ferguson L S, Wulfert F, Wolstenholme R, et al., Direct detection of peptides and small proteins in fingermarks and determination of sex by MALDI mass spectrometry profiling, Analyst, 2012, 137 (20): 4686-4692.

2019 年，Gorka 团队[1]通过基质辅助激光解吸/电离与质谱和成像相结合的方法，用于探索指印分泌物残留物成分随时间的组内变异和组间变异情况。这项研究分为在 1 个志愿者和 3 种类型的分泌物的残留物上建立的内变量研究，以及在 4 个个体和自然指纹上建立的间变量研究。

为研究指纹分子组成的内变异和间变异，该研究基于 MALDI–MSI 方法与化学计量学工具的组合，分以下两步进行：首先，针对同一志愿者进行组内变异研究，目的是研究分泌物残余物组成在短时间内是否一致，以及是否可以区分不同类型的分泌物，如汗液、皮脂等；其次，针对 4 名志愿者进行一项组间变异研究，以确定是否可能根据其分泌残留物的组成差异来区分不同个体。

内变量研究证实了小汗腺分泌物、富含皮脂的分泌物和其他天然分泌物三种类型的分泌物之间的分子组成存在差异，并且富含皮脂的分泌物和天然分泌物之间的组成存在部分重叠。间变量研究则证实了其通过各自的分泌物残基组成来区分 4 个不同志愿者方面的可能性。这两项初步研究对法庭科学界具有一定的参考价值，即指印残留物成分可能在一定程度上反映个体之间差异，从而区分不同的指印遗留者，若能进一步确定指印残留物组成的长期稳定性，便意味着指印证据可以带来除脊图案和触摸 DNA 之外的新的鉴别元素。最后，这项研究还表明，MALDI–MSI 技术在分析指印分泌物、残留物的组成方面具有极大优势，该技术简便高效，不仅允许同时检测多种化合物，且具有良好的灵敏度和高分辨率。未来，Gorka 团队可能将该研究的遗留时间变量进一步延长，并增加志愿者的数量。

（四）水凝胶与超高效液相色谱–质谱

利用气质或液质进行测量氨基酸的方法对于提升案发现场残缺、模糊等低质量指纹的证据价值具有重要意义，但其对指纹形态的不可逆损害仍

---

[1] Gorka M, Augsburger M, Thomas A, et al., Molecular composition of fingermarks: Assessment of the intra– and inter–variability in a small group of donors using MALDI–MSI, Forensic Chemistry, 2019, 12: 99–106.

是一大局限。为此，2018 年，Helmond[1]使用葡聚糖－甲基丙烯酸酯的可交联溶液来形成能够从表面收集氨基酸的水凝胶，然后用超高效液相色谱－质谱（UPLC－MS）进行提取和定量。

实验选择葡聚糖－甲基丙烯酸酯作为亲水性聚合物，因为其可以通过光引发的自由基聚合交联形成水凝胶。实验证明，交联水凝胶可用于从玻璃表面上的指纹和氨基酸溶液中收集氨基酸沉积物，其选择性吸收的特性为指印的进一步研究留下了足够的材料。该方法允许对指纹进行氨基酸谱分析，从用溶剂提取并完全溶解用于 UPLC－MS 分析的指纹中检测到 17 种氨基酸，同时允许在后续使用标准的氰基丙烯酸酯化方法来进行指纹的可视化。此外，由于从指纹中收集 DNA 越来越适用于法医案件，我们研究了使用水凝胶方法从指纹中收集 DNA，与使用传统的棉签收集方法相比，该方法有的收集率可达 20%—60%。这些结果表明水凝胶在指印证据中的氨基酸收集方面具有一定潜力。

二、其他方法

（一）茚三酮方法结合优化提取方案

基于指印残留物成分中的氨基酸含量可以用来区分男性和女性指印这一发现，2016 年，Brunelle 等人[2]提出了一种传统茚三酮法的改进方法（见图 12－1），这种使用茚三酮的独特新方法与一种优化的提取方案相结合，在实现犯罪现场指印显现的同时从指印中获取遗留者的性别信息。该茚三酮分析方法的主要配方包括 pH 值为 5.5 的 0.1 M 柠檬酸盐缓冲液、含有 52.53%（v/v）茚三酮溶解的 DMSO 以及 10.53%（v/v）的甘油。

---

[1] Van Helmond W, Kuijpers C J, Van Diejen E, et al., Amino acid profiling from fingerprints, a novel methodology using UPLC－MS, Analytical Methods, 2017, 9 (38): 5697－5702.

[2] Brunelle E, Huynh C, Le A M, et al., New horizons for ninhydrin: Colorimetric determination of gender from fingerprints, Analytical chemistry, 2016, 88 (4): 2413－2420.

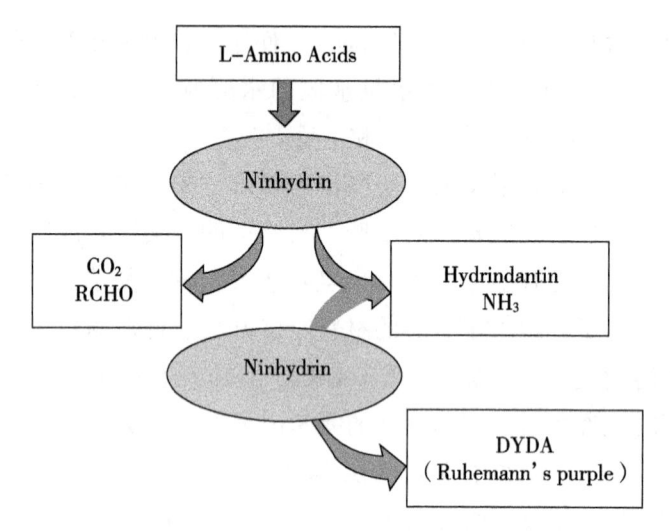

```
          L-Amino Acids
               │
               ▼
           Ninhydrin
          ↙         ↘
      CO₂         Hydrindantin
      RCHO          NH₃
               │
           Ninhydrin
                   ↘
                    DYDA
                (Ruhemann's purple)
```

（其中，L‐Amino Acids—L‐氨基酸；ninhydrin—茚三酮；CO$_2$—二氧化碳；RCHO—醛类；hydrindantin—还原茚三酮；NH$_3$—氨气；DYDA—鲁赫曼紫）

图 12–1　含茚三酮的化学测定法用于指纹鉴别性别

茚三酮与指印残留物系统中存在的氨基酸相互作用发生化学反应，并最终产生蓝紫色（鲁赫曼紫），这一反应可以通过肉眼观察或分光光度计测量。鲁赫曼紫色的产生速率和强度与样品中存在的总氨基酸浓度成比例。该团队通过统计方法创建和分析了 50 个模拟指纹样本，获得接收者操作特征曲线/曲线下面积（Receiver operating characteristic/Area under the ROC curve，ROC/AUC）统计结果（见图 12–2），证明使用该方法可以确定指纹创建者的性别；结论是通过模型有 94% 的机会确定指纹创建者的正确性别。

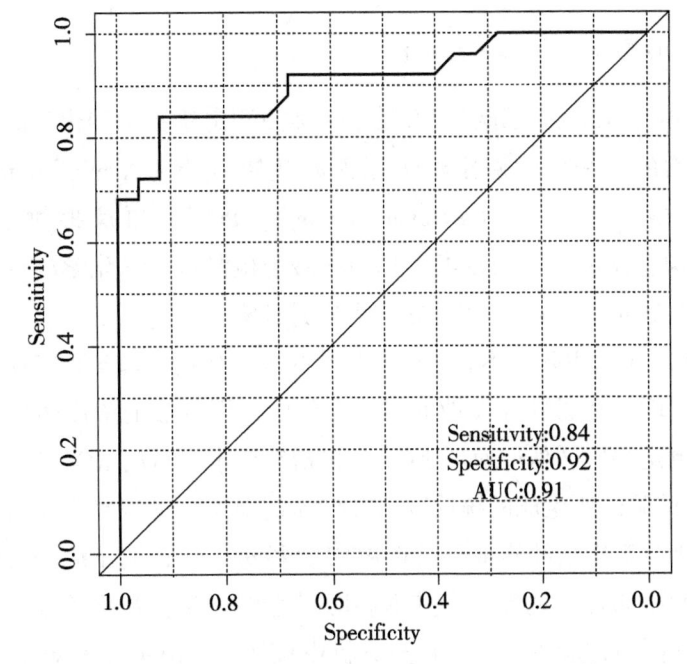

(其中，Sensitivity—灵敏度；Specificity—特异性)

图 12-2　统计结果模型比例

　　同时，该团队优化了传统分析方法中的成分提取方案，他们收集了分别来自 5 名男性和 5 名女性志愿者的真实指印样品，从中提取氨基酸，随后使指印沉积于便携式聚乙烯薄膜表面，并将其置于酸性条件下。而后，该团队在 1.5ml 离心管中加热聚乙烯膜，将氨基酸与脂质成分分离。这一样品的分析结果进一步证明了生物测定法基于吸收强度的显著差异区分男性和女性指纹样品的能力。研究表明，传统化学分析方法根据指纹中的氨基酸含量正确识别性别的准确度为 91%。

　　实验证实优化的提取方案和基于茚三酮的新方法具有较广的适用性，对于不同遗留时间的指印样本皆能产生一致的结果，且基于茚三酮的化学分析方法具有可靠性和良好的可重复性。

（二）酶测定法和化学测定法

2017年，Brunelle团队[1]开发了一种酶测定法和一种化学测定法用于多种分析物的分析。酶测定法采用丙氨酸转氨酶（Alanine transaminase，ALT）、丙酮酸氧化酶（Pyruvate oxidase，POx）和辣根过氧化物酶（Horseradish peroxidase，HRP），以丙氨酸为检测对象。化学测定法称为坂口试验（Sakaguchi test），以精氨酸为检测对象。

Brunelle团队主张，不管单个氨基酸的浓度如何，都与指印遗留者的生物性别相关联。在男性和女性的指纹含量中，丙氨酸的浓度明显高于精氨酸。在酶测定法中，他们使用50个模拟指纹样本进行的ROC分析和ALT/POx/HRP试验，所生成的统计数据有82%的概率能够正确判断指印遗留者的性别。来自真实指纹样本数据的ROC分析进一步证明了酶分析区分真实男性和女性指印样本的能力，其准确度高达99.8%。在化学分析方法——经过优化的阪口试验中，他们首先分析模拟样本，ROC分析确定该测试区分女性指纹和男性指纹准确率高达100%。在此基础上进行真实样本分析，ROC分析再次确定该分析在识别指印遗留者的生物性别方面具有100%的准确度。在ALT/POx/HRP试验中，测试基底表面的男性指印未能产生明显的信号。这是因为，分析物在表面转移和萃取过程中发生了损失和稀释，这一点仅从其与女性指印之间的差异就可见一斑。

总的来说，实验表明这两种分析方法都能够在不考虑各自平均浓度的情况下区分男性和女性指纹。例如，指印中丙氨酸浓度位列第五，精氨酸浓度最低，但即便这样，相较于ALT/POx/HRP试验与坂口试验，在与男性和女性指印精氨酸的反应中都呈现出一定差异，能够从中识别生物性别。尽管实验中ALT/POx/HRP级联反应的效果可能不如坂口试验，但酶测定法对较高浓度的氨基酸更为有效，而化学测定法更适用于检测较低浓度的氨基酸。

---

[1] Brunelle E, Huynh C, Alin E, et al., Fingerprint analysis: moving toward multiattribute determination via individual markers, Analytical chemistry, 2018, 90 (1): 980 - 987.

第三节 基于遗传物质的内源性成分检测

1997 年，Van Oorschot 等人[1]证明了指印残留物能够为 DNA 图谱的生成提供足够的 DNA 信息。DNA 分析技术的进步提升了从个体指印证据中获取部分 DNA 图谱的能力，来自指尖并转移到物体表面的汗液、油脂和脱落的皮肤细胞皆可被收集并用于进行 DNA 分析。

然而，目前已知的提取或分析 DNA 的传统方法有可能造成指印样本的纹线损坏，而指印的可视化处理也可能影响随后的 DNA 证据回收与分析。司法实践中，由于通常难以同时获取现场指印证据的图像信息和遗传物质信息两种证据类型，因此，需要对所利用的证据类型进行优先级选择，从而最大限度地发挥指印的证据价值。

一、基于有核细胞的分析方法

通常情况下，潜在指印常常由于残留物中存在的 DNA 的可回收量太低而无法用于 DNA 分析。为此，2018 年，Dam 团队[2]提出一种原位分析指纹中可用有核细胞的方法，该方法靶向这些细胞中的特定 DNA 序列，无须事先进行 DNA 取样和提取，能够用以揭示潜在的额外供体信息。

Dam 团队的研究重点在于可用的有核细胞和 DNA 上的目标特定序列。他们通过荧光原位杂交（Fluorescent In Situ Hybridization，FISH）方法，使用 DNA 探针靶向特定的 DNA 序列，并使用荧光显微镜作为染色体的研究鉴定工具，快速定位 X 和 Y 染色体上的特定序列，以确定指印供体的性别。在以往的法医学相关研究中，FISH 已被用于男性和女性口腔上皮细胞的鉴别。在 Dam 等人的研究中，主要研究了 4 组不同的指印，具体包括新鲜指纹、遗留时间为 20—30 天的指纹、被唾液污染的新鲜指纹以及采用粉末除

---

[1] Van Oorschot R A H, Jones M K. DNA fingerprints from fingerprints, Nature, 1997, 387 (6635): 767.
[2] Van Dam A, Van Weert A, Falkena K, et al., Sex determination from fingermarks using fluorescent in situ hybridization, Analytical Methods, 2018, 10 (12): 1413 – 1419.

尘和明胶提升剂进行可视化处理的指纹残留物。

这项研究中证明了可以通过荧光原位杂交方法从指印残留物中获得供体的额外生物特征信息，并根据指印沉积物中男性或女性细胞的存在确定指印供体的性别。Dam 团队使用不同的荧光探针来区分雄性和雌性细胞，这些荧光探针分别靶向存在于 X 和 Y 决定染色体上的特定序列。这些化学成分可能提供关于指印供体身份的线索，从而缩小嫌疑人的范围。此外，粉末刷显法和使用明胶提升剂的指印增强方法不会对荧光原位杂交造成影响。

二、基于蛋白质组基因分型的分析方法

2019 年，Borja 等人[1]发现可以从指印残留物中获得一种新的遗传信息物质，该物质既能够用于分析指印乳突纹线，也能够用于分析触摸 DNA，从而实现多途径的人身识别。他们使用蛋白质组基因分型检测单个氨基酸多态性（Single nucleotide polymorphisms，SNPs），以推断相应的非同义突变（Non-synonymous）的 SNPs 基因型。

指纹是有限生物证据的常见样本来源，也是鉴定 DNA 的物质来源之一。来自指纹的遗传变异肽包含单个氨基酸多态性，像 DNA 基因型一样，SNPs 基因型也可以用于估计随机匹配概率（Random match probabilities，RMP），是鉴定遗传信息的另一种思路。Borja 等人的项目旨在发现、表征和验证指纹蛋白质组中可能出现的遗传变异肽（Genetically variant peptides，GVP），特别是表皮角质细胞中的蛋白质。为了发现这些可以用于个人遗传物质识别的肽标志物，他们搜集了来自 9 名受试者的指印，指印残留物中的表皮角质细胞被分离、加工、用胰蛋白酶消化并应用于质谱分析。产生的蛋白质组和匹配外显子组数据集用于发现、表征和验证 60 种遗传变异肽。

结果表明，从每个受试者中平均检测到 28.8±4.4 个遗传变异肽，导致总共 264 个 SNP 等位基因推断，其中 260 个为真，4 个为假阳性，假发现率

---

[1] Borja T, Karim N, Goecker Z, et al. , Proteomic genotyping of fingermark donors with genetically variant peptides, Forensic Science International: Genetics, 2019, 42: 21-30.

为 1.5%。随机匹配概率是使用 1000 基因组计划中匹配主要人群的基因型频率来估计的,估计值最高为 $1/1.7\times10^8$,中位概率为 $1/2.4\times10^6$。此外,鉴于最近的 STR 基因座距离最近的 GVP 推断的 SNP 为 2.2 Mb,因此蛋白质组学推断的基因型可能与基于 STR 的随机匹配概率相一致。这项研究证明,指印残留物中的蛋白质可以作为遗传信息的载体,通过检测单氨基酸多态性(SAPs)来推断相应的 SNP 等位基因型。并且该研究提出的蛋白质基因分型方法可以补充现有的人类识别方法,包括分析脊纹模式或接触 DNA。

第四节 基于人体代谢物及其他物质的内源性成分检测

代谢过程与人体的健康状态密切相关,对指印残留物中人体代谢物等成分的分析,不仅可以获取特殊人群的毒品、药品使用情况,亦有可能通过人体的健康状态获得指印供体的相关信息。

一、蛋白质检测

角质层是表皮的最外层,由通过皮肤更新所需的连续脱屑过程定期清除的死细胞组成。在这个过程中,细胞在大约 30 天内从基底层向表皮迁移。在脱屑过程中表达不同的蛋白质,然后在角质层和底物接触时将其转移到指印残留物中。研究表明,人类汗液中存在 400 种蛋白质和多肽,这些蛋白质和多肽代表了指纹残留物中最丰富的一组来自分泌物的化合物。然而,到目前为止,只有少数蛋白质在这些残留物中被实际鉴定出来。2009 年,Drapel 等人[1]基于十二烷基硫酸钠聚丙烯酰胺凝胶电泳方法(Sodium - Dodecyl - Sulfate PolyAcrylamide Gel Electrophoresis,SDS - PAGE)分析潜在的指纹残留物。

这项工作的重点是通过免疫学方法检测小汗液和混合指纹残留物中的

---

[1] Drapel V, Becue A, Champod C, et al., Identification of promising antigenic components in latent fingermark residues, Forensic Science International, 2009, 184 (1 - 3): 47 - 53.

潜在抗原化合物。通过 SDS－PAGE 分析潜在的指纹残留物后进行银染（Silver staining），可以检测出不同的蛋白质，结果呈现出两个主要的条带，对应于 56 和 64kDa 分子量的蛋白质，以及一些其他较低分子量的较弱条带。为了鉴定这些蛋白质的具体种类，基于免疫印迹试验（Western blot，又称蛋白质印迹法）测试了指纹残基上 3 种针对人类蛋白质的抗体——抗角蛋白 1 和 10（Anti－keratin 1 and 10，K1/10）、抗组织蛋白酶 D（Anti－cathepsin－D，Cat. D）以及抗菌蛋白（Anti－dermcidin，Derm.）。蛋白质分析还表明，指纹小汗腺残基中的蛋白质含量约为 133 毫克，混合残基中的蛋白质含量约为 384 毫克。其中，混合指印残留物通过手指在脸上摩擦获得，不仅含有皮脂，还含有蛋白质。

Drapel 等人通过 SDS－PAGE 的蛋白质分析和随后的免疫检测鉴定了两种蛋白质的类型。实验结果显示，两个主要带被鉴定为与角蛋白 1 和 10，这两者都参与皮肤的脱屑过程，即 K1/10 和 Cat. D 抗原存在于脱落复层上皮的角质层中，另外两个条带中也检测到组织蛋白酶 D 的前体形式和活性形式。

由于聚偏二氟乙烯膜（PVDF）通常用于斑点印迹与蛋白质印迹免疫反应，因此，Drapel 等人基于小汗腺或留在 PVDF 膜上的混合残留物制成的实际指印进行抗体测试。所有三种抗体均成功检测到潜在指印，但显现效果较弱，脊细节清晰度较差，这一结果可能是由于指纹残留物在纸张内的部分扩散。

后续还有研究者尝试用 FTIR 成像、激光拉曼光谱、MALDI－MS 等方法也观察到蛋白质的存在，但没有对其进行鉴定或量化。由于样品浓度低（指印残留物的蛋白质含量非常低）和背景干扰高，分析难度大，因此迄今为止，尚未对指印残留物中的蛋白质进行更详尽的研究。

二、微生物检测

当指印遗留在客体表面时，来自遗留者皮肤的细菌也会因接触而沉积于表面。普遍认为，皮肤微生物组在个体之间存在明显的多样性与差异性，因此细菌群落在一定程度上反映了供体的信息，这一菌群特征被称为"细菌谱"（Bacterial profiling）。

2019 年，Phan 等人[1]探索了指印细菌谱在提供相关遗留者个体特征方面的作用。实验共收集了 45 名参与者分别以惯用手与非惯用手遗留在扑克牌表面的指印，通过擦拭卡片提取细菌群落并通过 16S rRNA 基因测序进行分析。该研究旨在确定是否有特定的细菌种类可用作推断指印供体个人特征或生活方式方面的生物标志物，如性别、年龄、种族、惯用手、所在地、饮食等，以及从单次接触中获得的微生物组样本是否足以支持此类分析的进行。

结果表明，细菌谱与性别、种族、饮食类型和洗手液使用之间存在相关性。其中，细菌谱若缺乏乳球菌，说明供体很可能具有中国饮食习惯，而异球菌的缺乏则表明指印供体可能是女性、亚洲种族或曾使用洗手液。然而，预测模型对大多数测试特征的准确度较低，研究结果表明利用菌群无法确定取样地点和参与者之间的联系。在这项研究中，参与者在采样前没有被要求洗手，所以一些被检测的细菌很可能来自外部菌群而非固有的手部微生物群，因此可能存在一定的偏差。此外，由于样本数量较少，相关因素变量较多，因此每个被考察的因素中各组的细分不均匀，难以较好地控制变量。

总之，Phan 等人的预测模型的测试结果表明，基于细菌谱进行性别估计的准确性最高，而对其他特征的预测成功率较低。这项研究证明了供体手上某些细菌种类的存在与潜在个人特征之间的相关性，如有可能从细菌谱中推断指印供体的性别和种族。这说明微生物组可能有助于分析嫌疑人的人身特点，为侦查调查提供相关线索，从而在未来的刑事调查中发挥重要作用。此外，Phan 等人也建议在进一步研究中以更大规模的样本量来证实这一结论，同时研究指印检测的理化方法是否会对细菌谱的获取造成影响。

---

[1] Phan K, Barash M, Spindler X, et al., Retrieving forensic information about the donor through bacterial profiling, International journal of legal medicine, 2020, 134: 21-29.

第十三章
指印外源性物质成分分析

第一节 基于药品与毒物毒品的外源性成分检测

一、光谱分析方法

2004年，Day等人[1]首次将拉曼光谱引入指纹毒品、药物成分分析领域，用于检测潜在指纹外源物质。该团队首先研究了拉曼光谱技术在检测潜在指纹中非法药物及其掺杂物方面的效果。他们对富含汗液和皮脂的指印图谱中5种滥用药物（磷酸可待因、盐酸可卡因、硫酸安非他明、巴比妥和硝西泮）和5种外观相似的非管制物质进行了研究，这些物质可用于掺杂滥用药物（咖啡因、阿司匹林、扑热息痛、淀粉和滑石粉）。该团队的研究仅考虑由于手的外部污染而导致滥用药物沉积在指纹中的情况。

结果表明，使用拉曼光谱可以清楚地区分所研究的物质，并在潜在指印中成功检测到所有物质。Day等人从咖啡因、阿司匹林、扑热息痛、淀粉和滑石的混合物中，区分出了磷酸可待因、盐酸可卡因、硫酸安非他明、巴比妥和硝西泮5种滥用药物。从富含汗液的潜在指纹中的物质获得的拉曼光谱与从正常取样条件下的物质获得的光谱具有相似的质量，而从富含皮脂的指印物质获得的光谱中存在干扰拉曼带，但这些谱带不会妨碍物质的识别，并且可以通过光谱减法成功地去除。

---

[1] Day J S, Edwards H G M, Dobrowski S A, et al.. The detection of drugs of abuse in fingerprints using Raman spectroscopy Ⅰ: latent fingerprints, Spectrochimica Acta Part A: Molecular and Biomolecular Spectroscopy, 2004, 60 (3): 563–568.

然而，该方法也具有一定的缺陷。检测过程中的主要难点在于视觉上定位潜在指印残留物，以便获得拉曼光谱。同时，拉曼光谱技术也存在易受干扰的固有缺点，如荧光干扰、药物成分干扰，或者在缴获的样品中遇到的各种各样的掺杂物/杂质的干扰，这些干扰有可能模糊拉曼光谱。针对这一固有缺陷，可通过光漂白等方式来减少某些物质光谱中的荧光背景干扰，即在获得光谱之前延长样品暴露于激光束的时间，或者通过使用激发波长在 UV 或 IR 区域的拉曼光谱仪来减少。掺杂物的拉曼光谱也可能叠加在滥用药物的拉曼光谱上，从而妨碍识别。如果掺杂物已知，这些干扰峰可以通过光谱减法去除。

同年，该团队[1]还以相似的实验设计研究了拉曼光谱技术在氰基丙烯酸酯烟熏指印中外源性物质检测的应用。实验结果显示，从氰基丙烯酸酯烟化指印中的掺杂剂颗粒获得的光谱与从正常取样条件下的物质获得的"参考"光谱具有相似的质量，从氰基丙烯酸酯烟化指纹获得的光谱具有比参考光谱更高的荧光背景水平，并且还包含归因于氰基丙烯酸酯聚合物的干扰拉曼谱带。这些因素都不妨碍使用光谱来识别氰基丙烯酸酯烟化指纹中的掺杂剂。氰基丙烯酸酯聚合物光谱也可以从聚合物覆盖的物质的光谱中减去，以降低光谱的背景干扰。

二、质谱、色谱分析方法

（一） 多孔硅质谱成像 – 解吸电离质谱成像

2015 年，áDella Vedova 等人[2]在指纹上使用多孔硅质谱成像上的解吸电离（Desorption ionisation on porous silicon mass spectrometry imaging，DIOS – MSI）来检测汗液指印中存在的外源性和内源性分子的分布。

áDella Vedova 等人使用 DIOS 底物用于从置于表面功能化 pSi 膜上的指

---

[1] Day J S, Edwards H G M, Dobrowski S A, et al., The detection of drugs of abuse in fingerprints using Raman spectroscopy Ⅱ: cyanoacrylate – fumed fingerprints, Spectrochimica Acta Part A: Molecular and Biomolecular Spectroscopy, 2004, 60 (8 – 9): 1725 – 1730.

[2] áDella Vedova C. Mass spectrometry imaging of fingerprint sweat on nanostructured silicon, Chemical Communications, 2015, 51 (28): 6088 – 6091.

纹中直接检测脂类、药物及其代谢物。他们使用激光诱导解离（Laser induced dissociation，LID）和碰撞诱导解离（Collision induced dissociation，CID）的 MS/MS 技术进行成分分析和指印的高分辨率成像。与现有利用质谱成像技术检测指纹中的化合物不同，这一新方法允许指纹直接沉积在功能化的 DIOS 基质上，也可以存储起来供将来分析，而质谱成像技术则需要复杂的样品制备流程，如需要粉末除尘和基质应用。同时，该新技术还排除了假阳性结果的可能，因为指纹对每个供体都是特定的。此外，该方法允许非侵入性采样，有可能使汗液取代血液作为测试液，用于检测相关成分中的药物、美沙酮依从性或其他毒物成分。

简言之，DIOS-MSI 技术可同时检测多种药物及其代谢物，有利于从生物流体中检测外源性和内源性药物的分子。同时，DIOS-MSI 可实现高分辨率的指印成像，允许根据指纹的 MSI 进行人身认定，提供了一种个人识别的手段，为分析指印供体身份提供进一步的线索与证据。

（二）基质辅助激光解吸电离质谱

2015 年，Groeneveld 等人[1]研究了基质辅助激光解吸电离质谱（MALDI-MS）对大范围滥用药物及其指纹代谢物的检测和成像能力；还分别探讨了在预先用氰基丙烯酸酯发烟或真空金属沉积显影条件下，这些药物的混合物在指印中的检测和质谱成像效果。

该团队从 5 种不同类别的药物（苯丙胺、生物碱、阿片类药物、大麻素和特制药物）中选择了 17 种化合物（母体药物和代谢物，包括甲基苯丙胺和 4-甲基苯丙胺异构体），并首次对基质辅助激光解吸电离（MALDI）图谱和成像方案进行了研究和优化，用于检测、确认和绘制指纹图谱中的大量药物及其代谢物，以及确定检测限（Limits of detection，LOD）与灵敏度。而后，为了验证在预开发含药物的未分离指纹图谱后检索和绘制药

---

[1] Groeneveld G, De Puit M, Bleay S, et al., Detection and map** of illicit drugs and their metabolites in fingermarks by MALDI MS and compatibility with forensic techniques, Scientific reports, 2015, 5（1）：11716.

物及其代谢物的可能性，该团队进一步探索 MALDI 与目前使用的增强技术的兼容性，特别是与氰基丙烯酸酯发烟（Cyanoacrylate Fuming，CAF）和真空金属沉积（Vacuum Metal Deposition，VMD）的兼容性，对指纹图谱进行了不同类型的 CAF–MALDI、VMD–MALDI 和 CAF–VMD–MALDI 工作流程，其中 MALDI 用于分析质谱（MS 和 MS/MS）模式和质谱成像（MSI）模式。

研究结果指出，指印的前期化学处理通常对 MALDI 的离子信号和指印内相应纹线的 2D 成像的能力有一定影响。其中，VMD 与 MALDI 的相容性比 CAF 好得多，VMD 显影后的离子信号等于甚至强于之前未显影的离子信号。在 CAF–MALDI 工作流程中，总体结果表明尽管在多数情况下药物信号强度较大程度减弱，但仍可提供关于这些物种存在的信息。所有药物和代谢物离子信号都通过后成像 MS/MS 实验进行了确认，其信号强度通常足以提供脊细节的图像。这一发现表明了 MALDI 技术的多功能性及其通过检测所研究的化合物或通过使用它们的离子信号重建指纹脊细节的 2D 图像的能力，该方法对潜在指纹中的非法药物和代谢物进行检测和成像，有利于为刑事调查和法庭诉讼提供有关线索与证据。

由于聚合物钞票的各类安全防伪特征和有色或纹理区域会改变传统指印增强技术的有效性，因此在显现或检测聚合物材料上的指印残留物成分方面可能存在一定的难题。基于此，2018 年，Scotcher 等人[1]使用基质辅助激光解吸电离质谱分析和成像来分析沉积在聚合物钞票上的指纹，该方法能够从一系列场景沉积的指纹中获得物理和化学信息。

该团队设计了一组实验来评估 MALDI–MSP 和 MSI 方法在检测沉积于聚合物钞票上的可卡因方面的有效性。他们从不同的提取区域、耗尽系列、遗留时间以及常见的指印增强技术等一系列场景中提取沉积的指印，获取其图像和化学信息，并对这些指纹中重要的分子靶标——可卡因进行了分析研究。

在耗尽系列测试中，该团队选择第 1、第 3、第 5 和第 8 次沉积指印进

---

[1] Scotcher K, Bradshaw R. The analysis of latent fingermarks on polymer banknotes using MALDI–MS, Scientific reports, 2018, 8（1）：8765.

行 MALDI - MSI 分析，通过归一化所有图像并将它们设置为相同的对比度和强度，显示了在整个耗尽系列中离子种类的强度没有降低。此外，选择具有最大纹线细节、最佳对比度和强度的分子图像表明，从每个缺失中可恢复的指纹纹线细节的总体质量是一致的，皆为 2 级细节。在稀释实验中，可卡因的系列稀释液直接沉积在聚合物钞票表面，然后通过 MALDI - MS 和 MS/MS 分析。

MALDI - MSP 分析结果表明，当指纹残留物中存在可卡因时，其检测限为 100ng/ml，证实该方法的灵敏度足以用于检测和识别沉积在聚合物钞票上的指印药物残留。

(三) 飞行时间二次离子质谱

2017 年，Cai 等人[1]将氧化石墨烯增强的飞行时间二次离子质谱（TOF - SIMS）用于指纹分析。

在 Cai 等人的报告中，氧化石墨烯（GO）增强的 TOF - SIMS 用于检测和成像相对高质量的分子，如指印残留物中的毒药、生物碱（大于 600Da）、受控药物以及抗生素（大于 700Da）。该方法采用氧化石墨烯为基质，显著提高了脂质和肽的二次离子产率，从而能更好地识别和定位相对高分子量的化合物，并且保持了 SIMS 成像的高分辨率，甚至能在 SIMS 指纹图像上清楚地观察到汗孔的分布。

(四) 纸喷雾电离质谱

纸喷雾电离质谱（Paper spray mass spectrometry, PS - MS）结合了敞开式离子源和电喷雾离子化技术的特点，以纸作为载体，在电压的驱动下，溶剂可带动样品向纸尖端迁移，并在尖端产生连续的喷雾流，这种雾化形成的气态离子最终进入质谱进行分析检测。作为一种新兴技术，纸喷雾电离质谱方法成本低廉，对于血液中许多药物的分析具有较高的灵敏度。

---

[1] Cai L S, Xia M C, Wang Z Y, Zhao Y B, Li Z P, Zhang S C, Zhang X R. Anal. Chem., 2017, 89 (16): 8372 - 8376.

2017年，Costa等人[1]首次利用PS-MS方法进行指印样本内的毒品分析。由于专门为干润血斑分析设计的商业PS-MS检测系统使用的基质太小（尺寸通常为8 mm²），无法有效地对潜在指印进行采样，因此该团队对PS-MS技术进行改进，通过使用168 mm²面积的三角形作为采样基质，基于指印样本进行可卡因的快速筛查试验。而后，他们将所改进的方法应用于从吸毒者和非吸毒者收集的指印样本，以评估其功效。最后，他们测试了该方法与指印脊线细节显现方法的兼容性，评估了这种方法在司法实践中的可行性。

结果表明，Costa等人改进的PS-MS方法适用于可卡因、苯甲酸丁香酚酯（benzoylegonine，BZE）和芽子碱甲酯（Ecgonine methyl ester，EME）等常见毒品的检测，该方法应用于总共239个指纹样本，基于单个指纹产生的准确率和假阳性率。其中，在成功分析的159个指纹样本中，有157个样本被证实存在可卡因、BZE或EME中的至少一种分析物，表明该方法具有98.7%的准确率；在另一份样本量为80的实验中，假阳性概率为2.5%。同时，可卡因、BZE和EME的检测限分别为1ng/ml、2ng/ml和31ng/ml，相对标准偏差小于33%，没有观察到基质效应，这表明PS-MS方法在毒品检测方面具有较好的灵敏度，可用于指纹中物质的粗略定量与定性分析。此外，研究还指出这一检测方法具有操作简单、快速便捷（4分钟/样品）的优势，无须额外进行样品制备，且不受前期硝酸银方法显现处理的影响，能够保留指印的形态信息，不损害指印的证据价值。

三、免疫分析方法

（一）抗体-磁性颗粒偶联物

2008年，Hazarika等人[2]首次通过将磁粉的特性与抗体识别的特性相

---

[1] Costa C, Webb R, Palitsin V, et al. Rapid, secure drug testing using fingerprint development and paper spray mass spectrometry, Clinical chemistry, 2017, 63 (11): 1745-1752.
[2] Hazarika P, Jickells S M, Wolff K, et al. Imaging of latent fingerprints through the detection of drugs and metabolites, Angew Chem Int Ed, 2008, 47 (52): 10167-10170.

结合，形成抗体-磁性颗粒偶联物，用于检测潜在指纹中的药物和药物代谢物。

该团队制作的抗体-磁性颗粒偶联物原理可概括为，将初级抗体与蛋白A/G包被的磁性颗粒结合。蛋白A/G是一种重组融合蛋白，结合了蛋白A和蛋白G的IgG结合域。这种结合优化了抗体F（ab'）2结合区的方向，便于抗原识别。

研究结果表明，这些偶联物具有吸附力，通过改变与磁性颗粒结合的抗体，能够使其与指纹中的特定药物或药物代谢物结合，因此该方法不仅可以提供药物使用的证据，而且还能通过磁性颗粒粉末进行指印成像。通过使用明视场显微镜或荧光显微镜成像的抗体-磁性颗粒偶联物，可以提供指纹图案的高清晰度荧光图像以及所使用药物的相关化学信息。经实验，从吸毒者的潜在指印中检测出各种药物及药物代谢物，包括大麻的主要精神活性成分四氢大麻酚（$\triangle^9$-tetrahydrocannabinol，THC），合成阿片类药物美沙酮（Methadone）及其主要代谢物2-亚乙基-1，5-二甲基3，3-二苯基吡咯烷（2-ethylidene-1，5-dimethyl3，3，-diphenylpyrrolidine，EDDP），可卡因的主要代谢物苯甲酰爱康宁（Benzoylecgonine）。同时，对于方法中使用的磁性粒子偶联物，可以用磁铁去除多余的试剂，这种方法类似于目前犯罪现场指纹鉴定人员使用的方法。此外，该方法对痕量残留物检测具有较高的灵敏度，在抗体-磁性颗粒偶联物结合后，能够在简单的白光光源条件下，通过使用明视场显微镜观察指纹颜色变化检测潜在指印，以实现指印的荧光成像能力，从而避免昂贵仪器的需求，为犯罪现场调查提供了简单、便携的方法。

在后续的研究中，Hazarika等人对该方法的检测速度和检测范围进行了优化。2009年，该团队[1]采用基于抗可替宁抗体的磁性颗粒功能化，检测吸烟者潜在指印中的可替宁抗原，实现在15分钟内检测药物代谢物的存在，

---

[1] Hazarika P, Jickells S M, Russell D A. Rapid detection of drug metabolites in latent fingermarks, Analyst, 2009, 134（1）：93-96.

并用于较高清晰度的指印成像。2010 年，该团队[1]继续开发了基于抗吗啡和抗苯甲酰胆碱抗体功能化的磁性颗粒的指印成分检测与成像方法，分别用于检测潜在指印中的海洛因代谢物（吗啡）和可卡因代谢物（苯甲酰爱康宁）。

(二) 竞争性酶免疫测定法

2015 年，Van Der Heide 等人[2]采用竞争性酶免疫测定法（Competitive enzyme immunoassay，cEIA）用于复杂样品中可卡因的定量检测。

该团队从血清中纯化多克隆抗可卡因抗体，并沉积在微量滴定板上。研究吸附在微量滴定板上的可卡因抗体的浓度和可卡因 - HRP 半抗原的稀释度，以实现优化的免疫测定。同时，该团队将 cEIA 与 LC - MS 方法用于分析 10 份英国钞票样品，以比较两者的效果差异。此外，cEIA 方法还用于检测潜在指纹提取物中的可卡因，并将获得的结果与从同一个人的口腔液样本中检测到的可卡因浓度进行比较。

结果表明，该检测方法成功地用于定量从纸币和潜在指纹中提取的可卡因，其检测限（LOD）为 0.162 ng ml^{-1}，优于传统的色谱 - 质谱技术，对于某些样品中存在的低浓度可卡因的定量具有良好的灵敏度。但是，两种技术获得的结果在统计学上是相似的，这表明免疫测定不受与潜在干扰化合物的交叉反应的影响。此外，研究发现这种酶检测法与传统 LC - MS 相比检测率相似，并且与口腔和体液样本中检测出的可卡因含量具有一致性。这些结果证实，在潜在指纹中检测到毒品可以直接表明一个人是否吸食过毒品。此外，cEIA 具有较强的特异性，能够分析复杂、严重污染的钞票提取物，并且不受样品中其他潜在干扰物的影响。

该免疫测定法提供了一种灵敏、通用、操作简单且成本低廉的方法，

---

[1] Hazarika P, Jickells S M, Wolff K, et al. Multiplexed detection of metabolites of narcotic drugs from a single latent fingermark, Analytical chemistry, 2010, 82 (22): 9150 - 9154.
[2] Van Der Heide S, Calavia P G, Hardwick S, et al. A competitive enzyme immunoassay for the quantitative detection of cocaine from banknotes and latent fingermarks, Forensic Science International, 2015, 250: 1 - 7.

可替代目前基于质谱的技术，用于对司法实践中的可卡因浓度进行定量。

(三) 基于荧光标记抗体的方法

2018年，Hudson等人[1]使用基于横向流动竞争分析（Lateral flow competition assay）的荧光方法来筛选4种药物，包括四氢大麻酚（THC）、可卡因［通过检测其主要代谢物苯甲酰爱康宁（BZE）来实现］、鸦片制剂［通过检测指印汗液中存在的吗啡（MOR）来实现］和安非他明（AMP），并为指纹样本采集和分析开发了药物筛查试剂盒。该团队使用药物筛查试剂盒及其荧光读取器检测太平间死者指纹汗液样本中的4种药物。

Hudson等人使用的横向流动装置包含4条分别与不同药物-牛血清白蛋白（BSA）偶联的检测线，以及一条作为对照的第五条线，用以确保检测流程的正常运行。针对每种药物类别的特异性荧光标记抗体通过4种药物偶联系和对照组（马抗小鼠抗体，HAM）。当这些荧光标记的抗体与4种药物偶联线及对照线结合时，会释放出荧光信号，该信号由读数器进行测量。在没有药物存在的样本中，荧光标记的抗体能轻易与药物偶联线结合，从而提供最大的荧光信号。然而，如果样本中存在某种药物，该药物会优先与荧光标记的抗体结合，进而阻止抗体与药物偶联线的结合，导致荧光信号减弱。因此，随着样本中药物浓度的增加，含有药物的样本所释放的荧光信号会相应降低。

该研究表明，死者的指尖上有足够的汗液样本可供分析，并且药物筛查试剂盒可以检测单个指纹中是否存在4种药物。在这项研究中，THC、BZE、MOR和AMP的临界值分别为190、90、68和80pg/指纹。该团队使用LC-MS-MS分析同时收集的第二个指纹样本来确认药物的存在。在准确性、灵敏度和选择性方面，从药物筛查试剂盒获得的结果与从75名个体获得的指纹样本的LC-MS-MS分析之间实现了极好的相关性。对于4种药

---

[1] Hudson M, Stuchinskaya T, Ramma S, et al. Drug screening using the sweat of a fingerprint: lateral flow detection of Δ9-tetrahydrocannabinol, cocaine, opiates and amphetamine, Journal of Analytical Toxicology, 2019, 43 (2): 88-95.

物类别，结果的准确度在 93% 至 99%，其中 THC 为 99%，BZE 为 95%，MOR 为 96%，AMP 为 93%。该团队还将使用药物筛查试剂盒分析获得的结果与血液和尿液样品的毒理学分析进行了比较，结果呈现出良好的相关性。对于 THC、BZE、MOR 和 AMP，药物筛选试剂盒与血液样品之间结果的准确度在 88% 至 97%，分别为 96%、92%、88% 和 97%；药物筛查试剂盒与尿液样品之间结果的准确度在 86% 至 92%。两种样品基质之间的差异可能基于 4 种药物不同的代谢特征。这种指纹采样方法的采集时间仅为 5 秒，总分析时间不到 10 分钟。这些结果表明，药物筛查试剂盒是一种优秀的筛查试验，可从单个指纹样本的汗液中提供药物使用信息，且不会产生潜在的有毒废物。验尸官及其相关工作人员可以使用这一横向流动装置，通过直接测量单个指纹的汗液来了解死者可能的死亡原因，或检测死者个人的药物使用情况。

（四）基于纳米载体的氯胺酮和苯丙胺生物荧光探针

氯胺酮（Ketamine，KET）和苯丙胺（Amphetamine，AMP）是近年来在中国最为常见的两种合成毒品，这两种合成毒品都会对人类的中枢神经系统产生不良影响，并导致其他健康问题。为此，2019 年，Zhou 等人[1]将彩色荧光聚苯乙烯纳米粒子作为纳米载体引入生物荧光探针中。

该团队在碳二亚胺（Carbodiimide，EDC）和 N-羟基琥珀酰亚胺（N-hydroxysuccinimide，NHS）的辅助条件下，通过将红色和绿色荧光纳米颗粒（直径150nm）分别与抗氯胺酮和抗苯丙胺抗体结合，使抗体通过酰胺键组装在羧基修饰的纳米粒子上，制备了基于纳米载体的氯胺酮和苯丙胺生物荧光探针，用于检测潜指纹中的氯胺酮和苯丙胺。每种荧光颜色对应一种特定的药物抗体，其中，红色对应氯胺酮，绿色对应苯丙胺。当其作用于指印残留物时，生物荧光探针可以选择性地与脊残留物中的目标分析物结合；在去除未结合的生物荧光探针后，来自结合探针的纳米粒子的荧光信

---

[1] Zhou J, Zhao G, Lu W, et al. Nanocarrier-based biological fluorescent probes for simultaneous detection of ketamine and amphetamine in latent fingermarks, Nano, 2019, 14 (02): 1950026.

号亦有助于指印成像。同时，当在红色和绿色通道中检查指印时，可以通过荧光颜色直接确定药物的存在或不存在。因此，氯胺酮和安非他明的生物荧光探针可以通过一步测试同时实现指印成像和鉴定单个指纹中的双药物。

研究结果表明，通过将荧光纳米颗粒与抗体结合来制备基于纳米载体的生物荧光探针，纳米粒子作为载体具有指纹可视化和药物识别的双重功能，通过纳米颗粒产生的荧光信号能够显现潜在指印，所显现的图像具有清晰的纹线图案和足够的细节特征，可用于个体识别；当在红色和绿色通道检查指纹时，可以通过简单地观察荧光图像的颜色来识别氯胺酮和安非他明。指纹图谱中氯胺酮或苯丙胺的检测限为 50ng。因此，这项工作提供了一种新的基于纳米载体的药物检测和个人识别策略，具有高选择性、低背景干扰和快速检测的特点。此外，该方法可以进一步扩展到其他药物、代谢物或具有特异性抗体的任何分子，只要有不同颜色的荧光纳米颗粒，在处理后经由更多不同的通道检查，就可以同时在单个指纹中检测到多种药物。

第二节　基于爆炸物、枪击残留物的外源性成分检测

一、光谱分析方法

（一）衰减全反射 – 傅里叶红外光谱

2009 年，Mou 等人[1]探索了衰减全反射（Attenuated total reflection，ATR）– 傅里叶变换红外（FTIR）光谱显微术在指纹中爆炸物颗粒检测中的应用，包括三硝基甲苯（TNT）、硝酸铵（AN）和三硝基苯（TNB），用于指纹的基底是不锈钢。该团队分析了含有 3 种不同类型的爆炸物的污染指印，并通过检索红外光谱库以确定具体爆炸残留物。他们还将所获光谱与单独的

---

[1] Mou Y, Rabalais J W. Detection and identification of explosive particles in fingerprints using attenuated total reflection – Fourier transform infrared spectromicroscopy, Journal of forensic sciences, 2009, 54（4）：846 – 850.

指印残留物光谱进行比较，以便将内源性物质与爆炸残留物区分开。

ATR-FTIR 光谱显微术的组合具有在视觉上搜索指印残留物中的颗粒和测量颗粒的 FTIR 光谱的功能，这些功能有助于相关操作人员直接基于遗留指印判断嫌疑人是否曾接触过爆炸物。被爆炸物污染的指纹中的残留物颗粒包含手指内源性残留物、爆炸物的成分及其他外源性物质，这些物质通常不能仅通过形态来区分，但可以在红外光谱库中搜索它们的光谱，由此来直接识别爆炸物颗粒种类。鉴于被污染的指纹中的颗粒通常为爆炸物和指印残留物的混合物，因此在红外光谱库中搜索光谱之前，应注意排除内源性残留物的干扰。

这项工作表明，可以使用 ATR-FTIR 光谱显微技术检测和鉴别指印残留物中的爆炸物颗粒。然而，由于在这项工作中使用的谱库并非专门针对炸药，谱库不完整，故而仅在谱库中找到了 AN 的光谱，无法找到与 TNT 和 TNB 的完全匹配的谱图，可但基于二硝基苯（1,3-dinitrobenzene，DNB）的匹配光谱为 TNT 和 TNB 的分析提供识别信息。同时，ATR-FTIR 光谱显微镜具有高精度，可以提供颗粒形态和组成，分析出指印残留物中小到 20 微米的颗粒。由于探针接触样品的区域（直径6μm）远小于指纹线的宽度和间距，故而即便被分析的颗粒被 ATR-FTIR 探针挤压也不会破坏指纹的线型。ATR-FTIR 光谱显微技术所具有的非破坏性特征有利于将经该方法分析的指印用于进一步的分析和鉴定。因此，ATR-FTIR 光谱显微术可以作为一种无损分析指印中爆炸物颗粒的技术。

（二）光学弹射结合激光诱导击穿光谱技术

光学弹射结合激光诱导击穿光谱（Optical catapulting in combination with laser induced breakdown spectroscopy，OC-LIBS）是一种新兴技术，已被有效测试用于固体气溶胶的分析。2011 年，Abdelhamid 等人[1]首次将

---

[1] Abdelhamid M, Fortes F J, Harith M A, et al. Analysis of explosive residues in human fingerprints using optical catapulting - laser - induced breakdown spectroscopy, Journal of Analytical Atomic Spectrometry, 2011, 26 (7): 1445-1450.

OC-LIBS 技术应用于无孔表面指纹分析。他们采用该方法分析以固体气溶胶形式留在玻璃表面的人类指印中的爆炸物残留物，并对具体实验变量进行了研究，包括时间采集延迟，离地高度和脉冲之间的激光延迟时间。

Abdelhamid 等人使用 OC-LIBS 方法鉴定了单硝基甲苯、二硝基甲苯和三硝基甲苯等爆炸物残余物，以及石油和狗牙根草黑穗病菌孢子等外源性混合物。结果表明，OC-LIBS 生成的化学图像提供了指印中爆炸残留物空间分布的视觉信息，爆炸物的检测限在低毫克/平方毫米的范围内。该方法能够成功区分爆炸材料和非爆炸材料，研究获得了单硝基甲苯（MNT）、二硝基甲苯（DNT）和三硝基甲苯（TNT）在 370—500nm 光谱范围内的 LIB 光谱，并通过分析图谱中检测到 C_2、Ca、CN 和 H 的比率，成功无损检测并区分了这三者，其结果与其他论文高度一致。相较于传统 LIBS 方法，OC-LIBS 方法不对被分析的样品造成污染，并且不受放置样品基质的光谱的干扰。在距离表面 2 毫米处，所有测试的基底厚度的 LIBS 取样率为 20%—25%，同时，LIBS 信号在所有研究范围内都比较高。此外，这项技术能够在无须反应剂或其他处理的条件下分析人体指印中的爆炸物残留物。

(三) 近红外高光谱成像

2014 年，de la Ossa 等人[1]研究检验了近红外高光谱成像（NIR-HSI）与化学计量学相结合的方法检测人指印上炸药残留物的效用。

该团队首先收集了炸药的主要成分硝酸铵的高光谱图像用作参考标准；其次采用 NIR-HSI 系统分析含有炸药残留物的聚乙烯片，并利用偏最小二乘-判别分析模型（PLS-DA）建立光谱库，对被炸药残留物污染的像素进行检测和分类。该模型对炸药和硝酸铵的校准和交叉验证的灵敏度和特异性值均为 100%。而后，该团队实验组织 7 名志愿者频繁接触一种主要由硝酸铵组成的普通炸药，并将他们的指印遗留在聚乙烯透明片上，还将构建的 PLS-DA 模型运用于真实的人类手印，以测试其识别爆炸残留物的

---

[1] de la Ossa M Á F, García-Ruiz C, Amigo J M. Near infrared spectral imaging for the analysis of dynamite residues on human handprints, Talanta, 2014, 130: 315-321.

效果。

结果表明，NIR-HSI 与化学计量学相结合的方法在快速简便鉴定爆炸物残留物方面体现出了较好的性能和极高的潜力，可以从人的指印中直接、快速地识别炸药残留物。另外，该方法还具有简单的优点，避免了样品预处理程序和非接触性、非侵入性和非破坏性。针对炸药及其主要成分硝酸铵描述的 PLS-DA 模型非常出色，校准和交叉验证的特异性和选择性均达到 100%。此外，针对炸药提出的 PLS-DA 模型具有较高的准确性和稳健性，故而可以创建包含更多不同炸药样本以及不同炸药组合样本的、更为庞大与完善的光谱数据库，用于刑事调查中检测和控制潜在的犯罪使用爆炸物。

同时，该团队指出，进一步研究还需考虑不同的变量，如爆炸物随时间的变化、常见护肤品或洗涤产品的潜在影响、检测限、硝基化合物（如肥料）可能产生假阳性误差的潜在干扰，以及更多样本和其他光谱波长所带来的影响。

（四）光学光热红外光谱显微镜

2020 年，Banas 等人[1]应用光学光热红外（Optical-photothermal infrared，O-PTIR）光谱显微镜检测指纹内的高爆炸材料。

在这项工作中，Banas 等人采用高度爆炸性材料（High-explosive，HE）来制作污染指印，如 PETN、RDX、C-4 与 TNT 等，并将这些指印遗留于各种物体上，包括显微镜载玻片、桌子、杯子等。遗留于载玻片上的指印样品可直接进行分析，而对于其他基底表面的指印样品则先使用胶带进行提取。对于肉眼观察难以发现的指印，需额外用显现粉末处理以提高其可见度。实验使用 mIRage 红外显微镜进行检测，该显微镜以非接触、远场反射模式工作，能够在指印残留物中定位可疑颗粒，并提供这些粒子的亚微米红外光谱和图像信息。

---

[1] Banas A, Banas K, Lo M K F, et al. Detection of high-explosive materials within fingerprints by means of optical-photothermal infrared spectromicroscopy, Analytical Chemistry, 2020, 92 (14): 9649-9657.

研究表明，从纯 HEs 中收集的透射模式 FTIR 光谱，与从未经处理的指印样本和经粉末法显现的指印样本中获得的反射模式 O-PTIR 光谱质量相当；同时，相较于 FTIR 方法，O-PTIR 光谱显微镜无须样品制备即可提供隐藏在大量外源物质中的微小（亚微米）颗粒的化学信息，这种信息具有单波数成像特点和亚微米的空间分辨率水平，被分析的颗粒直径可小于 1μm（~7 pg），这说明 O-PTIR 光谱具有较高的光谱质量。此外，由于吸收是由固定波长的第二激光束探测的，因此由波长相关的 IR 散射引起的伪像可以忽略不计。实验所获高质量光谱可以在 IR 数据库进行检索，以便找到未知物的匹配类型。所得到的光谱质量高，这是使用经典的 FTIR 光谱显微镜无法实现的。

简单来说，O-PTIR 光谱显微术为指印中沉积的外源物质的有效和可靠分析开辟了新的途径，该技术能够基于易使用的反射（远场）模式，在红外波长的衍射极限以下提供高质量、空间分辨的 FTIR 透射光谱，所收集的光谱也可在商业和机构红外数据库中搜索和匹配，无须额外进行样品制备与数学建模。同时，与传统的指印成像方法相似，该方法亦能在 1016 cm^{-1} 不对称 O-C-C 拉伸（ester）或 1740 cm^{-1} 羰基拉伸模式（ester）下收集含爆炸物的指印图像。此外，该分析方法简便高效，节省了大量时间，具有非接触性与非破坏性特点，能够保护样本的完整性不受破坏，以便进行后续的进一步分析，从而充分发挥其证据价值。在最近的仪器开发中，O-PTIR 现在可以与拉曼显微镜联用，以提供真正的亚微米同步 IR+拉曼显微镜，从而在一台仪器的一次测量中提供互补和确证分析。

二、其他方法

（一）基质辅助激光解吸电离/飞行时间质谱方法

2014 年，Kaplan-Sandquist 等人[1]基质辅助激光解吸电离/飞行时间

---

[1] Kaplan-Sandquist K, LeBeau M A, Miller M L. Chemical analysis of pharmaceuticals and explosives in fingermarks using matrix-assisted laser desorption ionization/time-of-flight mass spectrometry, Forensic science international, 2014, 235: 68-77.

质谱（MALDI/TOF MS）方法检测指纹残留物中的毒品和爆炸物，包括普鲁卡因（Procaine）、伪麻黄碱、TNT 和 RDX。该团队在常规指纹显影方法和 MALDI 基质处理之后，获取指印残留物中目标毒品成分和爆炸物的质谱与化学图像以检测指纹残留物中的毒品和爆炸物，并探讨了偶然接触药丸、粉末和残留物后检测毒品和爆炸物的可行性。此外，他们还评估了合成潜印参考垫作为天然指纹残留物的模拟基底在方法开发和质量控制方面的效果。

结果表明，MALDI/TOF MS 是一种非破坏性方法，可提供质谱和化学图像中的化学信息，能够在实验室条件下结合常规指纹展开方法检测接触残留物中的外源物质。在以粉末和残留物的形式转移药物或爆炸物的情况下，沉积指印中的残留物可成功检测出相关成分；但在偶然接触整片或碎片毒品的情况下，MALDI/TOF MS 无法基于 4 种不同的分析流程检测毒品的残留情况。实验亦证实合成潜印参考垫对人体分泌物的化学或物理建模不充分，因此人工氨基酸和皮脂油残留物垫不适用于模拟 MALDI/TOF MS 分析所需的天然指印的残留物成分。此外，在使用粉末法对指印进行刷显时，指印残留物上的松散分析物粉末容易扩散，从而影响检测结果。

（二）纳米等离子体方法

2015 年，Peng 等人[1]引入指纹作为物理个人识别，并开发了一种无损纳米等离子体方法的潜在指印成像与残留物成分检测技术。他们将金纳米粒子催化生长的纳米等离子体响应与还原型辅酶 I（NADH）介导的 1，3，5 - 三硝基 - 1，3，5 - 三嗪烷（1，3，5 - trinitro - 1，3，5 - triazinane，RDX）相结合，并使用局域表面等离子共振光谱（LSPR）进行检测，用于定量分析潜在指纹中的 RDX 爆炸残留物。

Peng 等人开发的纳米等离子体分析方法基于 NADH 对 Cu^{2+} 和 RDX 的竞争性还原来提供潜在指印中 RDX 炸药残留物的定量信息。除了光学优势

---

[1] Peng T, Qin W, Wang K, et al. Nanoplasmonic imaging of latent fingerprints with explosive RDX residues, Analytical chemistry, 2015, 87 (18): 9403 - 9407.

之外，纳米等离子体成像检测技术还具有以下几个优势。首先，该方法使用不同放大倍数（4倍和60倍）的物镜分别获得潜在指印图像和RDX装载，因此不破坏指印样本。其次，所提出的方法在RDX的检测中使用卤素灯作为光源激发Au NPs，从而避免了在荧光、拉曼和质谱等涉及激光的分析方法中可能导致的爆炸物的激光诱导点燃。然而，纳米等离子体潜在指印成像方法通常受到高背景噪声的影响，同时潜在指印中的汗液和自然分泌残留物也会散射光，导致更多的红点作为高背景噪声。目前的RDX分析是基于竞争反应，因此这本质上是一个信号关闭模型。实验发现，增加RDX的负载会导致更多的绿点，而采用绿点代替红点作为读数，可以使假阴性率大大降低。

总之，这种纳米等离子体策略能够在对皮脂腺指印进行成像的同时检测爆炸残留物RDX，有望运用于辨别携带爆炸物的恐怖分子。

第三节　基于日用品的外源性成分检测

一、光谱分析方法

（一）衰减全反射傅里叶变换红外光谱成像技术

2010年，Ricci等人[1]首次对沉积在无孔和多孔表面上的指纹中的化妆品进行检测，他们将衰减全反射（ATR）-傅里叶变换红外（FTIR）光谱成像与明胶胶带剥离法结合，应用于被各种类型的化妆品残留物和药物污染的遗留指印。这种方法不仅可以对部分指印进行成像，还能够检测非均匀分布的局部化合物。与其他方法相比，使用这种方法研究非均质材料有几个优点，如其不需要样品制备、具有非破坏性、相较于单点映射缩减了收集图像的时间，以及可实现更高的空间分辨率的成像等。

---

[1] Ricci C, Kazarian S G. Collection and detection of latent fingermarks contaminated with cosmetics on nonporous and porous surfaces, Surface and Interface Analysis: An International Journal devoted to the development and application of techniques for the analysis of surfaces, interfaces and thin films, 2010, 42 (5): 386-392.

(二) X 射线荧光方法

2019 年，Zheng 等人[1]评估了同步辐射 X 射线荧光（Synchrotron radiation X-ray fluorescence，SRXRF）和商业 X 射线荧光（X-ray fluorescence，XRF）对指印的元素分析和图像可视化方面的可行性。他们选择了 4 个品牌的防晒霜制作指纹，基底种类包括塑料薄膜、玻璃、纸张和硅片，并采用 XRF 和 SRXRF 技术进行无机元素分析和指印成像。为比较荧光效果，他们采用电感耦合等离子体发射光谱（Inductively coupled plasma optical emission spectroscopy，ICP-OES）和激光诱导击穿光谱（laser-induced breakdown spectroscopy，LIBS）进行指印残留物分析。

结果表明，基于 XRF 的方法能够获得明显的锌和钛的指印图像，同时，使用该方法还能够获得防晒霜指印中元素浓度的比值，该比值与酸消化和 ICP-OES 分析的结果一致。相较之下，商用 XRF 具有无损检测、易于获取、快速元素成像和广泛适用性的显著优势。同时，XRF 能够原位测定不同基质上的样品，无须额外的处理流程。此外，使用 XRF 进行指纹分析时，应考虑可能的技术限制。首先，在分析之前需确定遗留指纹的大致位置，因此可以在低分辨率下对大样本区域进行快速成像，以找到可能的指纹区域，然后可以在所需区域中获取指纹的高分辨率图像。其次，XRF 指纹的可靠分析和明显图像依赖于更好的元素检测限，因此未来可在这一方向加以改进。

然而，在这种方法的早期阶段，只能获得指印残留物成分中的定性或半定量元素信息，因此仍然需要进一步的广泛研究来实现分析质量控制并充分验证所开发的方法，同时还应针对质量控制需求开发有关标准材料。此外，XRF 方法不具备破坏性，因此可通过成像质谱法等其他简便可行的分析方法补充有关的分子信息，从而从现场遗留指印中发掘更多的线索与价值。

---

[1] Zheng L N, Ma R L, Li Q, et al.. Elemental analysis and imaging of sunscreen fingermarks by X-ray fluorescence，Analytical and bioanalytical chemistry，2019，411：4151-4157.

二、色谱、质谱分析方法

(一) LC-MS/MS 联用方法

2009 年，Goucher 等人[1]报道了对 5 名志愿者口服单剂量 2mg 劳拉西泮 (Lorazepam, LOR) 后指印图谱中苯二氮卓劳拉西泮及其 3-O-葡萄糖醛酸结合物的定量分析。由于 LOR 在人体内转化为 LOR 3-O-葡糖苷酸结合物 (LOR-葡糖苷酸)，因此，在志愿者口服 2mg 该药物后，可以研究这种结合物以及母体药物是否可以通过 LC-MS/MS 在指印中检测到。

该团队将指印沉积在玻璃盖玻片表面，通过将其溶解在二氯甲烷/甲醇溶液中进行提取，该溶液含有四氘劳拉西泮作为内标；而后，蒸发样品，用流动相重构，通过 LC-MS/MS 进行分析。使用 RP (C18) 色谱柱分析劳拉西泮及其葡糖苷酸，并用亲水作用色谱柱 (HILIC) 分析肌酐。实验中还测量了沉积物中的肌酸酐，以研究相对于肌酸酐的药物量是否有助于解释沉积的分泌物质的可变量。

结果表明，在给药后 12 小时内，从单剂量口服 2mg LOR 的 10 个组合指印沉积物中检测到 LOR 及其葡糖苷酸。在任意情况下，劳拉西泮葡糖苷酸的量都超过劳拉西泮，峰值分别为 210 和 11 pg。这是首次在指纹图谱中检测到药物葡萄糖醛酸苷络合物。

2015 年，Kuwayama 等人[2]利用 LC-MS 方法成功在指纹中检验出了 5 种常见止痛药和抗过敏药的主要成分及其代谢物。他们评估了唾液和指印作为尿液和血液替代标本的可行性与有效性，考量因素包括取样的容易程度、药物检测灵敏度和每种标本类型的药物检测周期。实验要求健康受试者服用 4 种市售药物产品，每种产品服用一剂，在大约 4 周的时间内，在预

---

[1] Goucher E, Kicman A, Smith N, et al., The detection and quantification of lorazepam and its 3-O-glucuronide in fingerprint deposits by LC-MS/MS, Journal of separation science, 2009, 32 (13): 2266-2272.

[2] Kuwayama K, Miyaguchi H, Yamamuro T, et al., Effectiveness of saliva and fingerprints as alternative specimens to urine and blood in forensic drug testing, Drug Testing and Analysis, 2016, 8 (7): 644-651.

定的取样时间采集他们的尿液、血液、唾液和指纹。使用简单的预处理（如稀释和去蛋白）从每个样本中提取 14 种分析物，包括给药药物及其主要代谢物，并使用液相色谱/质谱（LC/MS）进行分析。

结果表明，在难以立即获得尿液和血液的情况下，唾液和指印可能是药物检测的有效替代样本。利用 LC-MS 方法可以在唾液、指纹、尿液和血液中检测到大多数分析物。其中，在相同的时间阶段，尿液和指纹之间以及血液和唾液之间的药物浓度相似。与其他化合物相比，酸性化合物如布洛芬、乙酰水杨酸在所有样本中检测难度较大。对乙酰氨基酚、双氢可待因和甲基麻黄碱在指纹中的检出时间晚于在尿液中的检出时间。然而，没有发现每个样本中药物结构和它们的检测周期之间的关系。

(二) 表面辅助激光解吸离子化飞行时间质谱

2010 年，Benton 等人[1]采用疏水性二氧化硅纳米粉末作为有效的潜在指纹显现剂，并使用表面辅助激光解吸/电离-飞行时间（Surface-assisted laser desorption/ionisation-time of flight，SALDI-TOF）质谱用于随后的指印残留物组分分析，以检测吸烟者指印中的尼古丁和可替宁。

为了确保此类样品中的尼古丁来自吸烟这一行为而非与环境或与吸烟者接触造成的污染，Benton 等人测定了一些常用场所的指纹材料中尼古丁的背景水平。此外，该团队还利用表面辅助激光解吸离子化飞行时间质谱进行了一系列实验来评估尼古丁通过握手、指尖接触以及触摸门把手的物质交换与转移程度。他们还在实验室环境条件下评估了 24 小时内潜在指纹的尼古丁损失率，并对一个基于实验室的模型系统进行了评估，以判断香烟烟雾中的尼古丁是否可能从一个来源转移到邻近地区，从而模拟被动暴露对非吸烟者的交叉污染。

结果表明，从吸烟者到非吸烟者的尼古丁转移可发生在握手时，但程度较低，且在模拟条件下，与表面接触可能导致被动交叉感染，但在受污

---

[1] Benton M, Chua M J, Gu F, et al., Environmental nicotine contamination in latent fingermarks from smoker contacts and passive smoking, Forensic science international, 2010, 200 (1-3): 28-34.

染的非吸烟者指纹中发现的尼古丁含量明显低于在吸烟者相应指纹中发现的含量。同时，在户外宽阔环境中，距吸烟者香烟约0.1米以上的相邻表面不会出现显著的尼古丁污染，且由于尼古丁水平太低，故通常无法通过SALDI-TOF技术进行检测；虽然通过烟雾转移到距离香烟约0.1米内的物体上是可能的，但相邻非吸烟者的面部和手部不太可能出现明显的二次尼古丁污染。此外，实验表明，在实验室环境条件下储存的5名吸烟者的指印，其中的尼古丁半衰期约为11小时。

（三）基质辅助激光解吸电离质谱成像

越来越多的性犯罪者在犯罪时使用避孕套，以防止在案件现场遗留DNA证据。2013年，Bradshaw等人[1]发现基于基质辅助激光解吸电离质谱成像（MALDI-MSI）能够在检测两个不同避孕套品牌的避孕套润滑剂的同时获得指印纹线图案的图像，从而为侦查破案提供线索。

该团队采用多种基于光谱的分析方法，包括MALDI-MSI、MS/MS、拉曼显微镜和ATR-FTIR光谱，应用于一系列避孕套品牌/类型。这些技术互有优劣，能够提供互补的信息来检索特定避孕套品牌/类型的光谱。

结果表明，不同的避孕套材料与润滑剂具有独特的光谱特征，有助于相关材料来源的筛选和鉴定。基于检测与避孕套相关的宽聚合物分布图能够区分不同的避孕套品牌/类型，从而可以为正在调查的性侵犯案件提供更多的法庭科学情报信息。同时，MALDI-MSI、MS、MS/MS、ATR-FTIR和拉曼光谱可用于集成的工作流程方案。类似于其他类型的数据库，基于每个避孕套品牌的不同光谱特征，可通过建立一个信息数据库对污染指印的避孕套的具体品牌进行检索匹配。

此外，潜在指印中所存在的单一化合物可能不足以提供关于个人的详细信息，但多种化合物的叠加在一定程度上能够推断一个人的生活方式。现实生活中，我们所应用的产品、消费的食品和饮料以及所接触的各种环

---

〔1〕 Bradshaw R, Wolstenholme R, Ferguson L S, et al., Spectroscopic imaging based approach for condom identification in condom contaminated fingermarks, Analyst, 2013, 138 (9): 2546-2557.

境将都将导致潜在指印中的各种化学成分发生改变，这些化学信息反映了个人生活方式的差异。

基于此，2018 年，Hinners 等人[1]使用基质辅助激光解吸电离质谱成像（MALDI-MSI）技术，采用银溅射涂层作为基质，研究了一系列外源性指印化合物，用于推断相关人员的个人生活方式。他们研究的化合物包括各种品牌的杀虫剂和防晒霜，以及食用油、酒精和柑橘类水果。根据指纹中留下的活性成分或独特化合物，可以区分杀虫剂和防晒霜的品牌和确定其来源。他们对关键化合物进行串联质谱分析，从而可以在单次多重质谱成像数据采集中确定这些化合物。为了确定杀虫剂和防晒霜的品牌和类型，他们对存在的化学品的变化进行了比较。

结果表明，MALDI-MSI 方法在电离广泛的外源化合物方面具有较好的效果，其可通过多重功能同时收集 HRMS 图像和 MS/MS，并在一次指纹分析中进行空间测定和化合物鉴定。但 Hinners 等人认为，在应用于真正的法庭科学案例之前，还需开展更多的研究工作，如对大规模人群研究或老化（非理想）样本的统计分析与研究。虽然此处研究的外源化合物并不详尽，但随着多重 MSI 的外源化合物数据库的进一步完善，基于指印外源性残留物确定个人的生活方式也具有更大的发展潜力，这一方法为指印残留物成分赋予了更多的隐藏证据价值。

（四）空气动力辅助解吸电喷雾质谱成像技术

2019 年，史俊稳等人[2]采用空气动力辅助解吸电喷雾质谱成像技术（Air flow assisted desorption electrospray ionization，AFADESI-MSI）分析了捺印于打印纸表面的汗液、印泥、防晒霜、粉底液 4 类污染指印。

AFADESI-MSI 基于高速空气流实现了离子在大气压下的远距离传输，同时辅助脱溶剂，能够大幅提高离子化效率和分析灵敏度。该团队在喷雾

---

[1] Hinners P, O'Neill K C, Lee Y J. Revealing individual lifestyles through mass spectrometry imaging of chemical compounds in fingerprints, Scientific reports, 2018, 8 (1): 5149.
[2] 参见史俊稳、郑令娜、马荣梁等：《基于空气动力辅助解吸电喷雾质谱技术的指纹化学成像研究》，载《分析化》2019 年第 12 期。

电压 7000 V、正离子模式下，以 5 μl/min 乙腈为解吸喷雾溶剂，基于 45 l/min 的空气流辅助，分析了打印纸表面的 4 类受外源性物质污染的遗留指印。

结果表明，AFADESI‑MSI 方法能够成功从重叠的混合指印中提取到特定的指印图像，并可根据指印残留物中的化学信息区分叠加的指纹。AFADESI‑MSI 方法所使用的气流辅助提高了方法的灵敏度，在分析指纹样品时可获得更多的化合物信息，更有利于未知潜在指纹的分离提取工作。此外，还可将 AFADESI‑MSI 与其他分析方法或无机元素成像方法耦合，以获得更精准的指印信息。然而，MALDI‑MSI 技术在分析指印残留物成分中的小分子时可能会受到基底物质成分的干扰。

（五）飞行时间二次离子质谱成像技术

2020 年，李文杰等人[1]基于飞行时间二次离子质谱成像技术（TOF‑SIMS）对人民币上的潜在指印进行化学成像。该团队比较了 TOF‑SIMS 与几种传统方法的显现效果，从普适性、灵敏度和指纹三级特征获取的角度进一步探讨了该方法的适用性与其独特优势。

研究结果表明，针对长期流通人民币表面的潜在指印，TOF‑SIMS 技术提供了一种可靠的检测策略，能够在提取残留物化学成分的同时进行指印成像。本实验收集了志愿者按照日常习惯涂抹保湿乳后在长期流通过的人民币上留下的新鲜的指纹样本，并基于 TOF‑SIMS 技术对指印残留物中的外源性物质进行分析。实验证实利用 TOF‑SIMS 技术可以获得保湿乳中丙三醇的分布，检测出保湿乳成分中丙三醇的分子离子峰（m/z 92.06）和碎片离子峰（m/z 43.02）。根据这两个信号，获得了各自的离子像，均出现了清晰的指纹图像。经该方法可视化的指印图像清晰，具有高空间分辨率，能够辨明指纹的第三级特征。

---

[1] 参见李文杰、孙令辉、游伟等：《基于飞行时间二次离子质谱成像技术的人民币上指纹化学成像研究》，载《分析化学》2020 年第 11 期。

此外，近年来国内外多个团队的研究表明[1]，TOF – SIMS 技术在指纹残留物分析中具备独特优势。Szynkowska 团队证实 TOF – SIMS 可检测指纹中痕量外源性污染物（如毒品、火药残留）并实现离子成像，为犯罪现场关联提供关键物证。Hinder 与 Bailey 团队证明该技术在复杂有机基底（如纸张、金属）上可获取高分辨率潜指纹图像，且无须样品前处理。Costa 团队利用 TOF – SIMS 首次区分可卡因使用者与接触者，通过代谢物分布特征提升涉毒人员精准识别能力。Muramoto 小组开发了药物定量与指纹年龄判定模型，虽受限于基底差异，但为物证时效性分析提供新思路。Cai 团队引入氧化石墨烯（GO）增强 TOF – SIMS 灵敏度，实现大分子污染物（如抗生素）及指纹微区结构的精细分析。Thandauthapani 等则验证了 TOF – SIMS 在金属表面潜指纹长期保存中的优越性，图像质量远超传统显影方法。

总之，TOF – SIMS 技术具有原位分析、无损分析、高灵敏度、多组分平行分析和高空间分辨率等优点，目前作为指印外源性物质分析的重要工具越来越受到法庭科学家们的重视。

三、其他分析方法

（一）抗可替宁抗体功能化的纳米颗粒

2007 年，Leggett 等人[2]选择检测吸烟者的尼古丁代谢物——可替宁（Cotinine）。已知代谢后，可替宁存在于唾液、血清、尿液和汗液之中。单个配体和受体之间的弱相互作用通过多价或多价相互作用而增强。基于这种相互作用，Leggett 等人制备了用多种抗可替宁抗体功能化的纳米颗粒，以增强潜在指纹中抗体和可替宁抗原之间的特异性相互作用。在另一个重

---

[1] Elżbieta Maćkiewicz, Jacek Rogowski, Małgorzata Iwona, et al., Application of Time – of – Flight Secondary Ion Mass Spectrometry (TOF – SIMS) in forensic science – A review, 2025, 367, 112347.

[2] Leggett R, Lee – Smith E E, Jickells S M, et al., "Intelligent" fingerprinting: simultaneous identification of drug metabolites and individuals by using antibody – functionalized nanoparticles, Angewandte Chemie International Edition, 2007, 46 (22): 4100 – 4103.

要的对照实验中，通过使用纳米颗粒缀合物，没有从非吸烟者获得指纹的荧光图像，证实了抗可替宁功能化的纳米颗粒特异性靶向沉积在指纹汗液中的可替宁抗原。

实验结果表明，通过使用抗体－纳米颗粒缀合物获得的荧光图像具有较高的清晰度，符合指印鉴定的要求，该方法能够识别个体并同时确定沉积在指纹中的汗液的化学组成。但这种化学检测能力的最终灵敏度尚未确定。

2011 年，Boddis 等人[1]使用抗可替宁抗体功能化的磁性颗粒，用以显现沉积在高反射白瓷上的潜在指印。他们使用荧光标记的第二抗体片段，可以使用荧光显微镜观察显现的指纹，并用于鉴定目的。

该方法基于陶瓷表面上抗体－颗粒缀合物的特异性和非特异性结合的差异，所呈现的高质量图像能够用于识别个体，且能够区分吸烟者和非吸烟者。当对来自吸烟者的指纹成像时，抗可替宁磁性颗粒缀合物特异性结合到指纹的脊上实现指印可视化；然而，当用于显现来自非烟草使用者的指纹时，抗可替宁磁性颗粒共轭物能够非特异性地结合到瓷器表面，提供潜在指纹的"负图像"。

（二）多种技术耦合方法

2021 年，Costa 等人[2]举例说明了三种质谱成像方法，即解吸电喷雾电离（DESI）、基质辅助激光解吸电离（MALDI）和飞行时间二次离子质谱（TOF－SIMS）如何用于可视化不同像素大小的指印。他们首次将水团簇 SIMS 应用于指纹样本，用于检测指纹中排泄的药物代谢物，同时提供足以分辨单个孔隙结构的空间分辨率。

---

[1] Boddis A M, Russell D A. Simultaneous development and detection of drug metabolites in latent fingermarks using antibody－magnetic particle conjugates, Analytical Methods, 2011, 3（3）：519－523.
[2] Costa C, Jang M, De Jesus J, et al., Imaging mass spectrometry: a new way to distinguish dermal contact from administration of cocaine, using a single fingerprint, Analyst, 2021, 146（12）：4010－4021.

该团队的研究表明，服用摄入可卡因后指印残留物的显著特征在于指印脊中可卡因代谢物 BZE 的强度更高，指纹峰中的脂质和盐与可卡因代谢物苯甲酰基苏氨酸在空间上呈现相关性，且这些分析物在指印沉积物中均匀分布；皮肤接触可卡因后指印残留物的特点在于纹线中可卡因的浓度较高，且可卡因及其代谢物与指印脊纹的空间相关性较差。因此，指印残留物中可卡因及其代谢物 BZE 的空间分布可用于区分可卡因的摄入和接触，从而推断指印供体是否吸烟。

第十四章
指印遗留时间推断

第一节 指印遗留时间的定义

一、文件制成时间

在概括出指印遗留时间的定义之前，此处先引申文件检验中文件制成时间的概念。文件制成时间，是指整份文件或文件的部分内容形成的时间或时间范围，以及不同文件或同一份文件的不同部分之间形成的顺序和过程。文件制成时间可分为绝对时间与相对时间。文件制成绝对时间，是指文件形成的具体、精确的时间点，通常视具体要求确定到时、日、周、月等。文件制成相对时间，是指文件形成的大致时间范围以及不同文件或同一份文件的不同部分之间形成的顺序和过程。根据20世纪初法国著名侦查学家艾德蒙·洛卡德在其编著的《犯罪侦查学教程》一书中提出的洛卡德物质交换原理——"犯罪的过程实际上是一个物质交换的过程，作案人作为一个物质实体在实施犯罪的过程中总是跟各种各样的物质实体发生接触和互换关系；因此，犯罪案件中物质交换是广泛存在的，这是不以人的意志为转移的规律"，文件制作过程中，与之相关的造型客体、油墨、承印物、作用力等因素满足洛卡德物质交换原理，因此能够依据其不同的物质交换过程所表现的形态特征或理化特征来探究文件制成时间。

二、指印遗留的各项要素

对于遗留在承受客体上的指印，其形成过程与印文盖印十分相似，即手部肌力驱动着手指将指球的乳突花纹形态及其他指面形貌，通过介质（手指皮肤产生的内源性物质或外来接触的外源性物质）"盖印"到承受客体表面的过程。基于文件上指印形成的四大要素，可以总结出实际案例中指印遗留的效果主要取决于指球面乳突花纹及其他指面结构形貌、承受客体表面属性、形成介质、手部肌力、外部环境条件、痕迹遗留时间。

（1）指球面乳突花纹及其他指面结构形貌。指球面乳突花纹及其他指面结构形貌是指球面整体形状、大小等；指球面乳突纹线的粗细、流向、结构、细节特征等；指球面是否发育畸形或残疾；因生理或病理原因在指球面上产生的褶皱、脱皮（见图14-1）、茧瘢、裂纹、伤疤等。

图14-1 脱皮指纹

（2）承受客体表面属性。承受客体表面属性是指承受客体的渗透性能、表面的光滑性能、接触作用力后的形变性能、对介质的吸附性能、光学性能、电化学性能、抗老化性能等。

（3）形成介质。介质的属性对指印的种类、保持力、清晰度、显现方法和显现材料的选择具有重大影响。不同的时间判定方法和显现方法所依据的介质属性也不相同。

（4）手部肌力。依据洛卡德物质交换原理，正是指球面与承受客体接触时，肌力转变为机械力，接触面范围内的内源性或外源性的介质便发生转移，在承受客体表面形成指印痕迹。因此，手部肌力的大小、方向、作用方式的变化，也会影响对指印遗留时间的判定，特别是在依据形态特征进行判定时，手部肌力的相关属性很大程度上会影响指印的清晰程度，继而影响形态特征的观察和判定。

（5）外部环境条件。从指印形成直至现场勘查人员或文件检验人员提取保存该指印进行检验的中间时间段，与指印成分、形态相关的各项属性可能会因外部环境条件的变化而产生各种物理化学变化。其中，与外部环境条件相关属性有温度、湿度、光照、粉尘、生物侵蚀等。

（6）痕迹遗留时间。痕迹遗留时间主要指从指印形成直至现场勘查人员或文件检验人员提取保存该指印进行检验的中间时间段的时间长短。

三、指印形成时间与指印遗留时间

文件检验包含一种指印形成时间鉴定。当欠条等文书落款处指印与文书内容书写时间不一致时，就需要求助于指印形成时间的检验，根据检验结果说明文书上的指印对该文件是否存在有效的证明作用，以辅助判明案件真实情况，为司法诉讼提供可信证据。在这项检验中，即使是模糊变形或残缺不全的指印，也可以通过科学的办法获得合法可行的检验证据结果。

指印遗留（见图 14-2）与指印形成的概念十分相似，但其主要区别在于两者指印形成过程中的参与因素与时间视角有所不同。在参与因素上，指印形成包含指球面乳突花纹及其他指面结构形貌、承受客体表面属性、形成介质、手部肌力四大要素；指印遗留的要素在指印形成的四大要素上还增加了外部环境条件、痕迹遗留时间两大要素。在时间视角上，指印形成时间是指，该指印形成的时间点或时间段以及不同指印之间或指印与其他痕迹之间的形成顺序，其中包含绝对形成时间与相对形成时间；指印遗留时间，是指从指印介质沉积到承受客体表面，直到痕迹检验人员对该指印进行遗留时间检验所经历的时间段，其主要针对指印遗留时间的绝对时间部分。当然，指印遗留时间也包含相对时间部分，即不同痕迹之间遗留的顺序。

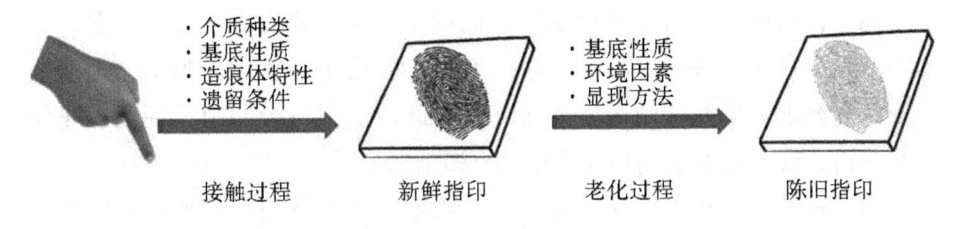

图 14–2　指纹遗留示例

第二节　指印遗留时间推断的基本原理

一、检验指印遗留时间的依据

自19世纪末期，指印鉴定一直是世界上犯罪侦查中有效的个体识别物证手段之一。但是，指印遗留时间的确定至今仍是一个相对未开发的研究领域。目前，文件检验方面主要通过两种方法对文书制成时间进行检验：一是依据阶段性或共时性的形态学特征；二是依据文书物质材料中特殊成分随时间的变化规律。随着时间的推移，文书物质材料中的某些特定成分会按照一定的规律发生变化，这些变化规律可以依靠多种理化方法体现出来，从而可以判定文书的绝对或相对形成时间。

因此，指印遗留时间研究可以从以下两种思路出发。

第一种思路是根据指印本身形态学变化，根据大量实验总结变化规律，如纹线结构、细节特征和变异特征的变化。指印阶段性特征，是指特定时间产生或相对较短时间内存在的痕迹反映形象，包括变异特征中的脱皮特征、裂纹特征、皱纹特征、伤疤特征、茧瘢特征。手指表面脱皮、开裂的指球面在其间某一时段内不会产生变化，脱皮的主要成因有皮肤病、接触酸碱等刺激物和人为撕刮等，具有相对稳定性。已有的皱纹随着年龄的增加既会变深变长，又会生成新的皱纹特征，因此它具有一定程度的稳定性。触及真皮层的伤疤自产生后将永久性存在，直至产生新的伤疤，伤后的指球面相对伤前的指球面状态局部变化较大。茧瘢是手指、手掌皮肤表面由于机械性摩擦，使皮肤局部增生、加厚而形成的一种非永久性瘢痕。

但是，仅用指印的物理形貌信息进行个人身份鉴定并不完全可靠，在指印数据库里缺少参照指印或者犯罪现场提取到的指印是残缺的、模糊的、变形的和显现效果差的情况下更是如此。此时，进行指印组分的物理化学性质分析，就可以提取到指印遗留的更多信息。

第二种思路是利用理化方法，依据的是指印残留成分的变化和因残留成分变化而引起的仪器测量结果的变化，如残留物含量的变化、成分种类的变化、光学性质的变化和电化学性质的变化等。接下来将具体探究指印残留物的化学组成。

二、指印遗留时间推断的物质基础

指印残留物的组成包括汗液、油脂、氨基酸、角鲨烯、蛋白质等内源性组分和血液、灰尘、毒品、化妆品、食品残渣等外源性组分。

汗液和油脂是构成指印残留物的主要组分。汗液由水、无机成分与有机成分等组成，无机成分包括阴、阳离子，如钾离子、钠离子和氯离子等；有机成分包括氨基酸、葡萄糖、肌酐、乳酸、非蛋白氮、肌酸以及超微量的维生素和激素等。指印中的油脂来源于皮脂腺分泌物，其主要由角鲨烯、甘油酯、胆固醇、蜡酯、游离脂肪酸和碳氢化合物组成[1]。目前，油脂成分是指印遗留时间测定方法中的主要目标检测物。指印残留物的化学成分含有来自不同腺体的化合物，并不完全来自外分泌腺，也可能存在许多外源性污染物。典型的外源性组分有化妆品、食品残渣、药物及其代谢物等。

在实际的勘验现场工作中，大多数刑侦人员并非在指印遗留之后立即进行指印的显现和提取，因此，随着时间的推移，多种化学、物理和生物的因素都会影响遗留在各种物体表面的指印残留物，并因此改变其初始组成。

在近年来对指印遗留时间检测的前沿研究中，阻碍可靠准确指印遗留时间检测方法发展的主要原因是：指印残留物化学成分的变化过程受到许多外部因素的干扰，这些因素包括指印介质的沉积条件、遗留者的生理特征、承受客体表面的老化性质、承受客体表面的盖印条件、环境条件和指印增强技术等。

---

[1] 参见王红娟、时蜜、田璐等：《指纹遗留时间的研究方法》，载《化学进展》2019年第5期。

指印的物理形貌特征和残留物的化学成分因遗留者、遗留客体和环境的不同而产生显著差异。而且，随着指印存留条件和老化时间的不同，其物理特征和化学组成的分子种类及含量等也随之发生变化。研究指印残留物的物理特征和化学组成随遗留时间的变化关系是法庭科学领域研究的重点课题，这不仅有利于发展新的指印检测方法和技术，而且可以加强犯罪现场案件相关指印鉴别的准确性。在线索价值和证据价值上，科学可靠的指印遗留时间可以用来评估证人、被害人和嫌疑人陈述的可靠性。

对于指印遗留时间的判断，最初由文检专家根据指印的连续性来大致判断，但随着印刷油墨质量的提升，一些陈旧的捺印指印也会呈现出不错的连续性。目前采用的最科学的方法是通过研究指印的形态、物化特征随时间的变化来建立遗留时间模型，具体可归纳为依据指印的形态特征的方法、依据指印的光学特点的方法、依据指印的电效应（电荷变化）的方法、依据指印残留物成分变化的方法。

因此，本章将主要就这几种判定方式及各自的优点和局限性描述。

第三节 基于指印的形态特征推断遗留时间

一、概述

基于指印的形态特征推断遗留时间是识别指印老化的一种基础但无损的方法。在研究指印遗留时间的早期，研究这一领域的科研团队据粉末附着在指印脊线上的大致含量和可见指印脊线细节的整体清晰度来拟合一般情况下的沉积时间线。原理是随着指印沉积时间变长，指印中所含的水分和其他内源性成分也会减少，因此由这些物质构成的指印脊线也会产生形态变化。但他们大多在实验中未能对指印化学成分进行量化（主要是当时的测量手段达不到要求），并且也未能重视环境的变量，忽略了复杂的案件现场环境与简单标准的实验室环境可能为预期结果带来的偏差，因此研究结果的实用性不强。随着研究的深入，越来越多的科研团队意识到，太多的内部和外部因素能够影响指印遗留时间的推断准确性，如指印提供者们的指印初始成分差异、复杂的环境条件和不同遗留条件产生的指印黏性等。

在过往的研究里，用以推断指印遗留时间的形态特征主要包括二维特征和三维特征。二维特征包括指印的纹线宽度、纹线连续性、毛孔的清晰度、大小、清晰的细节点数量；典型的三维特征是纹线高度。随着时间的推移，科研人员将会观察到指印脊线变窄、脊线连续性变差指印纹线高度降低、毛孔增大、纹线细节数量减少、图像对比度降低等视觉变化。但是仅凭肉眼感知无法达到科学的要求，因此上述形态特征通常通过摄影、显微镜或扫描技术进行提取，然后再由图像统计处理进行量化，从而获得数据化的结果（见图 14-3），建立不同条件下指印遗留的形态学变化模型。虽然实际案件现场条件不会与实验室模拟的案件条件完全相同，但是由实验所得出的数据化结果仍然能作为侦查的参考。

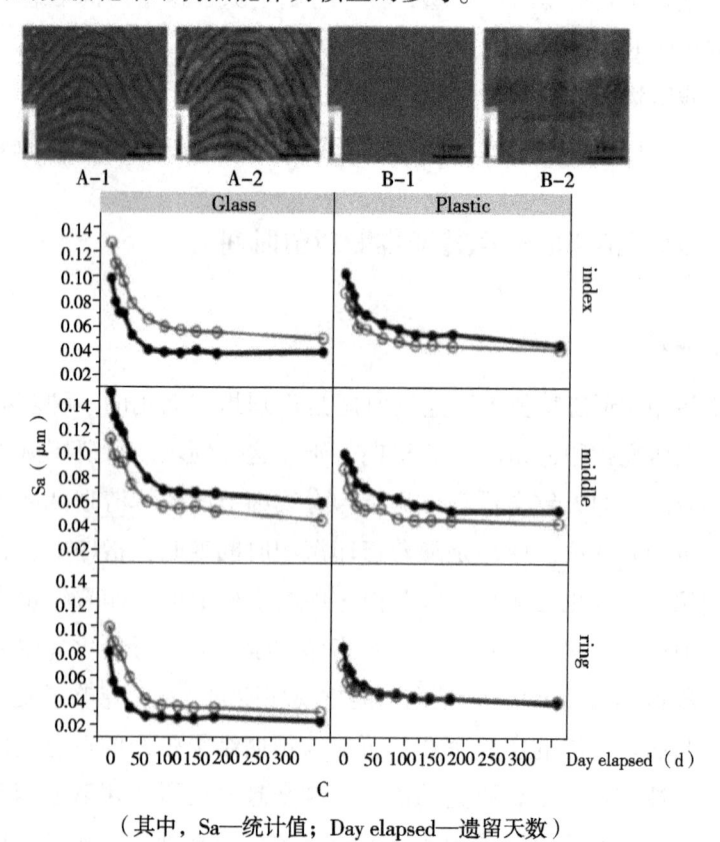

（其中，Sa—统计值；Day elapsed—遗留天数）

图 14-3　根据指印形态特征推断遗留时间示例

二、相关研究结果

接下来,笔者将从指印遗留时间相关变化的形态特征和科学量化指印遗留时间的形态学技术两个角度介绍当前基于指印形态特征推断遗留时间的研究进度。

(一) 指印遗留时间相关变化的形态特征

De Alcaraz Fossoul 的研究团队在潜指印遗留时间与指印相关形态特征变化的关系模型这一方向进行了一系列的研究,主要通过高分辨率成像对指印形态特征变化规律进行观察和统计。他们首先通过定性实验,确定了采用视觉分析视角研究指印成分降解规律的可行性。随后,该团队经过大量实验,提出了指印随时间变化的4个特征参数,即指印脊线中断的数量、脊线的宽度、脊线和谷线的对比度大小、可识别的细节特征数。潜指印遗留后的老化过程非常复杂,不同的环境条件会不同程度地影响潜指印化学组分的降解。因此,获得可靠的指印遗留时间需要通过视觉定量的方法进行科学的估算。在目前的研究进展中,将可能发生的指印遗留时间检测案情分为两种不同的情况:第一种情况是指印遗留者的指印捺印样本已知,对此可以依据非独立参数——指印脊线的宽度和细节点数作为测算标准;第二种情况是指印遗留者的指印捺印样本未知,对此可以依据独立参数——指印脊线和谷线颜色对比度大小以及脊线不连续的数量作为测算标准。

这类方法主要依据视觉分析来研究指印遗留时间。最早依据指印鉴定专家对指印显现的难易程度和肉眼观察到的指印纹线清晰度来进行的经验性判断,这种方法忽略了指印成分的复杂性,主观性较大。随后基于证据线索的科学性考虑,相关领域研究学者利用形态测量学量化特征参数分析指印随遗留时间的变化规律,该方法从统计学的角度研究指印遗留时间变化模型,具有一定的统计学意义。但是,该方法的科学性依然不足,因为其无法全面概括到复杂的指印成分与环境因素,且该方法中使用的成像设备分辨率对实验结果影响较大。

1. 细节点数

De Alcaraz Fossoul 的研究团队[1]设计了一系列的实验量化研究指印细节数量随潜指印遗留时间变化的规律。他们使用细节数量作为时间的函数将研究结果制作成可视化图表。该方法仅适用于单个个体的检测，不适用于多个个体的同时研究。这个系列实验的实验变量包括承受客体表面材质（玻璃和塑料）、指印成分的类型（皮肤脂肪占比高型和外分泌物占比高型）和光照条件（黑暗、阴影和直射光）。确定变量后，实验方案中还选择采用了二氧化钛粉末法显现各组指印。二氧化钛显现粉末是一种背景污染少，粉末组分安全、环保的显现粉末，可用于深色非渗透性客体上多种类型指印的显现。实验中设定的指印遗留时间为 6 个月，期间定期拍摄并记录细节数量变化。结果表明，随着时间的推移，玻璃承痕体表面上外分泌物占比高的指印细节数量明显减少，但皮肤脂肪占比高的指印细节数量却没有明显变化。与之相反，塑料承痕体表面的皮肤脂肪和外分泌物均能观察到明显的降解趋势。关于光照条件变量，实验结果表明，即使暴露在阳光直射下的指印，也不一定会比同等环境下的其他两档光照条件变量组的指印衰败得更快。

2. 脊线的宽度

对于脊线的宽度这个参数，De Alcaraz Fossoul 的研究团队[2]同样设计了类似的变量实验进行研究。研究中环境因素变量有环境温度和湿度、承受客体表面材质、光照条件和指印成分类型。经过长期实验后，可得出着墨指印的脊线宽度与指印遗留时间的变化关系，从而在实际案件类似环境中，依据指印的脊线宽度比值估计指印的遗留时间。

---

[1] De Alcaraz Fossoul J, Mestres Patris C, Barrot Feixat C, McGarr L, Brandelli D, Stow K, Gené Badia M. Journal of Forensic Sciences, 2016, 61（2）: 322.

[2] De Alcaraz Fossoul J, Barrot Feixat C, Zapico S C, Mancenido M, Broatch J, Roberts K A, Carreras-Marin C, Tasker J. Journal of Forensic Sciences, 2018, 63（4）: 1085.

3. 脊线和谷线之间的颜色对比度

De Alcaraz Fossoul 等人[1]使用脊和谷之间的颜色对比作为时间的函数来定量确定潜指印遗留成分的变化规律。该系列实验选择的显现粉末和变量与前两类实验相同。实验结果显示，遗留在玻璃表面上的皮肤脂肪含量高的指印，其颜色对比受遗留时间的影响较小，指印中所含皮脂的降解程度比塑料表面上弱，因此能够观察到对比度明显的指印图像。同样地，关于光照条件变量，实验结果表明，即使暴露在阳光直射下的指印，也不一定会比同等环境下的其他两档光照条件变量组的指印衰败得更快。

4. 脊线不连续的数量

针对这一因素，De Alcaraz Fossoul 实验团队[2]所设计的其他实验变量和显现材料与第一类因素试验相同。在这一试验中，研究人员选择以半常数不连续指数用于表征这一变化模型。该实验结果与前 3 类因素实验相似，即塑料表面显现的指印比玻璃表面显现的皮脂指印受环境和时间因素的影响更大。同样，黑暗并不一定是保存指印的最佳条件，即使直接暴露在光线直射下的指印，也不一定会对指印残留物的保存产生不利影响。

5. 脊线的高度

分析了前四项二维特征后，该团队也未忽略指印的三维特征。他们通过非破坏性、非接触式的三维显微成像技术对实验制备的变量指印进行可视化和数据采集。[3] 与其他二维成像技术相比，光学剖面技术（简称 OP，本章后文将会对其应用进行详细介绍）具有许多优点，其中包括：较多的分析变量（可同时分析脊线高度、宽度与时间的变化）、相对低廉的单个样品检测成本、较大面积的采集领域、较短的采集时间（但分辨率较低）以及测量数据的智能整理模块。与之相对应，OP 的缺点有：由于其稍大的分

---

[1] De Alcaraz Fossoul J, Barrot Feixat C, Tasker J, McGarr L, Stow K, Carreras - Marin C, Turbany Oset J, Gené Badia M. Journal of Forensic Sciences, 2016, 61 (4): 947.

[2] De Alcaraz Fossoul J, Barrot Feixat C, Carreras - Marin C, Tasker J, Zapico S C, Gené Badia M. Journal of Forensic Sciences, 2017, 62 (5): 1180.

[3] De Alcaraz Fossoul J, Mancenido M, Soignard E, Silverman N. Journal of Forensic Sciences, 2019, 64 (2): 570.

析面积（几十平方毫米），高分辨率扫描将会耗费更多的时间；对不同成分的敏感性不同，该技术对较薄的汗液成分层并不敏感，但是对承痕客体表面的缺陷或客体晃动高度敏感。与粉末除尘法相比，该技术的敏感程度已经远远满足实验要求。

（二）科学量化指印遗留时间的形态学技术

1. 一般摄影技术

视觉参数可以分为独立参数和非独立参数。在缺少指印提供者的身份且不能全维度收集指印信息的情况下，除了基质类型、汗液性质和光照条件，其他大多数生理或环境信息都无法作为可靠的变化因素。研究人员能够依靠一般摄影技术获得指印图谱，分析其指印图像特征（如颜色对比度和纹线中断数量），从而探究出指印遗留时间与独立特征参数之间的变化规律。如果研究人员能够获知指印提供者的身份，能够全维度收集其指印信息，仍然可以依靠一般摄影技术获得指印图谱，从而探究指印遗留时间与非独立特征参数的变化规律。上文中所述的 De Alcaraz Fossoul 科研团队就通过这两种方法对指印降解模式进行了系统研究。[1]

在进行光学拍照和数据处理之前，指印样本需经过预处理从而增强图像显现效果。此外，各项提出的参数是基于各种统计测试总结而得的，其实验初期就已证明了应用该系列参数研究的可行性。在他们的实验设计中，为了减少 TiO_2 粉末对脊线的影响，每个样品都需要用"参考"油墨印迹进

---

[1] De Alcaraz Fossoul J, Mestres Patris C, Balaciart Muntaner A, et al. Determination of latent fingerprint degradation patterns – a real fieldwork study. J Leg Med, 2013, 127（4）：857–870；De Alcaraz Fossoul J, Mestres Patris C, Barrot Feixat C, et al. Latent Fingermark Aging Patterns（Part I）：Minutiae Count as One Indicator of Degradation. J Forensic Sci, 2015, 61（2）：322–333；De Alcaraz Fossoul J, Barrot Feixat C, Tasker J, et al. Latent Fingermark Aging Patterns（Part II）：Color Contrast Between Ridges and Furrows as One Indicator of Degradation. Forensic Sci, 2016, 61（4）：947–958；De Alcaraz Fossoul J, Barrot Feixat C, Carreras–Marin C, et al. Latent Fingermark Aging Patterns（Part Ⅲ）：Discontinuity Index as One Indicator of Degradation. J Forensic Sci, 2017, 62（5）：1180–1187；De Alcaraz Fossoul J, Barrot Feixat C, C Zapico S, et al. Latent Fingermark Aging Patterns（Part IV）：Ridge Width as One Indicator of Degradation. J Forensic Sci, 2019, 64（4）：1057–1066.

行标准化。最后，该团队基于 4 个参数随时间的变化分别建立了退化模式的回归模型。但 De Alcaraz Fossoul 团队的方法中仍然存在三个限制：一是用于增强显现的粉末除尘法和二氧化钛粉末，在显影过程中，笔刷可能会直接接触纹线，从而破坏纹线残留物的原始分布，并且在每次显影过程中也不能保证分布在纹线上的粉末是同样均匀的；二是样本采集数量有限，代表性不足，所以难以推广到其他实际案例中；三是数据处理的问题，该实验所采用的 4 个参数分别建立了回归模型，这将导致相对较低的 R_2 值，并且纹线不连续性参数是一个半定量指标。所以，该方向的研究仍然需要找到其他能够稳定地反映 4 个老化参数的测量技术。

2. 彩色白光技术

基于光的色差的非接触式高分辨率光学彩色白光传感器（CWL）具有精确到 1μm 的空间分辨率和 20nm 的纵向分辨率。该仪器可一体化采集指印的高分辨率二维平面图像和三维立体图像。该仪器用于指印遗留时间检测的原理主要是从其高分辨率图像中提取"二进制像素"，从而构建指印遗留特征变化参数。在二维强度模式下，残留物的反射效果不同于基底背景的反射效果，因此会导致指印纹线和背景之间的对比度不同，研究人员可用二进制像素表示的对比度作为指印残留时间函数的横坐标。在 3D 立体模式下，指印纹线上不同波长的焦点经过反射后可提供纹线的高度数据。这种非接触式的传感器可以提供目标更详细的信息。在指印遗留时间研究方面，可以自动实现指印的检测、分类和特征提取。由于单纯的图像扫描并不提供化学成分信息，因此在未来的研究中可以将 CWL 技术与其他设备结合，从而多途径地综合研究指印遗留时间。

Merkel 的研究团队[1]采用 CWL 技术测量统计了 17 种不同指印特征随指印遗留时间增长的变化规律（见图 14-4）。在验证阶段，他们总共制备了 41520 个指印，并将这些指印的遗留时间分为 [0，5] 小时和 [5，24]

---

[1] Merkel R, Gruhn S, Dittmann J, Vielhauer C, Bräutigam A. Forensic Science International, 2012, 222 (1/3): 52; Merkel R, Otte K, Clausing R, Dittmann J, Vielhauer C, Bräutigam A. Proceedings of the First ACM Workshop on Information Hiding and Multimedia Security. ACM, 2013: 95.

小时两个区间进行测算统计，结果显示，他们所提出的变化规律达到了79.29%的准确度。随后，他们将 CWL 技术与共聚焦激光扫描显微镜（CLSM）进行了比较，结果显示，这两种技术分辨新鲜指印和保留半天以上指印的准确度分别为 89.2% 和 98.7%。在后来的研究中，他们提出更多特征来检测短期（24 小时内）和长期（半年到 3 年）指印遗留时间。

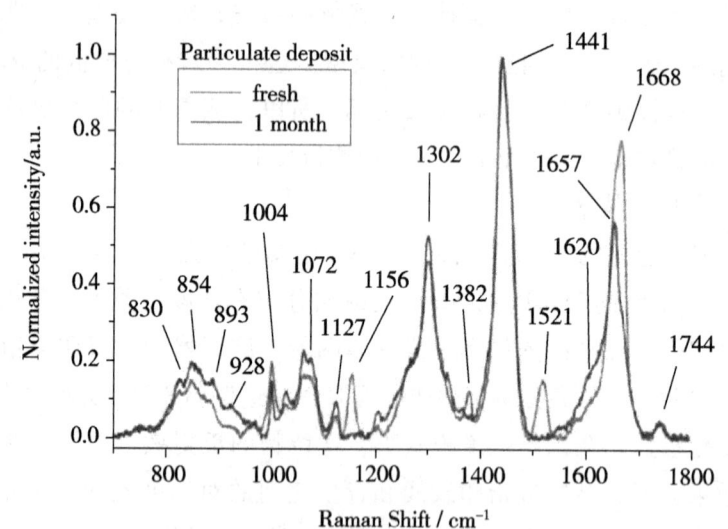

(其中，Normalized intensity—标准化强度；Raman shift—拉曼位移)

图 14-4　CWL 技术测量法

3. 光学剖面技术

高灵敏度的光学剖面技术（OP）可以基于白光干涉测量法，提供指印的所有形貌数据，也能够提供清晰的 3D 形貌图像。前文中提到的 De Alcaraz Fossoul 研究团队也使用了 OP 技术建立指印遗留时间变化模型。[1] 在实验中邀请了两位指印提供者（男性和女性）分别在玻璃和塑料基底上遗留多枚指印，通过 OP 技术测量指印厚度来估算指印遗留时间。实验结果表明，在指印沉积后的前 60 天，脊线高度是随时间显著降低的。但根据 OP 技术

---

［1］ De Alcaraz Fossoul J, Mancenido M, Soignard E, Silverman N. Journal of Forensic Sciences, 2019, 64（2）: 570.

的原理，如果基底表面的韧性高于脊线的高度，脊线信号将被覆盖。并且 OP 技术因有限的分析区域、高分辨率下缓慢的数据采集时间、对薄指印的不敏感性以及对基地状态的过度敏感而受到限制。因此，该技术有望与其他测量技术相结合弥补响应的缺点。

4. 原子力显微镜技术

原子力显微镜（AFM）技术在突出现实特定指印纹线细节领域具有不错的潜力，其在指印成像领域的最低图像分辨率为 1μm。该技术对基底要求较高，韧性过高的基底容易覆盖指印纹线信号。

Goddard 团队[1]使用 AFM 技术以小于 10nm 的纹线细节分辨率可视化了抛光黄铜基板上的指印，并对该指印脊线进行扫描提供脊的高度数据。Popov 团队[2]通过实验证明了 AFM 技术指印遗留时间检测的可行性和有效性。他们的实验报告显示，用 AFM 技术观察沉积后的指印，可准确统计出纳米级的高度变化，并总结出规律——指印的衰退主要发生在脊线中心花纹区域，其中高度为 4nm 的脊线中心花纹在 24 小时后向周围扩散了约 2 微米。23 天后，扩散到大约 4 微米。对于其他指印特征参数，如脊线的连续性仅保持了 16 天。

第四节　基于指印的光学特点推断遗留时间

指纹的化学组成十分复杂，主要包括外源性物质和内源性物质。外源性物质主要来自环境的污染物，如食品、药品、化妆品等，对指纹外源性物质的检验可以反映遗留人是否沾染过特殊的物质，从而将相关人员与特定案件联系起来。内源性物质主要来源于汗腺和皮脂腺，包括外部摄取物质代谢物的分泌物和人体自身的天然分泌物，对内源性物质的检验可以判断遗留人是否存在服用毒品、药物等特殊情况。此外，近年来的研究表明，

---

[1] Goddard A J, Hillman A R, Bond J W. High resolution imaging of latent fingerprints by localized corrosion on brass surfaces. Journal of Forensic Sciences, 2010, 55（1）：58-65.

[2] Popov K T, Sears V G, Jones B J. Migration of latent fingermarks on non-porous surfaces：Observation technique and nanoscale variations. Forensic science international, 2017, 275：44-56.

能够通过检测内源性物质含量的变化来反映个体间的差异，从而推断出遗留人的人群特征与个体特点，如年龄、性别等。

指印证据是法庭科学中最为重要的痕迹物证之一，但在其遗留时间的推断与判定方面起步较晚，目前仍旧存在诸多难题与挑战。由于指印残留物成分随着时间的推移会产生一定的变化，而指印成分在特定波长的光源激发下会发出不同波长、不同强度的荧光。随着时间的推移，指纹的荧光颜色、荧光强度及荧光分布均会发生一定程度的变化。因此，指印老化过程中荧光特性的变化特征是判断指纹遗留时间的又一解决思路。

一、荧光方法

荧光方法是指基于指印残留物成分随遗留时间的推移所反映出的指印荧光色彩、荧光强度等荧光特征的变化规律，从而推断指印遗留时间的一种方法。潜在指纹在特定波长的光源激发下会发出不同波长、不同强度的荧光。随着时间的推移，指纹的荧光颜色、荧光强度及荧光分布均会发生一定程度的变化。因此，荧光特性是判断指纹遗留时间的参照物之一。目前，国内外不少学者以指印在特定试剂处理后呈现的荧光强度作为指印遗留时间的推断标准。

（一）陈旧指印的自发荧光方法

2016年，Dam等人[1]研究证明了指印残留物的自身荧光在光谱和总强度上均随时间的变化而变化，并具体研究了陈旧指印中的哪些成分导致了这种自荧光信号的变化。该团队采用薄层色谱法结合荧光光谱法，鉴定指印残留物成分中重要的荧光老化产物，为遗留指印中荧光老化产物的性质提供了新的信息。

Dam等人发现，蛋白质结合色氨酸是新指纹中自身荧光的主要来源，并证明蛋白质荧光随着指纹的老化而降低。基于此，他们推测色氨酸及其

---

[1] Van Dam A, Aalders M C G, Todorovski T, et al. On the autofluorescence of aged fingermarks. Forensic science international, 2016, 258: 19 – 25.

衍生物在老化指纹的荧光特性中起着重要作用。为识别指印残留物中的哪些成分导致了自身荧光信号的变化，Dam 等人使用薄层色谱分析法（TLC）在沉积后的不同时间点分离指印残留物中的不同荧光团，然后利用荧光光谱与色氨酸及其衍生物进行比较，以识别指印中荧光团的具体种类。指印样品分别储存于一个避光黑暗的房间以及非避光条件，并在两种不同的条件下老化 0、1、2 和 3 周。

研究结果表明，色氨酸衍生物在指纹标记的老化过程中起着重要作用。色氨酸衍生物中的 β-咔啉（Beta-carbolines）、吲哚乙酸（Indoleacetic acid）、哈尔碱（Harman）和黄尿酸（Xanthurenic acid）是指印残留物中主要的荧光团，是陈旧指印产生自身荧光的重要因素。同时，研究也排除了氨基苯乙酮（Aminoacetophenone）、邻氨基苯甲酸（Anthranilic acid）、N-甲酰基犬尿氨酸（N-formylkynurenine）、3-羟基邻氨基苯甲酸（3-hydroxyanthranilic acid）、3-羟基犬尿氨酸（3-hydroxykynurenine）和 3-羟基喹啉-2-羧酸（3-hydroxyquinaldic acid）作为老化指印自身荧光的产生因素。

Dam 等人的研究证明了指印残留物中存在哪些荧光老化产物，这一方法为司法实践中推断指印遗留时间提供了新的思路和新的可能。

（二）基于决策树算法的茚二酮显现法

目前，基于茚二酮处理后指印的荧光强度来判定指印遗留时间的研究文献报道较少。2023 年，田师思团队[1]提出了一种基于茚二酮显现法并借助决策树算法建立遗留时间模型来推断指印遗留时间的方法。

作为一种典型的分类方法，决策树算法（decision tree）最早诞生于 20 世纪 60 年代，是机器学习中基本的分类和回归方法。决策树算法本质上是通过一系列规则对数据进行分类的过程，其类似于流程图结构，每个内部节点描述一个对属性的测试，每个分支表示测试的结果，每个叶节点持有

---

[1] 参见田师思、赵雅彬、游伟等：《基于荧光指纹对指纹遗留时间判定的研究》，载《应用激光》2023 年第 3 期。

一个类标签。首先，对数据进行处理，利用归纳算法生成可读的规则和决策树；其次，使用决策对新数据进行分析，是一种逼近离散函数值的方法。决策树算法分类精度高、生成模式简单，是目前应用最广泛的归纳推理算法之一。该方法可将主观的指纹评估转换为客观的数据。

正如前文所述，茚二酮－锌（IND－Zn）试剂在非渗透性客体表面指印显现方面具有较为优异的可视化效果，茚二酮－锌与指印残留物中的氨基酸发生化学反应，生成一种荧光产物，该产物在535nm处能够激发出粉色荧光，通过橙红色滤光镜观察可见明显亮度反差。经茚二酮－锌试剂处理的指印残留物，在激发条件下可产生覆盖490—560nm区域的激发波段，以及覆盖550—620nm区域的吸收谱带。利用茚二酮－锌检测指印遗留时间便是基于指印残留物成分中的氨基酸含量随遗留时间的推移而变化，导致茚二酮－锌反应所产生的荧光强度也随之改变。

该团队通过配制不同浓度的8种氨基酸纯品溶液，获得遗留时间分别为0、3、7、14、21、30天的样本。以8种不同种类、浓度的氨基酸纯品荧光强度的变化为研究对象，依据样本与茚二酮显现后经492—577nm绿色波段激光照射，并于橙黄色滤光器观察下的荧光强度等特征值，搭建决策树模型，并横向比对决策树、SVM（support vector machine）和MLP（multilayer perception）三种不同建模方法的准确率，通过Python编码实现对遗留时间的大致判定。由主成分分析评分图可知，遗留时间为14天是较为重要的节点，因此该团队将数据分为<14天与≥14天两类，分别建模。

试验结果表明，决策树模型的效果显著优于支持向量机和神经网络中的多层感知机。小于14天的氨基酸纯品的荧光强度等特征统计学规律不明显，无法通过建模达到区分。依据样本与茚二酮显现后经绿色波段激光照射，橙黄色滤光器观察下的荧光强度等特征值，构建决策树模型，遗留时间识别准确率达到81%，横向比较支持向量机和多层感知机模型的准确率，确定决策树模型为最优模型。以真实指纹≥14天的数据作为测试集检验该模型，准确率达67%。然而，由于指印的形成与遗留条件受到诸多因素影响，在其具体推断方面可能存在一定的误差和局限性。

该方法为指印遗留时间的推断问题提供了一定的解决思路，同时，田师思团队建议日后可通过细化遗留时间和试验条件、适当扩大试验规模与扩充样本数量，建立更为完善与精确的数据模型。

二、荧光光谱成像技术

1992 年，Menzel 等研究者[1]观察到指纹的遗留时间与荧光发射颜色之间存在关联，他们发现新鲜指纹主要呈现出黄色荧光，而随着时间的推移，陈旧指纹则更多地展现出红色荧光。2012 年，Lambrechts 等人[2]提出新鲜指纹中的自发荧光主要源自蛋白质与色氨酸的结合，并且他们证实了随着指纹的老化，蛋白质的荧光强度会逐渐减弱。基于这一发现，2014 年 Dam 等科学家[3]进一步研究了指纹中色氨酸含量丰富的蛋白质（$Tryp_{fl}$）和脂质的氧化过程，他们通过比较在 283nm 光源激发下蛋白质的荧光强度与 365nm 光源照射下蛋白质和荧光脂质氧化产物（FOX_{fl}）的荧光强度之比，作为评估指纹老化程度的一个指标。利用这一方法，他们成功地在受控条件下估算了指纹的年龄，范围精确到 3 周内，误差控制在 1.9 天以内（见图 14-5）。

2015 年，Merkel 及其团队[4]提出了运用高光谱成像技术来探究潜在指纹随时间老化的特性。研究显示，汗潜指纹与皮脂指纹在紫外线和可见光谱段的光谱特征上存在显著区别：可见光谱段的光谱变化遵循对数规律，而紫外线光谱段则展现出更多难以预估的老化模式。此外，研究还强调了利用皮脂成分来研究指纹长期老化过程的潜在价值。次年，Dam 等人[5]采

---

[1] Menzel E R. Fingerprint age – determination by fluorescence. Letter to the editor, J Forensic Sci, 1992, 37 (5): 1212-1213.

[2] Lambrechts S A G, et al. On the autofluorescence of fingermarks. Forensic Sci Int, 2012, 222 (1-3): 89-93.

[3] Dam A V, Schwarz J C V, de Vos J, Siebes M, Sijen T, van Leeuwen T G, et al. Oxidation monitoring by fluorescence spectroscopy reveals the age of fingermarks. Angewandte Chemie, 2014, 53 (24): 6272-5.

[4] Merkel R. Latent Fingerprint Aging from a Hyperspectral Perspective: First Qualitative Degradation Studies Using UV/VIS Spectroscopy// Ninth International Conference on It Security Incident Management & It Forensics. 2015.

[5] Dam A V, Aalders M C G, Todorovski T, et al. On the autofluorescence of aged fingermarks. Forensic Sci Int, 2016, 258: 19-25.

用薄层色谱法与荧光光谱法相结合的方法，鉴定出 β-咔啉、蚓噪乙酸和黄尿酸等色氨酸衍生物是陈旧指纹的关键荧光成分，这一发现为通过特定荧光物质与光谱分析来研究指纹老化机制提供了宝贵依据。

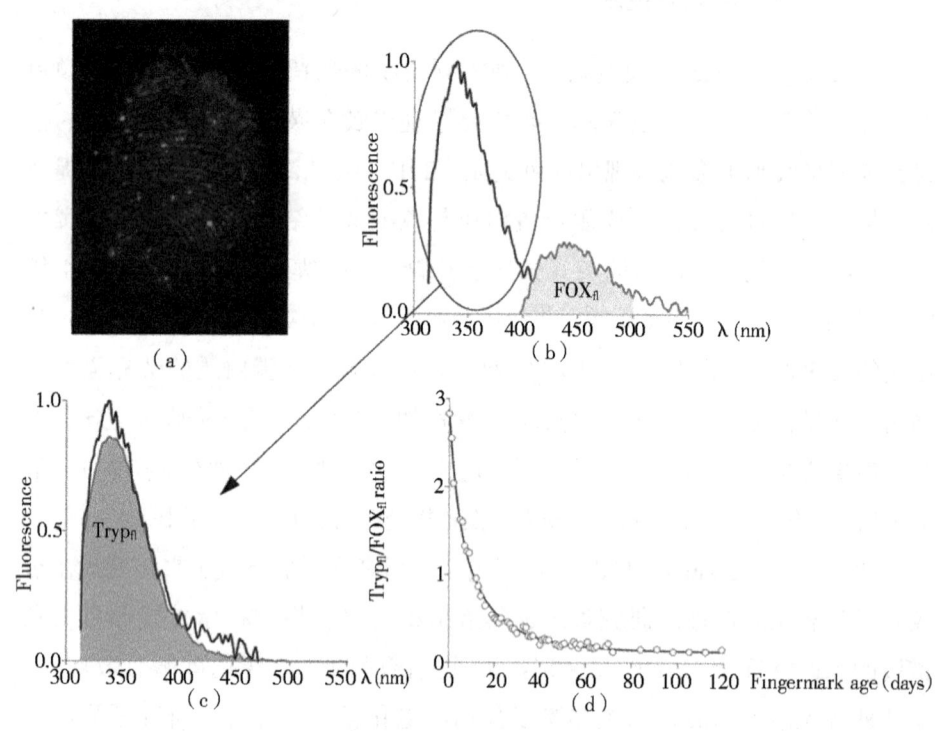

[其中，Fluorescence—荧光强度；λ—波长；
Fingermark age（days）—指纹遗留时间（天）；
$Tryp_{fl}$—色氨酸蛋白；FOX_{fl}—荧光脂质氧化产物]

图 14-5　指纹遗留时间的判断过程

近年来，国内学者也开始采纳类似方法来评估指纹的遗留时长。2009年，庾金涛等人[1]借助紫外多光谱成像系统，通过分析氨基酸与尿素在不同波段下的 DN 值比例关系，构建了指纹遗留时间的预测模型。2017 年，

---

[1] 参见庾金涛、李清灵、李磊等：《指纹时间遗留模型的研究及验证》，载《光学学报》2019 年第 5 期。

戎辉团队[1]则运用紫外分光光度技术，依据汗潜指纹中尿素与氨基酸含量的比值，探索并建立了推断指纹遗留时间的回归方程式。

这类方法基于指纹物质的荧光发射特性进行研究，多借助光谱技术和一些具有紫外激发光源的图像捕获设备记录。该方法利用了指纹物质的物理性质，具有无损、可操作性强、简便快速的优点。但该方法并未考虑到不同供体之间潜在指纹物质成分的差异性以及同一供体潜在指纹物质成分的变异性，且该方法所用设备对于客体类型有一定的限制。

三、红外光谱技术

2015 年，Girod 等人[2]利用傅里叶变换红外显微镜（Fourier transform infrared microscopy，μ – FTIR）对指纹残基进行了研究，以获得有关指印残留物的初始组成和老化动力学的基本信息。该团队在新鲜指印上测试了衰减全反射模式（Attenuated total reflection，ATR）和单点反射模式（single – point reflection modes）。实验表明，ATR 模式更适用于指印物质的检测，故选择该模式进行进一步的老化研究。在新鲜和陈旧指印残基中皆检测到小汗腺和皮脂腺物质，其中 1000 – 1850cm^{-1} 和 2700 – 3600cm^{-1} 光谱区域的信息最为丰富。同时，研究还探索了基板（铝和玻片）和储存条件（在光照和黑暗中存储）对指印老化的影响。化学计量学分析显示，对于储存于非避光条件的指印，可以忽视基底表面的不同理化性质对指印老化过程带来的干扰。相反，当指印残留物储存于黑暗条件时，只有沉积在同一基质上的标本才能按遗留时间进行分组推断，即避光条件可能对指印的老化过程造成一定影响。此外，还进行了偏最小二乘回归分析（Partial least squares regression，PLS），以研究指印老化建模在遗留时间推断应用方面的可能性。所得到的模型的总体误差不超过 3 天，且无论基质和光照条件如何，该模型都具备区分陈旧指印的能力。但 Girod 等人认为仍需要进一步的

---

[1] 参见戎辉、林子清、陈禹冰、张茹、齐雪梅：《汗液指纹遗留时间推断的实验性研究》，载《中国法医学杂志》2017 年第 6 期。

[2] Girod, Aline, et al., Fingermark initial composition and aging using Fourier transform infrared microscopy (μ – FTIR), Forensic science international 254 (2015): 185 – 196.

研究来充分验证这些模型,并评估其在不受控制的案例工作条件下的稳健性和局限性。

2018 年,Johnston 等人[1]使用傅里叶变换红外显微光谱研究潜在指印模拟样品中发生的分子间相互作用。研究中简化的模拟溶液中有机化合物的分子间相互作用可以反映自然状态下指印残留物成分中发生的相应相互作用。光谱数据显示,角鲨烯和胆固醇会影响所研究的模拟样品中的分子间相互作用,两者的缺乏显著限制了模拟样品中其他有机成分之间的相互作用,这表明,这两种化合物在影响潜在指纹中脂质之间的分子间相互作用的重要性,并为研究天然指纹中的这些相互作用提供了假设。潜在指印中发生的降解过程是由这些相互作用引导的,而这些潜在的相互作用可能成为潜在指纹化学进一步研究的目标,并最终有助于更好地理解沉积后发生的老化过程和降解机制。

四、拉曼光谱方法

拉曼光谱作为一种无损伤的探测技术,具有很高的选择性和灵敏度,因此也可以检测微克量级或飞升量级的样品,而且无须预处理过程,在许多研究领域发挥重要作用。在识别附着在指纹上的内源性和外源性物质等方面表现出色。发展至今,拉曼光谱已成为一种常规的测量技术,不仅在化学、物理、生物、医学和考古等科学研究中得到运用,还被广泛应用于探矿、质量控制、污染防治、刑事侦查等技术生产和安全部门。

2017 年,Andersson 等人[2]基于拉曼光谱方法非破坏性地获得指印残留物成分的高分辨率光谱,并且鉴定了几个分子的指印残留物,获取了类胡萝卜素、角鲨烯、不饱和脂肪酸和蛋白质的拉曼光谱带变化的拉曼光谱数据。结果表明,拉曼光谱是一种非破坏性研究指纹老化过程的有用技术,基于拉曼光谱可以观察到新鲜和一个月大的指纹之间拉曼光谱的明显差异,

---

[1] Johnston A, Rogers K. A study of the intermolecular interactions of lipid components from analogue fingerprint residues, Science & Justice, 2018, 58 (2): 121 – 127.
[2] Andersson P O, Lejon C, Mikaelsson T, et al., Towards Fingermark Dating: A Raman Spectroscopy Proof – of – Concept Study, ChemistryOpen, 2017, 6 (6): 706 – 709.

同时作为老化参数的拉曼谱带显示出显著的衰减规律。实验结果显示出不同的衰变动力学参数：类胡萝卜素＞角鲨烯＞不饱和脂肪酸＞蛋白质。Andersson 等人还发现，光会影响类胡萝卜素、角鲨烯和不饱和脂肪酸的降解速率，而蛋白质（如芳香族侧链和酰胺Ⅰ）保持更稳定。当样品储存在环境光条件下时，降解速度加快，但对蛋白质的降解不太明显，这可能是受光氧化作用的影响。

除汗潜指印残留物成分之外，犯罪现场遗留的血指印也是刑事诉讼的重要证据，并可为刑事侦查提供重要信息。血液的遗留时间往往关联着案发时间，对于侦查来说是至关重要的线索。目前的研究认为，血液的拉曼光谱随时间的明显变化可能是由于血液离体之后，血红蛋白从氧化血红蛋白（OxyHb）变为脱氧血红蛋白（DeoxyHb），其中卟啉共轭环结构中涉及 C—C、C＝C 和 C—N 键的振动模式发生改变导致的。作为物质的特征光谱，拉曼光谱可以反映被测物质的结构特性，同时，拉曼光谱检测是一种操作简便且无损样品的检测方法，适合对现场血迹的检验。此外，拉曼光谱不受指印残留物成分中水分子的影响，可用于纯定性分析、高度定量分析和测定分子结构，相对于其他光谱而言，拉曼光谱具有更强的特异性，预测准确性较高，且检验过程不需要对样本进行任何前处理，保证了物证的原始性，适合对现场物证进行检验。

2022 年，针对犯罪现场血液遗留时间的推断问题，杨志超团队[1]创新使用拉曼光谱与机器学习相结合的分析方法，通过血液的拉曼光谱判断其遗留时间。该团队认为，利用拉曼光谱结合建模分析可以作为一种无损快速的血液遗留时间的有效评估方法，且该方法的预测误差能够满足刑侦工作的需要。实验以不同遗留时间的血液为研究对象，建立基于拉曼光谱的血液遗留时间的辨别方法。方法采集遗留时间为 0.5—240h 的指尖血液样本，获取其拉曼光谱数据，经校正和平滑处理后，对数据进行归一化。首先，利用 RSD 值评价光谱的稳定性，选取前 10 个主成分和 6 个重要波段分

---

[1] 参见杨志超、赵淼、蔡竞等：《基于拉曼光谱的血液遗留时间研究与模型预测》，载《中国法医学杂志》2022 年第 1 期。

别建立模型，利用预测集测试模型效果。结果表明，相同遗留时间血液的拉曼光谱具有较好的稳定性（RSD＜0.2），不同遗留时间血液的拉曼光谱在 665cm^{-1}、1226cm^{-1}、1249cm^{-1}、1366cm^{-1}、1600cm^{-1}、1638cm^{-1} 6 个波段有明显的强度变化。其次，比较 4 种机器学习回归方法，PLRS 方法的建模准确度最高，主要原因是 PLRS 算法解决了数据中多重共线性的问题，而 SVR、ANN 和 PR 模型过于复杂，需要训练的参数较多，实验的训练样本量不足以支撑。最后，全波段降维后的前 10 个主成分建模的误差（R‒Square＝0.99，RMSEP＝6.39）低于上述 6 个波段建模的误差（R‒Square＝0.8797 和 RMSEP＝26.03），直接说明除了直接观察到的 6 个波段的强度会随时间变化外，遗留时间对血液其他波段也有很大影响，在建模分析时不应被忽视。

2023 年，湖南警察学院的龚佳骏和卜芃[1]以血指印为样本，测定不同遗留时间的血指印的差分拉曼图谱，实验结果表明血指纹在 1164—1167cm^{-1} 处的峰位置所对应的峰强度随血指纹遗留时间的增长呈现不断降低的趋势。本实验旨在制作在不同遗留时间的血指纹对应的标准差分拉曼图谱，便于基层技术人员根据差分拉曼图谱准确地推断死者的死亡时间。实验结果表明，利用差分拉曼光谱分析仪分析血指纹遗留时间的研究获得了初步的实验成果，在以每小时作为时间变量的实验下，随着时间的流逝，血指纹在差分拉曼光谱分析仪器中所呈现的峰谱中的峰强度的变化，在峰位置 1164—1167cm^{-1} 处的峰强度符合不断降低的趋势。

第五节　基于指印的电效应（电荷变化）推断遗留时间

一、基于指印的电效应推断遗留时间的基本原理

指纹作为法庭科学领域中用于人身认定的重要物证，蕴含了丰富的个体信息。但是，在实际案件现场中提取到的多为模糊和残缺的指纹，无法

---

[1] 参见龚佳骏、卜芃：《差分拉曼光谱分析血指纹遗留时间的研究》，载《当代化工研究》2023 年第 7 期。

利用传统的形态比对方法进行鉴定；而且指纹中的物质成分比较复杂，很难通过检测其中的具体物质实现遗留人的溯源分析。研究人员多采用光谱法和质谱法对指纹物质进行检验。然而，由于指纹物质的成分复杂且含量较少，光谱法的灵敏度和准确度在检测内源性物质时存在一定的局限性。灵敏度和准确度更高的气相色谱-质谱联用以及液相色谱-质谱联用等质谱法无法获取指纹的图像信息，并且还会对指纹样本造成破坏。

潜在指纹中含有多种带电离子，如氯离子、硫酸根离子、磷酸根离子等无机阴离子和钠离子、钾离子、钙离子等金属阳离子。随着时间的推移，指纹中的带电物质经历老化过程，指纹表面的电荷分布及电荷量的大小均会发生一定程度的变化，这一电学特征的变化可能存在一定的规律性，可以作为研究指印年龄的替代方法。因此，近年来国内外学者提倡基于指印的电荷变化规律对指印遗留时间的推断方法进行探讨与研究。目前，已有部分研究对指印残留物进行了探索与分析，但对指印电效应随时间变化的具体规律以及其在遗留时间推断方面的准确度、精密度方面的研究仍存在一定的局限性，亟待进一步的理论与实践论证。

二、基于指印的电效应推断遗留时间的方法及其进展

（一）电场显微镜

2011年，Watson等人[1]介绍了一种适用于实验室条件的指印成像新技术，该团队使用电场显微镜系统（Electric field microscopy system）成功对手指接触薄绝缘表面而产生的接触带电电荷进行成像。该方法能够展现指印表面电荷的空间分布，研究中还发现指印电荷随时间的推移存在衰减变化。

这项研究中所提出的方法依赖于接触客体即手指与承痕客体之间的接触起电，这一方法几乎独立于主体和转移介质。在该方法中，指印产生的表面电荷的衰减受材料的物理性质和主要环境条件的函数的影响，使用已

---

[1] Watson P, Prance R J, Beardsmore-Rust S T, et al., Imaging electrostatic fingerprints with implications for a forensic timeline, Forensic Sci Int, 2011, 209 (1-3): e41-e45.

知的测试电荷可以很容易确定材料的特性，只需确定环境条件的函数便可获得大致的衰变规律。

研究中提到的电场显微镜系统主要基于一个超高阻抗电势传感器，传感器由一个强大的电子放大器组成，作为一个非接触光栅扫描探针来测量表面电荷密度。超高输入电阻（1015 欧姆）和输入电容（10—16 法拉）共同促成了非侵入式电场测量。电极与传感器相结合，可以在较宽的范围内（10—200MHz）进行电场干扰测量，同时绝缘体上的表面电势和静电荷可以通过集成一个或多个传感器阵列来进行观察。初步的研究中获得了两个重要结果：首先，它们表明指纹图像的空间分辨率足以用于识别目的。其次，潜在指纹的电荷量与时间推移存在一定关联，表面电荷的衰减可以作为判断指纹遗留时间的一种候选方法。表面电荷随时间的衰变是明确的，很大程度上取决于物质，可能需要很长的时间。这种材料的固有衰减率可以使用本文中描述的电荷成像系统和一个已知的测试电荷进行量化。

Watson 等人在一系列绝缘材料表面演示了电场显微镜系统对指印表面电荷的测量效果，实验所用的绝缘材料包括聚氯乙烯（PVC）、聚四氟乙烯（PTFE）、醋酸纤维和聚偏氟乙烯（PVDF）薄片等现代塑料基底。实验表明，样品上存在一个大幅度但空间上均匀的表面电荷。塑料中的折痕在表面电荷扫描中高度可见，部分原因是折痕形成过程中表面产生的电荷，以及折痕产生大电荷梯度的趋势。电位传感器扫描探针（Electric potential sensor，EPS）的高空间和电荷分辨率揭示了一个潜在的静电指纹。用手指进行的一次接触就会留下一个电荷。在绝缘塑料表面上的印模，可能部分地局限在塑料本身的表面内，也可能局限在手指接触留下的沉积物内。在成像前不需要任何特殊的准备或开发过程，而且测量是完全无损的，这意味着它可以重复进行，因为电荷分布是不受干扰的。因测量探针导致的材料空间电荷发生的变化，可由逆矩阵技术解决。

这一技术的主要优势在于其仅需测量现存的电场，该电场由沉积的电荷产生，并且不依赖于化学沉积物。在指印成像方面，经该方法所获得的电荷的分布图像具有适于识别目的的空间分辨率，并且具有与传统指纹图像相当的质量，可作为指印的一种有效成像方法。目前，利用扫描 EPS 系统已经获得了具有 5 mm 空间分辨率的图像。在遗留时间推断方面，运用该技术可以观察到一个明显的电荷图像随时间的指数衰减，该衰减变化在时间轴上存在一定的周期规律，而使用目前的电荷成像方法，可以很容易地为任何给定的材料获得这样的衰减曲线。这一可观测现象存在两种主要作用：一是这种方法不会受到由旧指印历史引起的背景噪声的影响；二是通过电荷衰减有可能确定最近的电荷指纹图像的时间序列。此外，相对于传统潜在指纹显影技术，这一测量技术是非破坏性的，可以在不降解样品的情况下重复使用，并且允许在电荷成像后对指纹进行后续检查和处理而不对后续显现或分析过程造成影响，如 DNA 分析或潜在指纹的传统显现技术的应用。

然而，这种技术目前受到长扫描时间、小探测区域和绝缘衬底的限制，此外，目前的测量都是在绝缘材料的薄片（50 mm 厚）上对理想状态下的指印进行的，由于测量探针受材料内空间电荷的影响，因此对明显较厚样品的高分辨率测量存在一定的局限性。值得注意的是，该研究对其他相关变量关注较少，因此对于引起指印表面电荷的具体物质还需要进行深入研究和具体分析，如扩大样品范围，检测经溶剂清洗、沾染化妆品与外来油脂或有明显皮脂腺物质的污染指印。

（二）电化学阻抗谱技术

1. 电化学阻抗谱技术原理

电化学阻抗谱技术（Electrochemical Impedance Spectroscopy，EIS）是指给电化学系统施加一个频率不同的小振幅的交流正弦电势波，测量交流电势与电流信号的比值（系统的阻抗）随正弦波频率 ω 的变化，或者是阻抗的相位角 φ 随 ω 的变化。1872 年，Oliver Heaviside 首次将拉普拉斯变换方法应用到电子电路的瞬态响应，由此开创了阻抗谱的应用先河。

简单来说，EIS 技术就是测定不同频率 ω（f）的扰动信号 X 和响应信号 Y 的比值，得到不同频率下阻抗的实部 Z、虚部 Z、模值 Z 和相位角 φ，然后将这些量绘制成各种形式的曲线，就得到 EIS 抗谱。电化学阻抗通常是通过对电化学电池施加交流电位，然后测量通过电池的电流来测量的；与电阻一样，阻抗是测量电路抵抗电流流动的能力，但与电阻不同，它不受理想电阻简化特性的限制，即在所有电流和电压水平上遵循欧姆定律，电阻值与频率无关，使交流电流和电压信号始终相位。通过假设应用一个正弦电位激发：对这个电位的响应是一个交流电流信号。这个电流信号可以被分析为一个正弦函数（一个傅里叶级数）的和。一个类似于欧姆定律的表达式允许计算系统在固定频率下的阻抗 Z，即交流应用电位和响应交流电流之间的比值，该等式以正弦函数表示如下：

$$Z(\omega) = \frac{E(t)}{I(t)} = \frac{E_0 \sin(\omega t)}{I_0 \sin(\omega t + \varphi)} = Z_0 \frac{\sin(\omega t)}{\sin(\omega t + \varphi)}$$

因此，阻抗通常以幅度 Z_0（电位和电流正弦函数的振幅之比）和相移 F（交流电位输入和交流电流输出之间的相移）来表示。当在不同频率下进行多次阻抗测量时，得到阻抗谱；阻抗谱通常绘制在图中，显示幅度（Z_0）和相位（F）随频率的变化（Bode 图）。

EIS 技术有如下几个优势：首先，由于采用小幅度的正弦电势信号对系统进行微扰，电极上交替出现阳极和阴极过程，二者作用相反，因此即使扰动信号长时间作用于电极，也不会导致极化现象的积累性发展和电极表面状态的积累性变化，因此 EIS 法是一种"准稳态方法"。其次，由于电势和电流之间存在线性关系，测量过程中电极处于准稳态，使测量结果的数学处理简化。最后，EIS 是一种频率域测量方法，可测定的频率范围很宽，因而比常规电化学方法得到更多的动力学信息和电极界面结构信息。

2. 电化学阻抗谱技术研究进展

2017 年，Rosa 等人[1]首次将电化学阻抗谱技术作为一种新兴技术，用于量化指纹沉积在无孔基底上的老化过程中的一些物理变化及在该过程中所受到的影响，并监测由指纹残余物和基底底物所构成的系统的电化学行为。这一研究还突破了显微镜观察所施加的限制，允许对非多孔金属衬底表面遗留指印的老化机制进行深入挖掘。

---

[1] Rosa R, Giovanari R, Bozza A, et al., Electrochemical impedance spectroscopy: A deeper and quantitative insight into the fingermarks physical modifications over time, Forensic Sci Int, 2017, 273 (Complete): 144.

通常情况下，导电基底上指印所发生的物理改变会导致指印残留物和基底之间电容的增加。此外，EIS 技术在监测指印残留物老化规律方面的潜力还来自这一电化学技术能够持续监测构成指纹残留物的一个或多个目标化合物的浓度变化，从而实现遗留指印随时间推移所产生的物理、化学及形态方面变化的及时检测与记录。

研究使用三电极单元（平电池模型 K0235）进行 EIS 测量，使用带有指纹的金属基板作为工作电极，铂箔作为对电极，$Ag/AgCl/KCl_{sat}$ 作为参比电极。电池由一个水平夹在两个端板之间的玻璃圆柱体组成（如图 14-6 所示）。每个端板上的 AViton™ 垫片密封板到汽缸，防止电解液溶液 0.2M 99.0% 硫酸钠泄漏。聚四氟乙烯垫片将工作电极的 $1cm^2$ 区域暴露在电池（见图 14-6）溶液中。

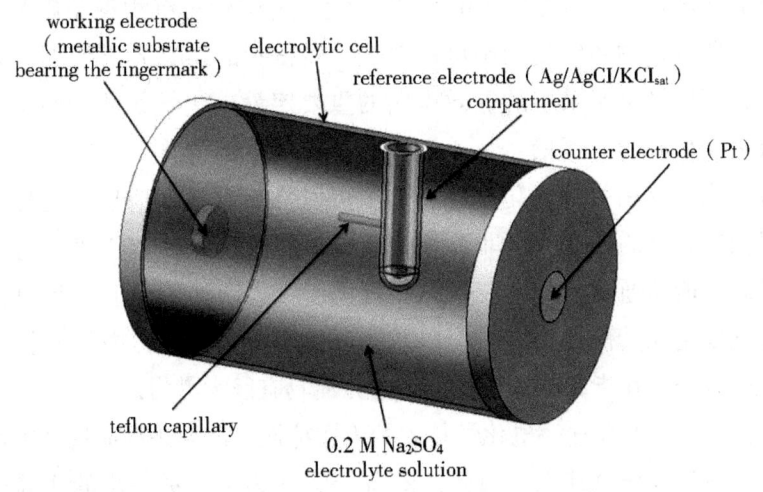

[其中，working electrode (metallic substrate bearing the fingermark) —工作电极（留有指印的金属表面）；electrolytic cell—电解池；reference electrode compartment—参比电极室（银/氯化银/饱和氯化钾）；counter electrode—对电极；teflon capillary—特氟龙毛细管；electrolyte solution—0.2M 硫酸钠电解液]

图 14-6 电池模型示意图

该文章研究了系统"金属+指标"在指标老化过程中发生的阻抗变化。使用欧拉关系，可以将阻抗表示为一个复函数：对于每个频率，阻抗将由一对值表示，实部（Zreal）和虚部（Zimm）。通过这种表示，阻抗谱通常绘制在图表中，显示实（Zreal）和虚（Zimm）部分随频率的变化，即奈奎斯特图（Nyquist plot）。对阻抗谱的分析可以提供关于材料、电化学系统和电气化界面在不同频率下可能发生的电导率变化的信息。同时，实验在20kHz/100mHz频率范围内获得阻抗谱，应用正弦电位波（偏置电压0V，振幅10mVrms），分别在45天和35天的时间范围内对皮脂草丰富的指纹和天然未梳理的指纹进行监测，并以复非线性最小二乘法（Complex Non-Linear Least Squares Method，CNLS）对实验数据进行拟合。

结果表明，时间推移对不同金属基板上由指印残留物和基底表面构成的系统的阻抗谱产生显著影响，且这一影响可通过奈奎斯特和伯德相图（Bode phase plots）来进行可视化。这一现象的产生原因可能是由于指印在金属基底上的扩散，可能也是由于其所发生的蒸发/再沉积现象以及金属基底表面指印残留物系统的粗糙度的改变。对得到的实验光谱数据进行适当的拟合，可以导出所采用的等效电路的重要定量电化学参数，用于获得关于指纹老化机制的有用信息；通过在老化周期内的变化，可以计算与特定指印残留物成分相关的老化曲线，从中可以推断出基本信息。这种方法超出了显微镜观察的限制，对非渗透性金属客体上指纹的老化机制有了更深入的了解，能够通过电化学技术同时检测潜在指印的一种或多种目标化合物的浓度变化和其他化学变化，以及检测指印在老化过程中物理特征与形态外观的改变，在指印的遗留时间推断方面具有巨大潜力。

然而，鉴于EIS这一电化学技术的内在特性，该方法在适用性方面存在限制，仅适用于导电基底。因此，Rosa等人认为仍需进一步的实验证明这一方法在导电基底表面的应用效果，以调查指印残留物与基底系统随时间变化的具体规律；同时，还需研究更长的遗留时间对相关电化学参数的影响，从而推断出在更长时间内定量评估指纹老化机制的可行性；此外，阻抗谱采集方法对指印显现增强技术的兼容性也需进一步研究。

（三）峰值力定量纳米机械制图原子力显微镜

峰值力定量纳米机械制图原子力显微镜（Peak force quantitative nanomechanical mapping atomic force microscopy，PFQNM－AFM）是一种可用来研究包括绝缘体在内的固体材料表面结构的分析仪器，也是一种基于指印残留物进行静电特性成像的方法，常用于研究潜在指印的表面黏附和形貌特征随时间的变化。

2016 年，Dorakumbura 等人[1]报道了原子力显微镜在探测潜在指印的物理性质方面的潜力，包括表面相互作用、形貌特征及其随时间的变化，并首次通过峰值力定量纳米机械制图原子力显微镜捕捉到了潜在指印液滴中受化学成分分布变化影响的表面黏附的差异。这一技术已成功地应用于检测小汗腺液滴的形貌特征变化，突破了其他光学显微镜技术的应用局限性。

指纹学研究者 Thomas[2]曾在其研究中指出，指印沉积物的物理外观受其组成和沉积基质的影响。Thomas 对潜在指纹的显微镜检查发现，富含汗腺分泌物——汗液的沉积物通常以孤立的圆形物质滴的形式存在，而富含皮脂的沉积物则形成连续的片状，或是面积较大、形状不规则的脊状物质。

基于这一原理，Dorakumbura 等人在实验室环境条件下，使用 Bruker 维度图标原子力显微镜（Atomic force microscopy，AFM）系统在 PF QNM 模式下进行 AFM 成像。PF QNM 模式是布 ruker 原子力显微镜特有的一种新型成像模式，它可以同时获取高分辨率的形貌图像和纳米力学样品特性的共定位测量，如黏附性、刚度、弹性模量和变形。

当悬臂梁与液滴接触时，由于液体的毛细管运动，在尖端和样品表面之间形成纳米毛细管桥，液体由指状毛细管组成，在液滴和尖端上凝结。将悬臂梁完全从样品表面拉出所需的力（附着力、Fad），是针对尖端和样品之间的所有静电吸引（Fel）、毛细管力（Fcap）、范德华力（FvdW）和化学相互作用（Fchem）的力。这一系统中的相互作用力的关系式如下：

---

[1] Dorakumbura B N, Becker T, Lewis S W. Nanomechanical map＊＊ of latent fingermarks：A preliminary investigation into the changes in surface interactions and topography over time, Forensic Science International, 2016, 267：16－24.

[2] Thomas G L. The physics of fingerprints and their detection, Journal of Physics E：Scientific Instruments, 1978, 11 (8)：722.

$$Fad = Fel + FvdW + Fcap + Fchem$$

毛细管桥是尖端样品在空气中黏附的主要来源。除了毛细管力外，上述所有力对尖端和样品的化学性质的依赖性都是直接的。部分研究表明，毛细管力受到液体的表面张力、相对湿度、接触时间和样品与尖端之间的接触面积的影响。因此，黏附性（Fad）提供了关于针尖-样品相互作用的信息，这些信息与样品和针尖的化学成分密切相关。研究中使用的所有 AFM 探针都是由氮化硅（极性表面）制成的，其产生的黏附作用有助于深入了解尖端和样品表面之间的亲水/疏水相互作用。

Dorakumbura 等人的研究显示，在无孔表面上，指纹沉积本质上展现出极大的空间动态性。随着遗留时间的增长，指印残留物中液滴的黏附性也发生显著变化。通过纳米尺度分辨率下的附着力和形貌分析，该技术能有效探究潜在指印沉积物的物理性质及其随时间的变化规律。具体而言，指印残留物的附着力随时间先增后减，即使在单个液滴表面，附着力也存在差异，揭示了单个液滴在纳米尺度上的化学成分不均一性。该技术能够实时捕捉沉积物从沉积初期的动态特性。鉴于这类沉积物中材料数量有限，其他光学显微镜技术难以观测并记录此类形貌变化。影响黏附性质的因素可能涉及沉积物化学异质性、供体特性及储存条件变化之间的相互作用，例如，天然指示剂标记液滴中观察到的黏附性显著差异，可能源于化合物基于极性的分布差异。

Dorakumbura 等人认为，详细研究这一假设有助于评估如潜在指印沉积物中的电荷分布等其他微观或纳米级特性，使人们更好地理解现有检测技术的基本机制，使相关指印检测技术（如微颗粒或纳米颗粒的检测技术）得到进一步发展。

第六节　基于指印残留物成分变化推断遗留时间

一、基于脂质及相关成分变化推断遗留时间

随着时间的推移，沉积在客体上的新鲜指纹发生蒸发、氧化、分解等

特定的老化过程，其成分必然会发生变化。指纹物质成分的变化是研究指纹遗留时间的重要目标，也是其他研究方法的基础。在这类研究中，脂质通常是研究较长遗留时间条件下指印老化规律的研究对象。

早在 2005 年，Archer 团队[1]便采用 GC – MS 研究指纹的初始成分以及脂质成分随时间发生的变化。研究表明，在光照或黑暗条件下储存的指纹中角鲨烯含量逐渐减少，且光照下损失更为迅速，对于指纹中饱和脂肪酸的含量则呈现先上升后下降的趋势。而后，Fritz 等人[2]也对指纹中的脂质随时间变化的规律进行了研究，结果表明，不稳定或挥发性成分会相对快速蒸发，而更稳定的成分可以保留很长时间。不饱和化合物，如角鲨烯、油酸和棕榈油酸随着时间的推移损失较快，而饱和化合物基本上保持不变。同时实验证实，老化指印中所检测到的低分子量化合物则属于不饱和化合物的降解产物，如短链脂肪酸等。

（一）基于饱和脂肪酸分子的扩散率

2015 年，Muramoto 等人[3]采用飞行时间二次离子成像质谱（time – of – flight secondary ion mass spectrometry，TOF – SIMS）测量硅片指纹中饱和脂肪酸分子的扩散率。研究发现，从相对新鲜的指纹（$t \leqslant 96$ h）中产生的脂肪酸的扩散可以使用误差函数进行建模，扩散系数（mm^2/h）在与分子量进行绘制时遵循幂函数。棕榈酸（Palmitic acid）的方程 $x = 0.02t^{0.5}$，可以以毫米为单位（浓度为初始值的 50% 或 c_0/2）作为时间的函数。结果表明，在干净的硅衬底上，通过棕榈酸的扩散程度可以可靠地获得指纹的年

---

[1] Archer N E, Charles Y, Elliott J A, et al., Changes in the lipid composition of latent fingerprint residue with time after deposition on a surface, Forensic Science International, 2005, 154 (2 – 3): 224 – 239.

[2] Fritz P, Bronswjik W V, Lepkova K, Lewis S W, Lim K F, Martin D E, Puskar L. Infrared microscopy studies of the chemical composition of latent fingermark residues, Microchemical Journal, 2013, 111.

[3] Muramoto S, Sisco E. Strategies for potential age dating of fingerprints through the diffusion of sebum molecules on a nonporous surface analyzed Using Time – of – Flight Secondary Ion Mass Spectrometry, Analytical Chemistry, 2015, 87 (16): 8035 – 8.

龄($t \leq 96h$)。

　　扩散是指流体的未解决的随机热运动，其特征是分子在表面的扩散。这种"随机漫步者"的行为可以用数学方法进行建模，在本研究中，使用Fick第二定律来模拟分子从指纹外边缘的迁移，在这种情况下，求解了在给定位置 x 和时间 t 下的浓度 $c(x, t)$。在这种情况下，这个问题被建模为一个一维的、径向的扩散问题，而不是二维的问题。因此，可以较为轻易地确定分子从指纹边缘的线性扩散程度并将其应用于实际的样本。

　　分子在一维上迁移的微分连续性方程为：

$$\frac{\partial c}{\partial t} = \frac{\partial}{\partial x}\left(D\frac{\partial c}{\partial x}\right) = D\frac{\partial^2 c}{\partial x^2}$$

　　其中，c 为归一化计数中的分子浓度，D 为其以 mm^2/h 为单位的扩散率。二阶导数需要两个边界条件，其中一个是皮脂第一次沉积时在 $t = 0h$ 的初始条件，因为手头的问题是一个随时间变化的非稳态流动。对于边界条件，假设在指纹边缘的给定分子的浓度是一个常数，因为在实验的时间范围内，脊内的分子数量预计不会发生显著变化。

　　在 $t = 0h$ 时，从分子开始扩散开始，指纹沉积在基物上。这一浓度变化随时间变化的规律如下：

$$c(x, t) = c_0\left[1 - erf\left(\frac{x}{\sqrt{4Dt}}\right)\right]$$

　　为了验证该方法的可行性，Muramoto 等人使用飞行时间二次离子质谱观察了分子量从 143 g/mol 到 395 g/mol 的饱和脂肪酸分子在表面的扩散。仪器有能力同时检测和识别多种化学物质。对于每个分子，该方程用于求解在所有时间 t 下满足线扫描的扩散率。对于棕榈酸，该扩散系数被确定为 $(4.5 \pm 0.3) \times 10-4 mm^2/h$。当饱和脂肪酸分子的扩散系数（$C_nH_{2n-1}O_2^+$）绘制作为分子量的函数，结果是一个遵循幂函数的趋势，与观察到的聚合物在不同分子量表面上的扩散系数非常相似。分子量的扩散可以监测大分子的迁移，以确定已经沉积较长时间的指印的遗留时间。饱和脂肪酸如肉豆蔻酸（C14）、棕榈酸（C16）和硬脂酸（C18）的信号强度较高，因此是确定扩散程度的很好的参照物。

总之，Muramoto 等人通过建立相关函数模式演示了 TOF-SIMS 成像在指印遗留时间推断中的应用。该方法能够以灵敏度快速获取高空间分辨图像，有助于可视化皮脂腺分子的扩散。结果发现，来自相对新鲜的指纹（t≤96h）的分子扩散可以用误差函数来模拟，较高分子量的物种显示出较低的扩散系数，并遵循功率函数。对于所研究的分子类型，扩散系数似乎只依赖于分子量。然而，这种方法也存在一定的局限性，例如，分子的扩散率可能根据底物的类型、其粗糙度和表面上的污染物覆盖范围不同而有显著差异。因此，可能需要对指纹存在的基底进行单独评估的扩散系数。同时，对于较大的 t 值（t≥96h）可能需要一组不同的假设和边界条件。

而后，2017 年，O'Neill 等人[1]扩展了 Muramoto 等人研究的指纹老化的扩散模型，利用基质辅助激光解吸/电离质谱成像，通过分析各种化合物从指纹脊扩散到指纹谷，来探索指印遗留时间推断的可能策略。实验主要研究了新鲜和老化指印残留物成分中两类内源指纹化合物脂肪酸和三酰基甘油（Triacylglycerols，TGs）在不同基底表面的扩散情况。

O'Neill 等人最初的假设是：基于扩散模型，高分子量的化合物可以用来估算更长遗留时间的老化指印。他们预计分子量更高的三酰基甘油会比脂肪酸扩散得更慢，基于此能够确定较为陈旧的指印的遗留时间。然而，研究结果表明，内源性化合物与样品基底表面之间的相互作用对化合物的分子扩散率起着非常重要的作用，其影响远远大于分子量，因此上述假设理论高度依赖于沉积表面的理化性质。例如，虽然高分子量的三酰基甘油在疏水表面的扩散速度比脂肪酸慢，但脂肪酸在亲水纯玻璃或部分亲水性不锈钢表面的扩散速度可能比三酰基甘油慢。这项研究表明，建立指印随遗留时间推移的老化模型，需要考虑将表面相互作用在内源性化合物扩散中的影响，才能获取准确结论。因为分子量不能表明内源化合物在给定表面扩散有多快，给定化合物的扩散速率也可能因表面的不同而不同。表面相互作用的程度或扩散的程度与从水接触角度测量的表面的亲水性或疏水

---

[1] O'Neill K C, Lee Y J. Effect of aging and surface interactions on the diffusion of endogenous compounds in latent fingerprints studied by Mass Spectrometry Imaging, J Forensic Sci, 2017, 63 (5890).

性有较好的相关性。

除表面相互作用外,温度、湿度等其他环境因素对扩散的影响也需要考虑和研究,例如,温度对如 PET 等聚合物表面的影响远大于对其他表面的影响,在高温条件下,PET 表面的指印在老化过程中呈现出快速扩散现象。因此,仍需进一步考虑客体的渗透性、指纹物质的扩散能力以及其他因素对指印残留物及相关代谢成分扩散的影响等,建立更为完善合理的老化数据模型,从而使该方法在实际应用中发挥作用与价值。

(二)基于癸醛成分变化推断遗留时间

2016 年,Pleik 等人[1]采用气相色谱 – 质谱法(GC – MS)研究了指纹图谱残基中不饱和脂肪酸的老化行为,并鉴定了其在老化样品中的降解产物。该团队开发了一种新的指纹残基样品制备技术,该技术可以生产所分析的不饱和脂肪酸及其降解产物的 N – 甲基 – n – 三甲基硅基三氟乙酰胺(MSTFA)衍生物。碘代三甲硅烷催化的 MSTFA 衍生化能够可靠地鉴定醛和氧代酸作为 GC – MS 中的 MSTFA 特征衍生物。所得结果阐明了不饱和脂肪酸的降解途径。该团队对老化指纹残基的研究表明,癸醛是所观察到的不饱和脂肪酸的主要降解产物。此外,还检测到具有不同链长的氧代酸是不饱和脂肪酸的特异性降解产物。

研究表明,癸醛是 $\Delta 6$ – 十六烯酸($\Delta 6$ – hexadecenoic acid)和 $\Delta 8$ – 十八烯酸($\Delta 8$ – octadecenoic acid)的降解产物。同时,$\Delta 6$ – 十六烯酸的老化产生 6 – 氧己酸,而 $\Delta 8$ – 十八烯酸的老化产生 8 – 氧己酸,且这两种物质都能够在老化的指纹残基中检测到。与老化指纹样本中 6 – 氧己酸和 8 – 氧辛酸的强度相比,癸醛具有更高的信号强度,这表明癸醛是由两种脂肪酸和额外的不饱和脂质形成的。

最初的不饱和脂肪酸在衰老的过程中降解迅速,在大多数被分析的样品中,在衰老 14 d 后不再被检测到。因此,甘油三酯、蜡酯等不饱和脂类

---

[1] Pleik S, Spengler B, et al., Fatty acid structure and degradation analysis in fingerprint residue, J Am Soc Mass Spectrom, 2016, 27 (9): 1565 – 1574.

为所讨论的降解过程提供了额外的参考物。但检测到的醛也可以由不饱和甘油三酯和蜡酯的氧化引起，而这些脂质的数量直接影响在老化指纹残基中检测到的醛的数量。因此，鉴定出的氧代酸6-氧己酸和8-氧己酸最适合作为指纹残基的潜在老化标记，因为它们仅来源于游离脂肪酸氧化。

脂肪族结构中双键的位置分析对研究人员一直是一个挑战。在本研究中，利用MSTFA衍生化技术和低分辨率质谱技术，分析不饱和脂肪酸自氧化产物及其链长是测定不饱和脂肪酸双键位置的一种有效而简单的方法。所述催化的MSTFA衍生化方法结合气相色谱-质谱分析特别适用于不饱和脂肪酸及其相关化合物的敏感检测。衍生化不仅提高了色谱性能，而且提高了对这些化合物的鉴定性能。没有催化的MSTFA衍生化，在老化的指纹样品中无法检测和鉴定醛与含氧酸。同时，由于CH_2-CH_3和$CH=O$具有相同的名义质量，因此非衍生偶数氧代酸和奇数饱和脂肪酸的质谱在低分辨率质谱中没有差异，故而若不采取MSTFA的衍生化将难以区分这些化合物。此外，与使用多个初始化合物的信号强度来估计指纹年龄的方法相比，Pleik等人所提出的方法能够基于指纹残基中单一初始化合物的降解生成一个相对老化的参考数值。

（三）基于角鲨烯/饱和C15:0脂肪酸比值变化推断遗留时间

2017年，Szabóová等人[1]采用气相色谱和串联质谱法监测指纹样品中角鲨烯和十五烷酸（Pentadecanoic acid）等内源分析物在不同时间和入射光相关比率条件下的变化。该方法可用于测定来自同一供体的玻璃表面上两个年龄不同的样本的指纹年龄，也可对同时印迹的不同人的指纹进行身份识别，即便对于玻璃表面的模糊指纹也同样有效。

Szabóová等人的研究目的在于开发一种新的指纹老化过程监测方法，可以区分指纹残留物中在一天内的化学成分变化。在多数情况下，皮脂中甘油三酯中含有的角鲨烯和相对永久代表的脂肪酸是检测指印老化状况的

---

[1] Szabóová Ž, Galbavá P, Szabó A H, et al., GC-MS/MS method for age determination of fingerprints, Monatshefte für Chemie - Chemical Monthly, 2017, 148: 1673-1678.

合适参考成分。指印化学成分的多样性和其对环境因素（光、温度和湿度）的暴露程度在较大程度上影响着指印成分的降解率。例如，角鲨烯是指纹图谱中的主要成分，由于其结构中存在大量的双键，因此在光化学上不稳定。鉴于在黑暗避光和阳光直射条件下指印残留物中成分降解率的差异非常显著，该工作主要集中于研究日光照射条件下指印成分的降解情况。同时，为描述指印残留物中的特定化学变化，研究选取角鲨烯与饱和甘油三酯脂肪酸的比例作为时间和入射太阳能的函数。与其他脂肪酸相比，C15∶0在指纹中出现的比例相对较高，而在甘油三酯中含量很少，从而增加了实验数据的可靠性。

Szabóová 等人的研究建立了基于甘油三酯酯交换和随后的气相色谱和串联质谱法的新兴分析方法，用于高灵敏度监测连续照射几天后指纹中残留的角鲨烯含量。该方法确定了角鲨烯/饱和 C15∶0 脂肪酸的比例，并允许观测一天内在日光条件下特定指印残留物成分的变化。研究证明，SQ/C15∶0 含量比的变化高度取决于遗留时间和入射辐照能量，因此这一比值可作为指印遗留时间推断的参照物之一。此外，实验还指出，SQ/C15∶0 比率可用于区分同一供体遗留时间不同的两个指纹在玻璃表面上沉积的相对先后顺序，以及对同一时间不同供体遗留的指印进行识别。

（四）基于甘油三酯成分变化推断遗留时间

2018 年，Pleik 等人[1]开发了高灵敏度的液质联用方法（LC‐MS），用于不饱和甘油三酯及其自然降解产物的可靠结构鉴定，以研究指纹残留物中发生的老化机制。除获取指印残留物成分的液相色谱‐质谱分析数据外，本研究还对老化指纹进行基质辅助激光解吸电离质谱成像（Matrix assisted laser desorption ionization mass spectrometry imaging，MALDI‐MSI），实验结果证明指印老化过程中存在甘油三酯臭氧溶解产物，可作为指印老化规律的参考物质。同时研究鉴定的脂质单氮胺是特定不饱和脂类的单个

---

[1] Pleik S, Spengler B, Ram B D, Luhn S, Schäfer T, Urbach D, Kirsch D. Ambient‐air ozonolysis of triglyceridesin aged fingerprint residues, The Analyst, 2018, 143（5）.

降解产物,在甘油三酯老化过程中产生,对这一降解产物大大提高了指印残留物化学分析的有效性。此外,研究所采用的高分辨率 MSI 分析除提供指纹成分的识别外,还提供了指印图像特征来识别嫌疑人。这种指纹化学结合 MSI 的研究方法的发展将为未来的法庭科学调查提供一个强有力的工具,在不同应用场景下皆具备较高的应用潜力。

Pleik 等人研究的主要研究思路如下:

首先,单不饱和甘油三酯在非老化指纹中的强度最高,甚至高于饱和甘油三酯,因此本研究选择单不饱和甘油三酯及其降解途径作为研究的主要重点。

其次,臭氧是环境空气中活性氧含量最高的物质之一,在指纹残留物的自然老化过程中起着至关重要的作用,但以往的研究主要集中在外部臭氧源的人工甘油三酯臭氧分解上,而极少有研究分析在环境空气条件下的脂质臭氧分解。

因此,该团队首先分析了标准脂质三十八烯酰甘油的老化行为,发现脂质的臭氧分解是环境空气中指纹残留物的主要脂质降解途径之一,这一降解现象在样品暴露于室内空气的 2 天内便可被观测到。此外,为实现对指印残留物中相关人类化合物成分的特异性、高灵敏检测,该团队进行了高分辨率串联质谱分析(High-resolution tandem mass spectrometry,HRTMS2),以确定暴露于大气中高活性臭氧时形成的臭氧分解产物脂质单氮胺(如 TG48KB:0-单臭氧化合物)。由于无法直接通过气相色谱-质谱方法检测非挥发性脂质,故该团队开发了一种液相色谱-质谱方法,用于进行指印样品中甘油三酯及其天然氧化产物的灵敏检测和可靠鉴定。在该项研究中,研究人员分别对新鲜和陈旧的指印样本进行了基质辅助激光解吸电离质谱成像检测。基质辅助激光解吸电离质谱成像方法能够同时获取指印残留物的化学表征与进行指印图像的可视化,提供了指印证据的化学成分信息与图像信息。

研究结果表明,由于指纹残基包含许多具有保护特性的额外化合物(如角鲨烯),指纹甘油三酯的降解率无法直接与参考脂质的降解率进行比较,但在暴露于大气空气中的指纹沉积后,能够立即检测到脂质单胞苷。

由于指纹的定量组成差异较大，因此研究中对 TG（48∶0）的信号强度进行归一化，以提升信号强度的相对值。同时，TG（48∶0）作为一个自然的内在标记，不依赖于残留物的绝对数量。用 TG（54∶3）的参考物质进行的老化实验和几种降解产物的鉴定结果表明，除了在指纹的年龄估计中必须考虑的臭氧分解外，还有相互竞争的降解途径。同时，实验指出，环境因素的影响是指印遗留时间估计过程中的重难点，这些环境因素在不同程度上限制实验室结果在法庭科学案件工作中的实际使用。例如，储存在实验室工作台上的样品和储存在抽屉里的样品的老化曲线明显不同。不饱和甘油三酯在实验室台上降解迅速，而在抽屉里的样品中信号强度下降要慢得多。这一差异可能是由于避光与空气循环条件的差异所导致的。故而，操作人员在实际工作中估计指印遗留时间时，必须注意相关因素对个体老化过程的影响。

二、基于血液成分变化推断遗留时间

（一）基于 mRNA 成分变化推断遗留时间

2016 年，Lech 等人[1]首次证明了 mRNA 对于血液沉积时间的价值，并引入了一个基于分子生物标志物的估计昼夜时间类别的统计模型，利用血浆中 mRNA 随时间降解的程度预测血液的沉积时间，AUC 高达 0.8 以上。

该团队评估了 mRNA 用于估计血液沉积时间的适用性，以及它相对于褪黑激素和皮质醇的附加值，这两种激素是我们以前为此目的引入的。通过分析在真实生活、受控条件下以 2 小时间隔连续 36 小时从 12 个个体中收集的血液样品中的 21 个候选 mRNA 标记，并鉴定了 11 个具有统计学显著表达节律的 mRNA。而后，该团队使用这 11 个明显有表达节律的 mRNA 标记，并在这些样本中分析了褪黑激素和皮质醇，以建立预测白天/夜晚时间

---

[1] Lech K, Liu F, Ackermann K, et al., Evaluation of mRNA markers for estimating blood deposition time: towards alibi testing from human forensic stains with rhythmic biomarkers, Forensic Science International: Genetics, 2016, 21: 119–125.

类别的统计模型。研究表明，尽管通常基于 mRNA 的时间类别估计不如基于激素的估计准确，但是相对于单独使用两种激素，使用 3 种 mRNA 标记 HSPA1B、MKNK2 和 PER3 以及褪黑激素和皮质醇通常增强了时间预测的准确性。基于这项研究数据能够构建一个数据模型，该模型通过使用这 5 个分子生物标志物来估计 3 个时间类别，即夜晚/清晨、早晨/中午和下午/晚上，预测准确度分别表示为 AUC 值 0.88、0.88 和 0.95。

Lech 等人的研究证明了 mRNA 对于血液沉积时间的价值，并引入了一个基于分子生物标志物的估计昼夜时间类别的统计模型，这将在未来通过更多的样本得到进一步验证。同时，这一方法在分子层面建立的显著节律性 mRNA 标记模型，为相关物证遗留时间的推断提供了新的解决思路。

(二) 基于血红蛋白成分变化推断遗留时间

血液离体后暴露在空气中，血红蛋白随着时间的推移发生复杂的化学变化。利用光谱分析的方法，可以实现对血液遗留时间的无损检验。

2017 年，Bergmann 等人[1]通过机器学习算法 KNN 判断 2h 到 3 周内血迹检材，预测结果 r > 0.9。在这项工作中，Bergmann 等人提出了一种基于吸收光谱的血斑年龄估计方法，该方法在计算中利用了 400—640nm 的吸收光谱。获得了在 3 种不同基底表面（棉花、聚酯和玻璃）上干燥的 72 种不同老化程度的猪血污渍（2 小时至 3 周）的光谱数据，并利用周转时间相关性来开发简单的老化估计方案。更准确地说，数据处理包括数据降维，在此基础上采用经典的 k - 最近邻分类器。该策略在交叉验证中显示了观察到的和预测的血斑年龄（r > 0.9）之间的良好一致性。由于光谱伪影会干扰如反射光谱等其他光谱方法，因此所提出的估计策略利用来自溶解血液样本的光谱数据来绕过光谱伪影。结果表明，可以从这种吸收光谱数据中得出年龄估计值，而与血液在其上干燥的基质无关。由于这项研究中的数

---

[1] Bergmann T, Heinke F, Labudde D. Towards substrate - independent age estimation of blood stains based on dimensionality reduction and k - nearest neighbor classification of absorbance spectroscopic data, Forensic science international, 2017, 278: 1 - 8.

据是在实验室条件下获得的，而实践应用必须考虑干扰环境条件以评估现实生活中的适用性。为了解决这个问题，Bergmann 等人提出了一种统计方法来评估血斑随时间的光谱变化，这种变化与体外血红蛋白变性有关。基于预处理的吸收光谱从采集的数据，一套基于特征的分类器被证明是血液年龄估计。本研究旨在探讨利用溶解血液样品的光谱作为输入信息，以实现不依赖于特定底物的分析。

2017 年，Zhang 等人[1]研究了衰减全反射（ATR）傅里叶变换红外（FTIR）光谱对于相对早期（从遗留到血迹变干所需的时间）估计血迹的沉积时间（Time since deposition，TSD）。为此，该团队使用 ATR－FTIR 研究了大鼠和人类血液样品变干时在特定波长下吸光度的变化。研究发现，3308/cm 处的吸光度（A3308）与该时间段内的 TSD 密切相关，并且在相同的控制条件下，干燥大鼠和人血滴期间 A3308 的变化呈现出相似的结果。

此外，2020 年，吴雪梅等人[2]利用衰减全反射－傅里叶变换红外（ATR－FTIR）光谱技术，研究血痕形成过程中主要化学基团的变化趋势，并运用 Matlab 2018a 软件分别对主要吸收峰的吸光度值、峰面积值（x）和血痕形成时间（y）进行拟合。结果表明吸收峰的峰面积法优于吸光度法。绝大多数化学基团不断分解，主要呈先快后慢趋势；不同物质分解速率不同，同一物质不同基团、同一基团不同振动类型变化趋势亦不相同。不同吸收峰吸光度值随时间变化趋势较差；对应峰面积值变化趋势较好，且多符合对数函数变化规律。

---

[1] Zhang Y, Wang Q, Li B, et al., Changes in attenuated total reflection Fourier transform infrared spectra as blood dries out, Journal of forensic sciences, 2017, 62（3）：761－767.
[2] 参见吴雪梅、王琪、陈卫平等：《基于 ATR－FTIR 光谱技术研究血痕形成的时序性变化》，载《中国法医学杂志》2020 年第 5 期。

第十五章
伪造指纹研究

第一节 伪造指纹研究背景

在各种身份识别技术中，指纹识别技术因具有各人各指不同、终身不变、易被用户广泛认可等优点，其研究以及应用的历史最为悠久，技术最为成熟，相关设备成本较低，被广泛应用于考勤、门禁、出入境管理和手机支付等领域。自20世纪以来，指纹不仅成为最重要的物证之一，在媒体的宣传下也为广大民众所了解，这也导致利用指纹逃避法律制裁或伪造证据的案例时有发生。随着制模材料的发展，制模技术的成本不断降低，加之制模易于操作、对专业知识要求不高，指纹/指印伪造越发容易。尽管指纹研究人员对此早有关注，但伪造指纹/指印识别依然是指纹检验领域的短板。《SFT 0102—2021 文件上可见指印形成过程鉴定技术规范》提出"5.2.1 选用适当的检验方法，按照 GB/T 37232 和 GB/T 37238 的相关要求，分析检材指印是否符合打印、复印、制版印刷、制章盖印、制模盖印等方式复制形成的特点"及"5.2.2 选用适当的检验方法，分析检材指印是否符合手指直接捺印形成的特点"，但该规范并未就制模伪造的指印具体特征作出明确说明，这给相关案件的事实认定和司法裁判带来了障碍。

据报道，Commins 等人率先测试了鉴定人区分真迹和伪造指纹，1934年他邀请了8位专家研究了4枚指印。结果显示在32个意见中，仅有20个正确答案。考虑到伪造指纹是在原始条件下制作的，因此在处理使用可能影响纹线清晰度的方法制作的指印时，辨别真假的能力有可能降低。这表明指纹鉴定专家考虑的首要问题并不是伪造痕迹的可能性。他们不会系统地探讨伪造的可能性，而是要等到提出指控后才会进一步考虑。Geller 等人在 2000 年的一项调查中对 152 名专家进行了访问，尽管大多数（85%）的专业人员都意识到了伪造指纹的可能性，但仅 57% 的人表示这种伪造是可靠的，45% 的人表示他们无法区分真假指纹。

  2011 年，Bourquin 深入调查了伪造指纹带来的风险以及鉴定人员发现伪造痕迹的能力。此次测试中伪造指印是用 502 胶熏显法得到的真实指印在醋酸纤维片上制备的，并印刷在乙酸酯片材上。最终模具是用各种铸造材料获得的，并通过在纸张或玻璃上涂抹富含氨基酸的乳霜来制作赝品。具体来说，通过在纸张或玻璃上涂抹富含氨基酸的乳霜来制作赝品。在光滑表面上用铝粉检测上述痕迹，而在纸张表面上用氨基酸试剂（茚二酮/锌）检测痕迹。78 名指纹专家（来自美国和瑞士）对 18 个指印（8 个真和 10 个伪造）进行了检验。其中一半的受测试人事先收到了一份内容广泛的指南以帮助他们进行鉴定，另一半受测试人则在没有任何指导的情况下接受了任务。鉴定结果见图 15-1。

  结果证实，无论是否有技术培训，检测伪造指印都非常困难。指南也只是略微提高了鉴定人的检测能力，但代价是增加了将真指印误判为赝品的概率，这也提示了我们独立鉴定的重要性。

第二节 伪造指纹的分类

  要系统认识伪造指纹/指印，研究其识别方法，应首先对这一研究对象进行分类。现有文献中的分类标准各异，此处主要依据伪造方式和指印是否可见对伪造指印进行划分。

  依据伪造方式分类，伪造指印可分为直接伪造和间接伪造：直接伪造是以被伪造指印所在手指为模板，即在留痕人的主动或被动配合（尸体或无意识状态）下完成；间接伪造则模板以手指遗留的指印（显现后的潜在指印或可见指印）为模板进行伪造。图 15-2 为两种主要的伪造方法的简要流程。

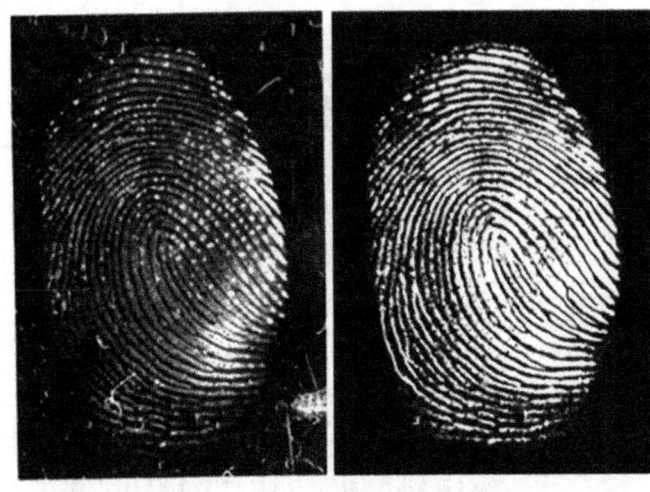

Developed mark obtained from the target finger left on a smooth surface, developed with cyanoacrylate fuming

Prepared image that will serve as a blueprint for the production of the final mould

Examiners (78)	With the guide (39)		Without the guide (39)	
	Forged marks (10)	Genuine marks (8)	Forged marks (10)	Genuine marks (8)
Declared as genuine (%)	63	55	53	67
Declared as forgery (%)	37	45	47	33

（其中，Developed mark obtained from the target finger left on a smooth surface, developed with cyanoacrylate fuming——经用502胶熏显法在光滑物面显现的目标手指的指印图像；Prepared image that will serve as a blueprint for the production of the final mould——用以制造赝品的伪造指印图像模板）

鉴定人（78）	有技术指南（39）		无技术指南（39）	
	伪造指印（10）	真实指印（8）	伪造指印（10）	真实指印（8）
鉴定为真实（%）	63	55	53	67
鉴定为伪造（%）	37	45	47	33

图15－1　测试结果

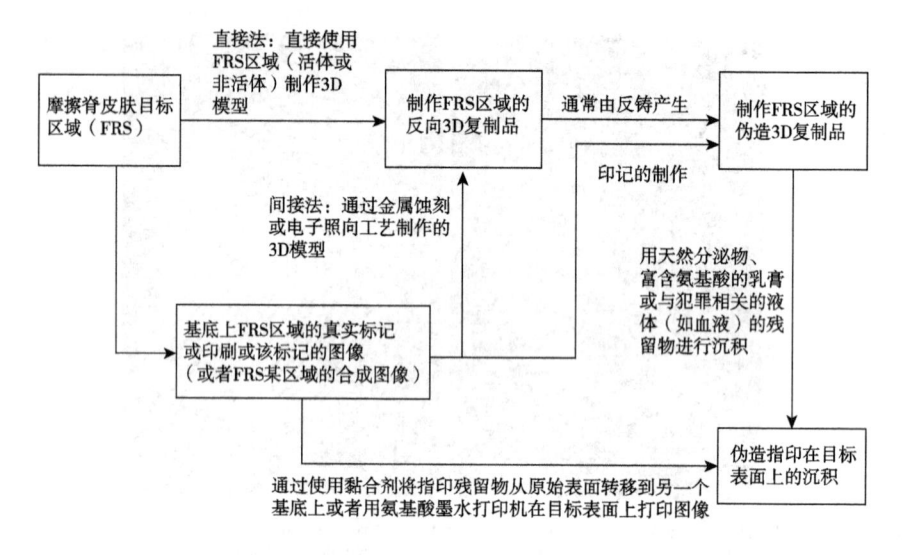

图 15 – 2 伪造方法流程

国内外学者均对伪造指纹/指印的分类进行过研究。早在 1937 年，美国西北大学法学院 Harper 教授就将指印伪造分为了两大类，即以真实指印为模板制作模具的伪造和转移指印遗留物质为手段的伪造。张森提出，直接伪造指纹是指犯罪分子盗用他人的指纹，或是将彼现场的指纹转移到此现场进行犯罪活动的行为；间接伪造指纹是指犯罪分子借助某些介质非法取得或制造他人指纹进行违法犯罪活动的行为，具体包括化学制模法、以粉末类物质为介质的转印制模法、"溺死手套"法、彩色打印或复印法、照相制模法及介质转印法[1]。但这种分类方法存在一些漏洞，如所谓"溺死手套"法实际利用的是手指，应属于本章所述的直接伪造法。化学制模法实际上既可以利用直接手指，也可以利用指印或指印图片。吕聪浩认为，伪造指印可分为传统方法和高仿真制模法。其中传统方法伪造指印一般是指采用打印、复印或转印的方式伪造的指印，而高仿真制模法包括光敏制模、硅胶制模和感光树脂制模法[2]。笔者认为，以上伪造方式均可归为直接伪造和间接伪造两类。实际上，直接伪造指印的实质在于，伪造者能够在被

---

[1] 参见张森：《伪造指纹的识别方法研究》，西南政法大学 2013 年硕士学位论文。
[2] 参见吕聪浩：《高仿真制模伪造指印鉴别的实验研究》，华东政法大学 2023 年硕士学位论文。

伪造者的主动或被动配合下，接触到其手指并进行伪造；间接伪造指印的实质在于，伪造者利用的是被伪造者在其他客体上的可见或不可见的指印而非手指本身。因此，开展本研究必须严格使用指纹和指印两个术语，否则易带来理解上的混淆。

(一) 直接伪造指纹/指印

1. 利用尸体指纹直接伪造

现实生活中，利用死者的指印来制造假遗嘱、假口供的案例屡见不鲜，该种伪造指纹的方法较为简单，只需将死者的指纹捺印在事先拟好的假遗嘱或者假口供上。但由于该押名指印是由真实指纹捺印而来，因此其从一般特征和细微特征方面与死者生前所捺指印相比较，其特征差异不大，故尸体指印的识别并非易事。

2. "溺死手套"法

该方法其实也是利用尸体的指纹，不同之处在于是将尸体长时间浸泡在水中，皮肤膨胀、变白、皱缩，1—3周后，手掌表皮与真皮胀离脱落呈手套状。通过这种方法得到手套后还需经过酒精的脱水和甘油的浸润后才能使用。

3. 直接制模法

在被伪造人主动或被动配合的情况下，用不同的制模材料（如印章材料、硅白色胶、聚氨酯、胶乳或明胶等）制作目标指纹的复制品。该方法是目前高仿指纹的主要来源之一，其分辨率和重现汗孔的能力也取决于所选的铸模材料。其中，利用硅胶制作的仿生指纹膜又称为"克隆指纹"，其是用手指按在指纹采集模上制造带有指纹的模具，然后将硅胶涂抹在上面定型，经过简单的拓印、倒模工序后，用硅胶制成。

(二) 间接伪造指纹/指印

1. 打印/复印法（特殊墨水）

彩色打印或复印法是笔迹和印章鉴定中常见的伪造方法，随着彩色打印机的普及，出现了通过此法来伪造指纹的现象，彩色打印或复印法通过计算机软件将指纹制作成原倍大小并将其通过彩色打印机打印或复印在需要伪造的位置上来达到伪造目的。

彩色打印复印法作为伪造指纹的一种常见方式，其制作方式简捷、容易，主要包括真实指纹提取、转换形成电子指纹图像、打印或复印形成伪造指纹三个步骤。对于彩色打印的方式而言，第一步是将原材料上的真实指纹进行拍照或高清扫描固定，在计算机上利用软件进行原倍尺寸、色彩的调整处理，从而获得看似真实清晰的电子指纹图像；第二步是根据伪造指纹需要出现的位置进行调整处理，使打印出的伪造指纹出现在预计合理的部位；第三步是打印处理，此过程需要特别注意纸张的方向，以防伪造指纹打印位置出现错误。彩色复印的制作方式与此雷同，只是将需要伪造的指纹进行单独提取，放置粘贴于一张作为复印纸预计伪造的位置，再进行彩色复印即可获得伪造指纹。这种方法看似简单，但在操作过程中发现，伪造指纹的清晰度主要取决于原指纹的清晰度，同时其对打印机的要求较高，如果彩色打印机的油墨或墨粉颜色不够纯正，所得伪造指纹的颜色则达不到预期效果。

此外，一种利用特殊墨水的打印方式最近被提出用于伪造指印。由于印刷技术的进步，可以想象使用选择性模拟指纹残留物（或被检测技术针对的目标）的"墨水"来打印指纹图像。这种伪造方法技术用喷墨打印机打印指纹图像，但将墨水替换为氨基酸无色溶液。当人们使用氨基酸试剂（如苏丹蓝、DFO 或吲哚啉酮/锌）显影时，无色的氨基酸纹线将以假乱真。然后，这种技术已经被改进，用喷墨打印机打印指纹图像，将墨水替换为氨基酸无色溶液。它制造的伪造品将在使用氨基酸试剂（如苏丹蓝、DFO 或吲哚啉酮/锌）时显影。Kiltz 和同事记录了在伪造和真实痕迹之间观察到的图像质量差异，并建议在光滑表面上，在应用任何物理或化学技术之前，使用非接触式 CWL 传感器进行光学采集。有研究者已经使用了 Hough - Circles 算法来协助区分真实和伪造。他们建议对检测到的痕迹构成的点进行形状分析。这适用于非渗透性表面（痕迹被打印在投影透明薄膜上）以及使用非接触式 CWL 传感器捕获的图像。通过水平和垂直点距离测量，他们检测到真实指纹的点密度较高，而使用该打印过程获得的伪造品的点密度较低。利用 CWL 传感器的高分辨率（12700 dpi），Hildebrandt 及其同事认为，无论是从非渗透性表面光学获取的痕迹，还是用苏丹蓝在纸上显现的痕迹，纹理分析都可以成功地区分真伪。

2. 转印法

转印法是指将原始指印上的有色物质先转印到其他客体上，再通过第二次转印到需要伪造的位置上的伪造方法。这种伪造方法是伪造各种法律文书时的常用方法，往往出现在民事诉讼中。

在这个过程中，真实痕迹的中介物质被黏性材料（如胶带或指纹提取器）提取，然后转移到另一个接收表面上。当无法得到留痕人配合时，这种方法非常方便使用。从制造手法来说，这样的痕迹不属于伪造，因为它会显示原始痕迹的转移属性。然而，鉴于存在犯罪意图，我们将其视为伪造，且该方法已在伪造证据的案例中被使用。Harper 强调了在该过程中残留物的丧失，但也展示了制造的伪造痕迹的高质量。Harper 强调了考虑痕迹被发现的背景的重要性。仅仅基于痕迹的单一内在属性来鉴定伪造并不足以可靠地引导相关事项。这种残留物转移的操作成功率很低，需要一些在实践中不易满足的条件：一个适当的痕迹位于光滑的表面上，具有足够的痕迹残留物以确保转移，以及一个干净的光滑接收表面。一种替代方法是使用胶带转移用灰尘粉末（如黑色或灰色磁性粉末）显现的真实痕迹。

3. 间接制模法

在留痕人不合作的情况下，初始模具可以间接获得，要么通过秘密捕捉将用作生成纹线 3D 模具的标记，要么通过 2D 目标标记的图像来生成模具，要么通过复印过程（已沉积和固定的墨粉提供足够的立体感，以允许随后的反模铸造），要么通过金属板蚀刻。

（1）照相制模法

照相制模法是印刷过程中经常使用的一种制模方法，一般做法是将指纹拍摄成底片，再通过一定的技术手段对这一底片进行制作，最终得到这枚指纹的凹版或凸版的印制模板。这种技术不需要志愿者的合作。通过简单地反转目标图像的对比度，将其打印在透明介质上，乳突纹线（现在呈黑色）将保护铜表面，其余的感光层暴露于紫外光。化学酸蚀过程将发生在暴露的山脊上，产生目标电子线路板的三维模具。用这种方法得到的指纹模板就像一枚指纹印章，既可以在纸张上盖印复制，也可以在其他物体上伪造指纹（见图15-3）。

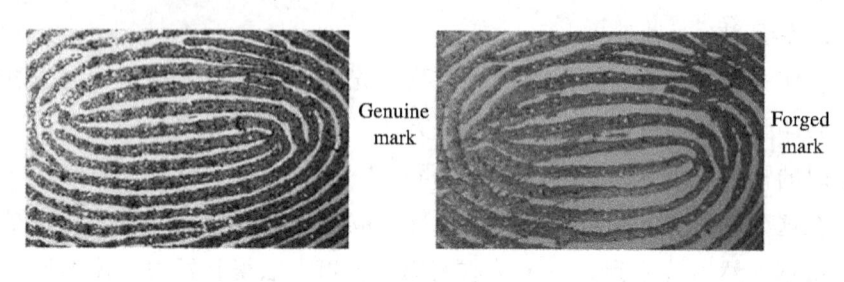

图15-3 玻璃上的真实痕迹与伪造痕迹

在图15-3中，虽然纹线和小犁沟的宽度略有不均匀，但伪造指印的毛孔可见。

（2）图像处理法

通过数字图像处理软件，可以对真实指纹的图像进行处理，调整对比度、亮度等，以制造伪造指纹。第一步，获得目标指印的反向设计图。这一步通过获取高清晰度的真实痕迹并使用图像处理制作设计图来完成。第二步，在激光打印机上将蓝图打印在醋酸盐片上。第三步，使用明胶、胶水或乳胶倒制一个反模。在完美的沉积条件下，印刷品的质量非常高，很难观察到能够区分真伪的内在特征（见图15-4）。

第一步：目标指印　　第二步：背景噪声去除　　第三步：反相制模

图15-4 图像处理

(3) 以粉末类物质为介质的转印制模法

以粉末类物质为介质的转印制模法是将指印先用粉末类物质显现出来，再将这些粉末转移到其他透明或者半透明的客体上，然后通过一定的方法将其制作成一枚指纹薄片的伪造方法。这种伪造指纹一般很难形成立体指印和灰尘减层指印，但是，使用粉末介质伪造的指纹可以形成模糊的有色指印。可以说，这是一种较原始的间接制模法。

(4) 生物 3D 打印法

目前，3D 打印技术被称为第三次工业革命的一个重大里程碑，正在世界范围内引起一场新的技术革命，受到世界各国的重视。3D 打印技术以对象 CT 图像或电脑设计模型为基础，由电脑将其分成多层的二维平面资料，由 3D 打印系统根据特定的路线，逐层制作，通过高温熔融，逐层固化，逐层叠加打印，最后得到与电脑模型完全一致的 3D 制品。作为 3D 打印技术的一个重要组成部分，生物 3D 打印技术被认为是最有发展潜力的 3D 打印技术。所谓生物 3D 打印技术，是指利用 3D 打印技术，采用生物原料进行生物制品打印的一种新技术，它的出现对人体 3D 打印的发展有着深远的影响。目前，利用树脂、尼龙、石膏、塑料等具有高可塑性的 3D 打印指印薄膜具有更好的肌肤特征。

目前已经出现了用生物 3D 打印法进行指纹膜制作的构想并进行了相应的试验。2016 年，由美国密歇根州立大学的 Anil K. Jain 领导的研究小组首次利用一种特殊材质的 3D 打印技术来制作指纹手套，其成果手套能够模拟人体的肌肤，并且拥有清晰的指纹纹线，经过多次试验，这款成果手套能够欺骗众多的指纹扫描设备，被误认为真实手指。该 3D 打印手套虽然取得了不错的成果，但同样也存在一定的问题，主要表现为坚硬厚重且不透气，因此实际使用并不理想。该研究团队同时发现，若降低 3D 打印的精度，得到的手套对于指纹扫描设备的欺骗效果会大大下降，因此可知该技术手段对于制作指纹膜而言不仅成本较高，而且尚不成熟。

除此之外，在生物医学领域生物 3D 打印皮肤技术已经被研究了很长时间，并且获得了显著的成果。美国韦克福雷斯特再生医学研究所正在开发"生物打印机"，利用实验室培养和繁殖的皮肤细胞，装在"打印机"中 8

个星期后即可培养出皮肤细胞，然后根据所需皮肤数据，即可实现皮肤打印。即使现在还没有实现真正的生物 3D 打印指纹膜，但 3D 打印皮肤技术已经为生物 3D 打印指纹膜提供了先决基础，随着研究的不断深入，相信在不久的将来生物 3D 打印指纹膜技术将会问世。可以设想，如果将密歇根州立大学研究团队的 3D 打印手套和韦克福雷斯特再生医学研究所 3D 打印皮肤进行合理的结合，将会从根本上解决生物 3D 打印指纹膜操作材料的问题，不仅可以解决 3D 打印手套质地和厚度的问题，汗孔特征的问题一定程度上也可以得到解决。

第三节 伪造指印检验的常见方法

根据司法部《文件上可见指印形成过程鉴定技术规范》（SF/T 0102—2021），指印形成方式检验应按照 GB/T 37232 和 GB/T 37238 的相关要求，分析检材指印是否符合打印、复印、制版印刷、制章盖印、制模盖印等方式复制形成的特点。检验内容包括但不限于：（1）检材指印的墨迹色泽；（2）检材指印的纹线质量；（3）检材指印的墨迹分布；（4）检材指印处的异常痕迹；（5）检材上其他部位的印刷痕迹。此外，该技术规范还规定，选用适当的检验方法，分析检材指印是否符合手指直接捺印形成的特点。检验内容包括但不限于：（1）检材指印的墨迹色泽；（2）检材指印的墨迹分布；（3）检材指印的纹线细节特征表现；（4）检材指印的三级特征表现；（5）检材指印的脊线凹凸反映的表现。

由此可见，伪造指纹目前的检验方法仍以形态特征检验为主，这在全世界法庭科学界是相通的。总的说来，国内外研究人员采用形态学比对方法所提出的伪造指印特征，可根据其反映指印特征的层级归纳为整体特征和显微特征两大类。具体如下：

（一）整体特征

整体特征主要包括墨迹分布特征、指印印面形态特征、伪造指印与母版指印的尺寸差异、纹线质量特征、背景噪声等，其反映的是指印总体形态和可见指印油墨分布特征。其中，墨迹分布特征之所以能够用于区分真伪指印，主要原因是伪造指印所用的模具较人的手指刚性更强、印面更为平整，以及某些模具（尤其是光敏印章）的出墨方式与手指蘸取油墨捺印不同；制作模具所用设备的精密程度和制模材料自身特性会造成纹线质量差异和背景噪声的出现；伪造指印与母版指印的尺寸差异主要是制模过程中的缩放导致的，且这种缩放为设备所固有，但要注意手指捺印也会由于用力、角度的不同造成指印尺寸发生细微变化。

(二) 显微特征

显微特征主要包括露白特征、空白特征、印面疵点特征、纹线缺失特征、纹线宽度异常、微孔特征等，这类特征关注的是单一指印纹线的形态以及纹线间的关系特征，往往需要借助放大镜、显微镜等工具进行观察。此外，模具自身瑕疵造成的痕迹往往较细小，不会影响指印总体形态，也可归为显微特征。露白特征、空白特征和印面疵点特征均指伪造指印纹线某处出现了不同于汗孔和脱皮的小范围空白，该特征的出现与模具制作过程中对原始母版指印图像的处理有关，或因模具制作过程中产生气泡或有细小杂质干扰而出现"露白"；纹线宽度的变化主要由模具材料本身特性及制模工艺导致，相应也会影响纹线间距，但指纹捺印力度的变化及蘸墨量的不同也会对纹线宽度造成影响；微孔特征是光敏指纹印章指印特有的特征，主要是由于章体材料存在缺陷或制章过程影响形成，微孔的尺寸较汗孔略大，分布较为无序，不像汗孔特征一样在同一条纹线上连续出现。此外，伪造指印的显微特征与手印鉴定所说的三级特征不同，显微特征本质上反映的是模具特征或母版指印纹线形态和相互关系特征，这些特征更多的是因设备工艺或人为操作而产生，并非指纹纹线的本质特征，而三级特征反映的是指纹纹线本身的形态、汗孔等固有特征。不同的指纹伪造方式对伪造指印特征的种类有一定影响，部分伪造指印特征对某类伪造方式具有专属性。如利用光敏印章伪造的指印，因光敏垫材料特性而呈现出微孔特征；曝光法制作指模伪造的指印，因制作过程中的缩放而使纹线间隔有所变化等。这意味着采用形态学比对方法研究伪造指印识别，需对伪造方式进行识别并分类后再开展后续工作,这也要求研究人员了解尽可能多的伪造指印技术。同时,目前国内外采用形态学比对方法研究所提出的特征名称繁杂、种类多样,存在同一种特征采用不同名称描述或特征名称相近但实际分属不同的现象,若要统一伪造指印识别的形态学方法论,则应规范特征命名和定义。

第四节　国内外检验进展

一、国内进展

国内开展伪造指纹检验的研究相对较晚,最早的报道见于2004年,由湖南公安高等专科学校邓绍秋完成。他首次提出可根据伪造的主体的不同,把指纹的伪造分为两类:一类是某些案件的侦查、技术人员伪造指纹;另一类是某些刑事案件的犯罪嫌疑人伪造指纹。虽然这一报道中的相应检验方法相对粗糙,但表明我国的刑事技术研究者已逐渐对伪造指纹犯罪的现象引起重视。2013年,张森对伪造指纹鉴定开展过系统性研究,他通过分析归纳和实验验证方法对利用尸体指印伪造死者生前押名指印、将真实指纹转移至犯罪现场的伪造指纹、化学制模法伪造指纹、以粉末类物质为介质的转印制模法伪造指纹、"溺死手套"法伪造指纹、彩色打印复印法伪造指纹、照相制模法伪造指纹和转印法伪造指纹的检验方法进行了分类总结,对伪造指纹形态学检验研究起到了良好的推动作用。[1] 辛翠等人针对纸质文件上常见伪造指纹的方法,包括彩色复印法、彩色打印法和硅胶指纹膜伪造的指纹进行了识别研究,对上述伪造方法的精准、快速识别提供了补充。[2] 孙年峰等人报道过一例曝光制模法伪造高仿真指印的实验工作,他认为曝光制模法伪造指印不需要捺印人主动配合,隐蔽性强,仿真度高,且制模所需的设备和材料极易获取,现实危害性大。其研究结果表明识别该类伪造指印需要对指印的墨迹分布、尺寸、纹线粗细及间隔、细节特征、

---

[1] 参见张森:《伪造指纹的识别方法研究》,西南政法大学2013年硕士学位论文。
[2] 参见辛翠:《纸质文件上常见伪造指纹的识别》,载《广东公安科技》2020年第1期。

细小痕迹、细微特征及其他盖印痕迹进行综合分析，其中墨迹分布特征是识别伪造指印的主要依据。[1] 吕聪浩以印面特征、印痕特征和三维特征为基础，分别对光敏制模、硅胶制模和感光树脂制模三种高仿真伪造指纹的手法进行了较系统的研究，并提供了相应的检验思路及注意事项。[2] 在另一项有趣的研究中，公安部鉴定中心的余梦娜等人初步探索了静电压痕仪检验光敏印章伪造指印的可行性，通过对光敏印章盖印、光敏印油捺印和印台油捺印 3 种样本指印的正背面检验，提出检验人员可根据静电压痕检验结果一定程度上能对可疑指印是否为光敏印章伪造形成作出判断，这为高仿制模伪造指纹的检验技术提供了新的思路。[3]

此外，由于硅胶是一种无色、透明、无味、无毒的高分子材料，具有优异的耐高温、耐低温、耐腐蚀、耐氧化、耐紫外线等性能，广泛应用于电子、医疗、食品、化妆品等领域。在硅胶材料成本低廉、操作简单和互联网时代获取途径多样化的背景下，利用硅胶制模逐渐成为近年来伪造指纹案件的主力。因此，建立硅胶伪造指纹检验方法是国内痕迹检验学者关注的一个热点话题，相关文献在同类研究中占比很大。早在 2011 年，北京市公安局海淀分局的周巍就首次报道了利用硅胶指纹膜伪造现场潜在指印的实验研究工作。他考察了硅胶伪造指印在不同客体上的显现效果，指出了指纹膜附有汗液后可以在客体上遗留指纹痕迹，且在 96 小时内均有效。该研究工作提示了我们指纹膜技术滥用会给刑事技术工作带来的"证据真伪"风险。

简言之，指纹膜的制作材料和方法主要有三种，按出现时间先后顺序可分为第一代蜡烛烛台采集；第二代水合分子材料采集和第三代纳米材料（仿生硅胶）采集。三种方法的本质差异就是采集指纹纹理材料性能的差异。其中，仿生硅胶是一种特殊的硅胶，具有仿生学特性，可以模拟人体组织的柔软度、弹性和触感，已大量应用于医疗、假肢、性用品等领域多年，目前国内研究者对利用仿生硅胶等材料制模伪造指纹的案件最为关注。

---

[1] 参见孙年峰、卞新伟、王中阳：《高仿真制模伪造指印的识别研究》，载《中国司法鉴定》2021 年第 2 期。
[2] 参见吕聪浩：《高仿真制模伪造指印鉴别的实验研究》，华东政法大学 2023 年硕士学位论文。
[3] 参见余梦娜等：《静电压痕仪检验光敏印章伪造指印初探》，载《刑事技术》2023 年第 1 期。

2016年，蔡立红等人制作了指纹膜、印章膜样本，以红色印泥为介质，在收据纸上捺印指印、印章印及指纹膜、印章膜印痕，比较指纹膜、印章膜印痕的特点及其与真实造型体形成痕迹之间的差异。结果表明，膜印的纹线较为粗糙、无明显汗孔特征、其边缘易起角、有气泡、有印泥堆积等特征。[1] 在类似的研究中，潘自勤等人发现部分仿生指纹膜印痕中同样会出现汗孔特征，从而提示我们在对伪造指纹的识别中不能简单地以指印纹线中有汗孔印来判断指纹的真伪。[2] 蒋焕等人分别制作青年、中年、老年三个年龄段各100名人员的硅胶仿生指纹膜，以此研究了不同年龄阶段人的硅胶仿生指纹膜印泥痕迹特征与真实指纹印泥痕迹特征的差异，为识别硅胶仿生指纹印泥痕迹提供依据。[3] 李建军等人的研究表明，仿生硅胶指纹膜与真实指印印痕特征的差异表现在纹线特征、"露白"特征、印痕边缘痕迹、汗孔数量、人为操作痕迹等方面，有较强的特定性和稳定性，综合利用这些特征也可以准确识别出仿生硅胶指纹膜印痕。[4] 综上，我国刑事科学技术和司法鉴定学者在形态学检验领域对制模法伪造指纹已经开展了大量的理论和实验研究，这不仅为指印形成方式检验提供了大量珍贵的基础数据，也为开展进一步的自动识别技术研究工作打下了基础。

除了基于传统的形态学检验，在信息安全日益受重视的背景下，随着深度学习在计算机视觉领域的应用不断拓展，国内部分计算机科学领域研究者逐渐关注人工智能识别伪造指纹的软硬件技术。杨柳等人提出一种基于改进萤火虫算法的OTSU多阈值分割方法对图像进行提取有效信息，以提高后续指印真伪检测结果的准确性。该研究搭建了指印真伪检测平台，运用Java语言及其框架、GreenPlum、MyBatis等IT技术，实现云服务器作为服务器。指印真伪检测平台同时提供网页和手机应用两种服务访问方式，通过网页联网可在云服务器上运行高性能的检测模型，通过手机应用则可

---

[1] 参见蔡立红等：《仿生指纹膜及印章膜的印痕检验》，载《刑事技术》2016年第1期。

[2] 参见潘自勤等：《仿生指纹膜印痕特征研究》，载《中国人民公安大学学报（自然科学版）》2017年第4期。

[3] 参见蒋焕等：《硅胶仿生指纹膜印泥痕迹特征研究》，载《刑事技术》2021年第1期。

[4] 参见李建军等：《仿生硅胶指纹膜印痕特征》，载《刑事技术》2022年第3期。

在本地运行轻量级的神经网络模型，从而满足不同的应用场景。袁程胜等人开发了一种基于差分隐私的深度伪造指纹检测模型版权保护算法，在不削弱原始任务性能的同时，实现了深度伪造指纹检测模型版权的主动保护和被动验证。该算法在 3 个公开的指纹数据集上进行了性能测试，实验结果表明，主动保护并不会影响后门验证，对于不同模型任务后门依然有效，嵌入的后门对模型修改同样具有稳健性。李仁旺等人针对现有的指印活性检测方法模型复杂、训练参数量大以及嵌入式设备运算能力受限的问题，提出一种应用于嵌入式设备的指印活性检测方法。该方法在测试集上准确率为 96.22%，相较于传统神经网络模型在指印活性检测方面准确率更高，参数量更少，对设备运算性能的要求更低。[1] 简稳系统地研究了一种基于特征点密度的裂纹检测修复算法，有效地提升了指纹系统的识别准确率。在这项工作中，他还对指纹真伪检测算法做了深入研究，针对两个主要实现方式（传统机器学习模型和深度神经网络模型）都提出了更加高效的模型结构，有望与指纹图像基本特征（场分布、特征点等）相结合，应用于指纹分类、指纹真伪检测、重叠指纹分离等领域[2]。

总的来说，由于我国使用指印的场景和习惯与西方国家差异明显，当前国内主要的研究重点仍然在指纹伪造的形态学检验方法上，尤其面向纸张上红色捺印指印的伪造鉴定方法。相信随着痕迹检验学与计算机科学、仪器科学及人工智能等技术的不断融合，国内法庭科学界将会越来越重视机器学习为代表的自动识别技术在伪造指纹检验领域的应用。

二、国外进展

如前文所述，西方国家在商务、民事和行政等活动中，并没有捺印指印的习惯和规定，故国外伪造指纹的目的是非法侵入各种生物识别系统。这一应用场景的差异导致中西方法庭科学家关注的研究对象不尽相同。一

---

［1］ 参见李仁旺等：《一种应用于嵌入式设备的指印活性检测方法》，载《浙江工业大学学报》2023 年第 1 期。
［2］ 参见简稳：《高效鲁棒指纹识别系统的研究与实现》，上海交通大学 2021 年博士学位论文。

些不法分子为达到盗用用户身份信息、窃取用户隐私和财产的非法目的，以各种制模材料和导电膏相结合对指纹识别系统进行安全攻击。例如，2013年3月，一名巴西医生因使用硅胶制成的伪指纹欺骗圣保罗一家医院的指纹考勤系统而被捕（BBC新闻，2013）。2013年9月，苹果发布内置Touch ID指纹技术的iPhone 5S后不久，德国的Chaos计算机俱乐部根据注册用户的高分辨率指纹照片用木胶制作了伪指纹，成功欺骗了Touch ID系统。2016年7月，美国密歇根州立大学的研究人员使用2D打印指纹解锁了一部智能手机，以帮助警方处理凶杀案。2018年3月，印度拉贾斯坦邦的一个团伙通过蜡模中注入胶水制作伪指纹欺骗警方的指纹考勤系统，因此而被捕。由此也推动了西方国家指纹活体检测（Fingerprint Liveness）算法及相关技术的快速发展（见图15-5）。

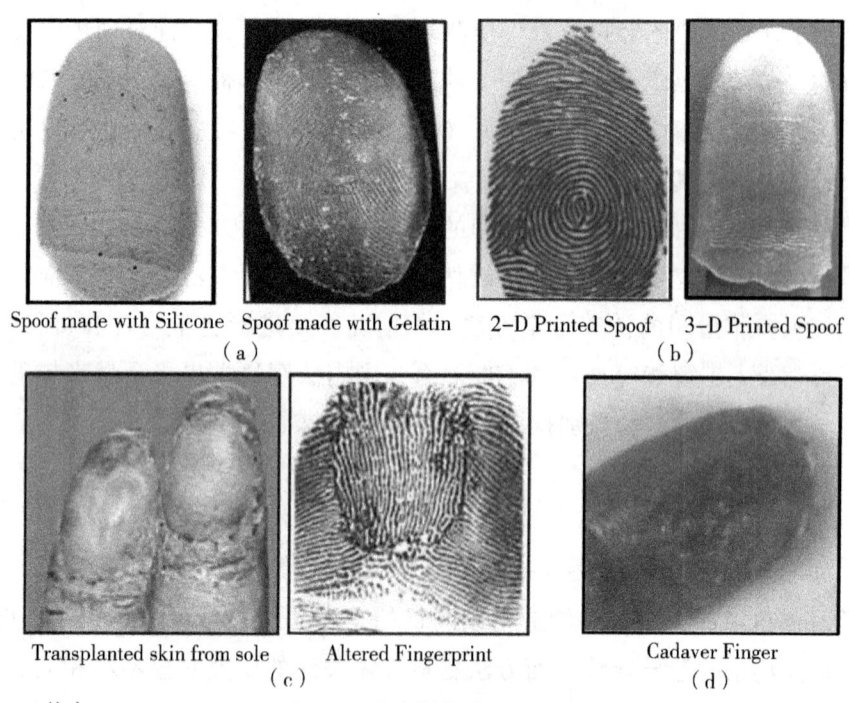

（其中，Spoof made with Silicone—硅胶指纹膜；Spoof made with Gelatin—明胶指纹膜；2-D Printed Spoof—二维打印指纹膜；3-D Printed Spoof—三维打印指纹膜；Transplanted skin from sole 及 Altered Fingerprint—利用脚趾植皮伪造指印；Cadaver Finger—尸体手指）

图15-5 不同类型的指纹

国际上将利用伪造指纹来攻击生物识别系统这一行为称为"呈现攻击"（Presentation Attack）。相应的各种能实现侵入上述系统的方法又称"呈现攻击工具"（Presentation Attack Instrument，PAI）。针对呈现攻击的对策是为传感器添加硬件或软件模块，以便在对传感器采集的指纹做进一步处理之前，首先检测是否存在攻击。这样的模块称为指纹呈现攻击检测（Presentation Attack Detection，PAD）。因此，在过去的20年中，指纹呈现攻击检测（PAD）技术受到了高度重视（Marcel等人，2019年；Souseik和Busch，2014）。自2009年以来，LivDet指纹活体检测竞赛[1]连续多年举行（Yambay等人，2019），对各种指纹呈现攻击检测技术进行测试。几个政府资助的大型项目，包括美国的IARPA ODIN项目（2016）和欧盟的TABULA RASA项目（2013），均旨在推进生物特征识别（面部、指纹和虹膜）呈现攻击检测技术的发展。印度的Aadhaar项目（2021）是世界上最大的生物特征识别系统，注册人数达13亿人，其也在资助检测伪造指纹、人像和虹膜的研究。

为了提高指纹识别系统对呈现攻击的鲁棒性，研究者提出了许多PAD方法。理想的PAD方法应满足以下要求：（1）非侵入性；（2）用户友好；（3）低成本；（4）高效率；（5）非常低的错误率。

总的来说，指纹活性检测可以分为基于硬件的方法和基于软件的方法。基于硬件的方法可以通过增加硬件传感器获取更多真实手指的信息，如手指温度、皮肤电导率、气味、出汗状况和脉搏血氧饱和度等，这些信息虽然能够更加准确地判断指纹活性，但是须增加额外的硬件设备，提高了系统的总成本，实际部署受限。基于软件的方法可以从获取的指纹图像中检测指纹的特征信息，通过算法判断指纹活性，不需要额外的硬件设备支持，同时随着算法的更新可以很容易地进行更新迭代，是目前中外法庭科学研

---

[1] 国际指纹活体检测竞赛（LivDet）作为一个公开且被广泛认可的学术界和私营企业的交流平台，致力于解决展示攻击检测问题。该竞赛旨在通过使用标准的实验协议和数据集来评估指纹展示攻击检测（FPAD）算法的性能。自2009年以来，每两年举办一次LivDet竞赛，每次竞赛都具有不同的挑战，参赛者需要提供解决方案。参赛者数量的持续增加以及比赛中错误率的显著降低表明了学术界和私营企业对这一主题越来越浓厚的兴趣。

究者共同关心的课题。

(一) 基于硬件的指纹活性检测

基于硬件的 PAD 方法利用专用传感器来检测活体迹象（如电学特性、皮下成像、血压、脉搏等），以区分真伪指纹。由于采用额外的硬件，这些方案价格相对昂贵，并且体积更大。基于硬件的 PAD 方法包括：

1. 多光谱特性

专用的传感器可以使用各种波长和偏振光来获取手指表面以及皮下的特征，以区分真伪手指（Rowe 等人，2008）。有用的光学特性包括不同照明条件（如波长、偏振、相干）下的吸收、反射、散射和折射特性。找到光学特性接近手指的材料（如明胶）并不难，在真手指上涂上一层薄薄的材料，如硅胶，也可以再现真手指的大部分光学特性。此外，还可以把与人体组织一致的颜色添加到合成材料中。

2. 电特性

人体组织的导电性不同于许多合成材料（如硅橡胶和明胶）。因此可以通过测量指纹传感器上的手指（或真或假）的电导率，以区分真假。Shimamura 等人（2008）将阻抗测量模块植入电容式指纹传感器进行呈现攻击检测。然而，真手指的电导率在不同湿度和温度等天气条件下有很大差异。例如，如果假手指在水中浸泡过，其导电性可能与活手指的导电性无法区分。相对介电常数（RDC）也受到手指湿度的影响，因此在区分真假手指方面不是很有效。此外，在假手指上涂抹酒精就可以显著改变其 RDC，因此可以使其与活手指无法区分。利用手指的电特性进行 PAD 的另一种方法是设计一种挑战–响应机制。传感器可以配备电极阵列，以观察验证期间手指对传输到指尖的电脉冲的响应（Yau 等人，2008）。

3. 光学相干断层扫描（OCT）

由于皮下特征不外现，攻击者无法获得它们（除非用户配合使用 OCT 扫描）。因此，基于这些特征的检测技术有望应对大多数呈现攻击。OCT 技术能够以高分辨率对人体组织进行无创成像，提供用于检测伪指纹的皮下信息（Darlow 等人，2016）。不过，目前的 OCT 采集设备体积庞大且价格昂贵。

4. 超声波

高通公司为智能手机开发的屏下指纹传感器利用从手指表面反射的超声波得到指纹图像。真手指和假手指的声学响应差异可用于区分真伪（Agassy 等人，2019）。

5. 气味

皮肤气味不同于明胶、乳胶、硅胶等合成材料的气味。气味可以通过使用化学传感器来检测，如基于金属氧化物技术的传感器。这种传感器通过检测从有气味的材料中蒸发的微量分子来检测气味剂。电子鼻包含一系列这样的气味传感器（Baldisserra 等人，2006；Franco 和 Maltoni，2007）。

6. 生理特性

这些手指活体检测方法基于对手指脉搏和血压的测量。然而，手指的脉搏率因人而异，并且也与具体时刻的身体活动和情绪状态有关。此外，手指按压传感器表面会改变脉搏值，而且单次脉搏测量可能需要长达 5 秒钟的时间。还有，如果将极薄的硅胶伪指纹粘在真正的手指上，也可以检测到脉搏。此外，血压和心电图传感器也有类似的局限性。

（二）基于软件的指纹活性检测

基于软件的方法利用静态指纹图像或指纹采集器捕获的一系列帧来区分真伪指纹。这类方法的应用前景更广，因为其不需要额外的硬件，并且可以通过更新软件升级检测能力。这些方法分为两类：动态方法和静态方法（Marasco 和 Ross，2015）。PAD 的主要挑战之一是提高检测技术的泛化能力，即在面对训练时未知的造假材料和传感器时，保持好的性能。

1. 动态方法

出汗。真正的手指在一段时间内会出汗，而伪指纹不会。在真正的手指中，出汗现象从汗孔开始，并沿着脊线扩散。汗孔周围的区域随着时间的推移逐渐扩大。要观察出汗过程，需要将手指放在采集器上几秒钟。为了量化汗水引起的脊线特征的时间变化，可以将第一帧和最后一帧图像之间的像素值变化用作判别特征。Tan 和 Schuckers（2006）分析了沿脊线提取的信号（使用多分辨率纹理分析和小波分析），以检测来自单个指纹图像的出汗现象。据报道，3 种不同的指纹扫描仪的正确分类率在 84%—100% 之间。出汗分析方法的局限性在于不同人手指中水分含量有所不同以及手指按压力度存在差异。

皮肤变形。可以通过观察手指按在传感器表面时手指皮肤变形的特定方式来模拟皮肤变形过程。由合成材料制成的假手指不太可能符合自然皮肤变形模型。事实上，皮肤通常比大多数创建伪指纹的材料更有弹性；此外，手指皮肤以特定方式变形，因为它固定在下面的真皮上，并且变形受指骨的位置和形状的影响。Zhang 等人（2007）提出计算由不同方向压力引起的畸变能量以检测呈现攻击。正常指纹和扭曲指纹之间的全局失真可以使用成对细节点集之间的薄板样条（TPS）模型进行建模；由基于 TPS 模型的弯曲能量计算畸变能量。Antonelli 等人（2006）认为，为了产生相关的（可测量的）失真，用户可以在故意旋转手指的同时对采集器施加足够的垂直压力。给定几个帧（帧速率为每秒 10—15 帧），计算来自连续帧的特征向量（称为扭曲编码）。用户特定的扭曲编码可以在注册期间学习，并与验证时测量的扭曲编码进行比较。

其他动态信息。除了试图捕捉人类手指的特定特性（如出汗或皮肤变形）之外，一些技术利用了指纹图像序列的一般动态信息。Chugh 和 Jain（2020）提出了一种基于深度神经网络的分类器，利用从 10 个图像帧中提取的局部指纹图像（以细节点为中心）进行 PA 检测。同样，Plesh 等人（2019）使用具有时间序列和颜色传感功能的指纹传感器，提取了时空动态特征以实现 PA 检测。

2. 静态方法

与需要几秒钟才能获取多个图像或视频序列的动态方法相比，静态方法从单个指纹图像中提取特征，因此更便宜、更快。静态方法可以提取手工设计的特征，如解剖特征、基于质量的特征、生理特征、纹理特征，或者机器学习的特征。

手工设计特征。2015 年之前的 PA 检测方法主要利用手工设计的特征，包括解剖特征（如汗孔位置及其分布）、生理特征（如出汗）和基于纹理的特征（如功率谱分析和局部描述子）。Marasco 和 Ross（2015）全面回顾了采用手工特征进行 PA 检测的各种方法。

  机器学习特征。Nogueira 等人（2016）使用深度卷积神经网络（CNN）自动学习对 PA 检测至关重要的特征，取得的性能优于基于手工设计特征的方法。为了避免过度拟合，作者对预训练的物体识别 CNN 网络进行微调。Pala 和 Bhanu（2017）采用了基于三重损失的深度度量学习框架，使用随机选择的局部块来训练自定义 CNN 架构。伪指纹制作过程所涉及的随机性会产生一些伪影，如脊线区域缺失、皮肤干燥导致的裂缝等。这种噪声的主要后果是在指纹中产生虚假的细节点。这些虚假细节点周围的局部区域可以提供区分真伪的线索。Chugh 等人（2018）利用在指纹细节点周围提取的局部块来训练 CNN 网络。Zhang 等人（2019）的 CNN 网络分析基于重心的局部块，在 LivDet 2017 竞赛中取得了最佳性能（Yambay 等人，2019）。ZeynepInel Özkiper（2022）等人使用 LivDet 2015 数据集，分类使用了 SVM（支持向量机）、CNN（卷积神经网络）、CNN + SVM 方法，并对它们的性能进行了比较。他们在使用 SVM 进行分类之前，对图像进行了边缘增强、转换和特征提取等预处理步骤。结果显示使用 CNN - 深度学习分类器获得了最高的准确率。

  综上，不同场景的指纹识别系统如何抵抗是伪造指纹的攻击目前已经引起了国外同行的极大关注。为了提高系统对此类攻击的鲁棒性，研究者提出了基于硬件和基于软件的检测方法。虽然基于硬件的解决方案利用指纹活体特性进行检测，但对额外硬件的需求是应用推广的主要障碍。另外，基于软件的解决方案使用静态指纹图像或在连续帧中观察到的动态变化来区分演示真伪。基于软件的解决方案避免了对额外硬件的需求，并且方便通过软件升级提升检测能力，因此更容易推广。基于深度神经网络的软件解决方案的出现，极大地提高了对于已知材料呈现攻击的检测准确性。

  综上，当前指纹活体检测技术相关研究进展显著，但部分科学问题和实践困境仍亟待解决。未来该领域的研究前沿或将围绕以下四个方向寻求突破[1]：一是融合机器学习和深度学习算法，探讨多算法、多特征融合的可行策略，以便在充分利用特征的基础上研发出能够大规模应用的模型；二是为了更好地服务司法实践，应充分考虑在不同介质上遗留的不同类型的指纹图像，特别是签名指印和血指印的活体检测方法；三是关注跨材料和跨数据库的算法优化，通过将闭集问题转化开集问题提升模型的泛化性，追求算法在面对未知材料和数据库时稳定、高效的检测性能；四是引入多特征融合策略和特征评价体系，通过整合指纹的动态和静态特征、物理和化学特性，形成协同防御机制。同时引入法庭科学中的似然比评价框架，依据《信息技术　词汇表　第37部分：生物统计学》（ISO/IEC 2382-37：2012EN）和不同特征的证明能力定义不同特征的权重赋值规则。因此，唯有深化指纹学与计算机科学之间的跨学科合作，同步推进该技术的司法合规，才能确保指纹活体检测技术能够为司法实践提供更加科学、可靠的辅助作用，真正实现技术的社会价值与法律效力。相信在国内外学界和工业界同行的共同努力下，一定可以筑起保护信息安全和打击犯罪的万里长城。

---

[1] 参见彭迪、仇懿琳：《基于肤纹特征的指纹活体检测技术研究现状及展望》，载《中国刑警学院学报》2025年第2期。

第十六章
相似指印检验技术

一、研究背景

指纹鉴定错案的发生引发了对人们对指纹证据科学性的思考。随着指纹数据库的不断扩大，相似异源指纹已经成为指纹科学的重要研究课题，这对指纹鉴定标准的构建具有重要意义。面对相似指纹对指纹鉴定工作引发的风险，本章首先介绍相似异源指纹的研究背景及概念，然后从相似异源指纹的产生原因和鉴定错误率两个方面展开归纳，最后结合研究现状对其未来的发展趋势提出几点展望。

众所周知，指纹鉴定过程是鉴定人在分别分析来源未知和已知的两枚指纹特征后，比较二者的符合点和差异点，最终在鉴定人脑海中作出判断，从而出具认定同一、否定同一或无确切结论的鉴定意见。由此可见，对于确切结论来说，只有肯定或否定两种。但是，这种简单的二元结论形式近年来引发了越来越多的争议。这是因为指纹鉴定本质上是一个认知判断的过程，其在很大程度上会受现场指纹质量、案件相关信息以及鉴定人认知能力、同行判断等因素的干扰，理论上鉴定意见就存在出错的可能性。特别是存储量与日俱增的（Automatic Fingerprint Identification System，AFIS）数据库检索机制进一步增加了鉴定出错的概率。根据 AFIS 的算法原理，系统在提取了检材指印的特征点信息后，与数据库中存储的档案指纹特征点进行比对，按照特征点相似度给样本指印打分，根据得分由高到低形成候选列表，得分越高、排位越靠前的指纹与检材指印特征点存在越高的相似度。鉴定人员人工检视候选列表，将现场指印与库存指印一一比对，选出可能同一的指印做下一步详细比对鉴定。当现场指印纹线清晰、特征点数量足够、图片质量较高时，比对工作相对容易。但检材指印往往质量不高，如果此时与之同源的样本指印并未储存在 AFIS 数据库中，鉴定人员面对的将全部是局部区域高度相似的异源指印，必然会增加鉴定出错的可能性。从 1997 年英国警官雪莉·麦凯指纹相似案到 2004 年备受关注的西班牙马德里火车爆炸案可知，由于相似异源指印问题引发的错案，已经得到法庭科学界的高度重视。在此背景下，美国国家研究委员会（National Research Council，NRC）和美国总统科学技术顾问委员会（President's Council of Advisors on Science and Technology，PCAST）都在强调业界需要加强指纹基础理论研究，而指纹相似异源问题已逐渐成为指纹检验领域的重要研究方向。[1]

2016 年，美国科学领域全体委员会（Organization of Scientific Area Committees，OSAC）下设的法庭科学标准委员会（Forensic Science Standards Board，FSSB）将相似异源指纹研究需求发布在公开网站上，供法庭科学界开展研究。2020 年，英国法庭科学监管机构（Forensic Science Regulator，FSR）发布了题为《指纹专业研究方向与未来发展的思考》的报告，呼吁业界重视研究不断升级的 AFIS 系统是否倾向于产生大量相似异源指纹，以及其将如何影响指纹鉴定人员鉴定意见的可靠性。

二、国内外研究进展

所谓相似异源指纹（见图 16-1）是指两枚不同来源的指纹，在局部区域中存在一定数量二级特征点相匹配，差异点较少。这对指纹被称为相似异源指纹（close non-matches，CNMs）。Busey 等人[2]将相似异源指纹定义为初步检验时认为具有同源形态，但进行深入检验之后认定为异源的指纹。

目前，指纹鉴定标准尚没有完全统一，我国指纹鉴定人员一般以存在 8

---

[1] 参见韩文强、罗亚平：《相似异源指纹研究进展及展望》，载《刑事技术》2024 年第 1 期。
[2] Busey T, Nikolov D, Yu C, et al., Characterizing human expertise using computational metrics of feature diagnosticity in a pattern matching task, 41 Cognitive Science 1716 (2017).

个左右符合的二级特征为基本条件。李硕等人[1]在研究中为了衡量指纹的相似性及相似程度，参考我国指纹鉴定标准现状建立了相似异源指纹标准。用符合点和差异特征的数量将相似异源指纹区分为高度相似异源指纹、中度相似异源指纹和低度相似异源指纹，如表 16-1 所示。

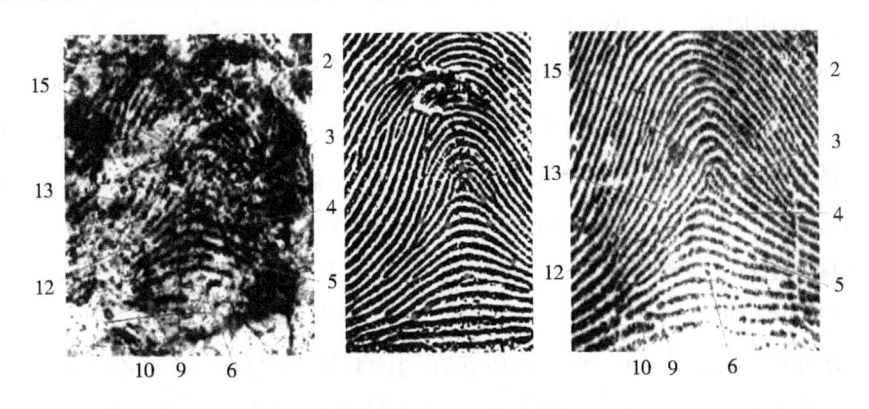

图 16-1　相似异源指纹

表 16-1　相似异源指纹标准

符合点数量/个	差异特征数量/个（包括间隔纹线数、相对位置等）		
	0	1	2
8 个以上	高度相似	中度相似	低度相似
7 个	中度相似	低度相似	—
6 个	低度相似	—	—

三、相似指纹产生的原因

根据目前的研究，相似异源指纹产生的原因有二：其一，同卵双胞胎的遗传信息一般情况下是一样的，而指纹相关基因影响着指纹花纹的形成，可能使同卵双胞胎在指纹这一人体遗传性状上具有一定的相似性。其二，

---

[1] Li S, Li K, Yang J, et al., Research on the local regional similarity of automatic fingerprint identification system fingerprints based on close non - matches in a ten million people databasetaking the central region of whorl as an example, 68 Journal of Forensic Sciences 488（2023）.

AFIS 系统的原理是根据一定的算法将来自犯罪现场的检材指印与数据库中的样本指印进行比较，从而找到最相似的指印。目前海量的样本指纹库不可避免地将某些异源样本推至前列，这对鉴定人员的认知水平提出了更高要求。

1. 遗传原因：同卵双胞胎

同卵双胞胎之间的指纹相似性主要是由于它们在遗传层面的相似性所致。同卵双胞胎是由同一对受精卵分裂形成的，因此它们的基因组是相同的，这使它们在许多方面都具有相似的生物特征。在指纹形成过程中，遗传因素对指纹的形状、模式和特征产生了影响。

具体来说，同卵双胞胎的指纹相似性体现在以下几个方面：

(1) 纹型特征

指纹的纹型，如弓、箕、斗可能在同卵双胞胎之间显示出相似的模式。这是因为它们共享相同的基因信息，从而导致它们的皮肤发育方式和指纹形状的相似性。

(2) 细节特征

指纹的细节点主要是指乳突纹线的"四点五小"。同卵双胞胎之间可能具有相似的细节点分布，这是因为同卵双胞胎的这些特殊点受遗传因素的影响。

(3) 乳突纹线厚度和间距

纹线厚度和间距也可能受到遗传因素的影响，从而导致同卵双胞胎之间具有类似的脊线属性。

1982 年，Lin 等人[1]比较了 6 个群体的指纹细节特征相似性：同卵双胞胎、同性异卵双胞胎、异性异卵双胞胎、同性同胞、异性同胞和无亲缘关系群体。结果表明，同卵双胞胎之间的指纹相似性显著高于包括异卵双胞胎在内的其他群体。Srihari 等人[2]的研究结论与 Lin 等人的研究结论类

---

[1] Lin C H, Liu J H, Osterburg J W, et al., Fingerprint comparison. Ⅰ: similarity of fingerprints, 27 Journal of Forensic Sciences 290 (1982).

[2] Srihari S N, Srinvasan H, Fang G., Discriminability of fingerprints of twins, 58 Journal of Forensic Identification 109 (2008).

似，也表示双胞胎之间拥有比其他群体更为相似的细节特征，但他们之间仍然有所区别。Jain 等人[1]使用当时最先进的自动指纹生物识别系统研究了同卵双胞胎指纹之间的相似性，并将其与两个任意指纹之间的相似性进行比较。其研究确认了同卵双胞胎指纹之间存在很大的纹型相关性，即如果其中一个同卵双胞胎的指纹是螺形纹，则另一个孪生兄弟姐妹的指纹很可能也是螺形纹。然而，在一次美国的指纹鉴定盲测中，无意间发现了一对同卵双胞胎兄弟的相似异源指纹，约有 1/5 的参与者判断错误，这在当时引起了不少专业人士的震惊。[2]

2. 指纹自动识别系统的不当使用

在实际办案中，鉴定人员极少遇到同卵双胞胎指纹的鉴定，而相似异源指印的来源多为 AFIS 系统的检索方法。众所周知，不论是国内的还是国外的 AFIS 系统，均不会对检材指印与样本指印是否同一作出明确意见，而只是根据相似程度大小作出排序，最终结论须由鉴定专家审查后作出。

1999 年，在关于指纹证据可采性的多伯特审听中，FBI 和洛克希德马丁公司发现 AFIS 系统检索到的异源指纹可能会有与同源指纹非常相似的形态。[3] 事实上，我国宜昌市公安局刑警支队金黎明等人[4]在 1999 年也曾报道过一例入室抢劫杀人案中的现场指印与 AFIS 系统一枚盗窃前科人员的指印高度相似，二者在箕尾处共有 8 个相同特征，甚至在靠近右三角处出现的褶皱纹都一致。这表明相似异源指印的问题在国内外几乎同时引起了刑事技术人员的关注。李瑛等人[5]指出由于三角部位多为"四小"类特征，特征价值较低，故检索结果中相似指纹较多，而且得分普遍较高，人工识

---

[1] Jain, A. K, Prabhakar, S., & Pankant, S. On the similarity of identical twin fingerprints, Pattern Recognition, 2002, 35（11），2653-2663.

[2] Grieve D., Possession of truth, 46 Journal of Forensic Identification 521（1996）.

[3] Cole S A, Welling M, Dioso-Villa R, et al., Beyond the individuality of fingerprints: a measure of simulated computer latent print source attribution accuracy, 7 Law, Probability and Risk 165（2008）.

[4] 参见金黎明、静静：《由一枚指纹鉴定所得到的启发》，载《刑事技术》1999 年第 3 期。

[5] 参见李瑛、蔡晨凛、井玉等：《利用 COGENT 指纹自动识别系统查找残缺指纹》，载《刑事技术》2002 年第 1 期。

别难度变大。根据韩文强和罗亚平[1]的归纳，AFIS系统检索产生的相似异源指纹主要与以下六个方面密切相关。

(1) 细节特征数量

细节特征的数量是特征组合特定性的量化标准之一。当特征数量增加时，特征组合的特定性也随之提高，从而能降低出现相似异源指纹的可能性。国内刘哲、艾乐[2]等人对捺印指纹的相似异源问题的研究表明，特征标注数量与相似异源指纹出现率及排前率均呈负相关，细节特征数量越多，相似异源指纹出现的概率越低，相比于同源指纹的排位也越靠后。

(2) 细节特征所在区域

指纹不同区域的特征独特性也有所不同。吕导中[3]研究发现，箕形纹和斗形纹的三角区域纹线特征耦合可能性明显高于其他区域，原因与李瑛等人的结论类似。对于箕形纹，各区域出现相似异源指纹的数量从多到少排序为：箕口区域＞三角区域＞中心区域。弓形纹中心区域中弓形线以下部位更易出现相似异源现象，存在15个特征点完全一致的相似异源指纹，相似异源指纹出现率约为44.27%，而弓形纹的中心相似频率最低，可能由于其结构较其他区域复杂，容易出现差异点。李硕等人[4]对斗形纹中心区域也进行了相似频率分析，结果表明相似异源指纹更多地出现在中心区域的中下部，最高存在12个特征点相符且不存在差异点的相似异源指纹。由此可见，了解不同纹型和不同区域的相似异源指纹出现情况有助于鉴定人员提高判断准确率。

(3) 指纹图像质量

目前，AFIS检索仅出现相似异源指纹以及相似异源指纹排在同源指纹

---

[1] 参见韩文强、罗亚平：《相似异源指纹研究进展及展望》，载《刑事技术》2024年第1期。

[2] 参见刘哲、王永灿、刘田等：《箕型纹中心及三角区域相似异源现象研究》，载《刑事技术》2017年第6期；艾乐：《斗型纹三角区域相似异源研究——基于百万级数据》，中国人民公安大学2020年博士学位论文。

[3] 参见吕导中：《指纹三角周边区域细节特征分布相似现象研究》，载《刑事技术》2009年第1期。

[4] Li S, Li K, Yang J, et al., Research on the local regional similarity of automatic fingerprint identification system fingerprints based on close non-matches in a ten million people databasetaking the central region of whorl as an example, 68 Journal of Forensic Sciences 488 (2023).

之前是指纹鉴定专家面临的主要风险。2021 年，李康等人[1]制作了 20 组共 60 枚不同质量的模拟现场指纹并向档案库发起查询，检视候选队列同源、相似异源指纹的出现情况，实验表明现场指纹质量降低对同源、相似异源指纹的查询结果均存在较大影响，有 26 次查询出现仅有高度相似异源指纹和相似异源指纹排在同源指纹之前的情况。

（4）特征标识方法

有研究表明，不同特征点标注方法也会对检索结果产生影响，即造成同异源排位发生变化。由此可见，确定能够减少相似异源指纹干扰的最佳特征点标注方式，对提高同源指纹排前率具有重要意义。韦向东等人[2]采用系统自动标注特征、人工标注特征、系统自动+人工干预标注特征 3 种方法开展对现场指纹比对结果的研究，实验表明不同质量的现场指纹需要用不同的标注方法才能保证现场指印最高的比中效率。

（5）指纹库容量

另一个不容忽视的因素就是指纹库容量的影响。Busey 等人[3]对此开展过相关实验研究，并探讨了如何在更大的数据库中对同源指纹和相似异源指纹进行权衡，结果发现随着数据库的扩增，在数据中找到嫌疑人的可能性和出现相似异源指纹的可能性都会增加。然而，前者趋向于渐近线，而后者无约束地增加，这说明随着指纹库容量的增大，数据库的灵敏度先增加后减小，即一旦数据库超过一个临界规模，过多的相似异源指纹数量会降低在数据库中找到嫌疑人的可能性，这也表明了可能存在一个最优的数据库规模。在我国，指纹库容量急剧上升，截至 2023 年 5 月，我国指纹大库人员数据已达 2 亿人份，相似异源指纹带来的检验鉴定风险将不断被放大。

---

[1] Li K, Wu D, Ai L, et al., The influence of close non-matchfingerprints similar in delta regions of whorls on fingerprint identification, 66 Journal of Forensic Sciences 1482 (2021).

[2] 参见韦向东、朱军锋：《NEC 指纹系统中特征标注方式对现场指印比对结果的影响》，载《中国人民公安大学学报（自然科学版）》2016 年第 2 期。

[3] Busey T, Silapiruti A, Vanderkolk J., The relation between sensitivity, similar non-matches and database size in fingerprint database searches, 13 Law, Probability and Risk 151 (2014).

（6）AFIS 的算法

这个因素是杨俊等人[1]首次提出的，在他们最近的研究中提到，基于北大高科指纹自动识别系统 PU – AFIS 4.1 版，在弓形纹中心区域标注特征点数量越多，同源指纹的出现率及排前率越高。当标注特征点数量大于 18 个时，同源指纹均出现在候选队列首位；随着标注特征点数量的减少，同源指纹的出现率及排前率降低。这表明各大软件厂家的识别算法可能存在差异，这为其后期升级算法以提高相似指纹识别率提供了一些新思路。

四、相似指纹鉴定展望

目前，相似指纹的影响因素研究尚不成熟，没有包含不同类型指纹的所有区域，如各纹型的外围系统和根基系统。目前国外和我国内部不同系统在特征点标注规则、AFIS 系统算法和指纹库容量等方面均有所不同。由于缺乏统一性，需要建立统一的标准或规则来进一步开展相似异源研究。此外，目前关注该问题的国内研究组基本来自个别公安院校，在国内司法鉴定界尚未引起广泛关注。

国际上，物证鉴定范式正朝着定量化和科学化方向发展，目前荷兰法庭科学研究所、悉尼科技大学和洛桑大学的研究人员正在持续研究和验证用于指纹证据评估的统计模型，其中洛桑大学已经开发了一种基于统计机器学习技术和形态定量分析的似然比模型，在初步评估中该模型在鉴别相似异源指纹时能够表现出高准确性。在我国，开展相关量化评价的实证研究相对较少。2022 年，国内公安部鉴定中心马荣梁等人[2]提出了建立指纹鉴定结论概率化表达方式，研究中统计了 1500 万枚指纹图像的特征分布，拟合出各个扇区内部特征的概率密度函数，并采用贝叶斯准则和添加噪声进行修正，最终得出指纹鉴定结论的概率。国内外这种定量化表达鉴定意

---

[1] 参见杨俊、罗亚平、李康等：《弓型纹中心区域相似异源现象研究》，载《刑事技术》2023 年第 5 期。

[2] 参见马荣梁、刘寰、吴春生：《指纹鉴定结论概率化表达方式初探》，载《刑事技术》2023 年第 1 期。

见的趋势，或许成为解开相似指纹鉴定难题的钥匙。今后，可加强指纹检验人员与统计界的合作，共同研发优良的指纹证据量化评价模型，以应对相似异源指纹带来的风险。

第十七章
指纹的三级特征研究

一、研究背景

当前，不论是指纹的人工比对工作还是自动识别使用的都是一级特征和二级特征。尤其是 AFIS 技术具有高识别精度，但须依赖于高质量、低分辨率的图像来做到这一点。在此背景下，许多研究人员开始研究指纹的三级特征。据统计，1994—2022 年，国际上有百余篇文章的研究涉及指纹的三级特征，其中重点关注三级特征的文献约 80 余篇。我国近年来对指纹三级特征的研究也比较活跃，相关主题文章有 20 余篇。

指纹的三级特征指的是指纹的微观细节特征，主要包括乳突纹线的边缘形态、纹线宽窄、细点线、汗孔特征等（见图 17-1）。简言之，乳突纹线的边缘形态受到汗孔位置与大小变化的影响，与位于纹线边缘的汗孔形状也有一定关联；细点线作为乳突纹线之间的小犁沟中存在的一种特殊组织结构，其显现与否受到多重因素影响；乳突纹线的宽窄则体现在其与小犁沟间距的变化上，同样也受到捺印压力的影响；汗孔特征是指汗孔位置和大小特征，也是目前指纹三级特征中的研究重点。指纹汗孔的尺寸范围为 88—220 微米，且有各种形状，包括圆形、椭圆形、正方形、菱形和三角形。另外，汗腺的位置并不固定。它们通常位于指纹脊的中间（闭合孔），但它们有时也可以向侧面开放（开放孔）。图 17-2 展示了高分辨率指纹图像中的汗孔。

汗孔　　纹线形状　　早期脊　　皱　　疣　　疤

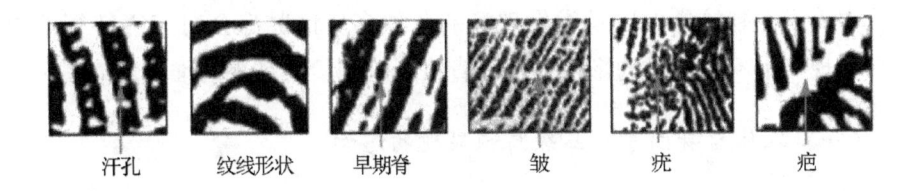

图 17-1　指纹的第三级特征

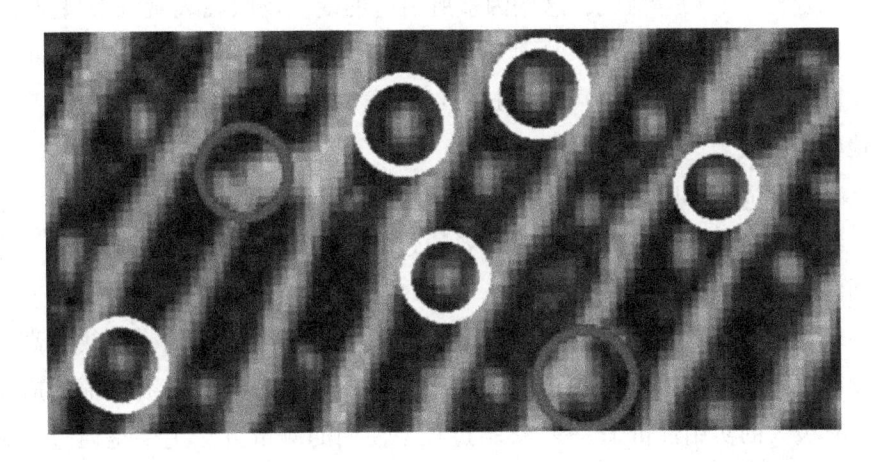

图 17-2　汗孔的微观形貌（白色为闭合孔、灰色为开放孔）

二、指纹三级特征的显著特性

指纹三级特征具有在一定时间内保持稳定的特性和区别于一级、二级特征的独特反映性。指纹三级特征之所以与组织细胞学联系紧密，主要是基于其稳定性与反映性皆根源于该处的组织结构特点、上皮细胞的新陈代谢变化过程。例如，指纹三级特征中，乳突纹线的边缘形态、纹线宽窄、细点线等特征与表皮角质层的存在状态密切相关，汗孔特征除与角质层状态有关外，更与汗腺导管在表皮中的螺旋形走向有关。

三、指纹三级特征的研究现状

指纹三级特征的检验在实践中受到多重因素的影响，除了基于个体之间生理差异产生的不同、基于时间推移下进行的新陈代谢而产生的变化外，实验中人为控制的条件以及案发现场的各种多变情况都会对三级特征的提取和显现产生不可估量的影响，从而直接影响到检验结果的准确性。

（一）人体自身因素对三级特征显现的影响

人体自身因素主要包括上皮组织的结构特点、新陈代谢、生理与病理变化以及自身活动等情况，这些因素所引起的变化反映在表观细节特征上，直接影响指纹的纹线宽窄、汗孔特征和边缘形态。因此，指纹三级特征在指纹同一认定中的应用，可以通过对纹线宽窄、汗孔特征和边缘形态变化的检验来实现。

1. 纹线高低和纹线宽窄的研究现状

纹线高低和纹线宽窄的变化主要通过乳突纹线的嵴线高度与相邻小犁沟间距的变化来体现。

表皮细胞层随着皮肤的新陈代谢不断更替上移脱落，乳突纹线的高低和宽窄也随之变化，具有一定的规律，这种规律性在指纹三级特征的应用中具有极大的实用性价值。[1] 实验过程中使用的测量方法主要是通过选定乳突纹线上的某一特定汗孔进行标记，在表皮细胞的新陈代谢周期内，对该汗孔所在纹线的高低及其与相邻小犁沟间的距离进行测量。

研究发现，男性手指指腹乳突纹线平均高度和小犁沟平均间距显著大于女性，乳突纹线高度与小犁沟间距变化男、女性差异不大，食指乳突纹线高度变化的平均值大于拇指和中指，拇指小犁沟间距变化的平均值大于食指和中指。

除了表皮更替时间内自身的新陈代谢以外，乳突纹线高度与小犁沟间距变化还可能是基于乳突纹线边缘形态、实验对象自身心理状况、交感副交感神经兴奋性等的不同导致采样时手指皮肤的张弛状态不同、实验样本在日常生活中造成的手指指腹乳突花纹的磨损以及手指清洁度等原因。[2]

---

[1] 参见王有民：《指纹三级特征的组织学基础、影响因素与实用性价值分析》，载《中国人民公安大学学报》2018 年第 3 期。

[2] 参见曹吉明、王有民、梁娜等：《表皮更替时间内乳突纹线高度与小犁沟间距变化规律研究》，载《刑事技术》2021 年第 5 期。

2. 汗孔特征的研究现状

现有的三级特征提取方法主要集中在对汗孔的提取上，主要分为基于特征的人工识别与标记法、基于机器学习的提取法以及两者结合的提取法。[1]

人工识别与标记法主要包括基于乳突纹线骨架与基于过滤器的两种汗孔标记方法，早期的汗孔检验以该方法为主，但经过一段时间的研究，人工识别与标记法过度依赖高质量的脊骨架图像才能正确地检测汗孔。而且，相比基于机器学习的提取法而言，人工识别与标记法的成本过高。因此，人们逐渐把注意力转向人工智能技术。与依赖专家知识来定位汗孔的人工方法不同，机器学习利用注释数据来自动建模汗孔。在深度神经网络变得流行之后，这类方法受到了很多关注。神经网络是一个由大脑启发的学习系统，它由相互连接的神经元组成，这些神经元能够在训练数据中总结相关模式。在汗孔检测领域，一种特定类型的神经网络——卷积神经网络（CNN）较为流行。一个原因是 CNN 能够利用具有空间背景的数据（如图像）。卷积层可以学习几个过滤器，从而提取特定问题的最重要视觉特征。

但当前机器学习方法对指纹三级特征中细节点的识别容易产生遗漏，故目前面向三级特征提取的指纹自动识别系统仍然存在改进的空间。很多学者提出，将人工标注和机器学习结合的混合提取法应用较为广泛。中国科学院自动化研究所的罗希平等人利用脊线上的 4 个采样点来表示细节点对应的脊线特征，提高了匹配的可靠性。顾金伟在匹配阶段融合了方向场匹配和细节点匹配结果，增强了系统对低质量图像匹配的可能性。

汗孔特征的变化主要通过其位置的转移和形态、大小的改变来体现。[2]

（1）对汗孔大小的研究

根据汗孔大小可以对指纹汗孔作出如下分类，直径 50—100um 的为小

---

[1] 参见顾金伟：《指纹特征表示的研究及应用》，清华大学 2005 年硕士学位论文。
[2] 参见王有民、曹吉明、梁娜等：《指纹三级特征中汗孔位置的生物学变化规律研究》，载《刑事技术》2020 年第 5 期；焦彩洋、张晓梅：《汗孔特征的观察与识别》，载《中国司法鉴定》2016 年第 4 期；Anthonioz A, Champod C, Integration of pore features into the evaluation of fingerprint evidence, 59 Journal of Forensic Sciences 82 (2014).

孔型汗孔；直径 100—200um 的为中孔型汗孔；直径 200—250um 的为大孔型汗孔。同一汗孔在一定时间内会随着表皮细胞的更替、脱落发生大小变化，变化规律与表皮内汗腺导管的不规则螺旋走向有关。

实验过程中，对圆形或椭圆形汗孔的长轴与短轴进行测量，并取其平均值作为汗孔直径以衡量该汗孔大小。通过对实验对象在新陈代谢周期内获取的相关数据进行对比，可得出如下结论：男性指纹汗孔大小普遍大于女性；汗孔大小因表皮更替而呈现动态的变化过程，变化幅度因人而异，男性指纹汗孔变化幅度普遍大于女性。

然而，除了圆形与椭圆形汗孔以外，还存在三角形、四边形以及不规则形状的汗孔，针对这几类汗孔大小变化的实验及其具体的测量方法目前尚未涉及。

（2）对汗孔位置的研究

乳突纹线上的汗孔位置并非一成不变，而是处在规律性的变化过程之中，该变化与其表皮内汗腺导管螺旋走向的路线、螺距、螺径等情况密切相关。根据目前的表皮内汗腺导管螺旋走向的形态学研究，可以明确的是，随着表皮细胞的脱落与更新，汗腺导管呈不规则螺旋走向的方式不断上移，随着螺径、螺距等数据的变化，汗孔的位置在以该螺旋的轴心为半径的范围内不断变动。

实验研究表明，所有指纹样本指腹乳突纹线上的汗孔在纵、横两个方向均有不同程度的位置变化，纵向位置的变动范围显著大于横向，且男性纵、横两个方向的变动范围显著大于女性。同时，手指指腹乳突纹线上的汗孔在纵、横两个方向的位置变化区域近似椭圆形状，该椭圆的长轴与乳突纹线方向一致，短轴与乳突纹线垂直。

（3）对汗孔形态的研究

在新陈代谢周期内，汗孔也会随汗孔开口处皮肤角质层细胞的脱落而产生形态上的变化。因此，捺印状态下会表现为开放型指纹汗孔和闭合型指纹汗孔两种指纹汗孔状态。

3. 指纹边缘形态的研究现状

指纹的边缘形态变化主要受真皮乳头的生理变化以及汗孔位置偏移的

影响，而汗孔位置与汗腺导管在表皮中的螺旋形走行有关，位于乳突纹线边缘的汗孔呈现开放或闭合两种状态时，所展现出的边缘形态也会有所不同。

（二）人为设定条件对三级特征显现的影响

在指纹三级特征的各项研究实验中，为了探究某一特定因素对指纹显现状态的影响，研究人员通过设置一定的捺印压力、承受客体和空间温度、湿度等条件，使指纹的三级特征最大限度地显现出来，并对不同条件下的特征变化进行一定的对比和记录。

1. 捺印压力对指纹三级特征显现的影响

不同的捺印压力直接影响着汗孔的大小和是否显现，也直接决定着乳突纹线的宽窄、细点线是否显现等细节特征。这种捺印压力带来的指纹变形是出现错案的极大影响因素。为了探究二者之间的关系，Anthonioz 等人建立了同源指纹特征变化数据库，以此研究汗孔特征的反映性。实验结果表明，在不同方向的力的作用下得到的变形指纹中，相同部位的汗孔时隐时现，影响了汗孔的反映性。未来活体指纹采集设备的研发也应当将压力记录装置作为考量因素。

在研究实验中，通过变异系数对测量数据进行统计分析，可以排除该类人为条件对指纹三级特征变化的影响，使最终的数据分析结果完全建立在作为实验变量的人体自身变化的影响之上。

2. 采集方式对指纹三级特征显现的影响

不同的采集、显现方式对指纹三级特征的状态呈现出不同的影响，即不同的承受客体、捺印方式、油墨量、磁性粉直接影响汗孔的大小、"开放"与"闭合"状态以及纹线的宽窄。

近年来，国内外的研究人员就这一方向展开了相关研究，取得了一些具有指导意义的研究成果，无接触指纹提取方法的创新就是其中之一。相比反映性较差的理化显现方法，Yu 等人[1]提出了使用高速光学相干断层扫描成像的方法来增强手指真皮乳头层纹线检测的对比度，在指纹图像上可以清楚地观察到汗腺导管和纹线边缘形态。从理化显现方法到高速光学相干断层扫描法，是指纹采集方法的一大进步。

（三）案发现场情况对三级特征显现的影响

实际案件现场中，除嫌疑人自身生理、病理等人体自身因素外，还有长时间接触水，短期、长期的摩擦等个人行为，以及现场千差万别的承受客体、手指作用于客体的压力及作用方式等情况都会对现场指纹痕迹产生直接影响，这直接关系到指纹三级特征的留存与否与留存质量。因此，在指纹三级特征的实际应用中，对于该方面因素也要多加考虑。

四、总结展望

尽管指纹三级特征具有较强的稳定性与反映性，但受制于现实条件的影响，实践过程中的待鉴定指纹留存质量往往较差，并不一定会完整、清晰地表现出三级特征。因而，目前的指纹三级特征在鉴定实践中往往作为二级特征的补充出现。[2]

为了提高三级特征的实用性价值，未来的研究方向需要在指纹提取技术开发的基础上，不断通过大量样本的实验明确各类指纹三级特征的出现率，从而给予其不同的似然比，增强留存质量较差指纹的鉴定条件，使关键时刻的指纹三级特征既可以成为作出肯定同一认定结论的重要补充，也可以成为否定同一认定结论的重要依据。

---

[1] Yu X, Xiong Q, Luo Y, et al., Contrast enhanced subsurface fingerprint detection using high-speed optical coherence tomography, 29 IEEE Photonics Technology Letters 70 (2016).

[2] 参见柳菁莹、罗亚平：《指纹三级特征的研究现状及展望》，载《刑事技术》2023 年第 1 期。

第十八章
指纹鉴定意见的量化概率研究

一、研究背景

科学证据的检验技术的可靠性、证据价值的客观评估以及如何准确解释专家鉴定意见，是法庭科学行业内和司法实践长期关注的热门话题。指纹有"证据之首"的美誉，作为人体重要的生物特征，具有认定人身的功能，其被广泛运用于司法诉讼中开展个体识别已有上百年的历史。目前，指纹鉴定意见是影响刑事侦查和司法裁判的最重要的证据之一。随着指纹自动识别系统（AFIS）在全世界范围内的普及和犯罪形态的不断演化，目前指纹鉴定技术在鉴定标准和鉴定意见表述形式两个方面均面临挑战。

（一）指纹鉴定标准的模糊化

指纹鉴定标准，是指在指纹同一认定中对特征符合点和差异点进行分析评断，进而作出鉴定意见所依据的准则和尺度。20世纪初以来，法庭科学理论和实务界对指纹鉴定标准进行了不懈的探索，形成了最低特征数量标准、质量/数量标准、面积/质量量化标准、拓扑学方法和标准、形态学方法和标准等。

1. 最低特征数量标准

最低特征数量标准，是指按照特征符合点的最低数量进行评断的标准。最早提出该标准的是法国刑事侦查学家埃德蒙·洛卡德（Edmond Locard）。1911年洛卡德提出："在一枚指纹的鉴定中，如果所利用的特征点少于12个，则这枚指纹的特定性就不充分；同时如果出现一个差异点，就绝对不能认定同一。"实践中，多数欧洲国家规定了认定结论必须达到的最低特征数量，如英国规定指纹证据至少必须具有 16 个匹配的细节特征点；荷兰和法国基本都采用 12 个细节特征点的标准，其中巴黎曾规定指纹鉴定必须具有 17 个匹配的细节特征点，后改为 12 个匹配的细节特征点，与法国其他地区一致；德国也采用 12 个匹配的细节特征点的标准，但如果指纹纹型是箕形纹、斗形纹，并且指纹清晰时，也可以采用 8 个匹配的细节特征点的标准；西班牙采用 10—12 个匹配的细节特征点的标准；奥地利采用 12 个细节特征点的标准；瑞士的日内瓦采用 8 个匹配的细节特征点的标准。

客观上讲，规定最低特征数量标准，在一定程度上可以防止鉴定人员凭个人经验随意作出鉴定意见。但简单的最低细节特征点数量标准忽略了指纹特征的整体性，只关注了指纹中局部的符合点的数量和位置关系。例如，一枚指印本身的纹线特征所包含的细节特征数量很少或为零，根据最低特征数量标准就无法作出鉴定意见。此外，不论是 8 个、12 个还是 16 个最低特征数量标准，究竟是如何计算出来的，没有明确的统计学依据。更进一步说，常见 9 种细节特征的出现概率或者特征的价值明显不同，那么简单地以指纹特征总体数量为同一认定的判断标准，缺乏说服力。因此，国际鉴定协会标准委员会在对指纹鉴定是否应当采用最低特征数量标准进行了 3 年调研后，于 1973 年发表声明："当前在指纹鉴定中匹配特征必须达到某一数量以上的要求是毫无科学根据的。"

另外，实践中鉴定人为了满足所规定的最低特征数量标准，常常有意无意地将某些模糊不清的特征标注为符合点，而对存在的明显差异点予以忽略而不作解释，或者笼统地归为"图片失真""客观条件下的非本质性变化"等，极大程度上增加了错案冤案产生的风险。

2. 质量/数量标准

由于最低特征数量标准存在机械性和局限性，因此，不少法庭科学工作者主张将特征的数量和质量结合起来进行综合评断，即不仅要看符合点的数量，更要看符合点的质量。简言之，当特征质量好、特征价值高时只需少量符合点就可以认定同一；相反，当特征质量差、特征价值低时所需符合点数量自然就应增加。例如，对带有伤疤的指纹只需 3—4 个匹配的特征点就可以认定，而对指尖部位留下的印痕即使有 10 个匹配的特征点也未必能够予以认定。因此，在指纹鉴定中，匹配特征不存在数量上的最底线。鉴定实践中，澳大利亚、加拿大、美国和我国大多采用这种质量和数量相结合的标准。

然而，虽然质量/数量标准从形式上避免了只注重指纹特征数量的弊端，但到底如何将特征的质量和数量相结合，在理论上仍缺乏严密论证，实践中也未形成一套具有可操作性的方法，导致鉴定人依然根据个人经验和感觉来判断是否达到"本质同一"。对此，我国有学者指出，"由于我们过分强调特征的质量，而特征的质量目前是没有办法量化的，所以指纹鉴定就不可能有具体的统一标准，只能由鉴定人员根据个人经验去'综合评断'，于是就容易在司法实践中出现有的专家说'能定'，而有的专家说'不能定'的状况，令司法人员无所适从，也为徇私枉法打开了方便之门"[1]。由此可见，质量/数量标准在实践中比最低特征数量标准更具随意性，据此作出的结论更难以让人们信服。

3. 面积/质量量化标准

为避免特征数量质量过于简单化、机械化的局限性，有学者提出了依据指纹面积和特征质量来量化指纹匹配概率的思路和方法。其基本思想是依据指纹的面积决定细节特性的数量，即指纹有效面积中的每条纹线都按照一定的密度充满特征。同时，对细节特征进行分类，按照特征出现率的高低决定特征的质量量值，最后综合所有特征的出现概率形成随机匹配概率来描述鉴定的质量。在概率计算和充分评估的基础上，确定指纹认定的随机匹配概率标准量值。该标准的核心观点是摒弃了原有"四点五小"特征的缺陷，即没有细节特征也是一种特征，在此将这种特征命名为空位特征。因此，该体系的细节特征分为空位特征、基本特征（"四点"）、特殊特征（"五小"）三类。

面积/质量量化标准的进步之处是它将指纹看成一种整体性图像，在考

---

[1] 参见何家弘：《对法定证据制度的再认识与证据采信标准的规范化》，载《中国法学》2005 年第 3 期。

虑纹线形态特征信息时引入"空位特征"的概念，并根据空位特征、基本细节特征、特殊细节特征的出现频率来计算指纹随机匹配的概率值，最后作出鉴定意见。这一立足于指纹图像的有效利用和鉴定意见的"定量化"表达，是对传统的数量/质量标准的突破，对指纹鉴定理论具有启发意义，但这种标准仍存在不足。其一，该标准没有考虑指纹变形因素。虽然我们可以将指纹看成一种图像，但指纹绝非一种静态图像。在形成过程中，由于作用力的方向、大小和作用方式不同，皮肤自身的弹性不同，相同手指手掌区域在不同条件下形成的指纹面积可能会发生变化，因此在确定"特征位"时可能产生较大的误差。其二，该标准认定方法的设计存在一定的缺陷。将特征分为空位特征、基本细节特征、特殊细节特征三类分别计算其出现的概率，设计过于简化，与鉴定中常用的九类细节特征有较大差异，难免会影响最终计算出的匹配概率。其三，如何判断空位特征是否符合，相似到何种程度才算符合难以量化。

4. 拓扑学方法和标准

我国有学者提出了运用拓扑学理论解决指纹鉴定面临的问题。学者刘持平认为，一枚指纹就是一个函数定义域，一枚指纹的任意局部也可以是一个特定的函数定义域。[1] 指纹中的所有纹线，不论其形态如何，都是集合 A 中数的表现形式，都是由点 P 所组成的轨迹。轨迹是由无数个点组成的，每个点都对应（X、Y）一组数，无限多个点对应无限多组数，在图形中都代表着拓扑不变量，都可以看作指纹特征。在比对中，所有纹线都必须无一遗漏地相互对应。当两个被检验的图形每个点 P（及其轨迹）的数都一一对应且没有重叠和差异时，即可证明两枚指纹具有相同的拓扑性质，是同胚映射。反之，有任何一个点不符，代表二者不是同胚。拓扑学理论可以规避究竟需要几个细节特征才具备鉴定条件的争论，且实现了在更微观的水平上进行指纹鉴定。例如，对单一纹线形态尤其是端点形态的检验、对纹线上汗孔形态的检验等。概括而言，指纹的同一性检验，其结果就是确定指纹之间的拓扑性质，它必须服从图形同胚全等，拓扑不变量、点的

---

[1] 参见刘持平：《拓扑学创新指纹鉴定经典理论》，载《江苏公安专科学校学报》2002 年第 1 期。

指数一一对应等拓扑学原理。

将拓扑学理论引入指纹鉴定，是一次大胆而有益的尝试。一方面，它突破了面积/质量量化标准的静态化图像问题，且充分考虑了指纹特征的变化因素；另一方面，它将指纹图像视为一个函数域，从而回避了传统鉴定标准中特征数量、质量的争论，将可能成为指导计算机自动比对指纹的有力工具。然而，学界目前还没有提出一套具有可操作性、具体的实施方案，尤其是如何实现拓扑不变量和特征点的指数一一对应等问题缺乏详尽解释，故该方法的可行性仍需要相关学者跟进研究。

（二）指纹鉴定意见不适应科学发展需要

长久以来指纹只有认定、否定和无法得出结论三种鉴定意见。如果认定和否定保持绝对准确，则认定和否定的阈值必然上升到不合理的程度，中间模糊部分必然扩大，导致指纹鉴定效率下降。具体而言，首先，由于认定和否定结论属于百分之百地确定，但在实际案件中，清晰的高质量检材指印并不多，大部分检材指印都存在一定程度的残缺、模糊、重叠和变形，特征反映、特征数量和特征质量都很难达到清晰、明确、充分的标准。这种情况下，给出绝对认定同一结论不仅夸大了证据的价值，同时也增加了错误的风险。其次，"无结论"的鉴定意见虽然表明了不确定性，但是并没有表明不确定的程度，也没有对证据价值进行合理评估。事实上，特征符合点数量不足或特征质量较低的指印并不意味着没有证据价值，而"无结论"否定了事实上可能有用的信息，导致其证据作用被忽视。在司法实践中，为了规避错误认定的风险，部分鉴定人倾向于出具"无结论"的指纹鉴定意见，使其丧失了应有的证据价值。因此，指纹鉴定迫切需要正确逻辑框架和合适的评价方法。

20世纪90年代美国Daubert案听证会上对指纹的质疑以及2009年美国科学院发表的题为《美国法庭科学的加强之路》的报告中关于指纹的讨论引发了学术界对于指纹鉴定科学性的探索。1993年，Daubert诉Merrell Dow药业公司案中，美国最高法院作出了一项关于科学专家证词可接受性的规定，这些规定在广泛的科学界也有所运用。一个科学有效方法的标准如下所述：

(1) 必须基于可测试和可验证的理论或技术；
(2) 必须经过同行评审和发表；
(3) 必须具有已知或可预测的错误率；
(4) 必须有关于其应用的标准和控制；
(5) 必须得到相关科学界的普遍接受。

自此，Daubert案中关于专家证词可接受性的指导原则开始影响传统物证鉴定意见的表达形式，美国国家标准研究院（NIST）下属的法庭科学研究委员会在现有的三种方式之上增加了两种倾向性的意见表达，提出了"认定、否定、倾向于认定、倾向于否定、不够鉴定条件"五种指纹鉴定意见表达方式。同时，也有学者开始探索指纹鉴定意见的概率化表达方式：瑞士洛桑大学Champod教授采用似然比方式对指纹鉴定结论进行表达，但其并未得到广泛应用，且其数据是基于数据量在100万人左右的瑞士指纹数据库，数据量较少，是否具有普适意义仍存在争议。国内有专家也对此进行了研究，但指纹统计数据较少，且统计特征不是最为常见的起点、终点、分歧、结合、沟、眼、点、桥、棒等九种特征；此外，因其在数学模型建立上较为简单、没有考虑指纹面积等因素，这种方法未能得到广泛应用。2014年，英格兰和威尔士的法庭科学管理者在其实践和行为规范中要求，所采用的技术方法和程序必须经过验证，即便这些方法是标准的和被广泛使用的。还要利用案件模拟材料甚至实际案件材料（条件合适时）进行验证。同时，还需要证明检验人员能够提供可重复、有效和可靠的结果。从以上标准和要求可以看出，对科学证据检验技术的核心要求是其科学性，具体体现在程序和技术方法的准确性、可靠性、客观性、可验证性、可重复性、透明性等方面。法庭科学检验必须以客观测量为基础，不能仅凭专家的主观判断；检验的程序方法必须标准、透明，经得起反复测试及验证；检验结果必须准确可靠，在反映案件实际条件情况下的错误率必须限定在合理的、法庭接受的范围内。对"不科学"的专家意见法庭将可能不予采纳。国际法庭科学鉴定协会也认为，尽管没有实际案例应用，但应该支持关于指纹鉴定意见概率化表述的研究。

二、研究现状

如前文所述，目前全球法庭科学界有关指纹鉴定的结论均受到法国刑事侦查学家埃德蒙·洛卡德提出的"三条准则"的影响：

（1）作出认定结论的指纹应有 12 个以上的相同特征点；

（2）如果相同特征点在 8—12 个，则须满足某些特殊条件，如有中心花纹、三角特征、较少见细节、汗孔特征等，以及两名鉴定人的独立检验；

（3）如果相同特征数量不足，则无法作出确定性结论，仅能根据特征数量提出一种倾向性结论。

整体来看，该"三条准则"本质上就是一种概率框架，其中第一条和第二条准则是一种概率确然性的应用，而第三条准则则涵盖了 0—100% 的概率范围。自斯通尼（Stoney）发表对 7 个重要指纹比对数学转换模型的评论性综述之后[1]，国外同行在指纹鉴定意见概率化表达的研究领域逐渐活跃，在前期引领了学术潮流。

下面将重点介绍指纹识别的统计模型，这些模型提供了一个必要的科学框架，以便量化检材和样本指印特征的可辨识性并预测相关的错误率。这些模型通常可以分类为随机映射概率（Probability of Random Correspondence，PRC）模型和似然比（Likelihood Ratio，LR）模型两类。

（一）随机映射概率模型

随机映射概率（PRC）模型的主要任务是计算不同指印中相关特征出现的概率。从指纹鉴定人的角度来看，这些概率近似于检材和样本之间特征不匹配时的概率。自高尔顿（Galton）在 19 世纪末提出第一个模型以来，已经在同行评审的文献中提出了 20 多种模型，利用多种方法模拟各种指纹特征之间的关系。

一般来说，PRC 模型可以用来计算至少以下一种概率，考虑有 m 个特

---

[1] D. A. Stoney, J. I. Thornton, A critical analysis of quantitative fingerprint individuality, J. Forensic Sci, Vol. 31: 1, p. 1187–1193 (1986).

征的集合 I：

·PRC（m）：两个不同指印（随机选择）的特征中至少有 m 个对应特征（如细节特征、汗孔或脊形细节）的概率。

·PRC（I）：给定特征子集 I，同随机选择来自不同手指指印的特征子集对应的概率。

·nPRC（m）：在 n 个个体指印特征（来自不同的个体）的集合中，至少存在一对 $\left[有\binom{n}{2}种可能\right]$ 具有至少 m 个对应特征的概率。当 n = 2 时，nPRC（m）= PRC（m）。

·nPRC（I）：在 n 个指印特征（来自不同的手指）的集合中，存在特征子集 I，至少存在另一个特征子集同其对应的概率。

EPIC（A，B，m）：假设从两个不同的指纹 A 和 B 中观测到 m 个对应特征，EPIC 是指在各自的指纹特征模型中至少存在 m 个对应特征的概率，记为 fA 和 fB。特征匹配数量的概率分布通过比较 fA 和 fB 来实现。不同于与 PRC（m），EPIC（A，B，m）适用于两两比对。

所有 PRC 概率都源自某种特征模型，既可以是对整个人群的特征概括，也可以是对个体的特征概括。PRC（m）和 nPRC（m）都涉及形态特征，如纹型、图案分类或脊线数量。在相关文献[1]中可以找到 PRC 计算的基本示例，其细节特征、核心到三角形脊线的数量以及两个随机指纹之间的匹配度都设定概率为 1/4，共有 m 个细节特征。

$$\text{PRC}(m) = \underbrace{\left(\frac{1}{4}\right)^m}_{minutiae} \cdot \underbrace{\left(\frac{1}{4}\right)}_{core-to-deltar.\,c} \cdot \underbrace{\left(\frac{1}{4}\right)}_{class} = \left(\frac{1}{4}\right)^{m+2} \tag{1}$$

虽然历史上的 PRC 模型主要关注 PRC（m），但 nPRC 和 EPIC 却成为近年来的关注焦点，这与自动指纹识别系统（AFIS）的应用开发直接相关。简言之，现代 PRC 模型以 AFIS 为核心，其提供了丰富的数据集并且有助于

---

[1] M. Page, J. Taylor, M. Blenkin, Forensic identification science evidence since Daubert：Part Ⅰ—A quantitative analysis of the exclusion of forensic identification science evidence，J. Forensic Sci. 56 (5) (2011) 1180 - 1184.

指纹特征搜索自动化的发展。这种技术优势已经广泛用来建构数据驱动的统计模型。此外，现代模型还考虑了特征之间更复杂或隐藏的信息。

大多数现代 PRC 模型为每个指纹构建特征模型，以更详细和具体的方式来识别指纹。通常，这些特征模型会进行特征比对，以帮助计算 PRC 值。此外，还利用特征来评估模型是否能够通过拟合度评估或通过 AFIS 模拟检材特征和样本特征之间的分布来进行鉴定识别。

现代 PRC 模型主要利用概率来进行模型建立。这包括诸如点过程用于建模细节的空间模式、混合模型用于聚类空间邻域和建模细节的位置-方向依赖性、贝叶斯网络或分层框架用于组合特征子模型，以及用于估计未知参数的 MCMC 模拟或 EM 算法。

我国公安部鉴定中心马荣梁等人阐述了一种对指纹进行扇形分区划分和特征统计的数学建模方法，其统计了 1500 万枚指纹的特征分布，拟合出各个扇形区域内特征的概率密度函数，最终得出支持与否的指纹鉴定意见的概率，能够在一定程度上解决指纹匹配特征的相似问题，为指纹鉴定提供了新的思路与方法。

（二）似然比模型

似然比（LR）是一种简单但强大的统计学工具，在法庭科学中应用广泛，主要适用于 DNA、耳印、玻璃碎片、声纹识别和指纹等的鉴定中。LR 是指在不同的假设和经验函数下特定事件发生的似然率的比值。在涉及痕迹的法庭鉴定中，事件 E 表示待证事实，而用于计算事件 E 的两种似然率的假设是：

(1) H_P：E 来自已知来源 P。
(2) H_D：E 不是来自已知来源 P。

LR 可以表示为：

$$\mathrm{LR} = \frac{P(E \mid H_P)}{P(E \mid H_D)} \tag{2}$$

其中 $P(E \mid H_P)$ 是检材和样本同源的情况下观察到的似然率，而 $P(E \mid H_D)$ 是指检材和样本不同源的情况下观察到的似然率。LR 值可作如下解释：

(1) LR < 1：观察结果更支持假设 H_D。

(2) LR = 1：观察结果平等地支持两种假设。

(3) LR > 1：观察结果更支持假设 H_P。

式（2）可以应用到指纹识别评估。考虑一个检材指印 x，具有 m 个特征 [表示为 $x^{(m)}$]，同时，存在样本指印 y 具有 m′ 个特征国 [表示为 $y^{(m')}$]。此时 LR 表示为：

$$LR = \frac{P(x^{(m)} \mid y^{(m')}, H_P)}{P(x^{(m)} \mid y^{(m')}, H_D)} \tag{3}$$

当 m < m′ 时，$P(x^{(m)} \mid y^{(m')}, H_P)$ 表示 x 和 y 同源的情况下观察到指印 x 的概率，$P(x^{(m)} \mid y^{(m')}, H_D)$ 表示 x 和 y 不同源的情况下观察到指印 x 的概率。似然比的分子分母中的假设可作如下解释：

(1) HP：x 和 y 由同一手指产生。

(2) HD：x 和 y 不是由同一手指产生。

在个体识别过程中，式（3）可以表述为如下形式：

$$LR_{pers} = \frac{\sum_{g=1}^{10} P(x^{(m)} \mid y_g^{(m_{rg})}, H_P) \cdot P(G = g \mid I_{cs})}{(1/N) \sum_{i=1}^{N} \sum_{g=1}^{10} P(x^{(m)} \mid y_{i,g}^{(m_{rig})}, H_P) \cdot P(G = g \mid I_{cs})} \tag{4}$$

其中，g 是指 10 个手指的指位，N 是指印样本数量，I_{cs} 代表相关人群指印的背景信息。

为了得到式（3）中分子和分母的值，有的模型利用 AFIS 生成相似度分布函数作为概率估计。给定 AFIS 相似度 s，s∈S，S 是离散空间，LR 可以简化为：

$$LR = \frac{P(s \mid H_P)}{P(s \mid H_D)} \tag{5}$$

分子和分母所表示的概率可以进一步细化为

$$LR = \frac{P(s \mid m, H_P)}{P(s \mid m, H_D)} \tag{6}$$

或者

$$\text{LR} = \frac{P(s \mid y^{(m')}, H_P)}{P(s \mid y^{(m')}, H_D)} \tag{7}$$

虽然在连续样本空间中得到的分数可以转化为离散空间，但在不进行离散转换的情况下，式（5）可以表示成另外一种形式：

$$\text{LR} = \frac{P(s' \leq s \mid H_P)}{P(s' \geq s \mid H_D)} \tag{8}$$

另外，有的模型通过设置特征向量 FVs（表示细节特征）来反映检材和样本之间的不相似性，并以此计算概率分布。此时，LR 表示为：

$$\text{LR} = \frac{P(d(x_d, y_d) \mid H_P)}{P(d(x_d, y_d) \mid H_D)} \tag{9}$$

其中，x_d 和 y_d 分别是 $x^{(m)}$ 和 $y^{(m')}$ 的特征向量，$d(x_d, y_d)$ 表示特征向量之间的不相似度。

基于似然比（LR）模型的 AFIS 和 FV 再次解释了式（3）中的原始假设，通过使用得分和不相似度分布来降低检材指印特征的维度。一些人认为，这些模型仅仅是统计假设，不会必然严格适用于司法领域，特别是在司法人员缺乏统计专业知识的情况下。尽管如此，这种统计方法仍是评估指纹证据的有力工具。

由此可知，似然比（LR）模型可以分为基于特征向量（FV）和 AFIS 评分两类。这两种方法都依赖于概率分布，并以此来计算 LR 值。其中，基于特征向量（FV）的 LR 模型由英国伯明翰市法庭科学服务部及美国宾夕法尼亚州立大学的 C. Neumann 教授率先提出，该模型基于包含各种细节特征的 FV，通过 FV 表示不相似度，通过比较同源假设和不同源假设下不相似度的概率分布来计算 LR 值。2012 年，悉尼科技大学的 J. Abraham 教授团队首次开发了一种新的基于支持向量机（SVM）的 LR 模型，该模型通过对 AFIS 候选列表中匹配和接近非匹配种群的相应细节特征进行形态测量和空间分析而发现的特征进行训练，计算出的 LR 值来自基于 SVM 的概率框架，该框架发现匹配种群和接近非匹配种群的内在空间差异。最后，他们对超过 120000 张已公开的指纹图像和大约 40000 张失真的图像进行了实验，证明了所提出的 LR 模型在匹配和接近非匹配群体的识别评估中可靠地指导了鉴定意见。我国有学者也在关注基于 LR 的指纹鉴定意见形式。

三、结论与展望

近年来，LR 模型和 PRC 模型在复杂性和实用性方面取得了显著进展。在不久的将来，对指纹从业者会发挥更大的作用。与 Stoney 早年的研究相比，这些模型最大的发展是越来越多地在数据集上进行评估，以更好地了解其优势和局限性。这个领域已经从提出理论模型但没有丰富的实践支持的状态转变为可以量化和暴露错误率的比率状态。综合比较两种模型，笔者更倾向于 LR 模型。

$$LR = \frac{P(E \mid H_1)}{P(E \mid H_2)} = \frac{P(s(x,y) \mid H_1, I)}{P(s(x,y) \mid H_2, I)} \tag{10}$$

x 代表检材指印，y 代表样本指印，s（x，y）代表相似性得分（检材指印与样本指印的最大 AFIS 得分），P［s（x，y）］代表相似性得分的概率密度函数，I 代表相关人群指印的背景信息。

LR 模型可以为指纹鉴定人提供以下帮助：

（一）作为指纹鉴定中的一种决策支持方式

同一认定是指检材和样本不同源的似然率非常小，以至于作出同源的决定。在此种背景下，LR 模型将提供一种机制帮助指纹鉴定人评估作出某种鉴定意见所需要的 LR 值。这使以往基于指纹鉴定人主观经验的决策模式变得更加透明清晰，指纹特征对决策的支持强度可以透明地展示出来。LR 模型旨在为鉴定意见的可靠性提供一种透明机制。

（二）帮助综合评断同一认定

帮助综合评断同一认定需要评估指纹是否适用。可以使用 LR 工具在进行任何比较之前为手头的特征分配一个可能从中获得的支持权重值。资源的分配可以根据预期的 LR 大小（以及其他操作和特定案例的限制）进行调整。

（三）提供一种无确定性结论情况下的概率评价机制

在存在不明确结论的情况下，LR 模型有助于评价支持同源假设或不支持同源假设的程度，并将其以数值形式表达出来。这预示着传统指纹鉴定意见表达形式的根本性变革。正如 Campbell 所提出的："根据鉴定意见做出'无法排除'的判决之前，需要仔细考虑鉴定意见对判决的意义并作出合理解释。指纹鉴定人在作出的鉴定意见支持'无法排除'的判决时，要求对鉴定意见的局限性给出合理的解释。"[1] 但总的来说，LR 模型使指纹鉴定不再只有认定同一或否定同一的结论形式。

综上，LR 模型的指纹证据评价需要大规模的数据进行模型训练和系统验证，人工专家的比较评判在这些方面存在很大局限，而指纹自动识别技术的发展和国家级大型指纹数据库的建设为 LR 模型的实践应用提供了很好的前提优势和技术保障。目前，LR 模型主要依赖 AFIS 的相似性得分，而理想的 LR 模型应该同时考虑相似性和典型性。因此，未来的 AFIS 技术还应该考虑典型性得分算法，开发专门用于指纹证据评价的 LR 模型系统。当然，专家的专业知识和经验仍是必需的，其作用将主要体现在选择合适的模型、训练数据和测试数据方面。

---

[1] A. Campbell, The Fingerprint Inquiry Report, APS Group Scotland, Edinburgh, 2011.

附录一

一、国家标准

1. 《信息技术 生物特征识别 指纹识别模块通用规范》GB/T 42585-2023

2. 《信息技术 生物特征识别数据交换格式 第8部分：指纹骨架数据》GB/T 26237.8-2022

3. 《信息技术 用于生物特征识别系统的图示、图标和符号 第4部分：指纹应用》GB/T 40694.4-2022

4. 《信息技术 识别卡 集成指纹的身份识别卡通用技术要求》GB/T 38851-2020

5. 《信息技术 移动设备生物特征识别 第2部分：指纹》GB/T 37036.2-2019

6. 《公共安全指纹识别应用 验证算法性能评测方法》GB/T 38122-2019

7. 《信息技术 生物特征识别 指纹识别设备通用规范》GB/T 37742-2019

8. 《信息安全技术 指纹识别系统技术要求》GB/T 37076-2018

9. 《信息技术 生物特征识别 指纹处理芯片技术要求》GB/T 37045-2018

10. 《信息技术 生物特征样本质量 第4部分：指纹图像数据》GB/T 33767.4-2018

11. 《公共安全指纹识别应用 图像技术要求》GB/T 35736-2017

12. 《公共安全 指纹识别应用 采集设备通用技术要求》GB/T 35735-

2017. 2017 – 12 – 29

13.《信息技术　生物特征识别　用于生物特征十指指纹采集应用编程接口（BioAPI）》GB/T 33844 – 2017

14.《信息技术　GB/T 26237 中定义的生物特征数据交换格式的符合性测试方法　第 4 部分：指纹图像数据》GB/T 33842.4 – 2017

15.《信息技术　GB/T 26237 中定义的生物特征数据交换格式的符合性测试方法　第 2 部分：指纹细节点数据》GB/T 33842.2 – 2017

16.《信息技术　生物特征识别数据交换格式　第 4 部分：指纹图像数据》GB/T 26237.4 – 2014

17.《信息技术　生物特征识别数据交换格式　第 3 部分：指纹型谱数据》GB/T 26237.3 – 2011

18.《信息技术　生物特征识别数据交换格式　第 2 部分：指纹细节点数据》GB/T 26237.2 – 2011

二、行业标准

（一）公共安全行业标准

1.《安全防范　指纹识别应用　出入口控制指纹识别模块通用规范》GA/T 701 – 2024

2.《安全防范　指纹识别应用　小尺寸指纹识别模块技术要求和测试方法》GA/T 2154 – 2024

3.《法庭科学　粉末显现手印技术规范》GA/T 2085 – 2023

4.《法庭科学　油红 O 显现手印技术规范》GA/T 2004 – 2022

5.《公安信息代码　第 292 部分：指纹纹型代码》GA/T 2000.292 – 2021

6.《显现潜在手印试剂通用技术要求　第 1 部分：水合茚三酮（NIN）》GA/T 721.1 – 2021

7.《显现潜在手印试剂通用技术要求　第 2 部分：3, 3′, 5, 5′ – 四甲基联苯胺（TMB）》GA/T 721.2 – 2021

8.《显现潜在手印试剂通用技术要求　第 3 部分：1, 8 – 二氮芴 – 9 –

酮（DFO）》GA/T 721.3－2021

9.《显现潜在手印试剂通用技术要求 第4部分：7-苄胺基-4-硝基苯并呋咱（BBD）》GA/T 721.4－2021

10.《显现潜在手印试剂通用技术要求 第5部分：1,2-茚二酮（IDO）》GA/T 721.5－2021

11.《法庭科学 物理显影液显现手印技术规范》GA/T 1935－2021

12.《茚三酮/DFO 手印显现柜》GA/T 722－2021

13.《法庭科学 手印检验实验室建设规范》GA/T 1774－2021

14.《法庭科学 热致荧光成像显现手印技术规范》GA/T 1775－2021

15.《法庭科学 氨基黑 10B 显现潜血手印技术规范》GA/T 1691－2020

16.《法庭科学 酸性黄显现潜血手印技术规范》GA/T 1689－2020

17.《法庭科学 碳微粒试剂显现胶带粘面手印技术规范》GA/T 1650－2019

18.《法庭科学 真空镀膜显现手印技术规范》GA/T 1651－2019

19.《法庭科学 手印鉴定规程》GA/T 724－2019

20.《居民身份证指纹采集和比对技术规范》GA/T 1012－2019

21.《手印鉴定文书规范》GA/T 145－2019

22.《法庭科学 指纹特征分类规范》GA/T 1533－2018

23.《茚二酮显现手印技术规范》GA/T 1534－2018

24.《微粒悬浮液显现手印技术规范》GA/T 1523－2018

25.《法庭科学 指纹专业术语》GA/T 144－2018

26.《法庭科学 502 手印熏显柜通用技术要求》GA/T 419－2018

27.《法庭科学 荧光粉末显现手印技术规范》GA/T 1438－2017

28.《居民身份证指纹信息数据接收接口规范》GA/T 1232－2015

29.《居民身份证指纹信息采集前端系统设备清单备案接口规范》GA/T 1233－2015

30.《居民身份证指纹信息采集前端系统功能与技术规范》GA/T 1235－2015

31. 《法庭科学　DFO 显现手印技术规范》GA/T 1238 – 2015

32. 《法庭科学　茚三酮显现手印技术规范》GA/T 1239 – 2015

33. 《法庭科学　碘熏显现手印技术规范》GA/T 1240 – 2015

34. 《法庭科学　四甲基联苯胺显现血手印技术规范》GA/T 1241 – 2015

35. 《法庭科学　硝酸银显现手印技术规范》GA/T 1242 – 2015

36. 《法庭科学　光学检验手印技术规范》GA/T 1243 – 2015

37. 《公安信息代码　第 12 部分：居民身份证指纹信息注册结果代码》GA/T 2000.12 – 2014

38. 《公安信息代码　第 13 部分：居民身份证指纹信息采集结果代码》GA/T 2000.13 – 2014

39. 《居民身份证指纹采集基本规程》GA/T 1046 – 2013

40. 《居民身份证指纹采集器通用技术要求》GA/T 1011 – 2012

41. 《安防指纹识别应用系统　第 7 部分：指纹采集设备》GA/T 894.7 – 2012

42. 《安防指纹识别应用系统　第 3 部分：指纹图像质量》GA/T 894.3 – 2010

43. 《安防指纹识别应用系统　第 6 部分：指纹识别算法评测方法》GA/T 894.6 – 2010

44. 《指纹数据代码　第 9 部分：掌纹掌位代码》GA 777.9 – 2010

45. 《活体指纹图像采集技术规范》GA/T 625 – 2010

46. 《活体指纹图像应用程序接口规范　第 1 部分：采集设备》GA/T 626.1 – 2010

47. 《活体指纹图像应用程序接口规范　第 2 部分：图像拼接》GA/T 626.2 – 2010

48. 《活体指纹/掌纹采集设备测试技术规范》GA/T 866 – 2010

49. 《指纹图像数据转换的技术条件》GA 787 – 2010

50. 《指纹数据交换格式　第 10 部分：正查比对结果候选信息记录格式》GA 426.10 – 2008

51.《指纹数据交换格式 第11部分：倒查比对结果候选信息记录格式》GA 426.11-2008

52.《指纹数据交换格式 第1部分：指纹数据交换文件格式规范》GA 426.1-2008

53.《指纹数据交换格式 第12部分：查重比对结果候选信息记录格式》GA 426.12-2008

54.《指纹数据交换格式 第13部分：串查比对结果候选信息记录格式》GA 426.13-2008

55.《指纹数据交换格式 第14部分：自定义逻辑记录格式》GA 426.14-2008

56.《指纹数据交换格式 第2部分：任务描述类记录格式》GA 426.2-2008

57.《指纹数据交换格式 第3部分：十指指纹信息记录格式》GA 426.3-2008

58.《指纹数据交换格式 第4部分：现场指纹信息记录格式》GA 426.4-2008

59.《指纹数据交换格式 第5部分：指纹正查和倒查比中信息记录格式》GA 426.5-2008. 2008-07-24.

60.《指纹数据交换格式 第6部分：指纹查重比中信息记录格式》GA 426.6-2008

61.《指纹数据交换格式 第7部分：指纹串查比中信息记录格式》GA 426.7-2008

62.《指纹数据交换格式 第8部分：现场指纹查询请求信息记录格式》GA 426.8-2008

63.《指纹数据交换格式 第9部分：十指指纹查询请求信息记录格式》GA 426.9-2008

64.《指纹数据代码 第2部分：指纹纹型代码》GA 777.2-2008

65.《指纹数据代码 第5部分：十指指纹协查目的编码规则》GA 777.5-2008

66.《指纹数据代码 第6部分：指纹协查级别代码》GA 777.6－2008

67.《指纹数据代码 第8部分：指纹特征提取方式缩略规则》GA 777.8－2008

68.《被比中指纹人员到案情况数据项规范》GA 781－2008

69.《显现潜在手印试剂 第1部分：水合茚三酮》GA 721.1－2007

70.《显现潜在手印试剂 第2部分：3,3′,5,5′－四甲基联苯胺》GA 721.2－2007

71.《显现潜在手印试剂 第3部分：1,8－二氮芴－9－酮（DFO）》GA 721.3－2007

72.《显现潜在手印试剂 第4部分：7－苄胺基－4－硝基苯并呋咱（BBD）》GA 721.4－2007

73.《显现潜在手印试剂 第5部分：1,2－茚二酮（IDO）》GA 721.5－2007

74.《储墨指纹捺印盒》GA/T 723－2007

75.《现场手印检材的包装、送检规则》GA/T 725－2007

76.《指纹自动识别系统基础技术规范 第10部分：指纹图像数据的压缩和恢复》GA 425.10－2003

77.《刑事犯罪信息管理代码 第36部分：指印分类和代码》GA 240.36－2003

78.《指纹自动识别系统基础技术规范 第9部分：指纹图像数据转换的技术条件》GA 425.9－2003

79.《指纹自动识别系统基础技术规范 第5部分：十指指纹信息卡式样和填写规范》GA 425.5－2003

80.《指纹自动识别系统基础技术规范 第7部分：现场指纹信息卡式样和填写规范》GA 425.7－2003

81.《指纹自动识别系统基础技术规范 第1部分：指纹自动识别系统术语》GA 425.1－2003

82.《指纹自动识别系统基础技术规范 第4部分：指纹自动识别系统产品代码编制原则》GA 425.4－2003

83.《指纹自动识别系统基础技术规范 第2部分：指纹指位代码》GA 425.2－2003

84.《指纹自动识别系统基础技术规范 第3部分：指纹纹型分类及代码》GA 425.3－2003

85.《指纹自动识别系统基础技术规范 第6部分：十指指纹文字数据项及格式》GA 425.6－2003

86.《指纹自动识别系统基础技术规范 第8部分：现场指纹文字数据项及格式》GA 425.8－2003

87.《指纹自动识别系统数据交换工程规范 第3部分：指纹图像数据的压缩与恢复》GA/T 162.3－1999

88.《指纹自动识别系统数据交换工程规范 第4部分：指纹自动识别系统的基本性能指标》GA/T 162.4－1999

89.《指纹自动识别系统数据交换工程规范 第2部分：指纹信息交换的数据格式》GA/T 162.2－1999

90.《指纹自动识别系统数据交换工程规范 第5部分：指纹自动识别系统的测试规范》GA/T 162.5－1999

91.《指纹自动识别系统数据交换工程规范 第1部分：指纹图像数据转换的技术条件》GA/T 162.1－1997

92.《指纹专业名词术语》GA/T 144－1996

93.《手印鉴定书的制作》GA/T 145－1996

94.《指纹自动识别系统基础技术规范 第10部分：指纹图像数据的压缩和恢复》GA 425.10－2003

（二）电子行业标准

《指纹识别设备通用规范》SJ/T 11607－2016

（三）司法行政行业标准

1.《文件上可见指印一次性捺印鉴定技术规范》SF/T 0141—2023

2.《文件上可见指印一次性捺印鉴定技术规范》SF/T 0102—2021

3.《文件上可见指印鉴定技术规范》SF/T 0142—2023

三、国际标准

1.《信息技术 生物统计数据互换格式 第 4 部分：指纹图像数据 修改件 1：一致性测试方法体系和缺陷说明》ISO/IEC 19794-4 AMD 1-2013

2.《生物计量互操作性配置文件 掌击十指指纹获取用最优实践范例 英文版本 CEN/TS 16428-2012》DIN CEN/TS 16428-2013

3.《信息技术 生物特征识别数据交换格式 第 8 部分：指纹图像骸骨数据 技术勘误表 1》ISO/IEC 19794-8 Technical Corrigendum 1-2012

4.《信息技术 生物统计数据交换格式 第 2 部分：手指细节数据 技术勘误表 1》ISO/IEC 19794-2 Technical Corrigendum 1-2012

5.《信息技术 生物统计数据互换格式 第 4 部分：指纹图像数据 技术勘误表 1》ISO/IEC 19794-4 Technical Corrigendum 1-2012

6.《信息技术 在 ISO/IEC 19794 标准中定义的生物测定数据交换格式的一致性试验方法 指纹型骨骼数据》BS ISO/IEC 29109-8-2012

7.《信息技术 生物统计学数据交换格式 指纹数据》BS ISO/IEC 19794-2-2011

8.《信息技术 生物统计数据交换格式 指纹图像数据》BS ISO/IEC 19794-4-2011

9.《信息技术 生物测量数据交换格式 第 8 部分：指纹图形骸骨数据》ISO/IEC 19794-8-2011

10.《信息技术 对 ISO/IEC 19794 中定义的生物特征识别数据交换格式的一致性测试方法 第 8 部分：指纹型骨架数据》ISO/IEC 29109-8-2011

11.《信息技术 生物测量数据交换格式 第 4 部分：指纹图像数据》ISO/IEC 19794-4-2011

12.《信息技术 生物统计数据互换格式 第 4 部分：指纹图像数据 技术勘误表 1》ISO/IEC 19794-4 Technical Corrigendum 1-2011

13.《信息技术 ISO/IEC 19794 中定义的生物统计互换格式一致性试验方法 第 4 部分：指纹图像数据 技术勘误表 1》ISO/IEC 29109-4

Technical Corrigendum 1-2011

  14.《信息技术　生物特征识别数据交换格式　第8部分：指纹图像骸骨数据；技术勘误1》ISO/IEC 19794-8 Technical Corrigendum 1-2011

  15.《指纹、面部和其他生物统计信息交换的数据格式》ANSI/NIST-ITL 1-2011

  16.《信息技术　指纹细部特征的数据交换格式　修改件1》ANSI INCITS378 AMD 1-2010

  17.《信息技术　生物学测定校准，增加和融合数据　融合信息格式》BS ISO/IEC 29159-1-2010

  18.《信息技术　ISO/IEC 19794标准中定义的生物识别数据交换格式用一致性试验方法体系　指纹图像数据》BS ISO/IEC 29109-4-2010

  19.《信息技术　ISO/IEC 19794中定义的生物识别数据交换格式一致性试验方法　第2部分：手指细节点数据》ISO/IEC 29109-2-2010

  20.《信息技术　ISO/IEC 19794中定义的生物识别数据交换格式用一致性试验方法体系　第4部分：指纹图像数据》ISO/IEC 29109-4-2010

  21.《信息技术　生物计量学样本质量　第4部分：手指图像数据》ISO/IEC TR 29794-4-2010

  22.《信息技术　生物计量数据的交换格式　第2部分：指节数据　修改件1：手指细节特征存储单元、指示器和类型的详细描述》ISO/IEC 19794-2 AMD 1-2010

  23.《信息技术　生物统计学　利用生物统计学应用软件编程接口（BioAPI）进行指纹采集》BS ISO/IEC 29141-2009

  24.《信息技术　生物统计学　利用生物计量应用程序设计接口（BioAPI）进行的指纹采集》ISO/IEC 29141-2009

  25.《信息技术　生物统计数据交换格式　第2部分：手指细节数据　技术勘误表1》ISO/IEC 19794-2 Technical Corrigendum 1-2009

  26.《信息技术　指纹数据交换格式》ANSI INCITS377-2009

  27.《信息技术　数据交换用指纹匹配格式》ANSI INCITS378-2009

  28.《指纹、面部和其他生物统计信息交换的数据格式》ANSI/NIST-

ITL 1-2007

29.《信息技术 生物统计数据交换格式 手指图案骨骼数据》BS ISO/IEC 19794-8-2006

30.《信息技术 生物测量数据交换格式 第8部分：指纹图形骸骨数据》ISO/IEC 19794-8-2006

31.《信息技术 生物测量数据交换格式 指纹图像光谱数据》BS ISO/IEC 19794-3-2006

32.《信息技术 生物测量数据交换格式 第3部分：指纹图像光谱数据》ISO/IEC 19794-3-2006

33.《信息技术 生物统计学数据交换格式 指纹数据》BS ISO/IEC 19794-2-2005+A1-2010

34.《信息技术 生物统计学数据交换格式 指纹数据》BS ISO/IEC 19794-2-2005

35.《信息技术 生物测量数据交换格式 第2部分：指节数据》ISO/IEC 19794-2-2005

36.《信息技术 生物统计学数据交换格式 指纹图像数据》BS ISO/IEC 19794-4-2005

37.《信息技术 生物测量数据交换格式 第4部分：指纹图像数据》ISO/IEC 19794-4-2005

38.《信息技术 数据交换用远程用户信息服务命令细节格式》ANSI INCITS378-2004

39.《卡上匹配指纹编码格式和参数》DIN V 66400-2003

40.《指纹、面部疤痕和纹身信息交换用数据格式》ANSI/NIST-ITL 1-2000

41.《信息系统 指纹信息的交换用数据格式》ANSI/NIST-CSL 1-1993

42.《指纹、面部和其他生物统计信息交换的数据格式 第2部分：可扩展标记语言（XML）版本》ANSI/NIST-ITL 2-2008

43.《以多重指纹采集编号为目的的 用于指纹、面部和其他生物统计

学信息交换的数据格式（修正）》ANSI/NIST – ITL 1A – 2009

44.《信息系统　指印识别　信息交换的数据格式》ANSI ICST 1 – 1986

45.《信息技术　生物测定数据交换格式标准用一致性试验方法论标准　第2部分：数据交换的指纹细节格式 INCITS 378 – 2004 用一致性试验方法论》ANSI INCITS423.2 – 2008

46.《信息技术　用于生物计量数据交换格式标准的一致性测试方法体系标准　第4部分：用于 INCITS 381〈基于指纹图像的数据交换格式〉标准的一致性测试方法体系》ANSI INCITS423.4 – 2009

47.《信息技术　使用生物应用程序接口（BioAPI）获取十指指纹》ANSI INCITS 434 – 2007

48.《信息技术　生物统计数据交换格式标准的合格性测试方法标准　第3部分：INCITS 377 – 2004 用性能测试方法，指纹型数据交换格式》ANSI INCITS423.3 – 2009

49.《信息技术　生物统计学　用生物统计应用程序编程接口的 Tenprint 捕获（BioAPI）》ANSI/INCITS/ISO/IEC 29141 – 2010

50.《信息技术　生物统计数据交换格式　第8部分：指纹图形骨骼数据》ANSI/INCITS/ISO/IEC 19794 – 8 – 2009

51.《信息技术　生物统计样本质量　第5部分：指纹图像数据》ANSI/INCITS/ISO/IEC TR29794 – 4 – 2010

52.《信息技术　ISO/IEC 19794 定义的生物统计数据交换格式的一致性测试方法学　第4部分：手指图像数据》ANSI/INCITS/ISO/IEC 29109 – 4 – 2010

53.《信息技术　ISO/IEC 19794 标准中定义的生物识别数据交换格式一致性试验方法　第2部分：手指细节点数据》ANSI/INCITS/ISO/IEC 29109 – 2 – 2010

54.《信息技术　使用生物应用程序接口（BioAPI）获取十指指纹》ANSI INCITS434 – 2007

55.《信息技术　生物统计数据交换格式　第3部分：指纹图像光谱数据》ANSI/INCITS/ISO/IEC 19794 – 3 – 2007

56.《信息技术　生物计量校准,增加和融合数据　第 1 部分:融合信息格式》ANSI/INCITS/ISO/IEC 29159 – 1 – 2010

57.《信息技术　ISO/IEC 19794 标准定义的生物数据交换格式用一致性测试方法　第 4 部分:指纹图像数据　技术勘误表 1》ANSI/INCITS/ISO/IEC 29109 – 4Corrigendum 1 – 2013

58.《信息技术　ISO/IEC 19794 标准定义的生物数据交换格式用一致性测试方法　第 8 部分:指纹型骨骼数据》ANSI/INCITS/ISO/IEC 29109 – 8 – 2013

59.《信息技术　生物统计数据交换格式　第 4 部分:指纹图像数据》ANSI/INCITS/ISO/IEC 19794 – 4 – 2007

60.《信息技术　生物统计数据交换格式　第 2 部分:指纹数据》ANSI/INCITS/ISO/IEC 19794 – 2 – 2007

61.《信息技术　生物统计数据交换格式　第 2 部分:手指细节特征数据修改件 1:手指细节特征位置,方向和类型的详细描述》ANSI/INCITS/ISO/IEC 19794 – 2AMD 1 – 2010

62.《信息技术　生物计量数据交换格式　第 2 部分:手指细部数据　技术勘误表 1》ANSI/INCITS/ISO/IEC 19794 – 2CORRIGENDUM 1 – 2010

63.《金融服务　生物测量学　安全框架》ISO 19092 – 2008

附录二

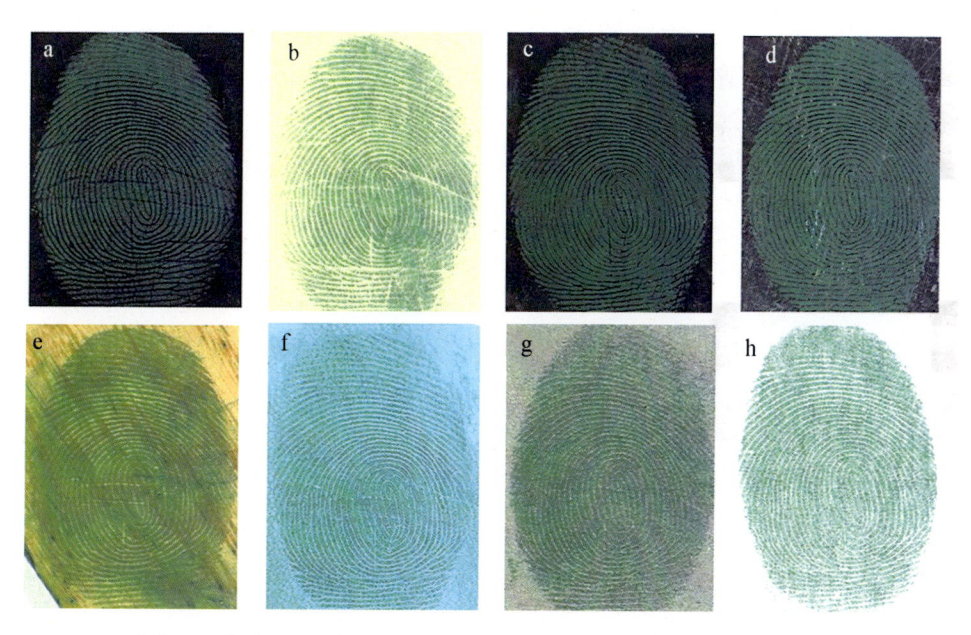

(a. 玻璃；b. 瓷砖；c. 塑料；d. 铝箔；e. 油漆木；f. 皮革；g. 纸板；h. 复印纸)

图 1　钴绿纳米颜料在 8 种不同客体上的潜指印显现效果

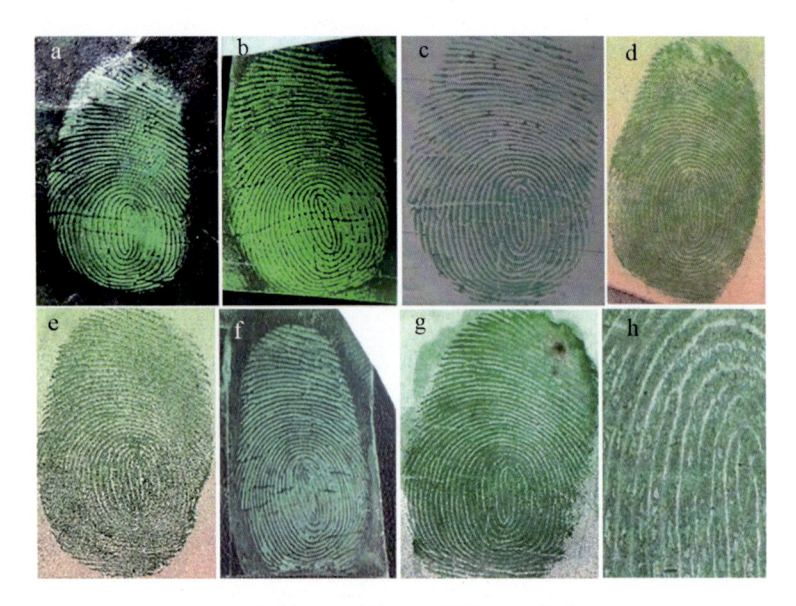

(a. 塑料；b. 玻璃；c. 铝箔；d. 瓷砖；
e. 皮革；f. 胶带粘面；g. 复印纸；h. 三级特征效果)

图 2　钴绿纳米颜料悬浮液在 7 种不同客体上的血潜指印显现效果

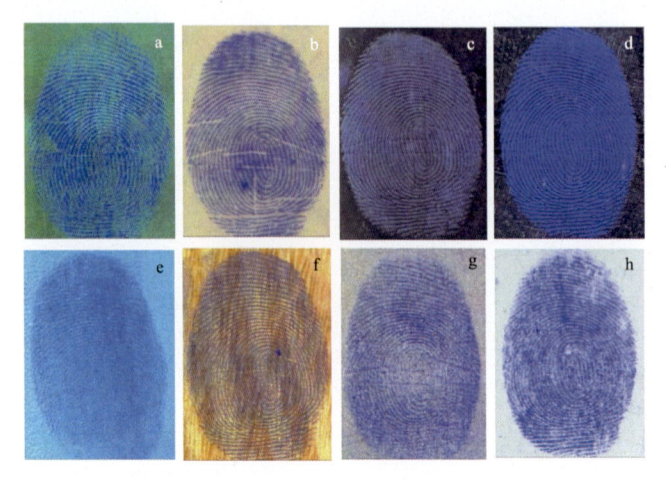

(a. 玻璃；b. 瓷砖；c. 塑料片；d. 铝合金；
e. 人造革；f. 油漆木；g. 硬纸板；h. 复印纸)

图 3　钴蓝纳米颜料显现 8 种不同客体上的油汗指印

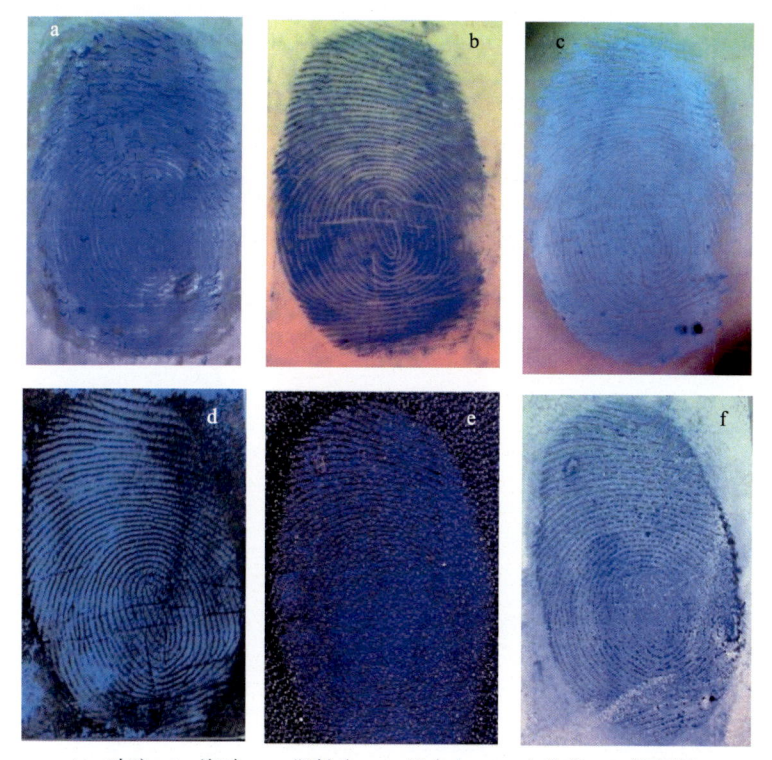

(a. 玻璃；b. 瓷砖；c. 塑料片；d. 铝合金；e. 人造革；f. 复印纸)

图 4　钴蓝纳米颜料悬浮液显现不同客体上的血潜手印

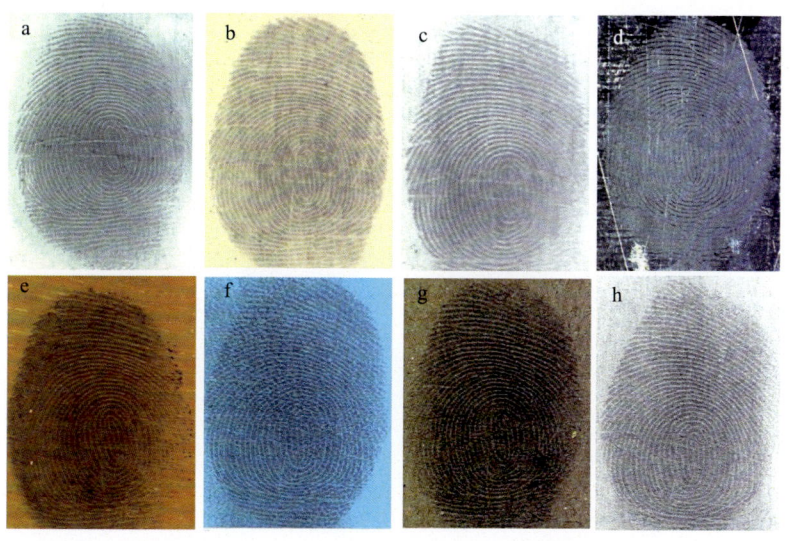

(a. 玻璃；b. 瓷砖；c. 塑料片；d. 铝合金；e. 本色木；f. 人造革；g. 硬纸板；h. 复印纸)

图 5　铜铬黑纳米颜料显现 8 种客体上遗留时间 15 天的汗油手印

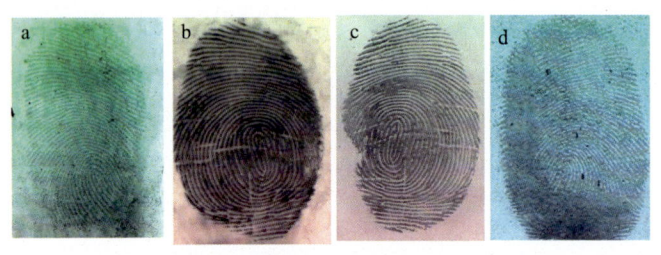

(a. 玻璃；b. 瓷砖；c. 塑料片；d. 人造革)

图 6　铜铬黑纳米颜料悬浮液显现不同客体上 30 天的血潜手印

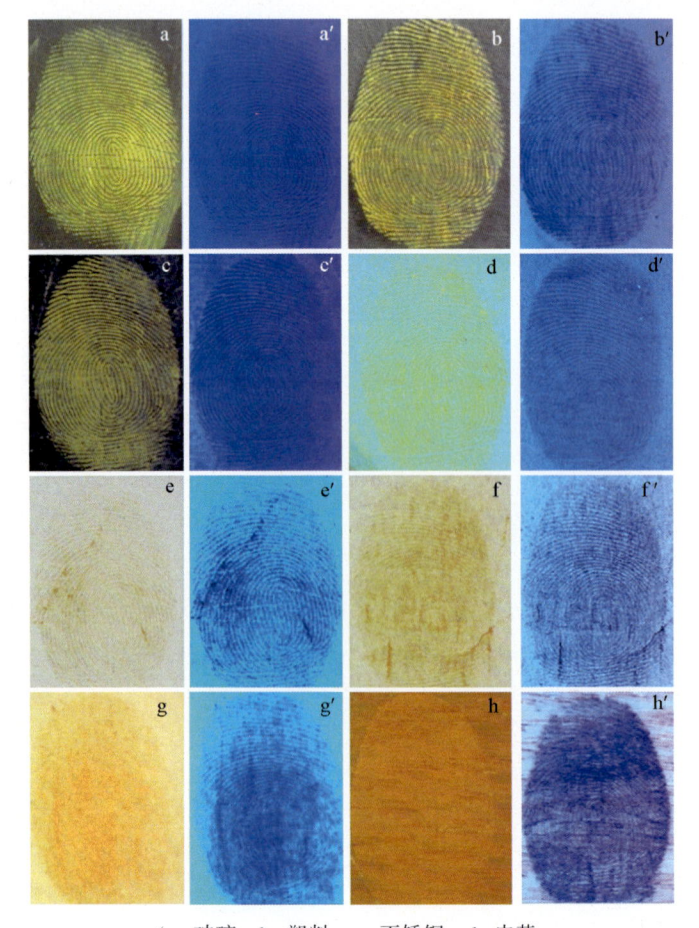

(a. 玻璃；b. 塑料；c. 不锈钢；d. 皮革；
e. 复印纸；f. 纸板；g. 瓷砖；h. 油漆木)

图 7　钛铬棕纳米颜料显现 8 种不同客体上的潜指印（a–h：白光；a′–h′：紫外光）

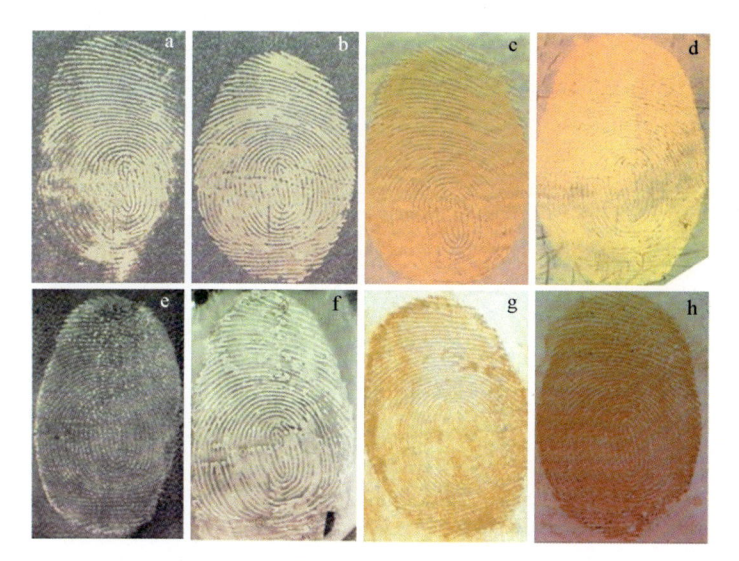

（a. 玻璃；b. 塑料；c. 瓷砖；d. 不锈钢；e. 皮革；
f. 胶带粘面；g. 乳胶漆面；h. 纺织物）

图8　钛铬棕纳米颜料悬浮液显现8种客体上的潜血指印

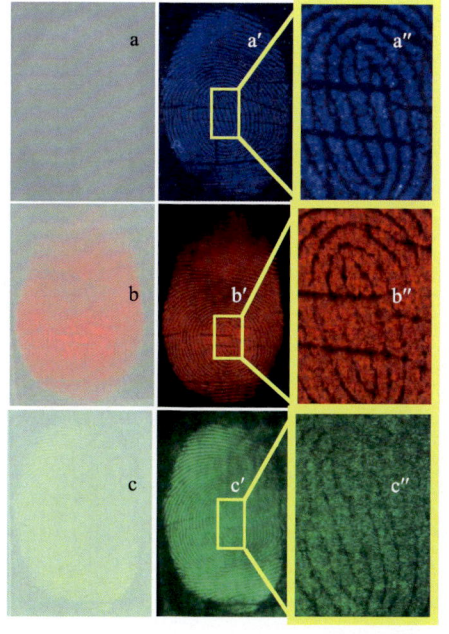

图9　硅球碳量子点（a）与商用红光（b）、绿光（c）指纹粉末汗孔显现效果的比较

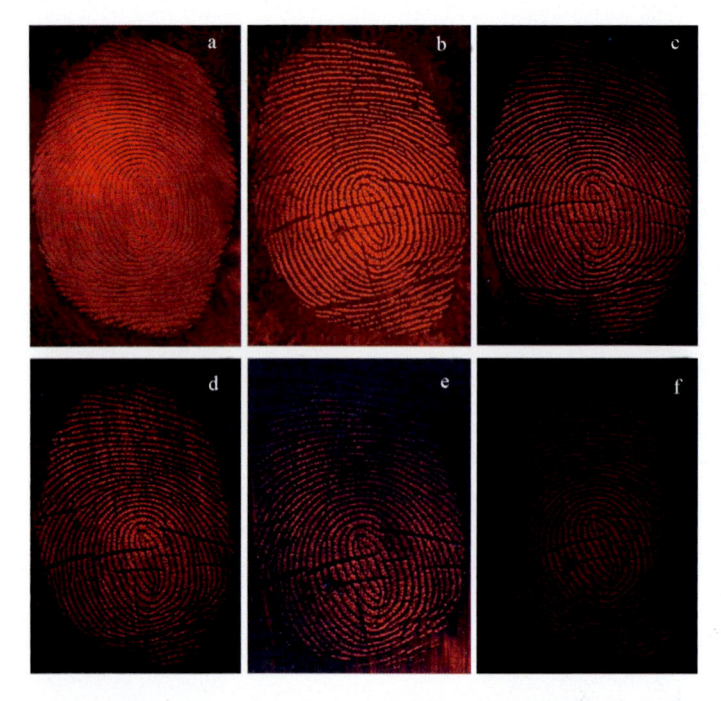

图 10　Eu0.5Tb0.5（AA）3Phen 纳米粉末分别显现遗留时间 7 天（a）、15 天（b）、30 天（c）、45 天（d）、60 天（e）及 90 天（f）的潜指印效果图

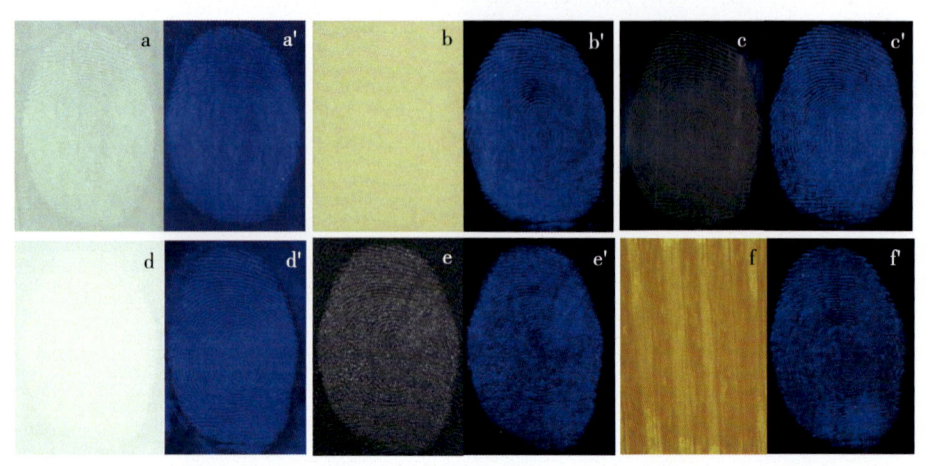

［(a, a′) 玻璃；(b, b′) 瓷砖；(c, c′) 铝箔；(d, d′) 包装纸；(e, e′) 皮革；(f, f′) 油漆木。其中，a–f 为刷显前，a′–f′为显现后紫外成像］

图 11　Ce0.125La0.875（SSA）3Phen 纳米粉末显现 6 种客体上的潜指印

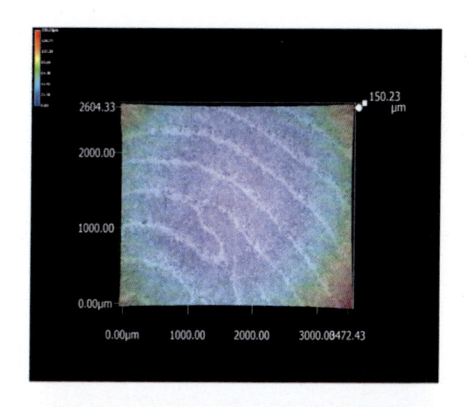

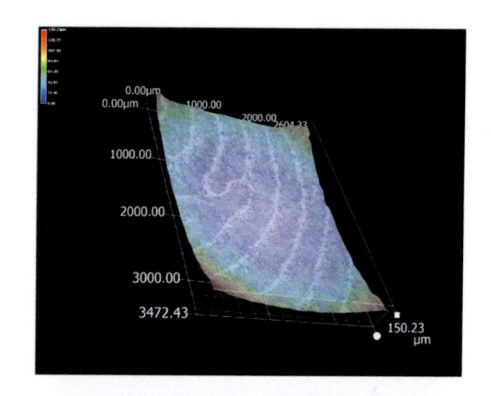

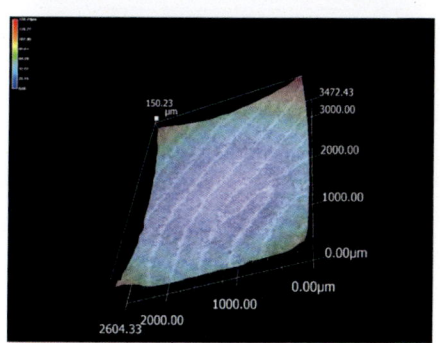

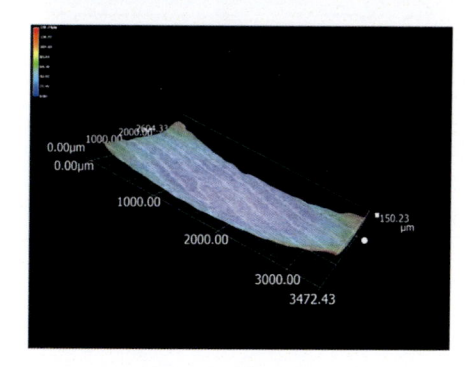

图 12　Fe₃O₄@SiO₂ – CD₇磁性粉末显现潜指印的 3D 效果图

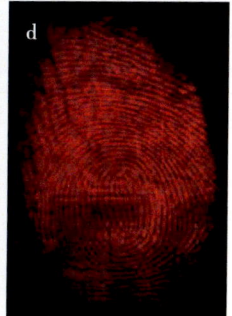

图 13　紫外激发的商用荧光粉末（a，b）与蓝光激发的油酸修饰的锰掺杂氟化物纳米材料（c，d）的潜指印显现效果比较

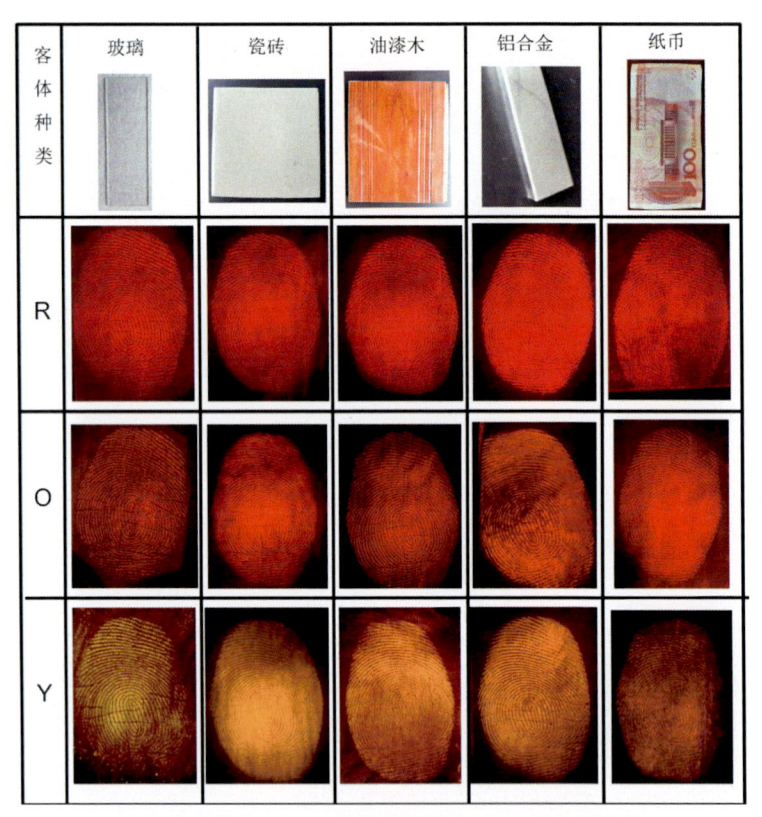

客体种类	玻璃	瓷砖	油漆木	铝合金	纸币
R					
O					
Y					

（R：红光碳量子点；O：橙光碳量子点；Y：黄光碳量子点）

图 14　三种长波发射碳量子点的显现效果图

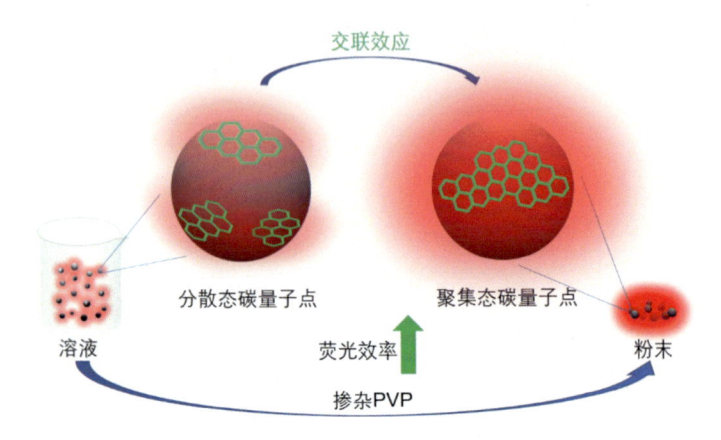

图 15　长波发射碳量子点的交联发光原理

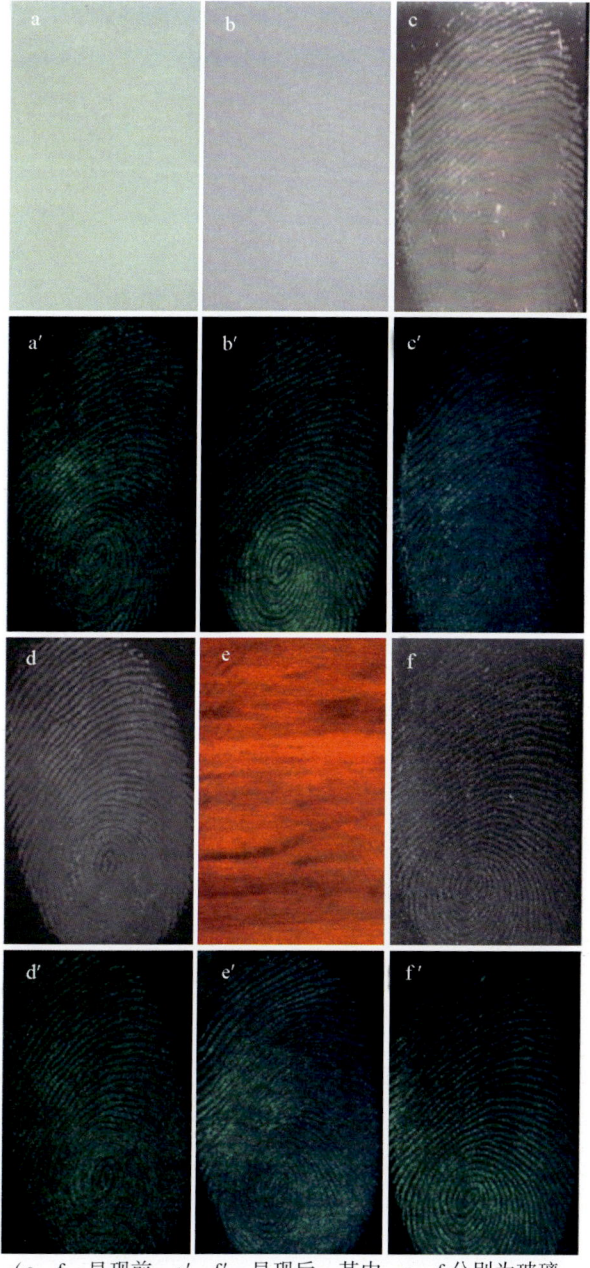

(a–f：显现前；a′–f′：显现后。其中，a–f 分别为玻璃、瓷砖、塑料、不锈钢、油漆木和纸板)

图 16　硅量子点粉末显现 6 种客体上的潜指印

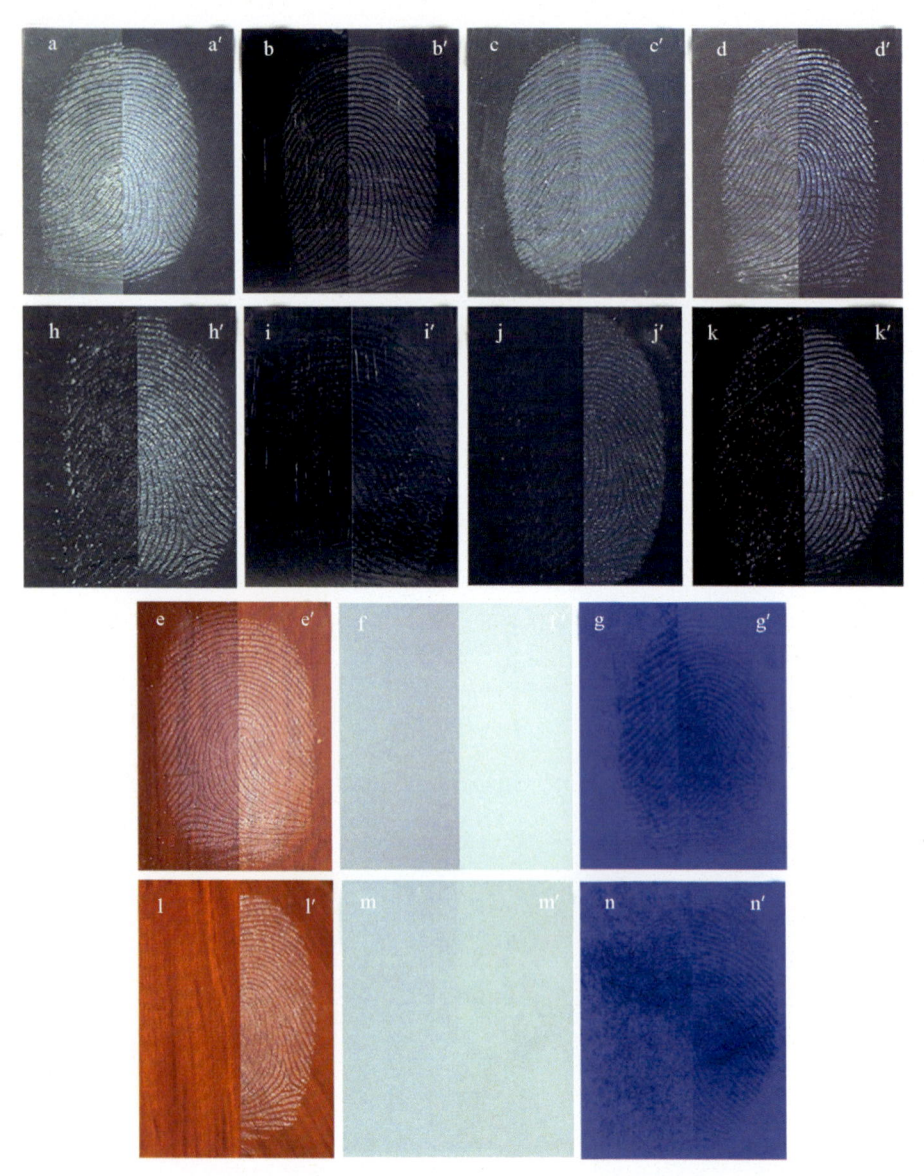

[(a-f 及 h-m 分别为玻璃、不锈钢、塑料、瓷砖、油漆木、复印纸)、不同时间(a-g 及 a′-g′为1天潜指印，h-g 及 h′-g′为30天潜指印)的效果比较(左半幅：未修饰氧化锌，右半幅：硅烷修饰氧化锌)，其中，g/g′及 n/n′为复印纸上的紫外成像效果]

图 17　两种氧化锌纳米粉末显现 6 种客体

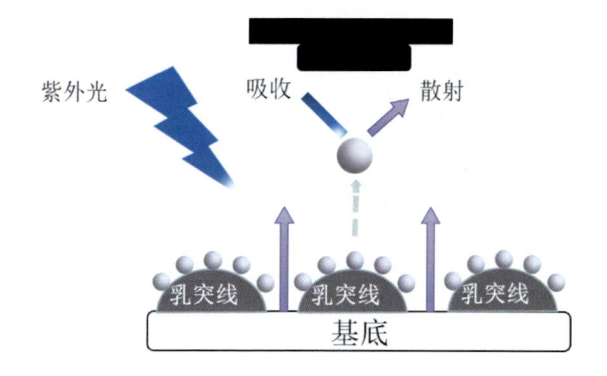

图 18　氧化锌的紫外屏蔽指纹成像原理

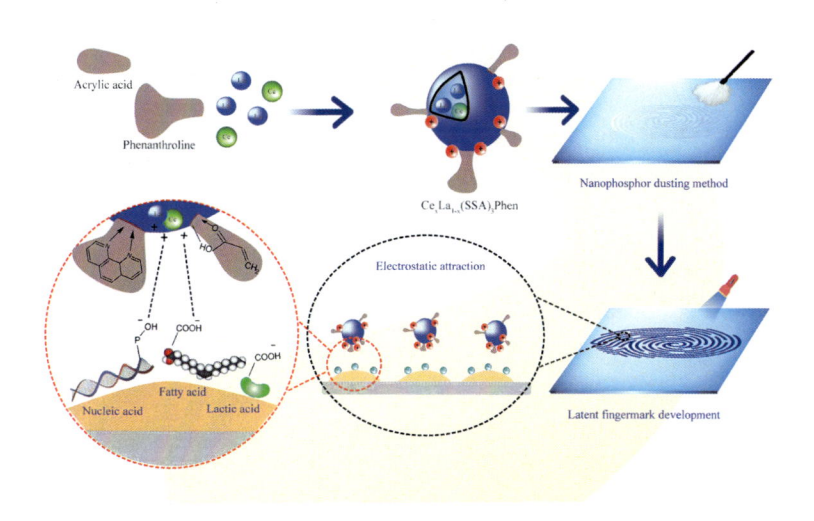

图 19　稀土-小分子配合物与指纹残留物的静电作用原理

后记

提笔写此后记时，窗外黄桷树的老叶子簌簌地落，新芽却已染透了毓秀湖畔的翠柳枝，初夏的重庆还有丝丝春天的余韵。恍惚间，十九年光阴如指缝流沙，从实验室的显微镜到案发现场的勘查灯，从三尺讲台到司法鉴定文书上的签名，指纹学于我早已不仅是学科标签，更是一段交织着科学理性与人性温度的生命旅程。

一、学术之路：从"纹路"到"道路"

2006年的夏天，我来到西南政法大学刑事侦查学院任教，初入指纹学领域时，传统检测技术仍以传统粉末和化学试剂为主。那些年，我曾为提取一枚陈旧血指印在实验室彻夜调试茚三酮浓度，也曾因某涉毒案件的检材污染导致证据失效而扼腕长叹。彼时的困惑与挫败，如今看来，恰是推动技术革新的原动力。2009年，我参与某"涉黑"案件侦破时，首次接触进口的紫外照相系统，亲眼见证一枚被雨水冲刷过的潜指印在荧屏上"重生"，那一刻的震撼让我深刻地意识到指纹学的未来必是跨学科融合之路。

十年来，我带领团队从"追赶者"逐步成为"探索者"。2014年，刑事科学技术专业的周泽好同学为开发新型血痕显影试剂，寻遍了重庆市区的美术颜料市场，我们最终以纳米钴绿颜料为显现剂还原出一枚半年前的陈旧血指印，当时师生二人激动庆祝的场面至今难忘。2017年，为了完成我的博士论文，我首次将红绿蓝三种稀土-小分子配合物引入指纹鉴定领域，开创了探索显影剂与指纹残留物的静电作用的理论先河。2022年，我带领研究生张子敏同学尝试共轭聚合发光材料的潜指印显现性能，最终获得重庆市自然科学基金"优秀"的结项评价。当《中国科学：化学》于2024年末期刊载我校首篇综述论文《血指印检测技术研究进展》时，那些这份传承，或许是对我前半生伏案最好的慰藉。

四、未来之问

站在人工智能与智慧司法的时代门口，指纹学正面临前所未有的挑战与机遇：如何实现基于分子成分的指印个体识别？怎样应对生物仿生技术带来的伪造风险？能否建立全球统一的指纹量化鉴定标准？这些问题，或许需要更多的年轻人在下一个十九年来回答。

愿本书能为后来者铺就一块基石，也期待更多青年才俊加入这场"纹路追光"之旅——因为指纹不仅是犯罪的沉默证人，更是人类探索自身生物特征的永恒密码。

乙巳年初夏于渝北校区

彭　迪

十年伏案的试剂瓶与指纹刷，终在学术长河中凝成一道指纹拓印的时光。这些突破背后，是数百次实验失败后的坚持，是法庭科学"求真"精神的永恒召唤。

二、实践之思：证据背后的"人"与"真"

作为司法鉴定人，我始终铭记：每一枚指印背后，都是一个人的命运转折点。曾有一桩纵火案，现场仅存半枚碳化指印，传统方法束手无策，最终通过高光谱成像技术成功提取三级特征，让真凶伏法；也遇过硅胶伪造指纹骗开门禁系统的盗窃案件，促使我们将深度学习算法融入指纹活体检测技术。这些经历让我深知：技术精进的终极目标，不仅是提升检出率，更是守护司法公正的底线。

在指导研究生时，我常强调"双重检测"原则——既要用算法计算特征匹配概率，也需回归显微形态学观察。因为指纹鉴定终究是"人"的科学：机器可量化特征距离，但纹线走向的"神韵"、细节特征的"关联性"，仍需鉴定人的经验与良知去审视。

三、致谢与传承

本书的完成，承载着太多人的心血。首先感谢我的学生们：2010级的周泽妤，2012级的田浩，2013级的张晋京，2015级的张澜馨和谢佳玲，2018级的张雨嫣，2019级的张子敏、李垭怡和张茂竹。你们为优化纳米材料合成参数反复尝试的身影，让我看到了指纹学的未来。

感谢中国刑警学院、公安部鉴定中心和西南政法大学司法鉴定中心的同仁们多年来的案例共享与技术探讨；感谢我的师妹太原工业学院的丁莉峰教授，我的好友重庆文理学院的黄孟军教授一直以来在实验实施和仪器共享方面的大力支持；亦要致敬《中国科学》《Sensors and Actuators：B. Chemical》《ACS applied materials & interfaces》《Chemical Communications》《刑事技术》等期刊的审稿专家，你们严谨的质疑让研究更具普适价值。

最后，感恩家人的理解。夫人虽常抱怨我家书房是"指纹博物馆"，满墙的指印图谱与案例照片，替代了寻常人家的风景画，但仍然默默地完成了本书的校对审定工作；儿子幼时总抱怨"爸爸的手机里只有指纹没有我"，而今他立志要成为一名法医学专家，笑言要"破解更多犯罪密码"。